北京大学西方古典学中心主办

古典与中世纪研究

一 第一辑 一

高峰枫　主编

彭小瑜　吴天岳　副主编

商务印书馆
The Commercial Press

2020年 · 北京

图书在版编目(CIP)数据

古典与中世纪研究.第 1 辑/高峰枫主编. —北京：
商务印书馆,2020
ISBN 978 - 7 - 100 - 18266 - 9

Ⅰ.①古⋯　Ⅱ.①高⋯　Ⅲ.①社会科学-文集　Ⅳ.
①C53

中国版本图书馆 CIP 数据核字(2020)第 050111 号

古典与中世纪研究
第一辑
高峰枫　主编
彭小瑜　吴天岳　副主编

商 务 印 书 馆 出 版
(北京王府井大街36号　邮政编码100710)
商 务 印 书 馆 发 行
苏 州 市 越 洋 印 刷 有 限 公 司 印 刷
ISBN 978 - 7 - 100 - 18266 - 9

2020 年 4 月第 1 版　　开本 710×1000　1/16
2020 年 4 月第 1 次印刷　印张 17.25
定价:58.00 元

最近十几年在国内主要的高等院校，拉丁语和古希腊语的教学逐渐流行。这一可喜的现象反映了对古代西方文化的研究和教学开始受到更大的重视。需要使用拉丁语和古希腊语的学科包括古希腊罗马、欧洲中世纪和拜占庭的语言和历史，还包括外国古代文学、哲学以及法学等多个领域。此外，国内也有一些学者希望能够建立"古典学"专业，即更加专业化地对古希腊罗马文化的研究。我个人和许多研究中世纪史和欧洲史的学者则希望在古希腊罗马研究与中世纪研究之间建立更加密切的联系，甚至建设一个带有交叉学科性质的古代西方文明研究。北京大学西方古典学中心创办、由古典学中心几位教师轮流主编的《古典与中世纪研究》体现了我们这个群体的学者的共识，即希望将古希腊罗马研究和欧洲中世纪研究密切结合起来。

"古典"和"古典学"这两个词的来源一言难尽，不过无疑是很优雅的汉语表达，很多人文学科的学者都忍不住想借用一下。我们现在说到古希腊罗马文化的研究，有时候会称之为"西方古典学"，担心只说"古典学"会让人们误认为是在说中国或者其他地区的古代文化。不过欧美学界，包括俄罗斯和东欧的学者，通常用"古典学"来特指西方古代世界的研究，而以中世纪来指称5世纪到15世纪的西欧。原来的罗马帝国东部后来发展为拜占庭帝国，并以自己具有特色的文化影响到俄罗斯和东欧，尤其是其中的东正教国家。中世纪西欧在民间有各地方言。但是，长期以来，拉丁语为宗教、法律、医学和人文等学科的通用语言，同时也是民间的语言，譬如外出旅行时候的"国际语言"。而拜占庭则沿用希腊语。中古时期的拉丁语和希腊语有自己的鲜明特色，有更加丰富和多样的内容，但是语法和词汇仍保留很强的、大大超出一般人想象的稳定性，所以在语言上中世纪文化与古希腊罗马文化实际上是共通的。熟悉中古欧洲和拜占庭研究的学者，一般不会把拉丁语和古希腊语仅仅理解成狭义的古典语言，会敏锐地注意到古典文化在中世纪的延续和发展，认可中古拉丁语和希腊语本身的成长和发展，并认为当时的人们借助中古拉丁语和希腊语将中世纪和拜占庭文学和文化成就提升到古典世界的水平之上，为近代西方文明的出现奠定了基础。

正如晚近的欧洲历史和文学研究者喜欢强调的那样，文艺复兴时期过度谈论古典文化优越性的观点并没有准确评估中世纪欧洲在西方文明发展上的决定性作用，譬如马克·布洛赫就认为近代欧洲文明在地理、人口、文化等诸方面都只能看作是起源于中世纪的。不过中世纪重要性的表现之一恰恰是传递了以地中海周边地区为中心的古希腊罗马文明遗产。这里涉及我们对文艺复兴的另外一个误解。古典文化从来没有在中世纪消失，在有些方面甚至一直保持重大影响，譬如罗马法在中世纪一直稳定存在并得到进一步发展，并无所谓罗马法被"再发现"的问题。过去认为古典文化的元素一度消失，需要经过"复兴"才被恢复。这种看法是旧的中学和大学教科书里面才流行的观点。勒高夫在《欧洲的诞生》里面这样描写道：中世纪所继承的古希腊文化包括在古典晚期业已被基督教化的文学和哲学遗产，以及城镇、葡萄酒和宗教建筑。他认为古罗马文化最重要的遗产是拉丁语及其语法、修辞，以及以拉丁语为载体的逻辑论辩和科学知识，还有罗马人的道路、城市、法律、军事战术、政治理论（包括被用于皇帝的称呼"凯撒"一语）。再譬如对中世纪文化影响最大的典籍拉丁文《圣经》，也是在古典晚期被翻译和整理的。

在中国建设古希腊罗马文化的研究和教学，即严格意义上的"古典学"研究，甚至为此设立这方面的专业和机构，具有超凡的意义。在基础的意义上，拉丁语和古希腊语的语言能力是研究上古和中古西方历史不可缺少的基本功。西方古典语言文学、历史学、哲学、考古学等作为专门的研究方向，确实应该是我们的高等院校和社会科学院的一个院系和研究所。此外，作为多元和多样的学科建设规划之一，打通西方古典研究和中世纪研究的思路和设置也值得尝试和努力，这可能会是更加有利于推动国内西方古代历史、哲学和法学研究的一个思路，也就是交叉学科的思路。

严格意义上的古希腊罗马文化的确是西方古代文明比较专门的一个方面，由西方文明的起源和发展的整体性来看，也有一定的局限性。在价值观的层面上，正如国内的学者已经关注到的，也正如勒高夫在《欧洲的诞生》里面提及的，古希腊人在文化上对所谓的"东方"有一种优越感，并且把这种东西方对立的感受和偏见传播给罗马人和中世纪人。到了古典晚期和中世纪，西方在此基础上又出现基督教文化和非基督教文化之分界和对立。与古希腊罗马价值观不同的是，中世纪的一些人很早就突破了古典世界以奴隶制和古代帝国主义为基础的世界观，提出人人平等的观念，认为以种族、宗教和文化来割裂不同的人群，是一种偏执和成见。这种思想经过 12 和 13 世纪的发展，到了中世纪晚期，在波兰学者帕维乌·沃德科维茨那里成为现代国际法的基础。他明确提出，西方不应该排斥非基督教文化，欧洲人应该与其他文化和其他地区的人民和平相处。

在研究、教学和学科设置的层面上，国内高校拥有一个古典学中心，甚至一个古典学系，无疑是西方文明研究不可或缺的基础建设。这样的中心不妨是狭义的古希腊罗马研究中心，也可以是交叉学科的、包含中世纪研究在内的西方古代文明研究中心，二者都符合国际学术界和高等院校的惯例，也是长期以来国内人文学科建设的薄弱环节。如果把古代西方文明研究建设为一个交叉学科，我们在这一领域的人才培养和学术研究都会得到有力的推进。以中世纪的手稿学为例：目前与西方古代文明有关的文本，在数量上主要是中世纪欧洲和拜占庭的文本（包括一部分古典文学的抄本），以手抄的文本为主，用牛皮、羊皮或者纸草作为载体。其中大约有一半以上是至今还没有被很好整理和编辑出版的手稿，构成一个对西方历史、文学、哲学和法律进行进一步原创性研究的文献宝库。对这些文本的阅读和阐释，研究者需要有相当程度的拉丁语和古希腊语的训练，需要熟悉中古拉丁和希腊语，也需要通晓古希腊罗马历史和中世纪历史。很多文学、哲学、医学和法学的文稿会涉及古希腊罗马文化，也会论及中世纪这些学科的发展变化。目前很多学者，尤其是文学、哲学和法学的学者，都需要有打通古典和中世纪的学科背景，有交叉学科的训练。譬如一位托马斯·阿奎那的研究者往往同时精通亚里士多德、西塞罗和中世纪的哲学。

过去有人批评"言必称希腊罗马"。这一说法是指重视甚至"过度崇拜"西方文化。其实这一说法本身反映出我们对西方文化的了解还比较肤浅和粗陋，因为在这一表述中，中世纪西欧和拜占庭文明对现代西方文明的关键塑造作用，无形中被我们忽略了。中国人研究西方学问自然需要有中国的角度。不过在建设扎实系统的西方古代文明研究学科的过程中，我们关注的重点首先应该是拉丁语和古希腊语能力以及其他学术基本功的训练，其次应该是将关注的视野投射到狭义的古希腊罗马文化之外。

上面这些话肯定还不足以完全说明北京大学创办《古典与中世纪研究》的意图和意义。我们在北大和学界的同事和朋友们，在发表于此的优秀研究中，一定会持续和深入地展现他们对古代西方文化的思想和观点，让我们的刊物获得长久的生命和不可替代的价值。

彭小瑜

北京大学西方古典学中心主任

目 录

中古早期历史记忆中的"君士坦丁转向"

李隆国

罗马皇帝君士坦丁在 4 世纪初皈依了基督教。大约在 312 年，与对手马克森提乌斯争夺罗马、进行决战的前夕，君士坦丁看见了天空的异象，即一个十字架和"凭此而胜"的字样。在战胜马克森提乌斯之后，君士坦丁决定公开宽容基督徒及其教会。这一政策后来被称为《米兰敕令》。325 年，在统一罗马帝国之后，君士坦丁召集三百多位基督教主教到小亚细亚的尼西亚开会，这次会议被认为是第一次普世基督教宗教大会。会议通过了著名的《尼西亚信经》，奠定了基督教正统信仰。337 年，君士坦丁临终之前，在小亚细亚城市尼科米底亚受洗，正式皈依了基督教。

一般认为，君士坦丁皈依基督教是改变人类历史的重大事件，君士坦丁也往往被称誉为改变世界历史进程的千古一帝。在学术界，评价较为积极的观点是将君士坦丁与"欧洲的皈依"紧密联系起来；[1] 更为中立的立场则将君士坦丁的皈依称为"君士坦丁转向"（Konstantinische Wende）。这一术语旨在说明君士坦丁的皈依导致罗马帝国的宗教政策发生方向性转变，基督教从此逐渐从受迫害的民间宗教成长为罗马帝国的官方宗教。[2]

"君士坦丁转向"的核心问题是：这一转向是基于君士坦丁的个人宗教体验，还是

---

1 A. H. M. Jones, *Constantine and the Conversion of Europe*, London: The English Universities Press, 1948, pp. 255–258.

2 Karen Piepenbrik, *Christliche Identität und Assimilation in der Spätantike: Probleme des Christeins in der Reflexion der Zeitgenossen*, Berlin: Verlag Antike, 2005, p. 14.

来自政治利用方面的考量。[1] 其实，这个问题还是以基督教信仰为导向的。如果君士坦丁自觉皈依，那么说明他个人是虔诚的基督徒；如果像布克哈特所说的那样，皇帝主要想利用基督教获得政治利益，这就反映出当时的基督徒群体业已成为不可忽视的政治力量，甚至大部分罗马人民都倾向于基督教信仰。20世纪初的历史学家们曾经非常乐观地认为：按照时间的先后顺序，君士坦丁研究史可以被分成为三个阶段：历史的、传说的和辨伪的，分别对应于古代、中古和现代。[2] 现代学者自以为他们的君士坦丁研究是科学的、批判的学术研究，摆脱了宗教虔诚的干扰，与中古时期流行的各种宗教偏见乃至迷信存在本质上的不同。中古时期的君士坦丁叙事被视为传说性质的，与此前较为原始的叙事和此后科学的叙事迥异。最近，华裔澳大利亚籍古典学家刘楠强教授在系统总结中古时期君士坦丁形象的时候，也在重申这一深厚的学术传统："（君士坦丁）生平的方方面面注定要被神圣化，并用传说取而代之。在中古时期，这些传说如此普及，以致从古代晚期开始，它们在拜占庭和中古西欧取代了更为原始的叙事。"[3]

其实，"君士坦丁转向"事涉个人信仰，从一开始就是在很大程度上由教会参与其中，而且在这个时候教会的历史叙事还较为紧密地依附于皇权。在中古早期，这种由教会参与制造君士坦丁形象的历史趋势还在延续，只是随着罗马教会越来越独立于罗马皇帝的直接控制，从罗马教会的角度、利用教会史来重塑君士坦丁的皈依不仅必要而且可行。通过这种努力，在"君士坦丁转向"的历史叙事中，君士坦丁从主角沦为配角，配合罗马主教实现基督教历史上最为重大的宗教转折。这一转折的指向也越来越明晰，就是解释罗马教会当时所拥有的各项政治宗教特权的由来，并为其教规和权利诉求提供历史依据。

1　Klaus Bringmann, "Die konstantinische Wende: Zum Verhältnis von politischer und religiöser Motivation," *Historische Zeitschrift*, Bd. 260, H. 1 (Feb., 1995), pp. 21–47.

2　Christopher B. Coleman, *Constantine the Great and Christianity: Three Phases: The Historical, The Legendary, and The Spurious*, Honolulu: University Press of the Pacific, 2002, p. 10.

3　Samuel N. C. Lieu, "Constantine in Legendary Literature," in Noel Lenski ed., *The Cambridge Companion to the Age of Constantine*, Cambridge: Cambridge University Press, 2006, pp. 298–321. 引文在第 317 页。

中古早期改造君士坦丁历史记忆的尝试中最为重要的两个阶段分别为 6 世纪初和 8 世纪末 9 世纪初。6 世纪初形成了以《西尔维斯特教宗行传》为中心的一系列文本，提出君士坦丁得了麻风病，不得不皈依基督教。8 世纪末 9 世纪初则在此文本的基础上伪造了著名的《君士坦丁赠与》，说明君士坦丁为了表示感恩，自愿迁都到君士坦丁堡，将罗马和整个西部帝国的统治权托付给了罗马主教。这些文本主要是由教会法学家们创造出来的，也为教会法学家们广泛接受。但是，当它们在对历史编纂进行渗透的时候，历史学家们的反应非常复杂而多元。

一方面，关于君士坦丁的早期历史叙事一直流传有绪，为许多中古早期的历史学家所熟知。这些早期叙事主要有四种：优西比乌斯（Eusebius of Caesarea，约 265—339 年）的《教会史》；同一作者编纂但是在 4 世纪末被杰罗姆翻译并续编而形成的《编年史正典》；充分吸纳优西比乌斯的《君士坦丁传》后由 5 世纪初的三位历史学家续写的优西比乌斯的《教会史》，这三部续编在 6 世纪中期又被人用拉丁文缩编为一册，即《教会史三编摘要》；以及 4 世纪中期形成的几部"不语宗教信仰"的罗马史。这四类早期历史叙事对罗马教会塑造的君士坦丁新形象的传播留下了历史障碍。另一方面，现实的政治形势也使得历史学家必须依据现实的实际情况，对教会法学家们塑造的君士坦丁形象进行调整，以便更加符合实际。

教会法学家的创造成果、早期历史叙事的流传以及现实情况三者一起作用，互相竞争，使得中古早期历史记忆中的"君士坦丁转向"呈现格外复杂而多元的格局，远非"传说"二字所能完全加以概括。本文试图揭示这种复杂多元性，交代各种流传有序的传统，分阶段地梳理中古早期关于君士坦丁的各种历史记忆，并初步分析在上述三种因素竞争的背景下中古早期史家所做的各种调适。文章首先介绍在罗马帝国晚期形成的关于"君士坦丁转向"的各种早期叙事传统；其次重点分析 6 世纪初罗马教廷创造的新传统；复次对各种叙事传统的流传与发展进行梳理，然后围绕著名的《君士坦丁赠与》分析当时各种君士坦丁形象之间的博弈；最后总结全文观点，概括中古早期君士坦丁形象的总体演化进程。

一、带来和平的基督教帝王

除了君士坦丁颁布的大量法令之外，关于君士坦丁的最为原始的历史记录就是君士坦丁在位期间献给他的一些颂诗。[1] 其中也包括凯撒利亚的主教优西比乌斯的长篇颂诗，这是为 335 年君士坦丁登基 30 周年庆典而创作的。不到两年，君士坦丁去世，优西比乌斯在此作品的基础上，创作了名著《君士坦丁传》。[2]

就在《君士坦丁传》成文之前的十多年，优西比乌斯还创作了两部影响深远的历史作品，它们分别是《编年史正典》和《教会史》。优西比乌斯的《教会史》在君士坦丁刚统一天下之后撰写。在《教会史》中，优西比乌斯并没有提及多少君士坦丁的具体史事，只是简单提及了这位皇帝自始至终都是基督教信仰的朋友，并在与众多迫害基督教的同僚的斗争中，赢回了属于自己的罗马帝国。[3]

大概在写作《教会史》的同时，优西比乌斯也在完成另一部历史作品——《编年史正典》。这部书是为了论证基督教的历史最为久远，即《旧约》所载历史超迈异教各王朝历史。这部书的原本并没有流传下来。在 4 世纪晚期，拉丁教父圣杰罗姆将其翻译成拉丁语，并续写至 378 年。这部书成为拉丁欧洲的编年史典范，被称誉为《编年史正典》。在这部作品中，优西比乌斯所表现的君士坦丁形象又与他的其他作品不同。

关于君士坦丁统治的开始，这部书用大写字母标明："罗马的第 34 位皇帝，君士

1　R. A. B. Mynors, *XII Panegyrici Latini*, Oxford: Clarendon Press, 1964. C. E. V. Nixon & B. S. Rodgers, trans., *In Praise of Later Roman Emperors: The Panegyrici Latini*, Berkeley: University of California Press, 1994. T. Barnes, "Appendix C: The Panegyrici Latini and Constantine," in Ibid., *Constantine: Dynasty, Religion and Power in the Later Roman Empire*, Malden MA: Wiley-Blackwell, 2011, pp. 181-184.

2　关于这部作品的真伪问题，参见喀麦隆和黑尔的介绍：Averil Cameron & Stuart G. Hall, "Introduction" in Ibid., trans., *Life of Constantine*, Oxford: Clarendon Press, 1999, pp. 4–9; Rudolf H. Storch, "The 'Eusebian Constantine'," *Church History*, vol. 40, No. 2 (June, 1971), pp. 145–155。

3　Edward Schwartz (hrsg.) *Eusebius Werke*, zweiter Band, *Die Kirchengeschichte*, Leipzig: J. C. Hinrichs'sche Buchhanglung, 1909, Lib. IX–X. 也可参考英译本：J. E. L. Oulton trans., *The Ecclesiastical History*, vol. II, Cambridge: Harvard University Press, 1942. 此书的中译本为：优西比乌著：《教会史》，瞿旭彤译，生活·读书·新知三联书店 2009 年版。

坦丁统治30年零10个月，大迫害之第4年。"可见，作者将君士坦丁与大迫害联系在一起，而且将君士坦丁登基的行为称为"篡夺"（invadit）。书中有关君士坦丁的全部信息包括：赫克琉斯·马克西米亚努斯因为其阴谋被他自己的女儿、君士坦丁的妻子揭发而身死（308年）；马克森提乌斯在米尔维安桥被君士坦丁击败而死（312年）；君士坦丁之子克里斯波、小李奇尼等被立为凯撒（317年）；君士坦丁之子君士坦提乌斯被立为凯撒（323年）；克里斯波和小李奇尼被残酷杀死（325年）；君士坦丁登基20周年庆典先在尼科米底亚、次年在罗马举办（326年）。随后，杰罗姆插入了一句说明："至此，是殉道者潘菲利乌斯之友优西比乌斯所写的历史。"在随后的叙事中，杰罗姆提到：比提尼亚地区的德黑帕纳（Drepana）被君士坦丁修复，为纪念他的母亲海伦娜而更名为赫伦诺城（helenopolim）（327年）；君士坦丁杀死自己的妻子福斯塔（328年）；波尔菲利乌斯（Porphyrius）赠书给君士坦丁，并从流放中被召回（329年）；最具基督教色彩的城市君士坦丁堡奠基（330年）；根据君士坦丁颁发的敕令，所有的异教神庙被摧毁（331年）；君士坦丁之子康斯坦斯被推举为凯撒（332年）；君士坦丁与他的孩子们送信给埃及的修道士安东尼，赠其品位（335年）；在君士坦丁登基30周年那年，达尔马提乌斯被立为凯撒（335年）；君士坦丁在临终前夕由尼科米底亚主教优西比乌斯施洗，成为阿里乌斯派信徒（337年）；君士坦丁在准备对波斯作战的时候，在尼科米底亚附近的阿克隆（Acyron）王庄去世，享年66岁，他死后，三位儿子继承帝国，由凯撒升为皇帝（337年）。

在《编年史正典》和《教会史》中，优西比乌斯所提供的君士坦丁形象极为简略，也并非特别正面。其中又以《编年史正典》最为单薄、负面，这一倾向也基本为续编者杰罗姆所继承。但是，杰罗姆更加明确地指出，君士坦丁临终前在小亚细亚受洗，成为一位基督教异端分子。

《编年史正典》现存10世纪之前的抄本有12种，表明其流传之广。在传抄的过程中，君士坦丁的形象稍微变得正面了一些。除9世纪的一种（即M本）之外，现存的早期抄本都在313年处用红笔斜体在书页的右侧添加了一句："和平由君士坦丁归还给我们。"学术界普遍认为这是一位意大利学者在450年左右抄录《编年史正典》时所做的插话[1]，其将结束基督教大迫害的功劳归于君士坦丁。

417 年左右，奥罗修在北非完成的《反异教史七卷》大体延续了《编年史正典》的论述，并没有补充太多的信息。根据奥罗修的叙述，君士坦丁结束了大迫害，但不幸杀害了自己的儿子克里斯波和小李奇尼。作者将这一悲剧归因于阿里乌斯派的影响。此后作者简短地评论了君士坦丁的功绩：征服众多蛮族，新建纯基督教的君士坦丁堡，在备战波斯战争的时候，死于尼科米底亚。作者提及他的儿子继承帝位，但并没有提及他受洗的事件。[2] 这应该是在为尊者讳，因为作者在其他地方提到过君士坦丁受到阿里乌斯派的影响。在历史记忆的选择中，刻意保持沉默或者选择遗忘往往意味着为创造新的记忆扫清道路。

与《编年史正典》和《教会史》相比，在君士坦丁去世之后成文的《君士坦丁传》则塑造了完全不同的、极其正面高大的君士坦丁形象。[3] 在这部传记中，君士坦丁是被优西比乌斯回忆出来的。作者以时间的先后顺序为经，以两人之间的交往为纬，围绕君士坦丁与基督教和基督教会的关系，讲述君士坦丁如何皈依，如何虔诚地信仰基督教，如何扶持基督教，以及临终受洗的故事。

根据优西比乌斯的讲述，君士坦丁的父母都是虔诚的基督徒，但君士坦丁幼时并不信教。在与马克森提乌斯争夺罗马的斗争中，君士坦丁有了基督教的宗教体验；他看见了天空异象，这是一个十字架的形象以及说明文字："凭此而胜"[4]。目睹此异象之

1　John K. Fotheringham, *The Bodleian Manuscript of Jerome's Version of the Chronicle of Eusebius*, Oxford: Clarendon Press, 1905, p. 24. 该抄本的数字版参见 Codex Oxoniensis Bodleianus Lat. auct. T II 26. LUNA, http://bodley30.bodley.ox.ac.uk:8180/luna/servlet/detail/ODLodl~1~1~32802~124573?qvq=w4s:/what/MS.%20Auct.%20T.%202.%2026; lc:ODLodl~29~29,ODLodl~7~7,ODLodl~6~6,ODLodl~14~14,ODLodl~8~8,ODLodl~23~23,ODLodl~1~1,ODLodl~24~24&mi=21&trs=25。

2　Karl Zangemeister, ed., *Paul Orosii Historiarum adversum Paganos Libri VII*, Vienne: apud C. Geroldi Filium Bibliopolam Academiae, 1882, pp. 500–505.

3　最为系统的讨论，是喀麦隆为新英译本所做的序言，她认为君士坦丁被等同于摩西：Averil Cameron & Stuart G. Hall, 1999, pp. 34–39。

4　Γραφήν τε αὐτῷ συνῆφθαι λέγουσαν·τούτῳ νίκα. In «ΕΙΣ ΤΟΝ ΒΙΟΝ ΤΟΥ ΜΑΚΑΡΙΟΥ ΚΩΝΣΤΑΝΤΙΝΟΥ ΒΑΣΙΛΕΩΣΙ». Ivar A. Heikel (hrsg.), *Eusebius Werke*, erster Band, Leipzig: J.C. Hinrichs'sche Buchhandglung, 1902, I. xxviii. p. 21.

后，君士坦丁经过深思熟虑，决定对上帝加以崇拜，并借此战胜了对手。此后在与李奇尼的内战中，他同样凭借上帝的支持而获胜。在统一天下的同时，君士坦丁也大力扶持基督教会。除了通过法律保护基督教会、进行大量的赠与、兴建教堂之外，君士坦丁还特别注重基督教会的统一与和平。为了纪念登基 20 周年，在战胜李奇尼的战场——小亚细亚的尼西亚，君士坦丁召集了第一次普世宗教会议，决定统一复活节日期。此后为了统一基督教会，他不断地派人和写信对各地教会发生的宗教争执进行调解。在纪念登基 30 周年的时候，君士坦丁按照三位一体的构想，将帝位传给三位儿子，并受洗，悔罪而逝，获得永生。[1]

曾经游历地中海世界、接受意大利阿奎利亚主教庇护的大神学家儒菲努斯在 5 世纪初续编优西比乌斯的《教会史》。这部续编的史源并不是很清楚，有可能抄自某部业已失传的早期续编。儒菲努斯先将优西比乌斯的 10 卷本教会史压缩为 9 卷，译成拉丁文，然后续写了第 10、11 卷。他的续编开篇讲述在君士坦丁的领导下，基督教获得了胜利，然后他介绍了阿里乌斯派别及其兴起。君士坦丁的后半生就被儒菲努斯设定在教会与阿里乌斯派斗争的舞台上。其中一章的标题为"君士坦丁皇帝的失误"，说到君士坦丁听信了妹妹、李奇尼的妻子君士坦提娅的劝说，接受了她介绍的一位伪装得非常好的阿里乌斯派牧师，并对他非常信任。在这位牧师的蛊惑之下，君士坦丁犯了错误，将被流放的阿里乌斯召回。随后阿里乌斯回到亚历山大里亚，令正统派教士内心感到非常沮丧。紧接着作者笔锋一转，交代了君士坦丁的去世："当这些事情在困扰亚历山大里亚城的时候，可敬的皇帝君士坦丁在尼科米底亚郊外去世，这是他统治的第 31 年。他的儿子们依据遗嘱继承了罗马帝国。"[2] 作者还讲述了这位阿里乌斯派牧师如何将君士坦丁关于帝国继承的遗嘱转交给君士坦丁之子君士坦提乌斯，而非其他继承人。

1　《君士坦丁传》有新的英译本，即喀麦隆和黑尔的译本，参见上文第 4 页注 2。最近也有了中译本：尤西比乌斯著：《君士坦丁传》，林中泽译，商务印书馆 2015 年版。

2　Rufinus of Aquileia, *Historiae ecclesiasticae*, Edward Schwartz and Theodor Mommsen eds., *Eusebius Werke*, Zweiter Band Die Kirchengeschichte, Lipzig: J. C. Hinrichs'sche Buchhandlung, 1903, p. 978.

儒菲努斯忠实地执行了优西比乌斯的写作原则，完全以教会领袖和殉道者为主角，从宗教政策的角度来描写君士坦丁。这些描写主要聚焦于君士坦丁的晚年，即他如何全面公开与基督教会发生联系，并受到阿里乌斯派的影响。但作者并没有明确表示君士坦丁属于阿里乌斯派，也没有提及阿里乌斯派主教优西比乌斯为君士坦丁施洗的事情；而是适当地为尊者讳。儒菲努斯与奥罗修大体在同一时期进行创作，处在阿里乌斯派哥特人进攻罗马的危险时刻。他们都没有大量参考优西比乌斯的《君士坦丁传》，也都知道君士坦丁为阿里乌斯派，但都选择了沉默，"忘记"了君士坦丁受洗之事。他们的作品表明，在5世纪初的意大利和非洲，教会史家们并不愿意正面提及君士坦丁为阿里乌斯派。

在他之后，同情阿里乌斯派的学者费罗斯托尔基乌斯也续接优西比乌斯，写作了自己的《教会史》。这部教会史并没有完整地保留下来，通过后人的引用，我们才得以窥见一斑。总体来讲，费罗斯托尔基乌斯处理君士坦丁故事的方式与儒菲努斯较为类似，主要从正面描述君士坦丁的宗教政策，但是他搜集了更为广泛的观点和信息，包括君士坦丁为什么杀害儿子克里斯波和妻子福斯塔。他也同样提到了君士坦丁临终前的遗嘱，但这个遗嘱的内容却与儒菲努斯所言大相径庭。费罗斯托尔基乌斯说，君士坦丁是被同父异母的兄弟们毒杀的，为了让自己的继承人报仇，以避免他们遭到同样的毒手，他立下遗嘱，说明自己缘何去世，并让尼科米底亚主教优西比乌斯将遗嘱转交给君士坦提乌斯。作者还提到，在君士坦丁堡，老百姓极其崇拜君士坦丁。"有异教徒指责，在君士坦丁死后，有许多基督徒在君士坦丁纪念柱之前对着君士坦丁的像献祭，他们点灯、烧香和祈祷，一如向神礼拜，借此消灾弭难。"[1]

几十年后，君士坦丁堡的几位史家开始续编优西比乌斯的《教会史》时，都从《君士坦丁传》中选择了大量的信息，使得君士坦丁在教会史中的形象丰满起来。关于君士坦丁的皈依，续编者之一索佐门一方面根据《君士坦丁传》提供的皈依材料，另一方面则基于史事的先后顺序，对当时希腊人中流行的一种说法，进行了反驳。根据这

1　Philip R. Amidon trans., *Philostorgius: Church History*, book. 2. 17. Atlanta: Society of Biblical Literature, 2007, p. 35.

种说法,君士坦丁之所以皈依,是因为他杀害了自己的妻子福斯塔和儿子克里斯波。为了寻求解脱,他遍求各种教派,只有基督教教士允诺,只要经过忏悔和洗礼,即可洗脱罪责,因此君士坦丁皈依了基督教。但在复述君士坦丁对优西比乌斯亲口讲述的皈依过程之后,索佐门评论说,杀害妻儿是在君士坦丁皈依之后十余年,而且希腊人也熟知杀害亲人可以得到宽恕,因此希腊哲学家们传播的说法不可信。

关于君士坦丁的遗嘱,索佐门的说法与儒菲努斯基本类似。[1] 看来,5 世纪上半叶的各位教会史家都对君士坦丁在位期间以及去世之后发生的清洗帝位继承人的事件非常关心:君士坦丁为什么杀害自己的长子克里斯波和后妻福斯塔;君士坦丁去世后,非福斯塔所生的继承人为何被军队清洗掉。史家们试图从各自角度对此加以解释,尤其是从维护君士坦丁形象的角度提供辩护。

当索佐门等人的史书完成的时候,西部帝国正处在从最后的混乱时期直至最后消失的阶段。5 世纪末 6 世纪初,意大利政局最终暂时稳定下来,但是,统治者却是信奉阿里乌斯派的东哥特人。在这种背景之下,索佐门等人的书,因为极端反对阿里乌斯及其门徒,所以也不便于传播。在拉丁西部地区,常见的资料是优西比乌斯的《编年史正典》和《教会史》以及儒菲努斯的续编。这几部作品中的相关说法都过于简单。作为第一位基督教帝王,君士坦丁应该而且实际上与基督教和教会有更加亲密的关系,人们希望知道他与基督教之间的更多事迹。但这些事迹是当时人所需要知道的,超出"带来和平的"君士坦丁之外,但并不一定就是"真实的"君士坦丁。

二、正统信仰的捍卫者与罗马教会的捐献者

5 世纪末 6 世纪初,在阿里乌斯派国王提奥德里克控制下的罗马,罗马教廷因为选举教宗的问题,爆发了较长时间的激烈冲突和分裂(498—505 年),最终导致出

1　Chester D. Hartranft revised, *The Ecclesiastical History of Sozomen*, in Philip Schaff, ed., *Nicene and Post-Nicene Fathers*, Series II, vol. 2, Lib. I. i–xxxiv.

现了两位罗马主教——希马库斯和劳伦提乌斯。为了打击对手,两位教宗的支持者各自在罗马教宗的历史资料中寻找对自己有利而对对手不利的证据,然后添油加醋地补充许多材料,创作了一批伪作,其中最为知名的作品就是《伪希马库斯教令集》(*Symmachian Forgeries*)。在这些资料中,有《里贝里教宗传》(*Gesta Liberii*)和《西尔维斯特教令》(*Constitutum Silvestri*),它们开始讲述一个与上述传统不一样的君士坦丁。

《里贝里教宗传》是关于罗马教宗里贝里(Liberius,352—366 年在位)的故事。它讲述在君士坦丁之子康斯坦斯的统治之下,里贝里被逐出罗马之后,在城外主持复活节洗礼的故事。这个故事有可能是支持(也有可能是反讽)希马库斯教宗在城外的圣彼得教堂实行复活节洗礼。[1] 在这部简短的传记中,作者提到,里贝里教宗之所以被皇帝驱逐出城,是因为他说君士坦丁得了麻风病,并被罗马教宗西尔维斯特治愈了。作者是这样讲述的:"从一册古书中,即从罗马教宗西尔维斯特的书中,里贝里读到下面的故事并受教益,这个故事是:奉耶稣基督之名,康斯坦斯的父亲君士坦丁被西尔维斯特从麻风病中治愈。事实上,康斯坦斯并不是真正的基督徒,而像伪君子。他尽管在三位一体中受洗,但并不真正承认三位一体,而是由尼科米底亚主教优西比乌斯在尼科米底亚的阿奎隆(Aquilon)王庄为他施洗。康斯坦斯还说,约瑟夫与玛利亚还生了其他的儿子。罗马主教里贝里听说之后,开始嘲弄他,大声指责他,特别真诚地说:'王国将不属于你,因为你不惧怕你的主、上帝。'当许多人把这些话报告给君士坦提乌斯皇帝的时候,他非常生气,下令他到城外居住。"[2]

这段话较为混乱,因为我们并不知道是谁在尼科米底亚受洗。因为这里出现了三位皇帝的名字,君士坦丁和他的两个儿子——康斯坦斯与君士坦提乌斯。后文又提到,康斯坦斯最后在尼科米底亚受洗,并死在那里。但正是通过这种皇帝人名的混

---

1 关于伪希马库斯教令集的考证,参见 L. Duchesne ed., *Le Liber Pontificalis*, tome premier, Paris: Ernest Thorin, Editeur, 1886, pp. cxxii-cxxxiii 及以后诸页。关于这些文献的简要介绍,参见 W. T. Townsend, "The So-Called Symmachian Forgeries," *The Journal of Religion*, vol. 13, No. 2 (Apr., 1933), pp. 165-174。

2 Migne, *Patrologia Latina*, vol. 8, Appendix: *Gesta Liberii Papae*, Col. 1389.

乱，各种新的历史故事得以移花接木，逐渐发展起来。在这里，可以确定的是，君士坦丁得了麻风病，被罗马主教西尔维斯特治愈。关于君士坦丁得麻风病的最有可能的故事来源，古典学家富顿业已做了最新的系统调查。他认为故事是 5 世纪中期教会史家对一部分希腊哲学家的看法进行回应的结果，旨在解释君士坦丁为什么要皈依基督教。这些哲人认为君士坦丁受洗和忏悔，是因为只有基督教才能赦免他杀害妻儿的重罪。富顿推测，因为尼科米底亚主教优西比乌斯被人误当作罗马主教优西比乌斯，而优西比乌斯教宗在位时间太短，所以，故事中的教宗被改为他的后任西尔维斯特。[1]

富顿的论证颇能自圆其说。但也要承认，在这个问题上，文本是保持沉默的。又由于文本之间的时间空隙太大，我们并不可能真正了解发明新的关于君士坦丁皈依故事的原因及其最初的来源。我们所能确知的是，在 6 世纪初的罗马出现了关于君士坦丁在罗马受洗的最早版本，即《伪希马库斯教令集》中的《西尔维斯特教令》。《西尔维斯特教令》自称是由西尔维斯特主教召集的罗马宗教大会的一份教令，除了谴责各种异端之外，里面主要规定了各种教职晋升的年限。该教令提到西尔维斯特召集了著名的尼西亚宗教会议："在圣西尔维斯特教宗和虔诚的君士坦丁皇帝在位的时候，在比提尼亚的尼西亚召开了宗教大会。在西尔维斯特教宗的召集之下，218 位天主教主教通过了教规……"[2] 罗马主教是否出席了 325 年的尼西亚宗教会议，史无具文。而在这份教令中，罗马主教与君士坦丁共同享有召集第一次普世宗教会议的荣誉了。

在教令之前有段简短的前言，交代这一宗教会议的由来，其中提到君士坦丁得过麻风病："在这一时期，君士坦丁皇帝乐于看到自己被罗马主教西尔维斯特施洗，并从麻风病中治愈，许多贵族也与皇帝同乐。由于君士坦丁通过西尔维斯特主教从主人耶稣基督那里得到如此的恩惠，他开始宣讲主人耶稣基督，并承认其恩典。考虑到母亲

1　Garth Fowden, "The Last Days of Constantine: Oppositional Versions and Their Influence," *The Journal of Roman Studies*, vol. 84 (1994), pp. 146–170.

2　"Ex Synodalibus Gestis Silvestri," in Paul Hinschius, ed., *Decretales Pseudo-Isidorianae et Capitula Angilramni*, Leipzig: Ex officina Bernhardi Tauchnitz, 1863, p. 449.

教会生养了亲爱的儿子、纯洁的君士坦丁，罗马主教西尔维斯特集合了教士兄弟、主教同僚和助祭，以及罗马公民，准备用教会法整顿教会，并发布相关教令。"[1]

　　另一份作品《西尔维斯特教宗行传》（ *Actus Silvestri* ）与上述文件密切相关，但并不属于《伪希马库斯教令集》。这部作品也是成书于 6 世纪初。我们知道这份作品的最晚写作年代，是因为在《杰拉斯教宗教令》（ *Decreta Gelasii Papae* ）中提及了这份作品。《杰拉斯教宗教令》是一份伪教令，乃 6 世纪 40 年代在高卢南部完成的一篇简明宗教文献目录，内容是关于正统教会认可和不认可的阅读书目。虽然作者反对阅读匿名作者的作品，但还是提到应该阅读《西尔维斯特教宗行传》："同样，《圣西尔维斯特教宗行传》尽管是匿名作者所著，但我们知道，在罗马城的天主教徒都在阅读它，且因为其古老性，许多教会都在效法它。"[2]

　　《西尔维斯特教宗行传》明确叙述了君士坦丁得麻风病之后如何被西尔维斯特治愈的详细过程。作品首先讲述了关于安息日的神学争论，然后讲到宗教迫害以及君士坦丁受洗的故事。宗教迫害的时候，西尔维斯特与教士们逃到城外的山里。"君士坦丁皇帝掌控王朝，给基督徒造成多种伤害，在各行省无数的人被以各种惩罚处死。君士坦丁全身染上了麻风病（ elefantiae lepra ）。当各种巫师和大夫都不能治愈的时候，卡皮托尔神庙的大祭司建议，皇帝应该在卡皮托尔山凿池，注入儿童的血液，到池里全身浸洗，就能立即从麻风病中洁净。"当君士坦丁准备前往血水池的时候，遇见了童子们的母亲，她们围着他哭诉。这导致君士坦丁心怀惶恐，作者如是评说道："罗马皇帝的虔诚战胜了大祭司的残忍。"随后君士坦丁开始登台训众，说明罗马帝国的胜利来自于虔诚。讲话完毕，君士坦丁不仅下令归还童子，而且还加以补偿。这件事情完结之后，君士坦丁得了一梦，梦见圣使徒彼得和保罗给他建议，让他去请在城外山中避难的罗马主教西尔维斯特，为他指点迷津。君士坦丁皇帝醒后，就立即派人前去。

1　*Constitutum Silvestri* (SD1–SK1), Collectio Sanblasiana, Köln, Erybischöfliche Diözesanß und Dombibliothek, 213. 这份 8 世纪中期的抄本，来自意大利，其数字版地址为：http://www.dombibliothek-koeln.de/index1.html?/galerie/altes_buch/dom_hs_213/dom_hs_213_start.html 有些早期的抄本并没有这个前言，但杜歇勒认为应该有这么一个前言。参见前揭书，Duchesne, 1886, p. cxxxiv。

2　Paul Hinschius, 1863, p. 636.

西尔维斯特见到使者，以为自己即将殉道，于是讲述了一番殉道好的宗教道理。教宗和皇帝见面之后，自免不了一场关于基督教信仰的对话。西尔维斯特要求皇帝斋戒一周，发布一些新的宗教宽容政策，然后受洗。

君士坦丁在洁净之后的那个星期每天发布新的宗教政策。第 8 天他来到使徒彼得墓前，开始在那里建设大教堂。在西尔维斯特的拉特兰宫也奠基了教堂之后，君士坦丁开始对顽固的元老们布道，说明自己要颁布新法令，鼓励对基督的信仰，但并不强迫臣民改变信仰。"全体人民，基督徒和异教徒都称赞这个法令，期盼皇帝长生，民众的欢呼声绵绵不绝。"

在这部传记的开篇也有一段简短的前言，说明作者写作的缘由："我们的历史学家、巴勒斯坦的凯撒利亚城的主教优西比乌斯在写作《教会史》的时候，省略了一些在其他小作品中记录的事情，或者他认为会提到的事情。因为他在 20 卷书即两个 10 卷中包括了几乎所有行省的殉道者、主教、忏悔者、贞女和其他女性的殉道事迹。然后他记录了使徒彼得之后的所有主教名字和事迹，那些城市被认为通过使徒教座而享有主教之巅的威权，即罗马城、安条克、耶路撒冷、以弗所和亚历山大里亚。他用希腊文记录了直到他那个时候在这些城市的所有主教的名字和事迹。我的主人、神圣和有福的教父，您吩咐我将其中的一位罗马城主教、圣西尔维斯特的事迹从希腊文译成拉丁文。既然考虑到我个人微不足道，不足以做这个翻译，辞拙且缺乏内秀，我就选择了这种方式。因此我请求：您能为我祈祷，以免我逃脱了蔑视历史的罪责，却犯了对历史想当然之过。但是毫无疑问有了您的祈祷我会获得眷顾。我相信，为了您命令我从事的写作，您将一直为我祈祷。"[1]

这位匿名作者假托翻译优西比乌斯的作品，为自己树立了一个大权威的支撑。但他也暗示了自己的写作困境：要么因为忽略历史而遭受无知的骂名，要么因为对历史想当然，落下向壁虚构的罪名。这种矛盾的心态大概是大多数历史故事的发明者所具有的典型心态。但是受人之命，就得忠人之事，这位匿名作者还是创作了这份传记。

1　以上引文均出自 Boninus Mombritius, ed., *Sancturarium, seu vitae sanctorum*, Milan, 1478, vol. II., pp. 282-284 v.

这份传记分别有希腊文、叙利亚文和拉丁文三类早期写本，对于不同语言的文本的先后问题，学者们存在着争议。如果认为希腊文和叙利亚文的写本更早，研究者就会更倾向于相信匿名作者的自述，认为他确实是在翻译的基础上做了再加工处理；如果认为拉丁文的写本更为原始，希腊文和叙利亚文的传记是对拉丁文本的翻译，那么学者就会重视文本中的虚构色彩，换言之，独创性。[1]

《西尔维斯特教宗行传》是一部圣徒传，其关注焦点是教义和教规。故事中的君士坦丁能说会道，熟谙基督教正统教义，他的"话语"与基督教教士的布道并没有什么本质性区别。在讲话中，君士坦丁说明了一位正统基督教君王的根本素质，即以虔诚来保证胜利的获得，以及应该采取的宗教政策——礼拜基督，并宽容其他宗教。此后，通过组织西尔维斯特与犹太教徒的辩难会，以及对尼西亚宗教会议和《尼西亚信经》的崇奉，君士坦丁变成了符合罗马教廷主张的"正统基督教帝王"。在这部圣徒传中，君士坦丁还有比较多的"台词"。

在稍晚出现的被收入《罗马教宗列传》的《西尔维斯特教宗传》中，君士坦丁则成了默默无言的行动者，而且所占的篇幅极为简短。虽然如此，君士坦丁的故事却被置于作品的开端，令读者印象深刻。

《罗马教宗列传》第一次集结于6世纪中期，此后则不断续编，影响非常广泛。《西尔维斯特教宗传》在简要地说明了西尔维斯特的出身和任职年份之后，说："（西尔维斯特）在索拉克特（Seracten）山遭流放，此后返回罗马，非常光荣地为君士坦丁皇帝施洗，我主借此治愈了皇帝的麻风病。最初，他是通过流放逃脱了君士坦丁的迫害。"[2] 这段话的主要写作动机，是说明西尔维斯特教宗为何没有殉道，有替他

1　德国学者利文森、波尔坎普认为希腊文和叙利亚文写本都是译自拉丁文本。Pohlkamp, "Textfassungen, literarische Formen und geschichtliche Funktionen der römischen Silvester-Akten," *Francia* 19 (1992), pp. 115-196. 但法国学者杜谢内、美国学者富顿以及华裔澳大利亚籍学者刘楠强认为作者基于东部的元素来翻译创作。Garth Fowden, "The Last Days of Constantine: Oppositional Versions and Their Influence," *The Journal of Roman Studies*, vol. 84 (1994), pp. 146-170. Samuel N. C. Lieu, "Constantine in Legendary Literature," in Noel Lenski, ed., *The Cambridge Companion to the Age of Constantine*, Cambridge: Cambridge University Press, 2006, pp. 298-321.

2　*Liber Pontificalis*, pars prior, ed. by Theodorus Mommsen, MGH., Berlin: Weidmannos, 1898, p. 47. L. Duchesne, *Le Liber Pontificalis*, p. 170.

辩解的意图。

《西尔维斯特教宗传》与其他教宗传的不同之处在于其篇幅很大，主要内容就是君士坦丁的各种赠礼。其中提到了君士坦丁捐建的靠近拉特兰宫的君士坦丁大教堂中就有君士坦丁受洗的洗礼池。因此至迟于 6 世纪中期，君士坦丁受洗的历史记忆，最终凝固在实物之中，以教堂和洗礼池为载体，成为可以由文字与实物互证的"历史真实"了。

君士坦丁的受洗与君士坦丁的赠礼，处于这种"真实历史"的核心位置。通过受洗与赠礼，君士坦丁成为一种典范，即从迫害者转变为虔诚的基督徒君王。关于他如何迫害基督徒的具体行径，在《西尔维斯特教宗传》中几乎没有提及，但是关于他虔诚捐赠的记录却连篇累牍。因此，罗马教廷在 6 世纪上半叶再造的君士坦丁形象，与其说是迫害者，还不如说是虔诚的捐献者。这个重新被记忆的君士坦丁承载的是一种皈依记忆，通过皈依来实现根本性的个人转化，由迫害者转变为虔诚的捐献者。

通过与优西比乌斯比较，可以发现，君士坦丁死后三百年间，他作为虔诚的基督教君王的形象是一致的。只是在优西比乌斯那里，君士坦丁是自己思考之后皈依的；而在 6 世纪的罗马教廷，他是被教宗拯救之后皈依的，实现了一次迫不得已的人生转折。在这个过程中，教宗所起的作用至关重要。与其他皇帝相比，君士坦丁在罗马教会人士的历史记忆中，也变得最为重要，成为罗马教会所属教堂的最大捐献者，或者说，最为虔诚的罗马皇帝。君士坦丁皈依的意义也从为基督教带来和平变为带来大量赠礼。

大约与此同时，在君士坦丁堡也出现了丑化君士坦丁形象的历史叙事。佐西莫斯撰写的《罗马新史》公然将君士坦丁贬斥为政治野心家，在残酷地消灭竞争对手和控制整个帝国之后，就"不再隐藏自己的邪恶面目与堕落秉性，而是随心所欲、为所欲为"。受到妻子福斯塔的蛊惑，杀死自己的儿子克里斯波；又为了安抚老母亲的心，害死福斯塔。为此良心受到谴责，于是在小人的建议下，皈依基督教，以便一洗得解脱，但也为此遭到元老院和罗马人民的憎恶。为了躲避罗马人民的诅咒，于是另营新都，并在此后颁布了很多祸国殃民的法令和政策。作者总结说："简而言之，国家军事衰败至此,他便是罪魁祸首。"在补充君士坦丁如何搜刮民脂民膏之后,作者提及君士坦丁的去世:"君士坦丁以上述种种方式与国家作对之后,就因病驾崩了。"[1]

除了佐西莫斯之外,这个时期的君士坦丁堡也产生了一些关于君士坦丁的圣徒传,但都没有完整地流传下来。与之相比,6世纪上半叶罗马教会的努力,则斐然可观。一方面,伴随东哥特王国的灭亡,原属于阿里乌斯派的大量教产落入罗马教会的手中;另一方面,依靠查士丁尼皇帝的支持,罗马教会正式在再征服后的帝国获得了最高教会领袖的地位。作为对这一新形势的及时反应,罗马教会通过再造君士坦丁这位第一位基督教皇帝的形象,将君士坦丁的皈依与罗马主教紧密地联系在一起,使他不仅成为听从罗马主教、捍卫罗马主教所代表的正统信仰和教义的典范;而且也是大量罗马教堂的建造者和捐献者、罗马教会虔诚的扶持者。

三、多元的历史记忆图景

6世纪中期,当罗马教廷完成大规模重述以西尔维斯特教宗和君士坦丁皇帝为中心的早期罗马教会史的时候,君士坦丁堡的查士丁尼皇帝发起的再征服运动正在如火如荼地展开。553年,罗马军队攻克东哥特王国,重新将意大利的失地纳入到帝国的怀抱。以卡西奥多鲁斯为代表的一大批意大利知识分子前往君士坦丁堡,并在返回意大利时带回了希腊文的各种教会史作品。

卡西奥多鲁斯请埃皮法尼乌斯将5世纪中期完成的、优西比乌斯的教会史的几部希腊文续编,即索佐门、苏格拉底和提奥多特的作品,加以摘编,汇成一册,译成拉丁语,即著名的《教会史三编摘要》。卡西奥多鲁斯在前言中说:"这部为所有基督徒迫切需要的教会史,是由三位希腊作家精心书写的。"在562年完成的《指南》中,卡西奥多鲁斯对这部作品做了如是的推荐:"应该阅读由优西比乌斯用希腊文撰写的10卷

---

1 佐西莫斯著:《罗马新史》,谢品巍译,上海人民出版社2013年版,第44—59页。

本《历史》，该书由儒菲努斯续写了第 11 卷。在优西比乌斯的《历史》之后，希腊人苏格拉底、索佐门和提奥多特进行了续写。之后，在上帝的帮助下，这些续编由博学的埃皮法尼乌斯加以翻译，缩编为一册 12 卷本。从此将不再有人埋怨，必得为此懂希腊语才行。"[1]

这些续编的主要史源为优西比乌斯的《君士坦丁传》，前文以索佐门为例，做了说明，此不赘述。《教会史三编摘要》在中古拉丁文世界非常流行，现存有 137 个抄本。尽管现存最早的抄本来自于 8 世纪，但学者们业已证明，此前这一部拉丁文教会史就流行开来了。[2]

与此同时，优西比乌斯和杰罗姆的《编年史正典》也在有序地流传着。5 世纪中期，阿奎丹地区的普罗斯佩鲁（Prosperus Tironis）在自己的编年史中基本上抄录了《编年史正典》的原文，没有增加新的关于君士坦丁的信息。但是，从 6 世纪开始，不同的历史学家在摘录或续编《编年史正典》的过程中，不断吸纳新的"历史记忆"，在这个"历史底本"的基础上加以改编，进行综合创新。

《511 年高卢编年史》因为叙事截止于 511 年而得名。在抄录《编年史正典》的同时，这位匿名作者也做了一些改动，其中最为明显的新说法就是君士坦丁受洗过两次："在其生命即将终结的时候，由优西比乌斯在尼科米底亚再一次施洗，君士坦丁偏向于阿里乌斯派而亡。"[3]他将原文的"洗礼"加了一个"再一次"，虽然在行文中，他并没有提及第一次洗礼，但应该是指在罗马由教宗西尔维斯特主持的那一次。

---

1 Cassiodorus: *Institutiones*, Lib. 1.17.01, digilibLT 2015. http://digiliblt.lett.unipmn.it/xtf/view?docId=dlt000078/dlt000078.xml; chunk.id=d697e1302; toc.depth=1; toc.id=d697e141; brand=default. James W. Halporn, trans., *Cassiodorus: Institutions of Divine and Secular Learning and On the Soul*, Liverpool: Liverpool University Press, 2004. p. 150.

2 关于这部书的年代和早期流传情况，参见 Désirée Scholten, "Cassiodorus' Historia tripartite before the earliest extant manuscripts," in Clemens Gantner, ed., *The Resources of the Past in Early Medieval Europe*, Cambridge: Cambridge University Press, 2015, pp. 34–50。这部史书的年代，应该是在 540—553 年之间。540 年，卡西奥多鲁斯到了君士坦丁堡，于 554 年回到意大利，退隐起来。553 年，这部史书中的一位作者提奥多特成为查士丁尼禁止的三位作者之一。

3 *Chronica Gallica A. DXI*, in T. Mommsen, ed., *Chronica Minora Saec*. IV. V. VI. VII, vol. I, MGH., Auctorum Antiquissimorum Tomus IX, Berlin: Weidmann, 1892, p. 643.

6世纪末的大史学家都尔主教格雷戈里，也基本上抄摘录《编年史正典》和奥罗修的《反异教史七卷》。但是他摘录的有关君士坦丁的信息只有一条，就是他杀死儿子克里斯波和妻子福斯塔，而且还添补了自己的解释："因为他认为他们图谋不轨，要想篡夺帝位。"另外，格雷戈里显然还知道被罗马教廷不久前创造的关于君士坦丁受洗的故事。他在叙述法兰克王国的奠基者克洛维皈依的时候，将这位蛮族首领比喻成君士坦丁："国王首先请求主教给他施洗。他好像是一位新的君士坦丁，移步前行走向圣水，去清除往日的麻风病，去用这种清新的流水湔洗从早年带来的污迹。"[1] 实际上，格雷戈里对帝王没有什么好印象，他笔下的所有帝王都为了巩固统治而做过许多坏事，君士坦丁和克洛维亦不例外。罗马教廷的君士坦丁故事，特别迎合他的这种认识。君王早年的污迹，就像麻风病一样。克洛维杀害同宗诸王，与君士坦丁一样，劣迹斑斑，只有通过洗礼才能得到洁净。

同样是大主教，同样是作品繁多的神学家，稍晚于都尔主教格雷戈里的西班牙圣人伊西多礼（Isidore of Seville），在其《编年史长篇》中却更加尊重优西比乌斯和杰罗姆。他没有像上述高卢作家那样增添新的说法，而是增加了自己的感叹："在其生命即将终结的时候，君士坦丁由尼科米底亚主教优西比乌斯施洗，皈依了阿里乌斯派。哦，多么可怜啊！好的开始，伴之以坏结局。"虽然他没有改写君士坦丁的受洗经历，但却改写了君士坦丁之子君士坦提乌斯的受洗历史："神圣正教的敌人们利用了这种疯狂，因为他（君士坦丁）的儿子君士坦提乌斯由尼科米底亚主教优西比乌斯再一次施洗，堕落到阿里乌斯派中。"[2]

《弗里德伽编年史》是7世纪高卢最重要也是篇幅最大的史书，作者不详，现代研究者推测他大抵在墨洛温宫廷供过职。这部编年史很明显是抄录《编年史正典》的论述，因为，原本在表格形式中的编年史信息互相缺乏连接词，如果在一行一行的表格

1　以上引文分别参见都尔教会主教格雷戈里著：《法兰克人史》，寿纪瑜、戚国淦译，商务印书馆1981年版，第30、86—87页。

2　Isidore: *Chronica maiora*, in T. Mommsen, ed., Chronica Minora Saec. IV. V. VI. VII, vol. II, MGH., Auctorum antiquissimorum Tomus XI, Berlin: Weidmann, 1894, p. 466.

中单独排列，读起来还较为自然，但是弗里德伽将史表改为叙事体，却没有补充上下文之间的连接词，所以他的行文就是一个一个短句的并列。除了抄录原文，这部编年史还补充了一条重要的新信息。他说，君士坦丁受洗和皈依乃是因为受到他母亲海伦娜的影响："君士坦丁与母亲海伦娜一起在耶路撒冷找到了我主耶稣基督的十字架，并且因此受到海伦娜的影响，成为基督徒。"[1]

8世纪，英吉利人的圣徒、修士比德写作的《大编年史》将君士坦丁当做迫害者，而且将其受洗这一事件系于世界第4290年（Anno Mundi ĪĪĪĪ CCXC）条下，不具年月，排在尼西亚宗教会议之前，"君士坦丁由迫害者变成基督徒"。在后文中，他更加明确地指出君士坦丁是在罗马受洗的："君士坦丁在他受洗的地方——罗马建造了圣施洗者约翰大教堂，名之曰君士坦丁大教堂。"[2]

比德虽然远离罗马城，身处不列颠北部的韦穆-贾罗修道院，但由于特殊的宗教渊源，他所在修道院的创始人比斯科普曾五次前往罗马，收集各种书籍，受到罗马教廷文化的巨大影响。但是除了这种特殊的文化影响因子之外，综合上述各家叙述来看，随着时间的推移，史家们都在重新言说和解释君士坦丁的受洗和皈依。从这个角度而言，罗马教廷关于君士坦丁的历史形象的重塑，走在了时代的前列，罗马教会是中古早期拉丁文教会史的引领者。因此，在8世纪中叶之前的欧洲西部拉丁文地区，罗马教廷版的"君士坦丁受洗"故事，越来越具有影响力，逐渐向各种历史叙事中缓慢渗透，并被当作新增因素，被各位史家不同程度地加以接纳。

这种影响甚至在希腊帝国也很明显。9世纪初，提奥法尼续接老师申克罗斯的未竟事业，续编其《编年史》。在这部著名的历史书中，作者在广泛参考诸家历史记载的基础上，从正统基督教的角度进行论说，对君士坦丁重新进行了历史记忆。首先，君士坦丁毫无疑问是历史的绝对主角，是被上帝派来消灭暴君们、解放基督教会的英明帝王。其次，针对有些人说君士坦丁乃私生子，提奥法尼证明这位皇帝不仅出自于原

1　*Chronicarum quae dicuntur Fredegarii Scholastici* in Bruno Krusch ed., *Fredegarii et aliorum chronica et vitae sanctorum*, MGH., SRM. Tomus II., Hannover: Impensis Bibliopolii Hahniani, 1888, liber II. 42. p. 66.

2　Bede, *Chronica Maiora*, in Theodorus Mommsen, ed., Chronica Minora Saec. IV. V. VI. VII. III, p. 295.

配，而且帝系久远："一些阿里乌斯分子和异教徒指责君士坦丁大帝是私生子，但他们都是在说谎。因为他的帝王谱系一直回溯到戴克里先之前的时代。事实上，他的父亲君士坦提乌斯是皇帝克劳狄的孙子，他是君士坦提乌斯与第一任妻子海伦娜的儿子。"第三，君士坦丁不可能是被阿里乌斯分子施洗的："有些人讲，这一年君士坦丁和他的儿子克里斯波在罗马一起被西尔维斯特施洗。旧罗马的居民至今仍保留着当年的洗礼池作为证据，证明他在消灭暴君们之后在罗马由西尔维斯特施洗。而东部的居民则说，他是临终前在尼科米底亚由那里的主教、阿里乌斯派的优西比乌斯施洗的，他也在那里驾崩。他们说，他推迟洗礼是希望能够在约旦河里受洗。在我看来，更有可能他是在罗马由西尔维斯特施洗的，那些致罗马主教米尔提亚德斯的敕令都是阿里乌斯分子伪造的，因为他们渴望争得这一荣誉，或者想用这种方式抹黑这位无比虔诚的帝王，说他没有受洗。这当然是荒唐的，也是错误的。因为如果他在尼西亚会议的时候没有受洗，他根本不可能参与圣事，也不可能参加教父们的祈祷。这些都是不可思议的！"

提奥法尼明显吸收了罗马教廷的"历史研究成果"，他没有引证优西比乌斯的《君士坦丁传》，而是参考了当时流行的另外的《君士坦丁传》。此类圣徒传较多，但大体故事结构类似，都是添加了君士坦丁幼年的许多故事。在受洗问题上，这些传记基本上采纳了《西尔维斯特教宗行传》的说法。例如被称为哈尔金版的《君士坦丁传》说："如果大家想仔细了解这些事情的前因后果，请去参考我们的教父圣西尔维斯特的传记，他那时是罗马城主教，君士坦丁就是由他施洗的，在那里有更加全面的记叙，由于篇幅所限，我就此略过。"[1]

但是，提奥法尼认为君士坦丁不仅仅虔诚，而且也是最为优秀的帝王："他是一个各方面都非常优秀的人。精神果敢，思维深邃，讲话文雅，司法公正，慷慨大方，仪表堂堂。对付蛮族时，他显示出他的伟大；在内战中则充满勇气和幸运。由于信仰持久

---

[1] Mark Vermes, trans., *The 'Halkin' Life of Constantine in English*, 5. 这里是参考了网络版 http://www.roger-pearse.com/weblog/the-halkin-life-of-constantine-in-english/。下载时间 2017 年 6 月。类似的传记和说法，参见 Frank Beetham, trans., *Constantine Byzantinus: The anonymous Life of Constantine (BHG. 364)*, 15–17, in Samuel N. C. Lieu & Dominic Montserrrat, eds., *From Constantine to Julian: Pagan and Byzantine Views: a Source History*, London: Routledge, 1996. pp. 119–122。

坚定,他通过祈祷战胜了所有的对手。"[1] 提奥法尼笔下的君士坦丁也是非常虔诚的君王,对教会慷慨大方,广泛赠与;但是,他却并没有通过让渡城市和统治权来尊崇教会,而是将帝国留给了继承人。作为最优秀的虔诚帝王,提奥法尼笔下的君士坦丁自然是历史叙事的主角,而非在罗马教廷的历史记忆中的形象,不是一个映衬罗马教宗之伟大的配角。

因此,我们也要看到,在君士坦丁王朝后期及之后百余年间形成的各种传统的历史认识,具有非常顽强的生命力。除了优西比乌斯所奠基的《教会史》《编年史正典》等教会历史传统之外,甚至古典史学的传统也在 8 世纪的拉丁欧洲能找到传人。在君士坦丁王朝后期,出现了好几部不语宗教纷争的古典史学作品,如君士坦提乌斯时代奥勒留·维克多编订的《凯撒列传》(De Caesaribus)、阿米安·马尔塞利努斯的《罗马史》以及尤特罗庇乌斯的《罗马国史大纲》。在这几部史书中,君士坦丁都是被当作伟大的罗马皇帝,不仅战功赫赫,威名远播,而且待人接物行为高尚,其德行可圈可点。如《凯撒列传》提到这位伟大的君王去世时,罗马人民的悲痛之情:"他的遗体被运回到以他的名字命名的城市君士坦丁堡,这令罗马人民深感悲伤,因为他们认为,是通过他的武功、法令和仁慈的统治,罗马城才确实复兴了。"[2]

与维克多相比,尤特罗庇乌斯的《国史大纲》流传更为广泛,对君士坦丁的描写则更多一些批评之辞。尤特罗庇乌斯更赞赏戴克里先,而认为君士坦丁的统治前好后差,暗示他皈依基督教给他带来了不利的影响,尤其是导致他的政策不公平,对一部分人太好,而对另一部分人则又过于严厉。[3]他的这种评价,正好与基督教史学家的看法相反。基督教史家以皈依为分水岭,感谢君士坦丁从此给基督教会带来和平。

---

1 以上引文均来自 C. Mango & Roger Scott, trans., *The Chronicle of Theophanes Confessor: Byzantine and Near Eastern History, AD 284–813*, Oxford: Clarendon Press, 1997, pp. 19–57。关于这一时期圣徒传中的君士坦丁形象,刘楠强教授做了最新的系统总结。Samuel Lieu, "From history to legend and legend to history: The medieval and Byzantine transformation of Constantine's Vita," in Samuel N. C. Lieu & Dominic Montserrat, eds., *Constantine: History, Historiography and Legend*, London: Routledge, 1998. pp. 136–176.

2 H. W. Bird, trans., *Aurelius Victor: De Caesaribus*, Liverpool: Liverpool University Press, 1994, p. 51.

3 尤特罗庇乌斯著:《罗马国史大纲》,谢品巍译,上海人民出版社 2011 年版,第 112—113 页。

比德在自己的《英吉利教会史》中提到了尤特罗庇乌斯的这部书，但是却基本上没有引证其有关君士坦丁的内容。稍晚一些时候，8世纪末，意大利南部著名的本尼迪克特修院的助祭保罗（Paul the Deacon）前往亚琛，探访查理曼的宫廷并在那里逗留。在滞留期间，保罗续写了尤特罗庇乌斯的这部历史，并在前面增加了自创世以来的部分，从而将它改造为适合基督教世界历史体系的作品。但是，保罗对君士坦丁的论述，除了增加若干关于李奇尼的评说之外，没有添加任何新的东西。[1]

也正是在这个时候，随着加洛林王朝的兴起，加洛林王室与罗马教廷的关系日益密切，并通过"丕平赠土"的实现，最终形成所谓的"加洛林-罗马联盟"。在这个过程中，罗马教廷与法兰克王国的部分教会领袖携手合作，又围绕君士坦丁制造了新的历史故事。这一次因为有政治统治力量的强力干预，故事的政治色彩极为浓厚，并影响到后来几百年欧洲政治史的走向，尤其涉及教权与王权之间的斗争。这个故事所依托的文本即所谓《君士坦丁赠与》。

四、独尊罗马教权的皇帝

《君士坦丁赠与》的正式名称为《君士坦丁敕令》（*Constitutum Constantini*）。这份文书模仿君士坦丁的敕令，由两部分组成：第一部分就是经过加工的《西尔维斯特教宗行传》。这一部分的行文采用第一人称，作为君士坦丁的自述，语言精简，也更加突出罗马教座的普世宗教领袖地位；第二部分则是新增加的赠与部分，强调了教宗无与伦比的权威，"既然我知道通过上述圣西尔维斯特和圣彼得的恩典，我自己完全恢复了健康，那么，我与我们所有的行省总督们，全体元老院，贵族们和臣属于我们光荣统治的全体罗马人民一道，颁布有益的命令。既然在人间，他是人子的副手，教皇们

1　H. Droysen, ed., *Pauli historia Romana*, lib. X., i–viiii., MGH., Scriptores rerum Germanicarum in usum Scholarum, Berlin: Weidemann, 1879, pp. 83–86. 编者德罗伊森的相关说明，参见 pp. vii–viii。

又是作为他这位使徒之首的副手，他和教皇们应该从我们和帝国获得更大的领导权让渡，拥有比我们人间帝国通常拥有的统治权更大的领导权。我们选择使徒之首和他坚强的副手们作为在上帝面前的保护人。既然我们属于人间帝国权力，我们下令尊崇神圣罗马教会的权力，圣彼得的神圣教座应该更加得到荣耀，得到比我们的帝权和人间王位更大的礼遇，要被赋予有权力的、有尊严的帝权。"

接下来是一系列的赠与条款。从确立罗马教座高于其他教会，兴建教堂，赠与礼物，到皇帝为教皇牵马坠镫和让渡全部西部罗马帝国的统治权。"通过我们的这纸神圣的帝国敕令，和实际的指令，我们下令：前面提到的、所有位于罗马城的我们的宫殿，所有的意大利和西部地区行省、据点和城市，将它们移交并留赠给上述有福的主教、我们的教父、普世教宗西尔维斯特；并通过这一纸神圣的帝国敕令和明确的帝国指令，我们让渡给他的教座继承人以权力和管辖权，并永久地由神圣的罗马教会管辖和处置。"[1]

关于这份文书的具体来源和创作时间，学术界远没有取得一致意见，但是大家都承认这份文书应该是在 8 世纪中叶至 9 世纪中叶出现的，而且肯定有罗马教廷人士的参与。至于这份文书的功用，学者们往往分别将它与丕平称王（751 年）、随后的"丕平献土"（754 年）、查理曼称帝（800 年）和虔诚者路易的加冕礼（816 年）联系起来，在这些政治事件的背景下来解释它被伪造的目的。[2]

不论其起源如何，这份文书将君士坦丁的基督教体验和当时欧洲政治版图的改变联系在一起，而其中的核心理念则是君士坦丁作为虔诚的罗马帝王，礼敬罗马教会的无上统治权威。正是由于在罗马受洗，皈依基督教，为了感恩和礼敬罗马教座，君士坦丁决定迁都，将帝国西部全部让与西尔维斯特教皇及其继承人。由于虔诚，君士坦丁宣扬教权高于帝权，从而实际上变成了罗马教座权威的代言人。与 6 世纪上半叶罗

---

1 以上引文均参见 Horst Fuhrmann, ed., *Constitutum Constantini*, MGH, Fontes Juris Germanici Antiqui, X., Hannover: Hahnian, 1968, No. 11, pp. 81-82; No. 17, pp. 93-94。

2 Horst Fuhrmann, "Konstantinische Schenkung und Silvesterlegende in neuer Sicht," *Deutsches Archiv für Erforschung des Mittelalters*, Bd. 15 (1959), pp. 523-540.

马教会塑造的君士坦丁形象相比，君士坦丁由追随罗马主教，维护正统信仰，大量捐献教产，演变为尊崇罗马教宗的至高无上权威，赠与帝国西部的统治权。同样是体现帝王虔诚的理念，但随着形势的变化，表现方式如此不同。

《君士坦丁赠与》在被制造出来之后，命运多舛。一方面，它被很快收入到 9 世纪出现的著名的《伪伊西多尔教令集》中，具有了教会法的权威；但另一方面，当这一文书所承载的新"旧历史"向历史叙事渗透的时候，不得不面对史家的抵制，或者被拒绝，或者依据现实政治版图，经过修订，以更加契合现实，进入历史叙事之中。

《伪伊西多尔教令集》的起源同样不明，但迟至 9 世纪中叶，兰斯大主教兴克马尔就曾引用过这部教令集。[1] 在 12 世纪，这部教令集中的"大量伪教令被收入到教廷认可的教会法汇编中去，从而给予了该文献辑录本身权威和正统的地位"[2]。但《伪伊西多尔教令集》所收文献庞杂，并没有体现出相当一致的立场和观点，更没有毫无保留地支持罗马教廷的主张。当《西尔维斯特教令》被收入其中的时候，教令前面介绍君士坦丁得了麻风病的前言被删除。[3]

在史学界，《君士坦丁赠与》的传播则更加曲折。在 9 世纪 70 年代由维埃纳大主教奥多编订的《编年史》明显受到了这篇赠与的影响。在抄录优西比乌斯和杰罗姆的《编年史正典》之后，奥多接着抄录比德的《大编年史》，吸收了后者关于君士坦丁从迫害者变为基督徒的说法，并有所增补。他说："君士坦丁信仰坚定，由罗马教皇西尔维斯特在罗马奇迹般施洗，受洗的地方靠近施洗者约翰教堂，即君士坦丁大教堂……君士坦丁皇帝从迫害者变成了基督徒，允许基督教徒自由集会，为了礼拜基督到处兴建教堂；并且赐予几乎整个帝国的每一座城市以特权，以便基督徒能够在主教的审判和规训下自由地生活，并在上帝的神殿里自由地享受各种品位。"此后，奥多提到了君士坦丁迁都以及将罗马赠给罗马教座的事："这位皇帝修建了君士坦丁堡，通过遗嘱

---

1 Steffen Patzold, *Gefälschtes Recht aus dem Frühmittelalter: Untersuchungen zur Herstellung und Überlieferung der pseudoisidorischen Dekretalen*, Heidelberg: Universitätsverlag Winter GmbH, pp. 50–53.

2 彭小瑜著：《教会法研究：历史与理论》，商务印书馆 2003 年版，第 22 页。

3 9 世纪的抄本，St. Gallen, Stiftsbibliothek, Cod. Sang. 670, Decretales Pseudo-Isidori。其数字版地址为 http://www.e-codices.unifr.ch/en/csg/0670/324/0/Sequence-635。

将整个帝国的首都、从前的罗马赠予圣使徒彼得和保罗；而将罗马的元老们、执政官们，以及几乎全部的元老等级和他们的妻儿，迁移到第二罗马或新罗马——君士坦丁堡定居。"[1] 奥多相信存在赠与，但赠与的不是帝国，而只是罗马城，即罗马教廷实际拥有的地区——教皇国；而且这一赠与也不是因为西尔维斯特治愈了君士坦丁的麻风病，而是进行的遗嘱赠与。奥多的处理，一方面与教皇国的现实存在相吻合，另一方面也符合当时流行的赠与习惯。自然，他的君士坦丁叙事也顺应了罗马教廷的提倡，与《君士坦丁赠与》关系密切，但又略有不同。《君士坦丁赠与》更加注重统治权的赠与，而奥多则关心赠与实际上包括哪些内容。他还考证，君士坦丁受洗的教堂靠近施洗者约翰大教堂，并非就是改了名的施洗者约翰大教堂，充分显示了他务实的原则，也体现了他在罗马和意大利实地考察的结果。因为奥多借朝圣之机，曾在罗马逗留达五年之久，此后在返回高卢的途中，又在拉文纳逗留，并收集资料。

比奥多早一代人的时间完成的另一部加洛林世界编年史，由今法国西北部丽雪主教弗利库尔夫（Freculf of Lisieux）完成。这部作品是献给皇太后朱迪斯（秃头查理的生母）的。这部编年史叙事至 7 世纪中期结束，但此后不断有史家加以续编，成为中古时期非常流行的"世界史教材"。在叙述君士坦丁的时候，弗利库尔夫虽然也主要讲述他与基督教的关系，但是提到君士坦丁在尼科米底亚受洗，留下了三位阿里乌斯派继承人。他还明确地告诉读者，自己的材料来自于优西比乌斯等人："谁想仔细地了解尼西亚宗教会议中的每项议程，请忽略其他小册子，彻底阅读凯撒利亚的优西比乌斯的历史（该作品由儒菲努斯优美地译成拉丁语），以及三位名人索佐门、苏格拉底和提奥多特的历史书。若想更多地了解君士坦丁的事迹和生平，请阅读优西比乌斯关于这方面的小册子。"[2]

弗利库尔夫代表了与《君士坦丁赠与》不同的另一个极端。这批学者充分了解早期教会史的大量史料，并坚决依靠这些资料，写作君士坦丁的历史。但可惜的是，相对而言，这批学者人数偏少。大多数史学家还是在顺应史学的总体发展趋势，大体延

1　Ado of Vienne, *Chronicon*, in J.-P. Migne, ed., *Patrologia Cursus Latina*, vol. 123, Paris, 1852, Cols. 91-92.

2　Reculf of Lisieux, *Chronicon*, in J.-P. Migne, ed., *Patrologia Cursus Latina*, vol. 106, Paris, 1864, Col. 1197.

续奥多的轨辙，即依据罗马教廷实际统治的地区，与时俱进地说明历史上的君士坦丁赠与。此类例子甚多，这里仅举其一，即于 11 世纪初修撰的《奎德林堡修院编年史》。

《奎德林堡修院编年史》是在奎德林堡的王家女修道院完成的，因此而得名。奎德林堡是奥托王朝和撒利安王朝的陪都。《奎德林堡修院编年史》说，君士坦丁由圣西尔维斯特施洗，从迫害者变成基督徒，他在自己的宫殿中建造了献给施洗者约翰和耶稣基督的大教堂，并用自己的名字命名。随后，作者又列举了君士坦丁捐赠兴建的许多教堂，并将君士坦丁赠与与受洗直接关联起来。"（君士坦丁）在罗马奇迹般受洗之后，将这座城市以及无数其他财产交给圣彼得，下令全世界的所有主教以罗马教皇为首领，诸王和其他帝国官员也得如此。然后迁移到东部，以他本人的名字命名在色雷斯地区建造的新城市，下令这是罗马皇帝和全部东部地区的首都。"[1] 奎德林堡修院的嬷嬷们非常崇敬罗马和圣彼得。与奥多相比，她们提供的君士坦丁形象与《君士坦丁赠与》更加接近一些，虽然也按照教皇国的实际控制领土和教产来说明历史，但极其礼敬罗马教宗，尊重其无上的统治权威。

到 12 世纪，在拉丁地区，伴随教权与王权之争的演变，学术界围绕"君士坦丁赠与"出现了激烈的争论。一方面《君士坦丁赠与》的内容被吸纳进正统教会法文献中，甚至被译成希腊文，传播到拜占庭帝国；另一方面有历史学家开始严肃地考辨史事，公开对其可信性提出质疑。这个时候最为著名的历史学家之一、出身于帝国皇室的弗莱辛主教奥托在其名作《双城史》（或《编年史》）中提出，君士坦丁在罗马受洗只是来自于罗马方面的说法："米尔提亚德教宗去世，西尔维斯特继位。依据罗马方面的传统，由他在圣约翰大教堂为君士坦丁施洗。这是皈依的情况。但是，在《圣西尔维斯特传》中读到的麻风病和皈依，应该是虚构的。《教会史三编摘录》提到，他是在生命终结前，在尼科米底亚受洗的。"对于君士坦丁的赠礼，他说道："像罗马方面的历史所言，不仅严肃的皇帝对此表示同意，而且以身作则，将罗马教会提升为一切之首，以致将帝国仪仗让与该城主教圣西尔维斯特，他本人迁移到拜占庭，在那里建立首都。从此，罗马教会接受了让与她的西部帝国，并且除了两个法兰克王国之外，至今

---

1 *Annales Quedlingburgenses*, in George H. Pertz, ed., *Annales Minore Saevi Saxonici*, Hannover, 1839, p. 29.

毫无异议地在落实其主张。但是，真实的君士坦丁，作为帝国的护佑者，并没有以这种方式将帝国让与罗马教宗，而是出于对上帝的尊重，将上帝的教士们当作教父，满足于让自己和继承人得到他们的祝福和父亲一样的祈祷。这有下述事实为证：君士坦丁本人将帝国在诸子之间进行了分割，一个得到西部，另一个得到东部，如此代代相承，直到提奥多西时代，甚至包括偏离罗马教义的异端皇帝和虔诚君王。"[1]

奥托自己曾参加十字军，到过东部帝国。虽然不知道他是否受到东部流行的历史叙事的影响，但他大量引证了来自东部帝国的、被译成拉丁语的史料，在此基础上考辨史事，对罗马方面塑造的君士坦丁形象提出了质疑和辩难。他也通过理证来说明何谓虔诚的帝王，并进而赋予君士坦丁这样一种新的虔诚观：将教士们当作教父来看待，得到他们的祝福和祈祷。这是帝王的虔诚，而不必像罗马方面的传统说法那样，虔诚的君王应该将统治权拱手相让，授予罗马教廷，并承认罗马教廷的最高统治权威。因此，在奥托笔下，君士坦丁还是那么虔诚的君主，他既没有得麻风病，也不一定是被罗马教宗西尔维斯特施洗，更没有将统治权作为受洗洁净的报酬让渡给罗马教廷。

五、结语：宗教虔诚与政治赠与中的"君士坦丁转向"

历史记忆总是处在流动之中的。历史上的大事和重要人物更是因为读者甚众而易激发多元化的历史记忆。4 世纪初发生的君士坦丁大帝皈依基督教，很快就吸引了历史学家的眼光。作为这一历史变化的受益者，当时的基督教史家认为，这一历史事件标志着深刻的历史结构性变动，从此帝国皈依了基督教，即现代学者们所说的"君士坦丁转向"。美中不足的是，君士坦丁皈依的教派是阿里乌斯派。这个时候，多神教史家还基本上是将君士坦丁视为一个个体，与历代帝王没有特别不同的历史影响力。基督教史家的教会史基本上为希腊文作品，而多神教史家的拉丁文作品则基本上

---

1 Adolfus Hofmeister, ed., *Ottonis Episcopi Frisingensis Chronica sive Historia de Duabus Civitatibus*, MGH., Hannover: Hahnian, 1912. pp. 185, 187–188.

不涉及宗教事务。

到 5 世纪末 6 世纪初，西部帝国消失，刺激多神教史家们开始从历史整体反思罗马帝国晚期的历史，他们之中有人明显意识到了君士坦丁的改宗所带来的巨大历史变迁，即导致了罗马帝国的衰亡。而这个时候身处君士坦丁堡罗马帝国和奉行阿里乌斯教派的西哥特王国的双重领导和政治夹缝之中，罗马教会开始日益谋求其独立性和宗教领导地位，历代教宗开始站在罗马教会的立场上，用拉丁文重塑早期教会史。这场大规模重写历史的"创新驱动"，打着重视历史的旗号，以翻译希腊文作品为借口，从罗马教宗的发展史来重现早期教会史，将"君士坦丁转向"改造成罗马主教主导的教会史中的一个关键性环节。在富有代表性的《西尔维斯特教宗行传》中，君士坦丁的皈依乃是出于迫不得已，因为麻风病不能治愈，在走投无路之下，接受罗马教宗西尔维斯特的施洗。在这个版本的历史叙事中，君士坦丁退居配角，映衬历史主角罗马教宗西尔维斯特的光辉形象。虽然主次角色颠倒，但君士坦丁变得更加虔诚，也更加正统了，君士坦丁不再是异端皇帝。罗马教会对君士坦丁的宗教身份的再造，具有广泛的吸引力，其意义和影响力也自然深远。

新的历史记忆在基督教会缅怀恩主的习惯中向前发展，并通过教会的大规模建筑活动，不断制造出更加"确凿的"历史见证。各种建筑物、铭文、画像被创造出来，不断地与文本更加深入地结合，形成古今不间断的对话，从而建构起全方位的历史记忆。这种历史记忆又伴随着现实政治形势的变迁，不断变形。至 8 世纪末 9 世纪初，在东部帝国，君士坦丁的形象更加丰满，成为最优秀的、也最正统的罗马帝王的化身，几乎没有任何瑕疵。尽管目标都是"理想的罗马帝王"，但是东西部教会在何谓理想方面的理解大相径庭。在复兴的西部帝国，罗马教会的新君士坦丁形象建构活动依托于君士坦丁的迁都活动、教皇国的存在，以及东西部帝国分裂的现实基础，通过君士坦丁将至高统治权和西部帝国都赠给了罗马教会，彰显其作为第一位基督教帝王的虔诚信仰。君士坦丁的历史被用来建构新型的"神圣罗马帝国"，即由罗马教会主导的帝国。这是从罗马教会的角度看到的更加虔诚和正统的君士坦丁。

此后，随着罗马教权的不断增长，这一新的君士坦丁形象成为罗马教会主张的正统虔诚君王的典型形象，进入到教会法之中，从而具有了广泛的权威性。但是，也应该看到，历史学家们对此远非罗马教廷那么自信且看法一致。这一新的"旧历史"本是从多元化的君士坦丁形象和传统中脱颖而出的，也不得不一直面临这些传统的挑战和竞争。这些不同的史学传统一方面基于更加原始性的史书，有序地传承；另一方面也在古今对话中，依据现实进行适当的调整。概而言之，大体有四种主要的传统，它们分别来自于优西比乌斯的《教会史》，5 世纪中期索佐门等三位史家依据优西比乌斯的《君士坦丁传》对其《教会史》的续编，优西比乌斯创作、由杰罗姆在 4 世纪末加以翻译和续编的《编年史正典》以及君士坦丁王朝末期的多神教史学作品。

正是中古早期君士坦丁形象的多元格局，不仅使得罗马教会获得创造新历史的文化空间，也使得君士坦丁的故事并非仅仅属于传说领域，而是在传说与坚持早期历史叙事这两种极端之间，各种不同的君士坦丁形象同时并存。这些不同的历史记忆共同编织了颜色丰富的多彩光谱。但是，主流的历史叙事不仅在试图重塑人们的历史认识，而且也在制造各种新的物质史料，尤其通过大规模的建造活动，以题名、图像等各种实物的方式参与到历史记忆的重塑之中。而现实政治宗教形势的发展，更是迫使历史学家不断重新解释历史，调整传统的历史记忆和叙事。8 世纪末 9 世纪初教皇国的形成，神圣罗马帝国的创建，两大罗马帝国的竞争，在奠基中古政治版图的基本框架的同时，也促使适应这一新形势的君士坦丁赠与故事得以形塑而成。这一新的主流历史叙事也迫使史学家们在多元化的历史记忆框架中，各自调适。11 世纪末期 12 世纪初爆发的教权与王权之争，刺激了利益相关各方从历史中寻找证据。与此同时，大规模的十字军东征活动带来了东西部帝国之间的史学交流，使得深受《君士坦丁赠与》影响的主流历史叙事受到了前所未有的挑战。在这一过程中，罗马教会主导的主流历史叙事逐渐沦为多元化历史记忆中的普通一员，丧失其独尊的地位，君士坦丁的宗教虔诚与政治赠与逐渐分离。关于君士坦丁的历史叙事原则再次缓慢走向"凯撒的归凯撒，上帝的归上帝"。

（本文作者为北京大学历史学系副教授）

"危险的深渊"

《忏悔录》卷六考

夏洞奇

384 年秋，来自北非的摩尼教徒奥古斯丁为追求"尘世的前途"而来到意大利的米兰。[1] 作为瓦伦提尼安王朝小朝廷的行在，作为各方政治、宗教势力相互角逐的舞台，当时的米兰正是时代的漩涡。[2] 直到此时，这位年轻有为的修辞学教授尚且无法想象，在接下来不足两年的时间里，自己的人生即将迎来一场极为剧烈的"转变"。可以说，是短暂的米兰经历彻底地扭转了他的人生方向。

一百多年来，对于奥古斯丁在米兰时期的"转变"（以所谓"米兰花园一幕"为高潮），各种角度的研究早已连篇累牍。尽管如此，《忏悔录》的修辞手段毕竟是高深奥妙的，精心构思的文学呈现将一道又一道的滤镜叠加于作者亲身经历的米兰往事之上。鉴于这场"转变"早已成为西方基督教历史上的一个关键时刻，隐藏在层层滤镜背后的这段往事，仍然值得我们孜孜不倦地进行新的考索。

1　关于《忏悔录》对于奥古斯丁这段经历的文学加工，参见夏洞奇：《"开始绝望"？——〈忏悔录〉卷五再分析》，《云南大学学报》2015 年第 2 期，第 35–48 页。

2　参见 John Matthews, *Western Aristocracies and Imperial Court, A.D. 364–425*, Oxford: Clarendon, 1975, pp. 183–222。

一、"危险的深渊"：奥古斯丁在米兰的"危机"

按照《忏悔录》卷六的文学呈现，在阅读"柏拉图派的著作"[1]之前，奥古斯丁正在经历一场"危机"。在卷六的开头，作者就如此描绘自己在当时的精神状态："我沉入了海底"，"我失去了信心，我对于寻获真理是绝望了"。[2] 紧接着，他讲到了母亲莫尼卡"不辞梯山航海来找寻我"，"一心依恃着你而竟能履险如夷"的一幕[3]，这就借用渡海的隐喻呈现出了母亲之"信心"与儿子之"绝望"的强烈对比。接下来，在抵达米兰之后，莫尼卡"发现我正处于严重的危机中，见我对寻求真理已经绝望"[4]。总之，在母子重逢的时候，奥古斯丁的精神状态可以以"绝望"、"危机"来形容。

在聆听米兰主教安布罗斯的布道之后，奥古斯丁萌生了向他求教的愿望，但却找不到合适的机会与他深入交流。对此《忏悔录》评论道："他也不知道我的煎熬，我所面临的危险的深渊。"[5] 在受到安布罗斯的启发之后，奥古斯丁对《旧约》的理解方式已经焕然一新，对于大公教会教义的误解亦已基本消除[6]，但他仍然"执持着我的心，不敢完全相信，害怕堕入深渊"[7]。"害怕堕入深渊"，表达了强烈的紧张焦虑的情绪。"危险的深渊"这一意象，是与"沉入了海底"的意象相当一致的，二者都强调了"绝望"、"危机"的状态。

卷六的前 5 章以安布罗斯为中心人物，重点在于说明奥古斯丁的思想变化；从第 6 章开始，叙述的中心转向奥古斯丁及其朋友圈子，重点转为描述"我行走在世俗的

1　*Conf.* 7.9.13–7.9.15. 本文所依据的《忏悔录》拉丁文本为：James J. O'Donnell, *Augustine: Confessions,* Oxford: Oxford University Press, 2012 (1992), vol. 1；在注释中，该书均简写为 *Conf.* 笔者所引文本均参考了周士良译《忏悔录》（商务印书馆 1963 年版）；注释中说明了对周译的较大修改，较小的修正不再出注。限于篇幅，本文注释做了较大的删节。

2　*Conf.* 6.1.1: "et veneram in profundum maris, et diffidebam et desperabam de inventione veri." 着重号为笔者所加，下同。

3　*Conf.* 6.1.1.

4　*Conf.* 6.1.1: "et invenit me, periclitantem quidem graviter desperatione indagandae veritatis…"

5　*Conf.* 6.3.3: "…nec ille sciebat aestus meos nec foveam periculi mei."

6　*Conf.* 5.14.24, 6.3.4–6.5.8.

7　*Conf.* 6.4.6: "tenebam enim cor meum ab omni adsensione timens praecipitium…"

大道上"[1]。《忏悔录》如此概括他在这个时期的状态:"我热衷于功名、利益与婚姻","这些欲望使我遭受到最痛苦的困难"[2]。在讲述路遇乞丐一幕时,奥古斯丁连续三次强调,"我是多么凄惨"/"我自己的凄惨"[3]。他还说:"我们的醉生梦死带来了多少痛苦,我们做出了何等的努力,在此时付出了何等的辛劳,在欲望的刺激下所背负的不幸的包袱却越来越沉重的压在我身上";与醉醺醺的乞丐相比,"他是兴高采烈,我是焦虑不安;他是安稳无忧,我是惶恐不安"[4]。所谓"最痛苦的困难"已经达到了何种程度呢?在向天主祈祷时,他如此诉说:"你把我紧紧陷入死亡束缚的灵魂救了出来。"[5]

另一段类似的叙事是,当时奥古斯丁、阿利比乌斯与内布利提乌斯都在叹息,"所有的痛苦都紧随着我们世俗的生涯,我们探问着担受这一切究竟为了什么;眼前是一片黑暗。"[6] 卷六的结尾则总结说:"你[天主]就在面前,你解救我们,使我们脱离凄惨的歧途,把我们安放在你的道路上。"[7]

一般推测莫尼卡抵达米兰的时间是在 385 年春季或初夏。[8] 路遇乞丐一幕发生在"我准备朗诵一篇歌颂皇帝的文章"那一天[9],因此有可能是在 385 年 1 月(母亲抵达

1　*Conf.* 6.5.8.

2　*Conf.* 6.6.9: "inhiabam honoribus, lucris, coniugio, et tu inridebas. patiebar in eis cupiditatibus amarissimas difficultates…"

3　*Conf.* 6.6.9: "…quam misera erat! …quam ergo miser eram, et quomodo egisti ut sentirem miseriam meam…"

4　*Conf.* 6.6.9: "et ingemui et locutus sum cum amicis qui mecum erant multos dolores insaniarum nostrarum, quia omnibus talibus conatibus nostris, qualibus tunc laborabam, sub stimulis cupiditatum trahens infelicitatis meae sarcinam et trahendo exaggerans… et certe ille laetabatur, ego anxius eram, securus ille, ego trepidus." 此处对周译有较大改动。

5　*Conf.* 6.6.9: "…anima mea, quam de visco tam tenaci mortis exuisti." 有较大改动。

6　*Conf.* 6.10.17: "et in omni amaritudine quae nostros saeculares actus de misericordia tua sequebatur, intuentibus nobis finem cur ea pateremur, occurrebant tenebrae…"

7　*Conf.* 6.16.26: "et ecce ades et liberas a miserabilibus erroribus et constituis nos in via tua…"

8　对于奥古斯丁在米兰时期主要事件的发生时间,学界大体上是有共识的,本文以库塞尔、索利尼亚克、佩莱三位学者的年表为准,参见: Pierre Courcelle, *Recherches sur les Confessions de saint Augustin* (Paris: de Boccard, 1968 [1st ed., 1950]), pp. 601–602; A. Solignac, "Introduction aux *Confessions*," in *Les Confessions*, texte de l'édition de M. Skutella (Paris: Institut d'Études Augustiniennes, 1998 [1962]), vol. 1, pp. 7–270 at 201–206; Othmar Perler, *Les Voyages de saint Augustin* (Paris: Études augustiniennes, 1969), pp. 430–477. 除非三者的推断有明显出入,以下不再出注。

9　*Conf.* 6.6.9.

前）或 385 年 11 月（母子重逢以后）。[1] 在"三个饥渴之口"（ora trium egentium）的叹息[2]之后，"现在我年已三十"（ecce iam tricenariam aetatem）的长段反思紧随而至[3]，因此这一幕很有可能是发生在 385 年以内的。虽然这些时间都相当不确定，但从文学呈现的总体效果来看，卷六始终将这个时期的心理状态刻画为"焦虑"、"痛苦"、"凄惨"。按照卷七的回忆，在阅读"柏拉图派的著作"前夕，奥古斯丁仍然没有摆脱这种危机性的心理状态。[4]十余年之后，正在追忆前尘往事的作者仍然说道，当时的"痛苦"已经达到了"紧紧陷入死亡束缚"的地步；换言之，只有依靠天主的解救，他才能脱离"凄惨的歧途"。

二、米兰前期：奥古斯丁的状态与莫尼卡的认识

上文说明，按照《忏悔录》卷六的叙事，在 386 年春夏之交阅读"柏拉图派的著作"之前，奥古斯丁一直处于焦虑、痛苦的精神状态之中，甚至以"危险的深渊"来形容自己的处境。对于这个时期，我们不妨称之为奥古斯丁的"米兰前期"[5]。然而，假若仔细研读从卷五结尾到卷六开头的文本，我们就会发现，这种充满危机感的叙事在上下文之中显得相当突兀，主人公当时的"痛苦"与凄惨并不是一件理所当然的事。下面我们就对他在米兰前期的思想发展作一番简单的追溯。

384 年秋，奥古斯丁已经通过摩尼教的关系，得到了罗马城尹大臣（Praefectus Urbis Romae）西玛库斯（Symmachus）的推荐，获得了米兰的公立修辞学教授的职

---

1 这篇颂词有可能是在 385 年 1 月大将军包托（Bauto）担任执政官的典礼上发表的，也有可能是献给小皇帝瓦伦提尼安二世登基十周年的庆典的。参见：James J. O'Donnell, *Augustine: Confessions*, vol. 2, pp. 356-357; Robin Lane Fox, *Augustine: Conversions to Confessions,* New York: Basic Books, 2015, p. 182；另参见上述三种年表。

2 即奥古斯丁与他的好友 Alypius 和 Nebridius。参见 *Conf.* 6.10.17。

3 *Conf.* 6.11.18.

4 *Conf.* 7.5.7.

5 在本文中，"米兰前期"特指这段时间：其上限是 384 年秋季奥古斯丁初至米兰，其下限到 386 年 6 月左右阅读"柏拉图派的著作"之前，共计一年有半。

位。[1] 当年 10 月前后，他抵达米兰，并且与主教安布罗斯相遇。《忏悔录》对此的回溯性评价是："我不自知地受你［基督］引导走向他［安布罗斯］，使我自觉地受他引导归向你。"[2] 尽管奥古斯丁"最先并不把他作为真理的明师"，因为"对于你的教会，我已经彻底绝望了"[3]，但安布罗斯的布道迅速地产生了立竿见影的效果："当我敞开心扉接纳他的滔滔不绝的词令时，其中所涵的真理也逐渐灌输进去了。我开始觉得他的见解的确可以自圆其说。在此以前，我以为公教信仰在摩尼教徒的责难之前只能扪口无言，这时我觉得公教信仰并非蛮不讲理而坚持的，特别是在一再听了［安布罗斯］对于《旧约》上一些疑难文字的解答之后。我过去是拘泥于字面而走入死路。听了他从文字的精神来诠释《旧约》中许多记载后，我后悔我的绝望，后悔我过去相信摩尼教对《旧约》律法先知书的排斥讥诮是无法反驳的。"[4]

按照《忏悔录》的回忆，在安布罗斯的布道已经纠正了摩尼教对于大公教会教义的歪曲之后，在理性论证的层面上，双方的合理性仍然处于旗鼓相当的状态：哪怕奥古斯丁对大公教会教义的评价已经提高到了可以"自圆其说"的程度，但摩尼教一方同样可以"自圆其说"。在写作《忏悔录》时，奥古斯丁早已成为大公教会的主教、摩尼教的坚定对手。尽管如此，《忏悔录》的作者依然承认，"这时［初至米兰时］我竭力思索，找寻足以证明摩尼教错误的可靠证据"，"但我做不到"。[5] 正因为如此，当时"我并不因此而感觉到公教的道路是应该走的"，"我认为并不因此而应该排斥我过去的信仰，因为双方同样可以自圆其说"，因此"公教虽不是战败者，但还不是胜利者"。[6]

《忏悔录》称，奥古斯丁当时采取了"怀疑主义"的立场："依照一般人所理解的

1　*Conf.* 5.13.23. 本文对晚期罗马帝国官制的译法，参见夏洞奇，《制度史的意义：以奥古斯丁〈忏悔录〉为例》，载北京大学历史学系世界古代史教研室编：《多元视角下的封建主义》（社科文献出版社 2013 年版），第 594—620 页。西玛库斯是当时瓦伦提尼安王朝的重臣、多神教元老集团的领袖人物，亦见该文，第 608 页。

2　*Conf.* 5.13.23.

3　同上。

4　*Conf.* 5.14.24.

5　*Conf.* 5.14.25.

6　*Conf.* 5.14.24.

'学园派'的原则，我对一切怀疑，在一切之中飘摇不定。"[1]但事实上，他在当时的"怀疑主义"仅限于认识论的层面；在宗教的层面上，一旦对大公教会的"绝望"已经消除（所谓"我后悔我的绝望"[2]），哪怕只是在"双方同样可以自圆其说"的情形下，他就立即采取断然行动，决心离开摩尼教："我决定脱离摩尼教，不认为在我犹豫不决之时，还应该再流连于这个教派。"[3]

值得注意的是，按照《忏悔录》的表述，奥古斯丁如此抉择的直接理由，不是大公教会已经在理性论证的层面上胜过了摩尼教，而是因为"既然已经看出有些哲学家胜于他们[摩尼教徒]"[4]。这里所谓的"哲学家"，不是指"学园派"或者其他某种哲学流派，而是指观测星相的天文家。[5]对于自小笃信"耶稣基督"的奥古斯丁来说[6]，这种"哲学家"从来不可能成为他的宗教选项："至于那些不识基督拯救之名的哲学家，我也完全不信任他们，不请他们治疗我灵魂的疾病。"[7]结果，"我决定在父母所嘱咐的公教会中继续做一名'望教者'，等待可靠的光明照耀我，指示我前进的方向"[8]。然而，所谓的"等待可靠的光明照耀我"，实际上只是一种委婉的修辞，或者至多不过是他当时对自己的心理安慰。因为在抛弃摩尼教之后，在他面前的唯一宗教选项就只有大公教会了。对他来说，"学园派"和所谓的"哲学家"（天文家），都不是足以托付灵魂的"宗教"。

按照《忏悔录》的叙事顺序，紧接着奥古斯丁重归大公教会"望教者"的身份之后（卷五终章），莫尼卡就追随而来，抵达了米兰（卷六首章）。鉴于母子重逢时"我已不是摩尼教徒，但也不是公教基督徒"[9]，我们不妨相信，他们的重逢确实发生在奥古斯

1　*Conf.* 5.14.25.

2　*Conf.* 5.14.24.

3　*Conf.* 5.14.25.

4　同上。

5　*Conf.* 5.3.3–5.3.6. 详见 Leo C. Ferrari, "Astronomy and Augustine's Break with the Manichees," *Revue des études augustiniennes* 19 (1973), pp. 263–276。

6　*Conf.* 1.9.14, 1.11.17, 3.4.8, 3.6.10.

7　*Conf.* 5.14.25.

8　同上。

9　*Conf.* 6.1.1.

丁复为"望教者"之后。

随后，卷六第 3 至 5 章重新回到了思想变化的线索上。按照《忏悔录》的记述，安布罗斯的布道仍然是推动奥古斯丁思想变化的直接原因："每逢星期日，我去听他对群众正确地讨论真理之言，我日益相信过去那些欺骗我们的骗子用狡猾污蔑的方法，对圣经造成的全部症结，都是可以消解的。"[1] 早在十余年前的迦太基，摩尼教徒曾经提出三个难题，动摇了青年奥古斯丁对于大公教会的信心；[2] 现在，在接受了米兰主教所指示的解经原则"文字使人死，精神使人生"[3] 之后，其中的两个问题（神是否具有类似人类身体的形状、如何理解《旧约》中的律法和先知书）已经得到了全新的理解。[4]

因此，奥古斯丁回忆说，此时"我虽尚未认识公教会所教导的都是真理，但至少认识到我过去竭力攻击的并非公教会的道理"；"为此，我的天主，我感到惭愧，思想有了转变，我高兴看到你的唯一的教会，你的独子的身体，我幼时教给我基督名字的教会，并不使人意味到幼稚的废话。"[5] 他如此描述当时的心情："我的心越被尖锐的疑虑销蚀，催促我接受真理，我也越悔恨自己如此长期被一个真理的诺言所玩弄欺骗，犯了幼稚的错谬和鲁莽，把许多谬论说成是真理。"[6] 一旦奥古斯丁"思想有了转变"，已经认识到了自己当年"幼稚的错谬和鲁莽"，彻底地将摩尼教徒当成了"欺骗我们的骗子"[7]，他对于大公教会的认识也就可以迈出决定性的一步了："从这时起，我已经认为公教教义更可取、更稳重，从不用欺骗手段。"[8]

在卷五的终章，虽然奥古斯丁已经复为大公教会的"望教者"，但在理性层面上他

1　*Conf.* 6.3.4.

2　*Conf.* 3.7.12.

3　*Conf.* 6.4.6. 此言语出《哥林多后书》3：6。

4　*Conf.* 6.3.4–6.4.6. 第三个问题是恶的来源，对其之解答晚至奥古斯丁"阅读柏拉图派的著作"之后，见 *Conf.* 7.12.28–7.16.22。

5　*Conf.* 6.4.5.

6　同上。

7　*Conf.* 6.3.4.

8　*Conf.* 6.5.7: "ex hoc tamen quoque iam praeponens doctrinam catholicam, modestius ibi minimeque fallaciter sentiebam…"

依然认为"双方同样可以自圆其说";而在卷六的第 3 至 5 章中，他已经经历了某种思想的"转变"，摩尼教徒已经被定性为"欺骗我们的骗子"。由此看来，这两段文本所描写的确实是主人公思想发展过程中的两个阶段；[1] 因此，从卷五结尾到卷六前 6 章，《忏悔录》的叙事顺序也就是事件发生的顺序。

在这两个阶段中，直接引导奥古斯丁思想发展的力量都是安布罗斯的启发；此外，是否还有其他方面的动力促进其思想的深化发展呢？要知道，尽管"每逢星期日"奥古斯丁都去聆听米兰主教的布道，但他们两人之间毕竟只有"简短的谈话"[2]。值得注意的是，莫尼卡甫至米兰，即"敬爱那一位[安布罗斯]无异天主的使者"[3]。考虑到奥古斯丁本来就将重归大公教会为"望教者"视为父母之命[4]，合理的推想就是莫尼卡的尊崇态度大大提升了安布罗斯在儿子心目中的地位，进而强化了他的观点的影响力。[5]

总之，在奥古斯丁的米兰前期，这三个事件是前后相继的：第一，在聆听安布罗斯的布道之后，奥古斯丁在宗教层面做出了实质性的抉择，离开了摩尼教，复为大公教会"望教者"；第二，母子重逢，莫尼卡发现儿子正处于"绝望"的"危机"状态之中；第三，在莫尼卡到来之后，安布罗斯的影响持续扩大，奥古斯丁终于在理性层面上也投向了大公教会。

在米兰前期的整个阶段中，奥古斯丁始终感觉自己正面临着"危险的深渊"，或者说已经误入了"凄惨的歧途"。但值得注意的是，这种深深的危机感，其实只是奥古斯丁自己的主观感受。首先，早在莫尼卡抵达之前，他在宗教上的前进方向其实就已经明确了，大公教会已经成为他的唯一选项；更何况，在莫尼卡到来之后，"我已经认为公教教义更可取、更稳重"，他的宗教前途已经毫无悬念，唯一不确定的只是受洗的时

---

1 用索利尼亚克的话来说，就是"安布罗斯布道影响下的第一阶段"、"第二阶段"，见 A. Solignac, "Introduction aux *Confessions*," pp. 204-205。

2 *Conf.* 6.3.4. 在两封书信中，奥古斯丁曾经提到过他（为了莫尼卡提出的问题）向安布罗斯请教的情形，见 *Ep.* 36, 14.32; *Ep.* 54, 2.3。

3 *Conf.* 6.1.1.

4 *Conf.* 5.14.25, 6.11.18.

5 福克斯也有类似看法，参见 Robin Lane Fox, *Augustine: Conversions to Confessions*, pp. 193-195。

间问题。[1]

其次，来到米兰之后，奥古斯丁已经在世俗事业上取得了很大的进展。在米兰花园里的"转变"戏剧性地发生之前，整个青年时代，奥古斯丁的努力方向一直都是沿着"学而优则仕"的道路前进，他的人生目标就是谋取世俗的功名或者说"尘世的前途"。[2]获得朝廷行在的修辞学教授职位，对于这位来自非洲的青年文人来说，已经是一项突出的成就。他已经受命撰写了献给皇帝的颂词[3]，还结交了若干"有势力的朋友"[4]。他甚至以为："要是我们急于出人头地，至少已能谋得一个小省总督的职位。"[5]当时奥古斯丁所追求的无非就是"功名、利益与婚姻"[6]，或者说所谓的"室家之好"与"尘世的前途"[7]。主要依靠莫尼卡在米兰的活动[8]，"娶上一个有些财产的妻子"[9]，这个重要目标也已经近在眼前。

最后，非常值得注意的是，对于奥古斯丁在这个时期的状态，母亲莫尼卡有着明显不同的看法。按照《忏悔录》的记述，她已经"对我可怜的处境部分的稍感安心"，因为"她每天向你哀求的事已大部分实现"。[10]在莫尼卡看来，"我虽未曾获得真理，但已从错误中反身而出"，因此"她确信你已允许整个赐给她，目前未完成的部分一定也会给她的"，"所以她安定地、满怀信心地对我说，她在基督中相信她在离开人世之前，一定能看到我成为虔诚的公教徒"。[11]很明显，"绝望"不过是奥古斯丁的自我

1　关于受洗的可能性，参见 *Conf.* 6.1.1, 6.13.23, 9.10.26。

2　夏洞奇：《"开始绝望"? ——〈忏悔录〉卷五再分析》，第40—43页；关于"尘世的前途"(spes saeculi) 一语，见该文第43页注释①。

3　*Conf.* 6.6.9.

4　*Conf.* 6.11.18: "sed quando salutamus amicos maiores…"; 6.11.19: "suppetit amicorum maiorum copia…" 这里所谓的"有势力的朋友"包括但不限于 Zenobius, Hermogenianus, Mallius Theodorus, Celsinus 等人，见 Robin Lane Fox, *Augustine: Conversions to Confessions*, pp. 213–215；马修斯则讨论了奥古斯丁当时与 Marcianus, Theodorus 等人的交往，见 John Matthews, *Western Aristocracies and Imperial Court*, pp. 211–222。

5　*Conf.* 6.11.19: "ut nihil aliud et multum festinemus, vel praesidatus dari potest." 此处周译不准确。

6　*Conf.* 6.6.9.

7　*Conf.* 8.12.30.

8　*Conf.* 6.13.23.

9　*Conf.* 6.11.19.

10　*Conf.* 6.1.1.

11　同上。

感觉；对于儿子的现状，莫尼卡是充满信心的。尽管奥古斯丁仍未决心受洗，但母亲对此的期待也并不急切，因为"哀求的事已大部分实现"，儿子毕竟已经回到了陷入摩尼教"罗网"[1]之前的正常阶段了。对于莫尼卡而言，"稍感安心"的心态是非常自然的。

奥古斯丁按照莫尼卡的意愿订婚之后，她对于儿子的前途就更有信心了。按照《忏悔录》的说法："她渴望我婚后就能领受生命的洗礼，天天为我的日渐就绪而欢悦，觉得她的誓愿与你的诺言即将成全我的信仰。"[2]订婚的女孩年龄未满，还要两年才能出嫁。[3]按照莫尼卡的预期，奥古斯丁的婚姻和洗礼都有可能在两年左右的时间里完成。可以说，莫尼卡自小为他安排的行程，正在通往预定的目标。[4]

总之，早在阅读"柏拉图派的著作"之前，奥古斯丁的宗教道路已经明确，世俗的前途成功在望，幸福的婚姻近在眼前。有鉴于此，"危险的深渊"这样的叙事就不是对客观处境的描写，而只是对主观心理状态的反映。在《忏悔录》卷六再三渲染的所谓"绝望"、"痛苦"与"凄惨"背后，应当别有隐情。真正的问题在于，所谓的"最痛苦的困难"，究竟源于何方？

三、奥古斯丁的"焦虑"：可能的来源

按照《忏悔录》的文学呈现，到达米兰不久之后，奥古斯丁就开始进入了一场深刻的"危机"。到达米兰大约一年半之后，约在386年6月，他阅读了所谓的"柏拉图派的著作"，思想发展急剧加速。不出两个月，"巨大的风暴起来了"[5]，他在米兰的花园里下定了"转变"的决心，"甚至不再追求室家之好，不再找寻尘世的前途，而一心

---

1 对 "laqueus" 的这种用法，例见 *Conf.* 3.6.10, 4.6.11, 5.7.13, 6.12.21。

2 *Conf.* 6.13.23.

3 同上。

4 Robin Lane Fox, *Augustine: Conversions to Confessions*, pp. 205, 209.

5 *Conf.* 8.12.28: "…oborta est procella ingens…"

站定在信仰的尺度之上"[1]。由此可见，奥古斯丁的"转变"也就是在"黑暗的深渊"中获得"拯救"的故事。[2]因此，米兰前期的"危机"究竟实质为何，正是我们理解这场"转变"的最基本语境。

值得注意的是，长期以来，在西方的奥古斯丁研究中，《忏悔录》卷六所谓的"严重的危机"并未得到充分的关注。在彼得·布朗的著名传记中，米兰前期的这个阶段被当成了该书"第一部"与"第二部"之间的过渡[3]，相关的主要章节完全围绕着安布罗斯的影响而展开。[4]这样的处理就使这场严峻的"危机"几乎消散在读者的眼前。

奥马拉的《青年奥古斯丁传》同样仅以思想发展为中心，将安布罗斯的影响问题当作了叙述这一阶段的主线。[5]直到该章的最后一部分，奥马拉才扼要叙述了奥古斯丁的世俗事业与婚姻安排，而他的健康问题仅在末尾一笔带过。[6]

费拉里的《圣奥古斯丁的转变》稍有不同。该书指出，在青年时代，奥古斯丁遇到了"相当大的痛苦"（considerable agony），"数年以后这种难以忍受的境况才得到了解决"[7]。不过，该书大而化之地将这种"痛苦"与"斗争"的根源理解为世俗功名与"哲学"追求之间的两难，将青年奥古斯丁自从阅读西塞罗的《荷尔顿西乌斯》（Hortensius）以来的思想斗争当作一个整体来叙述[8]，并未专门解析米兰前期这个特殊的阶段。

福克斯的新著《奥古斯丁：从转变到忏悔》强调奥古斯丁对于基督教的认同本身从未改变，因此他在米兰的"精神危机"不是"信仰的危机"，而是"理解的

---

1 *Conf.* 8.12.30: "convertisti enim me ad te, ut nec uxorem quaererem nec aliquam spem saeculi huius, stans in ea regula fidei…"

2 *Conf.* 13.34.49.

3 这个阶段在布朗的《年表》中被归入"第一部"，但在正文的叙述中却归入"第二部"。

4 Peter Brown, *Augustine of Hippo: A Biography, A New Edition with an Epilogue,* Berkeley: University of California Press, 2000 (1967), pp. 69–78.

5 John J. O'Meara, *The Young Augustine: The Growth of St. Augustine's Mind up to His Conversion*, 2nd ed., New York: Alba House, 2001 (1954), pp. 109–124.

6 John J. O'Meara, *The Young Augustine*, pp. 120–124.

7 Leo C. Ferrari, *The Conversions of Saint Augustine,* Villanova: Villanova University Press, 1984, p. 7.

8 Leo C. Ferrari, *The Conversions of Saint Augustine*, pp. 1–17.

危机"。[1] 这种理解仍然将米兰前期的"危机"局限在纯粹思想性的范围内。上述两类认识，不是基本忽略了奥古斯丁在当时的"严重的危机"，就是简单地将所谓的"危机"视为他的思想探索历程中自然而然地出现的一个阶段，并未深入地分析他在这个时期的特殊处境。

朗斯尔的奥古斯丁传记则是"非思想史"路向的代表。该书比较均匀地叙述了这个时期的主要事件与人物，包括米兰的教职、安布罗斯的影响、莫尼卡的到来、婚姻的安排、共同生活的计划，还介绍了 386 年春季的米兰教堂之争。[2] 该书注意到了"米兰第一年的困惑"或者说"不确定性"，但是并未将其上升为一场"严重的危机"来理解。[3]

在《奥古斯丁〈忏悔录〉读者指南》关于卷六的一章中，作者普卢默甚至认为，卷六的重心不是奥古斯丁本人，而是莫尼卡、安布罗斯、阿利比乌斯等人的群像。[4] 按照这样的认识，奥古斯丁本人的"焦虑、困惑与疲惫"[5] 很难得到深入的分析。

然而，《忏悔录》卷六的文学呈现是我们不能忽视的：米兰前期的奥古斯丁正在遭受着"最痛苦的困难"，他的心情充满了"焦虑"（anxius）与"惶恐"（trepidus）；[6] 他强调自己正在经历一场"严重的危机"，面临着"危险的深渊"，只有依靠神的解救才能脱离"凄惨的歧途"。[7] 这样的叙述构成了一种模式，在《忏悔录》卷六中贯穿始终，形成了一种效果强烈的文学呈现。我们有理由相信，如此强烈而连贯的文学呈现，不止是一种非实质性的修辞手法，也不能被简单地视为烘托思想史主线的背景；很有可能，充分地表现主人公在"转变"前夕的"焦虑"与"惶恐"，这才是卷六

1 Robin Lane Fox, *Augustine: Conversions to Confessions*, p. 210, cf. pp. 100, 174, 190–191.

2 Serge Lancel, *Saint Augustine*, trans. Antonia Nevill, London: SCM, 2002 (1999), pp. 61–82.

3 Serge Lancel, *Saint Augustine*, p. 74.

4 Eric Plumer, "Book Six: Major Characters and Memorable Incidents," in *A Reader's Companion to Augustine's Confessions*, ed. Kim Paffenroth and Robert P. Kennedy, Louisville, Ky.: Westminster John Knox Press, 2003, pp. 89–105.

5 语出 Eric Plumer, "Book Six: Major Characters and Memorable Incidents," p. 103。

6 *Conf.* 6.6.9.

7 *Conf.* 6.1.1, 6.3.3, 6.16.26.

的真正重心。

上文已经说明，在"米兰花园一幕"发生之前，奥古斯丁的世俗事业是相当顺利的，甚至当得起"极其成功、前途无量"[1]的评语。按照《忏悔录》的文学呈现，"转变"之前奥古斯丁已经在功名事业上取得了极大的进展，有望跻身于"总督"甚至元老之列。[2]事实上，哪怕是在健康欠佳的情况下，他依然怀着炙热的功名心，在教书之余积极奔走，结交各种"有势力的朋友"（amicos maiores）[3]。因此，所谓的"焦虑"与"惶恐"很难说是事业遭受挫折的结果。

在卷六中，作者最痛切的自责出现于离弃情人的那一幕。从心理的视角来看，这段文本尤其值得关注：

> 我的罪恶正在不断增长。长期与我同床共寝的那个女子，竟然被当成了我结婚的障碍，从我身边夺走了。我的心本来为她所占有，因此如受刀割。这创伤的血痕很久还存在着。她回到非洲，向你主立誓不再和任何男子交往。她为我生下的私生子也留在了我身边。但是不幸的我，连女人都比不上，熬不过这段时间，因为我提亲的姑娘还要两年才能过门。我何尝爱婚姻，不过是成了淫欲之奴隶。我又找上了另一个女人，这更不是为了结婚……第一个女子和我分离时所留下的创伤尚未痊愈，在剧痛之后，继以溃烂，疼痛似乎稍减，可是创伤却更深刻了。[4]

阿西杜认为，皈依基督教与弃绝性生活本来并没有必然的联系，奥古斯丁将二者联系起来，这是需要解释的；他突然下定决心放弃婚姻，是因为经历了一场剧烈的变化；正因为被他离弃的情人已经立誓终生节欲，在这个榜样的刺激下，奥古斯丁认识到在这种情形下结婚另娶是根本错误的、不符合基督教道德标准的，最终不得不将节

1　John J. O'Meara, *The Young Augustine*, pp. 120–121.
2　夏洞奇：《制度史的意义：以奥古斯丁〈忏悔录〉为例》，第 601—619 页。
3　*Conf*. 6.11.18, 6.11.19.
4　*Conf*. 6.15.25.

欲生活视为皈依基督教的必然要求。[1] 近年来，贬低这位女性之社会地位的成见正在得到纠正。多年来，奥古斯丁早已将他们之间的关系视为某种事实婚姻，她也不一定是一位社会地位低下、在法律上注定只能充当情妇的女人。很有可能，她只不过是奥古斯丁在"向上爬"的过程中的一个牺牲品。[2] 有鉴于此，离弃情人的事件确实有可能对奥古斯丁造成了巨大的精神创伤。阿西杜的观点充分揭示了这一事件的影响，可以为他在当时的精神状态提供一定的解释。问题在于，离弃情人是在母亲莫尼卡到达米兰一段时间之后才发生的，而根据《忏悔录》的叙述，莫尼卡一到米兰就已经"发现我正处于严重的危机中"[3]。由此看来，离弃情人的事件最多也只是加剧了奥古斯丁的精神焦虑，所谓的"严重的危机"应当另有源头。

贝东试图从政治史的角度出发，重新解释奥古斯丁与摩尼教的关系。这种观点有可能为他在米兰的"焦虑"与"惶恐"提供另一个角度的解释。贝东认为，在 383 年罗马帝国颁布法令镇压摩尼教徒之后，奥古斯丁就逃离北非来到了罗马城，但此时他仍然是一个摩尼教徒。在罗马城，他通过摩尼教的关系谋得了米兰修辞学教授的职位。来到米兰之后，他小心地隐藏了自己与摩尼教的关系，开始了新的生活。但到了 386 年，新任非洲执政总督（Proconsul）麦西亚努斯（Messianus）开始严格执行镇压摩尼教的政策，包括奥古斯丁在内的一批摩尼教徒受到了通缉。386 年夏，奥古斯丁应当已经获知通缉的消息，遂立即采取行动，逃出米兰城并告病辞职，然后致信安布罗斯主教表达了接受大公教会洗礼的志愿，以此来摆脱眼前的危险。387 年 1 月，罗马政府宣布大赦天下，于是他得以安全地重返米兰，接受洗礼。[4]

---

1 F. B. A. Asiedu, "Following the Example of a Woman: Augustine's Conversion to Christianity in 386," *Vigiliae Christianae* 57 (2003): pp. 276–306.

2 Danuta Shanzer, "*Avulsa a latere meo*: Augustine's Spare Rib: *Confessions* 6.15.25," *Journal of Roman Studies* 92 (2002): pp. 157–176.

3 *Conf.* 6.1.1.

4 Jason David BeDuhn, "Augustine Accused: Megalius, Manichaeism, and the Inception of the *Confessions*," *Journal of Early Christian Studies* 17, 1 (2009): pp. 85–124 at 95–102; cf. Jason David BeDuhn, *Augustine's Manichaean Dilemma, I: Conversion and Apostasy, 373–388 C. E.*, Philadelphia: University of Pennsylvania Press, 2010, pp. 190–191, 196–197, 218–221.

贝东的这套观点可以概括为"畏罪潜逃"、"临危叛变"两个环节。对于前者，笔者已经在另一篇文章指出其弱点。[1] 这里要讨论的问题是，突然从北非传来的通缉令，究竟是不是所谓"严重的危机"的来源？需要明确的是，与离弃情人的打击相似，从时间序列的角度考虑，哪怕麦西亚努斯的通缉令确实传到了米兰，其时间也不会早于386 年春天（贝东认为麦西亚努斯的命令发布于386 年初[2]，并估计奥古斯丁是在当年夏天获知消息的），大大晚于莫尼卡抵达米兰的时间（约385 年春），因此无法解释奥古斯丁早在那时已经遭遇的"危机"。

总之，奥古斯丁在米兰前期的"焦虑"与"惶恐"，被主观定性为"严重的危机"的精神状态，不是事业的挫折造成的，不是感情生活的失败造成的，和罗马政府镇压摩尼教的政策也没有太大的联系。我们必须在别处找寻他的"焦虑"与"惶恐"的真正源头。

四、新解释的可能性（上）：失眠与健康

鉴于"严重的危机"这种叙事在《忏悔录》卷六的文学呈现中十分重要，我们就应当以这种"危机"的意识为线索，细致地重新阅读这一卷的文本。尤其重要的是，我们不能戴着"思想史"的"有色眼镜"，只注意那些关于思想发展进程的阐述，却对那些讲述主人公自己的人生经历、生活体验与内心情感的文本视而不见。奥古斯丁在米兰的"转变"，不仅是一个思想者在理性层面上的求索之路，更是一段充满宗教因素的活生生的生命体验。

在路遇乞丐一幕中，奥古斯丁说道："我们的醉生梦死带来了多少痛苦，我们做出了何等的努力，在此时付出了何等的辛劳，在欲望的刺激下所背负的不幸的包袱却越

---

1 夏洞奇：《"开始绝望"？——〈忏悔录〉卷五再分析》，第44—46 页。贝东的"临危叛变"之说亦不能使人信服，对此笔者将另文解析。

2 Jason David BeDuhn, "Augustine Accused," p. 99 n. 56; Ibid., *Augustine's Manichaean Dilemma*, I, p. 343 n. 65.

来越沉重的压在我身上……他[指乞丐]是兴高采烈,我是焦虑不安;他是安稳无忧,我是惶恐不安。"[1] 这里所谓的"焦虑不安"、"惶恐不安"的状态,其实是有具体的所指,也就是下一节中讲到的失眠:"那一夜,乞丐醺醺熟睡,我则睡而又起,起而再睡。日复一日,都是如此!"[2] 根据"日复一日,都是如此"这样的表述来看,这就是长期持续的严重失眠了。由此看来,路遇乞丐一幕不能被视为文人的无病呻吟,而是对于严重失眠症患者的心理活动的如实记录。对于失眠症患者奥古斯丁来说(哪怕他是一位"志在光荣"[cupiebas gloria][3] 的修辞学教授),轻轻松松的健康人(哪怕他只是一个乞丐)都是非常值得羡慕的:"无疑地他是更幸福。"[4]

在卷六的结尾,奥古斯丁也强调说:"不管他如何辗转反侧,一切是生硬的,惟有你才能使人舒畅安息。"[5] 对照路遇乞丐一幕,我们不难认识到,这段话也不仅是在以隐喻的方式抽象地表现他的思想困惑;实际上,它也是对于失眠症状的形象描写。

在这种情况下,所谓的"调养身体"、"稍事休息"[6],不是在一般的养生意义上的泛泛之谈,而是非常迫切的实际需要。但奥古斯丁当时无法做到"抛下一切源于空虚欲望的徒劳愿望与荒唐欺诈"[7],所以绝不可能真正做到"摆脱牵挂,稍事休息"[8]。渐渐地,长期持续的失眠已经造成了不堪忍受的压力:"由于你的慈爱,所有的痛苦都紧随着我们世俗的生涯,我们探问着担受这一切究竟为了什么;眼前是一片黑暗。我们转身叹息着问道:'这种种到何时为止?'"[9]

长期性的失眠当然会对健康状况造成巨大的损害。拖延到 386 年的夏天,形势已

---

1 *Conf.* 6.6.9.

2 *Conf.* 6.6.10: "et ille ipsa nocte digesturus erat ebrietatem suam, ego cum mea dormieram et surrexeram et dormiturus et surrecturus eram, vide quot dies!"

3 *Conf.* 6.6.10.

4 同上。

5 *Conf.* 6.16.26: "versa et reversa in tergum et in latera et in ventrem, et dura sunt omnia, et tu solus requies…"

6 *Conf.* 6.11.18: "quando reparamus nos ipsos relaxando animo ab intentione curarum?"

7 *Conf.* 6.11.18: "…relinquere omnes vanarum cupiditatum spes inanes et insanias mendaces." 此处有较大修改。

8 *Conf.* 6.11.18.

9 *Conf.* 6.10.17: "et in omni amaritudine quae nostros saeculares actus de misericordia tua sequebatur, intuentibus nobis finem cur ea pateremur, occurrebant tenebrae, et aversabamur gementes et dicebamus, 'quamdiu haec?'"

经相当严峻。奥古斯丁已经患上了比较严重的肺病："由于夏季教学工作辛劳过度，我的肺部开始感到不适，呼吸困难，胸部隐痛，证明我已有病，不能发出响亮或较长的声音。"[1] 在"秋收假期"中，他还有严重的牙痛，"痛得我连话都不能讲"。[2]

其实，按照《忏悔录》的叙述，早在母子二人在米兰重逢之时（约 385 年春），莫尼卡已经意识到儿子"将经历一场严重的危症"（intercurrente artiore periculo）[3]。她所预见的"危症"[4]，与其说只是一个关于信仰状况的隐喻，不如说是一位母亲对于儿子身心状况的非常实际的忧虑。383 年抵达罗马城之后，奥古斯丁曾经患上一次重病："我的热度越来越高，已经濒于死亡。"[5] 到 386 年夏天，他又一次进入了健康状况十分严峻的阶段。在《忏悔录》中，这两场重病均被称为"危症"[6]。在多种写作于"转变"之初的作品中，奥古斯丁都自称是因为这次的"胸痛"而放弃教职的[7]。

尽管如此，许多现代研究者并未给予这场重病以充分的重视。奥唐奈轻描淡写地说，奥古斯丁"只不过知道对他的职业很重要、对他自己很要紧的一个器官出了毛病"[8]。福克斯十分重视从身体与健康的角度理解奥古斯丁的"转变"，认为在 386 年夏天他就是因为健康原因而辞去教职的。[9] 但对于所谓的"胸痛"，他也并未深究。马修

1　*Conf.* 9.2.4: "quin etiam quod ipsa aestate litterario labori nimio pulmo meus cedere coeperat et difficulter trahere suspiria doloribusque pectoris testari se saucium vocemque clariorem productioremve recusare…"另见 *Conf.* 9.5.13; *Contra Academicos* 1.1.3。

2　*Conf.* 9.4.12: "dolore dentium tunc excruciabas me, et cum in tantum ingravesceret ut non valerem loqui…"

3　*Conf.* 6.1.1. 此处周译并未准确译出。

4　此处所谓的"periculo"，在字面上意为"危险"，结合上下文来看，姑且译为"危症"。

5　*Conf.* 5.9.16.

6　*Conf.* 5.9.16: "neque enim desiderabam in illo tanto periculo baptismum tuum…"周译将此处的"periculo"译为"危险"，见第 82 页。卷六共有 4 次使用了这个词，除本节已引者，还有 6.1.1（指莫尼卡渡海的危险）、6.3.3（即所谓"periculi mei"）、6.12.22（字面上指 Alypius）。

7　包括《加西齐亚根谈话录》中的 *De beata vita*、*Contra Academicos*、*De ordine* 等著作。对相关文本的总结，见 James J. O'Donnell, *Augustine: Confessions*, vol. 3, pp. 78–79。

8　James J. O'Donnell, *Augustine: Confessions*, vol. 3, p. 79。

9　福克斯认为"胸痛"就是导致奥古斯丁辞去教职的直接原因；他之所以无法在短期休养、恢复健康之后重新执教，是因为他出身较低，无法重获这么好的教职。见 Robin Lane Fox, *Augustine: Conversions to Confessions*, pp. 263–266。但所谓"普通市民"的出身只是《忏悔录》的一种文学呈现，奥古斯丁的家世很可能是相当优越的。请参见夏洞奇：《"普通市民"抑或"上等人"：奥古斯丁家庭背景重估》，《历史研究》2016 年第 5 期，第 144—164 页。下文将对这个问题提出不同的解释。

斯强调奥古斯丁当时的身心健康状况是理解"花园一幕"的重要背景，却并未沿着这个方向深入挖掘。[1] 在布朗看来，所谓的"胸痛"有可能是精神压力造成的哮喘病发作。[2] 索利尼亚克则推测，所谓的"胸痛"有可能是严重的支气管炎与咽喉炎的并发，也有可能是气管炎。[3] 但从胸痛与呼吸困难的症状来看，同时考虑到这场病对于他的严重影响，所谓的"危症"更有可能是一场严重的肺炎。可以说，对于这场"危症"，研究者们经常有意无意地在不同程度上做"最小化"的处理。

在那个缺乏抗生素与特效药的时代，一场严重的肺炎完全有可能在短期内夺走人的生命。与三年前的情况相似，奥古斯丁再次经历了健康的危机。哪怕这场肺病的实际危险最后被证明是有限的，但"严重的危症"有可能再次发作，这个可能性就足以决定性地改变一个人对自我人生道路的预期了。根据《忏悔录》的回忆来看，在这个时期，"死亡"已经成为在他内心中挥之不去的阴影，在卷六中"死亡"已经成为一个反复出现的话题。[4] "人生是悲惨的，死亡是无从预测的。突然来抓我，我们怎能安然而去？"[5] 这段话很好地表达他当时的深深忧患。

奥古斯丁从小成长在一个笃信宗教的家庭中。对他来说，"死亡"不仅是肉体生命的终结，还意味着"灵魂的生命随肉体而同归澌灭"[6]，或者说灵与肉的双重死亡[7]。在回忆初至帝都的那场重病时，他如此说道："如果我那时死去，我将到哪里去呢？只能到烈火中去，按照你的真理的法则，接受我一生罪恶应受的极刑。"[8] 在卷六的最后一章中，他又如此说道："能阻止我更进一步陷入肉欲的深渊的，只有对死亡与你的未来审判的恐惧，这种恐惧在种种思想的波动中，始终没有退出我

1　John Matthews, "Children's Games in Augustine's *Confessions*," in Ibid., *Roman Perspectives: Studies in the Social, Political and Cultural History of the First to Fifth Centuries,* Swansea: Classical Press of Wales, 2010, pp. 275–290, esp. p. 282.

2　Peter Brown, *Augustine of Hippo: A Biography*, p. 102.

3　*Les Confessions*, texte de l'édition de M. Skutella, introduction et note par A. Solignac, vol. 2, p. 77 note 1.

4　*Conf.* 6.1.1, 6.6.9, 6.11.19, 6.11.20, 6.12.22, 6.16.26.

5　*Conf.* 6.11.19.

6　同上。

7　*Conf.* 5.9.16.

8　同上。

的心。"[1] 对于从小在浓厚的宗教氛围中成长起来的古代基督徒来说,在最后审判中遭受永罚,坠入永恒的死亡,这才是最大的恐惧、最可怕的结局。

问题在于,在米兰倾听过安布罗斯的布道以后,奥古斯丁已经清醒地认识到,摩尼教绝非真正的基督宗教,摩尼教徒实为"欺骗我们的骗子"[2],而"公教信仰并不是我所想象而斥为虚妄的东西"[3]。对于那些身体强健的年轻人来说,他们还有足够多的时间继续进行观察和思考,从容不迫地探索真正的宗教。然而,当时的奥古斯丁即将或者已经陷入健康的危机,在长期的焦虑情绪的消极影响下,他认为自己有必要正视死亡的危险:"人生是悲惨的,死亡是无从预测的。突然来抓我,我们怎能安然而去?再到哪里去探求我们现世所忽视的道理呢?是否将担受疏忽的惩罚?如果死亡将斩断我的知觉,结束我的一切,将怎么办?"[4]这段话充分表达了病人奥古斯丁的内心煎熬。

这位在旁人眼中前途无量的修辞学教授,从 385 年的某个时候开始就患上了严重的失眠症,长期承受着心病的煎熬,到了第二年的夏天又开始遭受肉体疾病的严厉折磨。他畏惧肉体的死亡,更忧虑灵魂的灭亡。最严峻的一面在于,他已经看穿了摩尼教的真面目,深知自己只有尽快地走上真正的"生命之道"(viam vitae)[5],才能逃过随时有可能降临的最后审判。

但问题的复杂性在于,虽然奥古斯丁已经"思想有了转变","已经认为公教教义更可取"[6],虽然"巨大的希望起来了"[7],但"人之常情,犹如一人受了庸医的害,往往对良医也不敢信任"[8]。一方面,他仍然"热衷于功名、利益与婚姻",这些欲望使他"遭受到最痛苦的困难"[9],仍然在阻碍他痛下决心;另一方面,这时"确切可靠的东西尚未显

---

1 *Conf.* 6.16.26.

2 *Conf.* 6.3.4.

3 *Conf.* 6.11.18.

4 *Conf.* 6.11.19.

5 *Conf.* 6.2.2.

6 *Conf.* 6.4.5, 6.5.7.

7 *Conf.* 6.11.18: "magna spes oborta est…"

8 *Conf.* 6.4.6.

9 *Conf.* 6.6.9.

明"，足以使他"拳拳服膺而放弃目前的种种"[1]——而所谓"目前的种种"，无外乎"我们世俗的生涯"（nostros saeculares actus）[2]，也就是对于总督权位与富家娇妻的热望[3]。总之，他仍然"迟疑不决，不肯叩门"[4]。

根据卷七开头部分的叙述来看，直到阅读"柏拉图派的著作"之前，奥古斯丁长期处于"既害怕死亡，又找不到真理，被深刻的顾虑重重压着"[5]这样的状态中。在这种意义上，他确实面临着一个"危险的深渊"：一方面，"我执持着我的心，不敢完全相信，害怕堕入深渊"；另一方面，"耽搁使我的死亡更凄惨"也是他明知的道理。[6]在双重死亡的威胁下，健康的计时器与信仰的计时器正在赛跑。找不到真正的信仰就无法缓解他的焦虑与恐惧，为他的康复创造条件，要知道他的健康状况已经不能继续等待了；但他始终未能做好充分的准备，勇敢地拥抱新的信仰："光阴不断过去，我拖延着不去归向我主，我一天一天推迟下去不想生活在你怀中，但并不能推迟每天在我自己身上的死亡。"[7]

直面眼前那"危险的深渊"，"把时间计算一下，把钟头分配一下，以挽救灵魂"[8]，实为病人奥古斯丁的当务之急。然而，在长期的焦虑与失眠、辛劳的教学工作与趋炎附势的钻营[9]等多种负面因素的共同影响下，他完全无法得到"调养身体"、"稍事休息"[10]的机会，无法得到片刻的喘息。到了386年的夏天，莫尼卡在初至米兰时就隐隐担忧过的"严重的危症"，终于爆发了。

在如此严峻的形势下，"急病旋愈"[11]，就成了母子两人最大的祈愿。从卷六开始直

1　*Conf.* 6.10.17.

2　同上。

3　*Conf.* 6.11.19.

4　*Conf.* 6.11.18.

5　*Conf.* 7.5.7.

6　*Conf.* 6.4.6.

7　*Conf.* 6.11.20.

8　*Conf.* 6.11.18.

9　对此之描写，见 *Conf.* 6.11.18–6.11.19。

10　*Conf.* 6.11.18.

11　*Conf.* 6.1.1: "…per quam transiturum me ab aegritudine ad sanitatem, intercurrente artiore periculo quasi per accessionem quam criticam medici vocant, certa praesumebat." 未从周译。

至卷九，围绕着主人公在米兰"转变"的故事，治病、痊愈这样的话题反反复复地出现在《忏悔录》的叙事中 [1]，形成了一个引人注目的文学现象。应当看到，这一类的叙事或隐喻正是 386 年"危症"记忆的投影。在奥古斯丁的自我回忆中，神的救恩确实就是治病的妙手、苦口的良药："我的浮肿因你隐秘的妙手而减退了，我昏愦糊涂的心灵之目依仗苦口的瞑眩之药也日渐明亮了。" [2]

在这个疾病与心病相互交织、雪上加霜的时候，如何才能做到"急病旋愈"、"从疾病回复到健康" [3] 呢？除了缓解肺病的必要药物，在奥古斯丁看来，自己的病症必须先在信仰的层面上得到治疗："我灵魂的病，本来只能靠信仰才能治愈，但由于害怕信仰错误，便不愿治疗，拒绝你亲手配制的、施送世界各地的病人的、具有神效的信仰良药。" [4]

在卷六中，奥古斯丁反复地将解救的功劳归于天主："你把我紧紧陷入死亡束缚的灵魂救了出来" [5]；"你至尊天主不放弃我们这团泥土，怜悯我们的不幸，用奇妙而隐秘的方式来解救我们" [6]。卷六之终章以"对死亡与你的未来审判的恐惧"为主干，同时以天主的主动解救这个主题作为首尾："赞美归于你，光荣归于你，慈爱的泉源！我的处境越是可怜，你越接近我，你的手已伸到我头上，就要把我从泥坑中拔出来，就要洗濯我，而我还不知不觉" [7]；"惟有你才能使人舒畅安息。你就在面前，你解救我们，使我们脱离凄惨的歧途，把我们安放在你的道路上" [8]。很明显，这就是作者为本卷所定的基调。

在卷七的终章，奥古斯丁又极力强调："我们理应交付于罪恶的宿犯、死亡的首

---

1 例如：*Conf.* 6.1.1, 6.4.6, 6.5.7, 6.6.9, 6.7.12, 6.9.14, 6.11.20, 6.15.25, 7.6.8, 7.8.12, 7.16.22, 7.20.26, 7.21.27, 8.3.7, 8.7.16, 8.8.19, 9.2.3, 9.2.4, 9.4.8, 9.4.12, 9.7.16, 9.8.18, 9.13.34, 9.13.35.

2 *Conf.* 7.8.12.

3 *Conf.* 6.1.1.

4 *Conf.* 6.4.6.

5 *Conf.* 6.6.9.

6 *Conf.* 6.12.22.

7 *Conf.* 6.16.26.

8 同上。

领","这样可怜的人能做什么?'谁能挽救他脱离死亡的肉体?'只有凭借你的恩宠,依靠我们的主、耶稣基督"[1];"我的灵魂岂非服从于天主吗?我的救援自他而来,因为他是我的天主,我的救援,我的庇护;我不再翻覆动荡"[2]。一言以蔽之,"所有一切,无一不是受之于天主"[3]。这样的论述是与卷六的"解救"基调高度一致的。

不仅如此,《忏悔录》还强调了主教安布罗斯在主人公得救过程中的引导作用。卷五在谈到奥古斯丁初至米兰、首次拜谒这位主教的时候,就指出"我不自知地受你引导走向他,使我自觉地受他引导归向你"[4],为"他"的决定性作用定了性。从卷五的最后两章到卷六的前五章,米兰主教都是中心人物。正因为如此,在很多现代研究者关于奥古斯丁米兰前期的叙述中,安布罗斯的影响都构成了一条主线。更值得注意的是,按照卷六的回忆,莫尼卡在抵达米兰之后,就立即看出"是他[安布罗斯]引导我进入这种彷徨的境地",而这个状态正是她的儿子"从疾病回复到健康"的必由之路,因此她"敬爱那一位无异天主的使者"。[5]

可以说,按照《忏悔录》的文学呈现,天主的解救与安布罗斯的引导,此二者在奥古斯丁的"治愈"、"救援"过程中起到了决定性的作用。然而,这两点其实都不是理所当然的,都值得我们仔细考究。

其一,为何《忏悔录》再三坚持主人公的病症"只能靠信仰才能治愈"?他的"危症",是心病与肺病的复合症。在当时的情境中看,先解决信仰问题,显然有助于缓解对于灵魂死亡和最后审判的焦虑。但我们知道,这一层的焦虑只是一项副产品,是紧随对"危症"的恐惧而来的。对于病人奥古斯丁来说,这种意义上的帮助,就能发挥"急病旋愈"的疗效,乃至于被誉为"具有神效"的"信仰良药"吗?难道这只是奥古斯丁在"转变"之后对大公教会的恭维吗?

1　*Conf.* 7.21.27.

2　*Conf.* 7.21.27: "nemo ibi cantat, 'nonne deo subdita erit anima mea? ab ipso enim salutare meum: etenim ipse deus meus et salutaris meus, susceptor meus: non movebor amplius…"

3　*Conf.* 7.21.27.

4　*Conf.* 5.13.23.

5　*Conf.* 6.1.1. 有较大改动。

其二，安布罗斯究竟起到了怎样的实际作用，这也是值得考量的。尽管奥古斯丁自称"我自觉地受他引导归向你"，但二者之间的直接交流极为有限。[1] 然而，母亲莫尼卡极其看重安布罗斯的影响力，认定他就是儿子这场"危机"的"系铃人"与"解铃人"。问题在于，按照《忏悔录》的叙述，在莫尼卡到来之际，安布罗斯在神学上对奥古斯丁的影响依然停留在浅层状态：后者对于前者的评价不过是"自圆其说"，因此尚在"等待可靠的光明照耀我"。[2] 他之所以决定"脱离摩尼教"，与其说是主教的布道已经赢得了他的心，不如说是因为他"已经看出有些哲学家胜于他们[摩尼教]"[3]。

进而，在莫尼卡到来、安布罗斯的影响显著扩大之后，虽然奥古斯丁"已经认为公教教义更可取"，但主教的布道仍然未能真正解决他的思想困惑。《忏悔录》的回忆直白地承认，哪怕是在这个阶段，"我对于他的见解还不能辨别真伪"[4]，"尚未认识公教会所教导的都是真理"[5]。大体而言，这位"真理的名师"（doctorem veri）[6] 在思想上对于奥古斯丁的"引导"就止步于这种程度了（他的下一轮思想发展进程，或者说"三大难题"[7] 的最终解决，主要是以阅读"柏拉图派的著作"为契机的）。总之，对于安布罗斯在思想层面所造成的影响深度，我们不能过分夸大。

我们还应当注意到，奥古斯丁的"危机"与米兰主教的思想影响，这两个进程的发展并不是完全同步的：在安布罗斯的思想影响尚且较为肤浅的时候，"严重的危机"已经开始；在其思想影响全面展开，奥古斯丁已经显示出"公教教义更可取"之后，这场"危机"也没有在任何意义上得到缓和，奥古斯丁的焦虑反而进一步加剧了（直到"花园一幕"的总爆发，"危机"才得到了解决）。因此，只能说主教宣讲的神学对奥古斯丁的精神状态产生了不可忽视的影响，却不能断言"严重的危机"是因此而产生、

1 *Conf.* 6.3.4; cf. John J. O'Meara, *The Young Augustine*, pp. 109–124.

2 *Conf.* 5.14.14–5.14.25.

3 *Conf.* 5.14.25.

4 *Conf.* 6.4.6.

5 *Conf.* 6.4.5.

6 *Conf.* 5.13.23.

7 *Conf.* 3.7.12.

因此而解决的。尽管如此，莫尼卡却一心认定安布罗斯就是这场"危症"的"系铃人"和"解铃人"，而且这一判断也是当事人自己深表赞同的。难道莫尼卡的"执念"，仅仅反映了虔诚信徒对于主教的信靠与盲从吗？她所认定的"是他引导我进入这种彷徨的境地"，是否别有隐情呢？

五、新解释的可能性（下）：双重的"谎言"与"危险的深渊"

在笔者看来，在卷六的第 6 章中掩藏着一个耐人寻味的细节，它提供了一条启发性的线索，能够帮助我们更好地理解奥古斯丁的心病。在叙述路遇乞丐一幕的缘起时，作者如此说道："我是多么凄惨！你如何促使我感觉到自己的凄惨呢？那一天我在准备朗诵一篇歌颂皇帝的文章。文中说了许多谎言，而这些谎言会获得会心的激赏。"[1] 这就暗示读者，下文关于"我是多么凄惨"的忧思是与某种"谎言"有关系的。路遇乞丐的故事随之展开。奥古斯丁将自己的境况与醉酒的乞丐做了比较，得出了那个痛苦的结论："他是兴高采烈，我是焦虑不安；他是安稳无忧，我是惶恐不安。"[2] 接着，他回想起了当时的失眠症："那一夜，乞丐醺醺熟睡，我则睡而又起，起而再睡。日复一日，都是如此！"[3] 他甚至认为，"无疑地他是更幸福"，因为"我是满怀愁绪"，"我是用谎言去追求虚名"[4]。可见，第 6 章的主旨可以被总结为："我是用谎言去追求虚名"，所以"焦虑不安"、彻夜难眠，在这种意义上尚不如"安稳无忧"的乞丐幸福。

值得注意的是，路遇乞丐一幕始于"谎言"，也终于"谎言"。很明显，奥古斯丁的心病与所谓的"我是用谎言去追求虚名"这件事存在直接的联系。合理的推想是，当时他正处于"焦虑"、"惶恐"的内心状态中，因为他正在"用谎言去追求虚名"；不仅

1　*Conf.* 6.6.9: "quam ergo miser eram, et quomodo egisti ut sentirem miseriam meam die illo quo, cum pararem recitare imperatori laudes, quibus plura mentirer et mentienti faveretur ab scientibus…"

2　*Conf.* 6.6.9.

3　*Conf.* 6.6.10.

4　*Conf.* 6.6.10: "nimirum quippe ille felicior erat…cum ego curis eviscerarer…ego mentiendo quaerebam typhum."

如此，他当下的追求还并不牢靠，"还可能终无所获"[1]，所以说"我贪求的野心更加渺茫"[2]。正是在这样的心境中，他才会因为乞丐已经"先我而得"的"安稳的快乐"[3]而触景生情（所谓的"遇到类似的情况，我往往联系到自己身上"），最后"对朋友们说了很多这样的话"[4]。

问题在于，那时正在使奥古斯丁万分焦虑的"谎言"究竟是什么。在表面上，这里所谓的"谎言"似乎是指对皇帝、太后或者大将军包托之类当道权贵的讴歌。但是，阿谀奉承的表面文章本来就是罗马文学中的常见套路，不过是司空见惯的修辞方式而已。我们知道，奥古斯丁自小接受的文学训练就以"学而优则仕"为目的，"信口雌黄"的修辞术正是他多年以来的拿手好戏。[5] 更何况，迄今为止他一直热衷于结交关系、攀附权贵。[6] 来到米兰之后，他更是对自己的仕途充满了信心——"我已交上不少有势力的朋友"，"至少已能谋得一个小省总督的职位"[7]。哪怕是在身心健康的危机已经初露端倪之后，他仍然觉得世间的功名利禄"也自有可爱之处，它们也是相当甜蜜的"，"获得一个官职，是多好的一件事"[8]。难道这位志得意满的青年文人，仅仅为了这种意义上的虚伪"谎言"就陷入了严重的焦虑症，甚至久久难以自拔吗？

正如奥古斯丁所自谓者，"遇到类似的情况，我往往联系到自己身上"。我们应当克服那种只从纯粹的道德观念出发、抽象地理解文本的思维定式。一旦将视角转回到作者的现实人生和切身境遇，我们就会发现，卷六第 6 章所谓的"谎言"，在抽象的道德含义之外，确实另有具体所指。直到 386 年的"秋收假期"结束为止，除了莫尼卡等亲属与阿利比乌斯等极个别的亲密好友，奥古斯丁一直都在小心翼翼地隐瞒着两件事。

1　*Conf.* 6.6.9.

2　同上。

3　同上。

4　*Conf.* 6.6.10.

5　*Conf.* 3.3.6.

6　参见夏洞奇：《制度史的意义：以奥古斯丁〈忏悔录〉为例》，第 601—619 页。

7　*Conf.* 6.11.19.

8　同上。

第一件是，迄今为止，奥古斯丁一直都是一名摩尼教徒。他是按照摩尼教团体的安排前来朝廷行在谋求发展的。[1] 可以说，他就是一个"大约有十人"（decem ferme homines）[2]的摩尼教小组的核心成员之一。[3]主教安布罗斯在米兰耳目众多，也许早已看破这位新来的修辞学教授的真面目。[4] 但至少在奥古斯丁本人心目中，他一直都很好地掩饰着摩尼教徒的身份。[5]莫尼卡是虔诚、活跃的大公教会信徒，看起来这种身份为她的儿子提供了良好的掩护："在遇见我的时候，他（安布罗斯）往往赞颂她，祝贺我有这样一位母亲，可是他不知道她有这样一个对一切怀疑，不想找寻生命之道的儿子。"[6] 这段话很生动地表露了他的内心纠结。他一直以为，安布罗斯"不知道我的煎熬，我所面临的危险的深渊"[7]。按照奥古斯丁自己设计的步骤，在386年"秋收假期"结束、辞职信正式发出之后，他才"致书于你的圣善的主教安布罗斯，委婉陈说了我以往的错误和现在的志愿"[8]。按照他自己的看法，在此之前他一直都对米兰的大公教会隐瞒了真相。

第二件是，奥古斯丁已经认清了摩尼教的性质，并且暗下决心放弃这一教门，但他一直对摩尼教教友们隐瞒着这一点。虽然在到达米兰不久之后，他已经"决定脱离摩尼教，不认为在我犹豫不决之时，还应该再流连于这个教派"[9]，但这个说法只反映了他内心的念头，并没有表现在外在的行为上。在卷五中，他自称早在383年与摩尼教主教福斯图斯（Faustus）相遇之后，就对该教"开始绝望"了（desperare

---

1 参见夏洞奇：《"开始绝望"？——〈忏悔录〉卷五再分析》，第39—44页。

2 *Conf.* 6.14.24.

3 参见夏洞奇：《罗玛尼亚努斯与奥古斯丁：〈忏悔录〉6.14.24释微》，载王晴佳、李隆国编：《断裂与转型：帝国之后的欧亚历史与史学》，上海古籍出版社2017年版，第291—306页，此处见第301—303页。

4 费拉里推测，安布罗斯之所以推荐奥古斯丁阅读《以赛亚书》（作为对其来信的答复，记叙见 *Conf.* 9.5.13），就是因为他早已得知其摩尼教徒身份，故以此测试其真诚性。见 Leo Charles Ferrari, "Isaiah and the Early Augustine," *Augustiniana* 41 (1991), pp. 739-756, esp. pp. 742-744.

5 正如费拉里所说，青年奥古斯丁长期同时保持着大公教会望教者与秘密摩尼教徒的双重身份，见 Leo C. Ferrari, "Young Augustine: Both Catholic and Manichee," *Augustinian Studies* 26 (1995): pp. 109-128.

6 *Conf.* 6.2.2.

7 *Conf.* 6.3.3.

8 *Conf.* 9.5.13.

9 *Conf.* 5.14.25.

coepi）[1]；但在这样的文学呈现背后，事实是他始终身处摩尼教团体之中，他博取了福斯图斯的充分信重，进而依靠他们的关系到罗马城、到米兰谋求世俗前程。[2] 从文学呈现的角度来看，卷五终章所谓的"决定脱离摩尼教"不过是故伎重演而已。

细读《忏悔录》，我们可以发现，直到"花园一幕"发生之前，奥古斯丁一直虚情假意地逗留于米兰的摩尼教圈子中间。其一，他参与了名为"赋闲"（otium）的共同生活的策划。[3] 此前，奥古斯丁还从来没有听说过基督教的修道生活。[4] 因此，合理的推测是，这个共同生活的计划是以摩尼教的修行团体为模板的。[5] 更何况，在这个小团体中（所谓的"大约有十人"），至少大多数人都是摩尼教徒。

其二，在"花园一幕"发生之后，《忏悔录》称："这是我们在你面前打下的主意，除了我们自己，别人都不知道。""我们相约不要向外随意透露消息。"[6] 根据这段话推测，当时米兰这个摩尼教小团体中的大多数人都被蒙在了鼓里。作于"转变"之初的《驳学院派》称，奥古斯丁曾经向罗玛尼亚努斯"面对面地吐露过我内心深处的焦虑"[7]。罗玛尼亚努斯是奥古斯丁多年来最密切的朋友与支持者，而阿利比乌斯是他最忠心耿耿的学生，他们三人都是塔加斯特的同乡。很有可能，在所谓的"大约有十人"之中，仅此二人在事先是知情的，其中又只有阿利比乌斯追随他而"转变"，一同放弃了摩尼教。[8]

其三，在奥古斯丁"转变"之后，摩尼教的旧教友们有强烈的反弹。正如卷九所

1　*Conf.* 5.7.12.

2　参见夏洞奇：《"开始绝望"？——〈忏悔录〉卷五再分析》，第 41—44 页。

3　*Conf.* 6.14.24.

4　直到"花园一幕"发生之前，奥古斯丁才经由来访的 Ponticianus 获知安东尼的事迹与米兰郊外的修院，参见：*Conf.* 8.6.14–8.6.15；夏洞奇：《"从死中复活"：〈忏悔录〉卷八考》（待刊稿），第 3—4 节。

5　当时若干摩尼教徒正在罗马城进行共同生活的实践，其失败是在 386 年夏。参见 Jason David BeDuhn, *Augustine's Manichaean Dilemma*, I, 188-190。福克斯认为这次共同生活的计划是来源于毕达哥拉斯的哲学生活理想的，见 Robin Lane Fox, *Augustine: Conversions to Confessions*, p. 207。但这种看法忽视了这个小团体的摩尼教属性。

6　*Conf.* 9.2.2.

7　*Contra Academicos* 2.2.4. (CCL 29, p. 20)

8　参见夏洞奇：《罗玛尼亚努斯与奥古斯丁：〈忏悔录〉6.14.24 释微》，第 302—306 页。

云，他和阿利比乌斯不得不"抵御诡诈的口舌"，"这些口舌以忠告之名而实行阻挠，似乎满怀关切，却把我作为食物一般吞噬下去"[1]。卷九还强调，在到达加西齐亚根之后，"我是在多么强烈、多么痛切的哀伤中憎恨那些摩尼教徒？但我又怜悯他们的昏昧，不懂那些圣事，不识那些妙剂，反而疯狂地反对本可续命的药饵"[2]。由此可见，是在奥古斯丁"转变"的消息传开之后，他和摩尼教团体的关系才恶化了。由此推测，米兰的摩尼教徒们是在最近（极有可能是在"秋收假期"结束时的辞职信传开之后）才获知奥古斯丁已经"脱离摩尼教"这件事的。

综上所述，奥古斯丁正在为"用谎言去追求虚名"而"满怀愁绪"[3]的那个时期，也正是他在内心深处小心翼翼地掩藏上述两个秘密的时候。在路遇乞丐一幕发生之前，"脱离摩尼教"的念头早已萌生，他早已以"望教者"的身份回来参加大公教会的宗教活动。[4]在多次聆听米兰主教的布道[5]之后，他已经"思想有了转变"，开始把摩尼教旧友们视为"欺骗我们的骗子"，并且认为"公教教义更可取、更稳重"[6]。但在此同时，他又舍不得"相当甜蜜"的功名利禄，舍不得"与它们一刀两断"[7]。正如他对好友罗玛尼亚努斯所吐露的，"全家人都指望着我，要靠我的职务。为了支撑体面，为了那些靠我的没用的人，开销很大"[8]。然而，米兰的教职原本就是依靠摩尼教的关系而谋得的，除了罗玛尼亚努斯与阿利比乌斯等极个别关系特殊的密友，他不可能敢于向其他摩尼教同伴吐露已经变心的真相。另一方面，作为一个正在朝廷行在殚精竭虑地谋求仕途前程的年轻人，他也不宜暴露非法教派秘密成员的身份。形势错综复杂，他同时向两个阵营隐瞒自己的纠结心绪，这是完全可以理解的。

---

1 *Conf.* 9.2.2.

2 *Conf.* 9.4.8.

3 *Conf.* 6.6.10.

4 *Conf.* 5.14.25.

5 如 *Conf.* 6.3.4 所说，"每逢星期日，我去听他对群众正确地讨论真理之言。"具体的描述，见 *Conf.* 5.13.23-5.14.24, 6.2.2-6.4.6。

6 *Conf.* 6.4.5, 6.3.4, 6.5.7.

7 *Conf.* 6.11.19.

8 *Contra Academicos* 2.2.4.(CCL 29, p. 20)

我们无法确知，米兰教会究竟是在何时获知奥古斯丁的内心秘密的。虽然安布罗斯在表面上对他态度冷淡[1]，但米兰教会确实相当重视这位年轻有为的修辞学教授。[2]很有可能，主教本人也在悄悄地关注着他的动向。无论如何，按照《忏悔录》的回忆，是这位主教的布道决定性地扭转了他对于大公教会的看法。安布罗斯虽然尚未证明大公教会的教义确系"真理"，"尚未显明""确切可靠"的真理[3]，但他毕竟已经证明了两点：摩尼教并不能驳倒大公教会；"我幼时教给我基督名字的教会"，它其实并不"幼稚"，确系基督的"唯一的教会"。[4]

奥古斯丁自小就在基督教的环境中长大。当年加入摩尼教的时候，他不认为自己是离开了基督教，而是自以为成了真正的基督徒。[5]正因为如此，安布罗斯只要消除了他对于大公教会的"绝望"[6]，这个在整个罗马世界中受到普遍认可的教会，就必然成为他唯一的宗教选项。相比之下，摩尼教不仅是一个非法的教团，在神学理论上也不再拥有什么优势。不仅如此，"我眼中的安布罗斯是一个俗世标准的幸运人物，得到了许多权贵人物的推崇"[7]。在386年春天的教堂之争中，安布罗斯发动信教群众，挫败了瓦伦提尼安王朝的太后。[8]米兰主教的影响力在奥古斯丁心目中留下了极为深刻的印象。在他身上，权势和学问结合了起来，而这两样正是当年的奥古斯丁最在意的东西。[9]

然而，出乎米兰教会方面的预料[10]，一旦奥古斯丁在内心中"背叛"了摩尼教，他

---

1 *Conf.* 6.3.3–6.3.4.

2 集中反映于 Simplicianus 与他的谈话（极力劝说他公开接受洗礼）。

3 *Conf.* 6.10.17.

4 *Conf.* 6.4.5.

5 Robin Lane Fox, *Augustine: Conversions to Confessions*, pp. 45–46, 99–100, 190–191; Leo C. Ferrari, "Young Augustine: Both Catholic and Manichee," pp. 116–118.

6 *Conf.* 5.14.24.

7 *Conf.* 6.3.3: "...ipsumque Ambrosium felicem quendam hominem secundum saeculum opinabar, quem sic tantae potestates honorarent." 有较大改动。

8 *Conf.* 9.7.15–9.7.16.

9 参见 Jason David BeDuhn, *Augustine's Manichaean Dilemma*, I, pp. 168–169, cf. pp. 195–196。关于安布罗斯在当时的政治影响，参见 John Matthews, *Western Aristocracies and Imperial Court*, pp. 186–211.

10 Simplicianus 的劝说并未真正切中要害，未能有针对性地预料到奥古斯丁最终的"转变"方式，结果也没有促使他痛下决心。详见 *Conf.* 8.2.3–8.5.12；夏洞奇：《"从死中复活"：〈忏悔录〉卷八考》（待刊稿），第 2 节。

就顿时遭遇了一场"严重的危机",一道"危险的深渊"突然横亘于他眼前。一方面,作为一个虔诚的古代基督徒,他无法克服对于灵魂灭亡与最后审判的深深恐惧,无法心安理得地长期"流连于这个教派"。因此,在抵达米兰之后不久,他就知道自己"脱离摩尼教"只是一个时间问题了。

另一方面,多年来奥古斯丁一直"行走在世俗的大道上",热衷于"功名、利益与婚姻"。[1]自从在摩尼教朋友的劝说下放弃了迦太基的教职,他的功名前途已经与摩尼教的关系牢牢绑定,就连社会关系也已经基本上压缩到了摩尼教的圈子之内。虽然由于史料的缺乏,我们已经无法具体还原奥古斯丁当年的政界关系,但就在他志得意满地以总督大位自许之际,"焦虑"和"惶恐"的情绪也正在他的心底暗涌。他当然已经意识到,貌似前途无量的功名事业,所谓的"尘世的前途"与"室家之好",一切都建立在"摩尼教"的沙滩上。他已经痛切地认识到,自己的仕途与婚约都是以摩尼教的关系为基础的,而这一切终究不过"源于空虚欲望的徒劳愿望与荒唐欺诈"[2]。

在这个时期,奥古斯丁的焦虑并非仅仅出于文人意气的空穴来风;对于内心之"背叛"的双重隐瞒,才是他的心病的源头。双重的"谎言"心理就像对灵魂的锥刺,不断地刺痛着他的心灵,带给他强烈的不安全感与挫折感。从这个角度来看,卷六偶然记录下来的种种叹息,都不是"为赋新词强说愁"的陈词滥调,而是对于主人公现实焦虑的忠实反映。摩尼教的关系网本是功名仕途最大的依靠,这时候却突然翻转,反而变成了最大的隐患。所谓的"我们还可能终无所获"与"我贪求的野心更加渺茫"[3],所表达的正是这种难以启齿的隐忧。正是在这种意义上,路遇乞丐一幕的开头才会强调:"功名、利益与婚姻",正是这些他最为渴望的欲求,正在使他"遭受到最痛苦的困难"。在这样的语境下阅读,"我们的醉生梦死带来了多少痛苦,我们做出了何等的努力,在此时付出了何等的辛劳,在欲望的刺激下所背负的不幸的包袱却越来越沉重地压在我身上"[4]。这不仅是从哲学思辨出发的人生感怀,更是对于当前"最痛苦

1　*Conf.* 6.5.8, 6.6.9.

2　*Conf.* 6.11.18.

3　*Conf.* 6.6.9.

4　同上。

的困难"的愤懑宣泄。

在米兰与安布罗斯相遇之后,奥古斯丁很快就体味到了最痛苦的人生悖论:在宗教的方面,"巨大的希望起来了"[1];但在花团锦簇的表象背后,他的世俗事业已经暗藏危机——所谓的"眼前是一片黑暗"[2],正是在以摩尼教基本教义中的"黑暗"来反讽摩尼教背景所带来的痛苦。"我们为何再犹豫不决,不肯放弃世俗的希望,全心全意去追求天主和幸福生活呢?"[3]这是因为"世俗的希望"正是他此刻的真爱,此时他尚不愿意"抛弃一切而转向你"。[4]"光阴不断过去,我拖延着不去归向我主,我一天一天推迟下去不想生活在你怀中,但并不能推迟每天在我自己身上的死亡。"[5]这是因为他明知自己除了"拖延"(tardabam)与"推迟"(differebam),竟已无计可施。

奥古斯丁早已陷入了"这种彷徨的境地"。在虔诚的基督徒莫尼卡眼中,这种境地在根本上正是她的儿子"从错误中反身而出","从疾病回复到健康"的必由之路,她那"稍感安心"的心态自然是在情理之中。[6]以这样的眼光来看,米兰主教确实就是这场"危机"的"系铃人",也理应成为可以指望依靠的"解铃人"。但奥古斯丁本人对于"危机"的严重性有更加切身的感受。要么是继续与摩尼教徒虚与委蛇,在醉生梦死中一天天"推迟"最后的抉择;要么是立即与那些"欺骗我们的骗子"一刀两断,断然不顾自己的锦绣前程(以及在此基础上的美好婚姻),彻底投入大公教会的怀抱。可以说,"这种彷徨的境地"正是一条"凄惨的歧途"。[7]这样的两难,正是他所面临的"危险的深渊"。

由此看来,卷六开篇所谓的"我对于寻获真理是绝望了"/"我对寻求真理已经绝望"[8],主要不是在表达认识论意义上的"怀疑主义",而是在发泄对于现实两难处境的

1　*Conf.* 6.11.18.

2　*Conf.* 6.10.17.

3　*Conf.* 6.11.19.

4　*Conf.* 6.6.9.

5　*Conf.* 6.11.20.

6　*Conf.* 6.1.1.

7　*Conf.* 6.16.26.

8　*Conf.* 6.1.1.

焦虑。可以说，真正"绝望"的不是找寻"真理"的可能性，而是如何面对宛如近在眼前的"真理"——这"真理"既是"巨大的希望"，也是彷徨无计的"绝望"！

"危险的深渊"还不仅仅是灵魂的磨难。对于笃信宗教的奥古斯丁，与摩尼教的虚与委蛇并不是没有代价的。双向的隐瞒在他内心中被视为双重的"谎言"，在他的心灵世界中形成了沉重的负担，造成了严重的"焦虑不安"、"惶恐不安"的情绪。以"谎言"心理引发的焦虑症为起点，恶性循环的心理—病理机制一步步地形成了：安布罗斯的布道戏剧性地改变了他的宗教预期，导致他在内心中已经"背叛"了摩尼教；宗教道路上的"希望"与世俗道路上的"绝望"立即形成了两难的人生悖论，导致了长期性的心理焦虑与失眠症；严重的心病损害了他的健康，严重的肺病随之而来；对双重"死亡"的畏惧又加剧了他的焦虑症，他的身体得不到休息放松的机会，肉体的疾病更无从医治。

按照上述分析，米兰前期的"危症"可以被划分为三个前后相继的环节：1. 双重"谎言"引发的焦虑症（"原发性焦虑症"）；2. 体质降低之后的"胸痛"（肺病）；3. 对双重"死亡"的恐惧造成的焦虑症（"继发性焦虑症"）。如此看来，第二个层面的焦虑症并不可能单独得到治疗；奥古斯丁必须在整体上清除焦虑症的根源，切断一年多来的精神危机的源头。

"危险的深渊"错综复杂，奥古斯丁所需要的是一个全盘的、系统的解决方案。这个方案，既要能够有效地克服精神的危机，又要同时对人生的危机给出实质性的解答。在《忏悔录》卷八中，在得到朝廷官员蓬提齐亚努斯（Ponticianus）无心插柳的启发之后[1]，在经历了一场"巨大的风暴"[2]之后，奥古斯丁终于在米兰花园里找到了最终的"转变"方案。这个方案的核心在于："不再追求室家之好，不再找寻尘世的前途，而一心站定在信仰的尺度之上。"[3] "一心站定在信仰的尺度之上"（stans in ea regula fidei）是为了在根本上解决精神的危机，而两个"不再"（nec）是落实"一心站定"的现实安排，当然也是对于人生危机的最终回答。

---

1 *Conf.* 8.6.14-8.7.18; 夏洞奇：《"从死中复活"：〈忏悔录〉卷八考》（待刊稿），第 3—4 节。

2 *Conf.* 8.12.28.

3 *Conf.* 8.12.30; 夏洞奇：《"从死中复活"：〈忏悔录〉卷八考》（待刊稿），第 4 节。

这种方式的"转变"当然是以宗教为核心的。正因为如此，奥古斯丁非常肯定地将自己在米兰的"转变"视为天主的拯救："你就在面前，你解救我们，使我们脱离凄惨的歧途，把我们安放在你的道路上"[1]；而最精炼的表述是，"所有一切，无一不是受之于天主"[2]。

奥古斯丁的"转变"体验既是信徒救赎的记忆，也是病人获救的记忆。《忏悔录》在字里行间反复地向读者透露，主人公的得救体验也直接表现为治愈的体验。在"转变"之后，他终于能够"休息，并看看你是主"[3]；他的失眠首先得到了治疗，"我不再翻覆动荡"，因为"惟有你才能使人舒畅安息"。[4] 来到加西齐亚根休养之后，他马上体验到了"你严厉的鞭策和奇迹一般迅速的慈爱"——无比严重的牙痛，只要跪下来"热切祷告"，就能"霍然而愈"。[5]

在重新回忆米兰往事的时候，奥古斯丁还想起了另一件充分"见证"大公教会"治愈"能力的"大事"（magna）：安布罗斯发现了圣徒的遗骨，使多年失明的盲人"双目立即复明"，随之米兰城中"对你的赞颂沸腾激昂"。[6] 对于此时深受"危症"折磨的他，大公教会所展示的治病神迹，必然产生刻骨铭心的效果。

奥古斯丁最终在布满荆棘的道路上迎来了自己的"转变"。早在母子重逢之时，莫尼卡就正确地预见到"一定能看到我成为虔诚的公教徒"[7]，但她的儿子在米兰所走过的"多么曲折的道路"[8]，所经历的"巨大的风暴"，却不是她在那时就能预料的。在奥古斯丁受洗之后，莫尼卡在回乡途中病逝于罗马城的外港奥斯蒂亚。在母亲的葬

---

1 *Conf.* 6.16.26.

2 *Conf.* 7.21.27.

3 *Conf.* 9.2.4.

4 *Conf.* 7.21.27, 6.16.26.

5 *Conf.* 9.4.12. 奥古斯丁并未记载"胸痛"究竟是在何时痊愈的。根据卷九，晚至"秋收假期"结束时，他仍然"呼吸困难，胸部作痛"（*Conf.* 9.5.13）；至迟到 387 年复活节，肺病肯定已经治愈，所以说"我们受了洗礼，过去生活上种种焦虑已是荡涤无余"（*Conf.* 9.6.14）；到了这年秋天，身体状况已经足以支持他远行渡海、回归故乡了。鉴于"胸痛"并不是在"转变"之后立即痊愈的，与其相比，"牙痛"的治愈"奇迹一般迅速"，与《忏悔录》当下的旨趣更为契合。

6 *Conf.* 9.7.16. 有较大改动。

7 *Conf.* 6.1.1.

8 *Conf.* 6.16.26: "o tortuosas vias!"

礼之后，悲伤的儿子"终于睡了一觉，醒来时，便觉得痛苦减轻了一大半；独自躺在床上，默诵你的安布罗斯确切不移的诗句：'天主啊，万有的创造者，穹苍的主宰，你给白天穿上灿烂的光明，给黑夜穿上恬和的睡眠，使安息恢复疲劳的肢体，能继续经常的工作，松弛精神的困顿，解除悲伤的焦虑。'"[1]这一幕极为贴切地流露了这位焦虑症、失眠症患者在重获新生之后的真实情感。

正因为奥古斯丁的"转变"记忆就是对于病愈的记忆，他才会将福音的号召理解为"劳碌痛苦的人，到我身边来"[2]。在病愈得救的他眼中，大公教会掌握着"信仰的良药"（medicamenta fidei），教会的圣事就是"本可续命的药饵"（antidotum quo sani esse potuissent）。[3]

再回首当年的"危症"，他的心态已经悄然改变：莫尼卡当初的看法被奉为先见之明，"严重的危机"确实变成了"从疾病回复到健康"的契机。那一段最痛苦的记忆，已经可以用感恩的柔情来诉说了："你刺痛受伤的创口，使我抛弃一切而转向你"，"愿我转向你而得到痊愈"[4]；"你用内心的锥刺来促使我彷徨不安，直至我在心灵中看到真切的你；我的浮肿因你隐秘的妙手而减退了，我昏愦糊涂的心灵之目依仗苦口的瞑眩之药也日渐明亮了。"[5] "你至尊天主不放弃我们这团泥土，怜悯我们的不幸，用奇妙而隐秘的方式来解救我们"[6]——这样的念想已经在他的"转变"记忆中层层积淀下来。

《忏悔录》卷六表现了奥古斯丁在米兰前期的焦虑与彷徨，而卷七则叙述了"严重的危机"在思想层面的彻底解决。在阅读了"柏拉图派的著作"并重读保罗书信之后，

1　*Conf.* 9.12.32: "deinde dormivi et evigilavi, et non parva ex parte mitigatum inveni dolorem meum atque, ut eram in lecto meo solus, recordatus sum veridicos versus Ambrosii tui. tu es enim, deus, creator omnium poliique rector vestiens diem decoro lumine, noctem sopora gratia, artus solutos ut quies reddat laboris usui mentesque fessas allevet luctuque solvat anxios."

2　*Conf.* 7.21.27: "venite ad me, qui laboratis." 此句出自《马太福音》11：28。周译作"劳苦的人到我身边来"，思高本则译为"凡劳苦和负重担的，你们都到我跟前来"。这两种译法都对所谓的"qui laboratis"做了相当抽象的理解。从奥古斯丁的经历考虑，他更有可能代入自己的体验，将"qui laboratis"理解为"劳碌痛苦的人"。

3　*Conf.* 6.4.6, 9.4.8.

4　*Conf.* 6.6.9. 有较大改动。

5　*Conf.* 7.8.12.

6　*Conf.* 6.12.22.

他对于大公教会的所有疑虑都已经涣然冰释。在卷七之终章，他就对"转变"的目的做了精辟的概括："不仅为了受到督促而求享见纯一不变的你，也为了治愈疾患而服膺不释。"[1] 奥古斯丁的"转变"确实是在认识的层面展开的，但它同时也是活生生地在生命体验的层面展开的。

出于教会政治的实际考量，也出于创作一部更具有普遍性思想意义的神学著作的目的，"多谈思想，略说人生"就成了支配《忏悔录》写作的基本文学策略之一。正因为如此，《忏悔录》这部集中体现作者修辞水平的杰作，就具有了抽象化、神学化的文学特点。但是作为虔诚基督徒在天主面前的告白，作为文学呈现的《忏悔录》仍然不能突破真诚性的底线。在那些具有一定"自传性"的文本中，有许多记录主人公当时情感的片段，如同"化石"一般留存了下来。本文的研究目标就在于，以更加具体化、更加政治化的视角，对这些常常被忽视的文本片段进行细致的再解读，从而透过作者精心设计的修辞滤镜，以更加历史的态度推想主人公在米兰的前尘往事。只有将思想演进的侧面与人生求索的侧面结合起来，我们才能看到一种新的希望，透过这部穿越千年的古代巨著，远远地瞻望这位伟大的基督教思想家所走过的"多么曲折的道路"。

（本文作者为复旦大学历史学系副教授）

1　*Conf.* 7.21.27.

修昔底德论内乱

张新刚

导　论

古代史家莫米利亚诺（A. D. Momigliano）曾对古希腊的历史世界和政治思想做过这样的观察，即虽然希腊城邦世界中战争无处不在，甚至"希腊人将战争看作像生死一样自然的事实，人对其无能为力"，但是"希腊的政治思想更倾向于关注城邦的内部变化和内部问题。战争的原因和对外冲突是边缘性的而非核心问题"[1]。这一观察非常准确地将希腊世界政治的一个非常典型的现象，即城邦内乱，推到前台。也就是说，在希腊史家看来，城邦内乱比对外战争更为重要，我们在修昔底德的著作中也能印证这一判断。

修昔底德在全书开篇阐述自己记录的这场战争范围之广时说：

> 历史上范围最广的战争是波斯战争，但是那次战争在两次海军战役和两次陆军战役中迅速决出胜负。而伯罗奔尼撒战争不仅持续了很长时间，并且在整个过程中，给希腊带来了空前的痛苦。过去从来没有过这么多的城邦被攻陷和破坏，有些是被野蛮人摧毁的，有些是由内部冲突造成的；从来没有过这么多流亡者或被杀害者——有些是因为战争本身（*auton ton polemon*），有些则是由于

1　A. D. Momigliano, "Some Observation on Causes of War in Ancient Historiography," in *Studies in Historiography*, New York: Harper Torchbooks, 1966, p. 120.

内乱（ *to stasiazein* ）。[1]

如果我们严肃对待这段话，那就会得到超出《伯罗奔尼撒战争史》这一书名所包含的信息，即在修昔底德看来，斯巴达和雅典两个集团之间的战争与诸城邦内乱共同造成了希腊世界近三十年的灾难。修昔底德所撰写的不仅仅是战争史，而且还是内乱史，这两者合在一起才是全书的撰述要义。该书的内容也证实了这一观察，据学者统计，在该书中公元前429—前413年的内容里，修昔底德共记录了逾三十次内乱，在公元前413—前410年，共有二十余次内乱发生。[2] 基于这一事实，我们可以看到，在修昔底德整个的战争历史书写中，内乱并非与战争独立，而是在决定性的意义上与战争有着紧密的内在关联。

修昔底德如此强调的内乱实际上揭示出城邦共同体的重要特征。在对内乱与城邦关系进行梳理之前，有必要先考察一下内乱（ *stasis* ）的意涵，而在这个问题上，芬利（ M. I. Finley ）仍是最值得重视的学者之一，在《雅典的煽动家》一文中，芬利对该词进行了非常有启发的分析：

> 内乱是最大的恶，也是最普遍的危险……［ στάσις ］的词根含义是"放置"、"设置"或"高度"、"身份"。至于它的政治意涵，只要把辞典中的定义列举出来，就是最佳说明："朋党"、"以骚扰为目的的朋党"、"派系"、"骚动"、"不和"、"分裂"、"异议"；最终还包括一个证据确凿的意义，但字典却很令人费解地把它省略不提，那就是——"内乱"或"革命"……这个词的原义是"身份"、"立场"，就抽象逻辑推论把它用于政治脉络中，它应该有同样中性的意涵，但实际上却不然。一放在政治脉络中，它马上呈现了最激烈的联想。我相信这个事实必定有重

1　修昔底德：《伯罗奔尼撒战争史》，1.23. 1–2。本文所引修昔底德《伯罗奔尼撒战争史》文本参照徐松岩译本，英译参照 M. Hammond, P. J. Rhodes, *Thucydides: The Peloponnesian War*, Oxford: Oxford University Press, 2009。引用为章节，下同。

2　J. Price, *Thucydides and Internal War*, Cambridge: Cambridge University Press, 2004, p. 291.

大的意义。它必然意味着：政治立场、派系立场是件坏事，会导致骚乱、内乱和社会结构的瓦解。同样的趋势在整个语言中不断重复。[1]

希腊史家汉森（M. H. Hanson）也提出："内乱是城邦的一个实质面向"，特别是在战争时期，公民对城邦的认同就会被对其他群体的认同所取代，甚至会为了在城邦内乱中获胜而牺牲整个城邦的自主性。[2] 这一观察很大程度上符合伯罗奔尼撒战争期间很多城邦的实际情况。总体来看，内乱与城邦这一共同体形态密切相关[3]，并且在城邦的不同演变阶段体现为不同的形态。

如果考察内乱的历史面相，目前已知 *Stasis* 一词最早见于公元前 7—前 6 世纪列斯堡（Lesbos）的诗人阿凯优斯（Alcaeus）笔下，诗句提到最好不要发生 *stasis*（Alc. fr. 130.26-27）。与阿凯优斯时代相距不远的梭伦则是处理雅典内乱的著名立法者，并留下了很多诗篇，其中最有名的一篇提到"有着优良秩序的城邦能够防止内乱的侵扰"（Solon fr. 4 West）。梭伦立法时，雅典正因为债务问题而陷入分裂危机之中，他通过中庸调和的方式缓解了城邦矛盾，使得贵族和平民的紧张关系得以缓解。根据梭伦以及后来希罗多德的记述，古风时期希腊世界的内部纷争多以债务危机以及占据不同地域的贵族集团间权力斗争的形式出现。[4] 而内乱纷争的结果往往是僭主统治，即由以非传统方式获取权力的一人统治整个城邦。

而进入古典时期之后，很多学者认为城邦内乱更具意识形态色彩，因为内乱通常体现为城邦内部寡头派和民主派的对抗，这也是亚里士多德对城邦内部结构的经典判断。意识形态化的解读同样也可以在修昔底德的著作中找到明显依据，如在对科西拉

1　芬利：《雅典的煽动家》（"The Athenian Demagogues"），见芬利著：《古典民主原论》，李淑珍译，台湾巨流图书公司，第 55 页。

2　M. H. Hansen, "Stasis as an Essential Aspect of the Polis," in M. H. Hansen & T. H. Nielsen, eds., *An Inventory of Archaic and Classical Poleis*, Oxford: Oxford University Press, pp. 124-128.

3　参见 Moshe Berent, "Stasis, or the Greek Invention of Politics," *History of Political Thought*, vol. XIX. No.3, Autumn, 1998。

4　R. Sealey, "Regionalism in Archaic Athens," *Historia* (1960), pp. 155-180.

内乱的评述中，修昔底德明确说在希腊世界中，城邦内乱频发，民主派寻求雅典帮助，而寡头派则寻求斯巴达帮助。[1]

内乱虽为希腊城邦世界非常重要的政治现象，但如芬利所言，相关研究并不充分。在 20 世纪后半叶以来，这种状况有所转变，学界关于内乱性质的研究逐渐增多，并主要形成以下三种解释路径。首先是偏向马克思主义立场的史学家的解释，像德·圣·克罗瓦（G. E. M. de Ste. Croix）在其《古希腊世界中的阶级斗争》一书中将内乱解释为政治动乱（civil disturbances），并在分析内乱原因时将之归为财产的不平等。[2] 在他看来，财产不平等导致了穷人和富人的权利不平等，进而导致了阶级冲突。[3] 林托特（Andrew Lintott）则并不同意马克思主义的解释。在他看来，虽然贫富两个群体的冲突的确存在，但"马克思主义的阶级斗争并不会在古代世界发生"。原因有二：第一，古代世界并不存在劳动力市场，或者使雇主和被雇佣者发生关联的单独经济活动部门；第二，贫富群体的冲突也并非生产工具拥有者和雇佣劳动力的冲突，也非地主和佃农的冲突，而是由共同体法律所区分的两个群体之间的冲突。[4] 在林托特看来，古代城邦与现代国家大不相同，并没有警察等公共安全保障者，私人或团体内部的救济是保障安全的重要手段。[5] 第三种解释倾向则强调法律以及文化价值观的因素，如古希腊法律研究的代表学者科恩（David Cohen）通过对公元前 4 世纪雅典的研究提出，内乱发生的一个重要契机是大量的个人诉讼借以暴力方式实施复仇，

---

1 修昔底德：《伯罗奔尼撒战争史》，3.82。

2 G. E. M. de Ste. Croix. *The Class Struggle in the Ancient Greek World from the Archaic Age to the Arab Conquests*, London: Duckworth, 1981, p. 79.

3 马克思主义解释另可参见 P. W. Rose, *The Class Struggle in Archaic Greece*, Cambridge: Cambridge University Press, 2012。

4 A. Lintott, *Violence, Civil Strife and Revolution in the Classical city, 750–330 B.C.*, Baltimore: The Johns Hopkins University Press, 1982, p. 257.

5 Ibid., pp. 13–31. 另参见 Moshe Berent, "Stasis, or the Greek Invention of Politics," *History of Political Thought*, vol. XIX. No. 3 (Autumn, 1998)。Berent 提出，应将城邦理解为无国家的共同体（stateless community），城邦中缺乏强制性机构（coercive apparatuses）。

虽然法律体系能够化解很多冲突，但并不能完全戒除内乱。[1] 费舍尔（Nick Fisher）则将内乱原因理解为针对荣誉的纷争，个人的敌意与复仇在内乱中占了很重的分量。[2]

尽管现代学者对内乱原因的解释存在一些分歧，但总体而言，各种诠释基本都认为古希腊的城邦内乱从古风时期到公元前 3 世纪处于演变之中，在不同时期所体现的主要样态不尽相同。而导致后期内乱形态及特征变化的重要转变节点就是伯罗奔尼撒战争，如富克斯（Alexander Fuks）就提出，伯罗奔尼撒战争不仅改变了古代作家看待社会冲突和经济冲突的视角，而且实质性改变了对希腊城邦政治基本演变动力的理解。[3] 而根据他对修昔底德笔下科西拉内乱的研究，政治因素超越了经济等因素成为首要的动机和原因。[4] 我们可以将富克斯对修昔底德内乱具体的研究观点留在下文辨析，但其对城邦内乱动态过程的总体把握以及对伯罗奔尼撒战争的强调基本为学界所接受。本文将在此基础上，尝试对修昔底德的内乱描述以及分析进行总体性把握和理解，梳理内乱在《伯罗奔尼撒战争史》中的基本模式和演进过程，澄清内乱在总体战争叙事中的作用和位置。

一、内乱与战争叙事

正如开篇引用的修昔底德文本所揭示的那样，内乱和战争在修昔底德的笔下呈现出相互塑造的复杂关系。如果仔细审视修昔底德整部著作的写作，我们就会发现，内

1　D. Cohen, *Law, Violence, and Community in Classical Athens*, Cambridge: Cambridge University Press, 1995, pp. 87–118.

2　N. Fisher, "*Hybris*, revenge and *stasis* in the Greek city-states," in Hans van Wees ed., *War and Violence in Ancient Greece*, London: Duckworth, 2000, pp. 83–123.

3　参见 A. Fuks, *Social Conflict in Ancient Greece*, Leiden: Brill Press, 1984。

4　A. Fuks, "Thucydides and the Stasis in Corcyra: *Thuc.*, III, 82–3 versus, III, 84," *The American Journal of Philology*, 92.1 (1971), pp. 48–55, also in *Social Conflict in Ancient Greece*, pp. 190–197.

乱实际上是理解伯罗奔尼撒战争一条不可或缺的线索。[1]全书在内乱意义上使用*stasis*一词共有 51 处，提到的内乱有三十余次，而详细记述的主要分为四个阶段，即第一卷战争缘起部分、第三卷科西拉内乱前后、第四卷尼西阿斯和平前和第八卷雅典与萨摩斯岛的内乱，其中第八卷实际上是修昔底德所撰述的战争尾声。可以看出，修昔底德对部分城邦内乱的具体描述是有选择和针对性的，在对其内乱描写的具体研究之前，有必要对整本书的内乱线索进行总体把握，下面就从战争的缘起开始讨论。

关于战争的起因，最常为大家所引用的是修昔底德在第一卷的评论："虽然在公开的讨论中最为隐蔽，我认为真正的原因是雅典处于持续崛起的状态之中，使得斯巴达产生恐惧，迫使（*anankasai*）他们发动战争。"[2]关于战争真正的原因，学界有诸种不同的解释[3]，但是战争最直接的原因就是关于埃庇达姆努斯（Epidamnus）的争执和科西拉海战，以及对波提狄亚（Potidaea）的围攻。可以肯定的是，修昔底德整个战争记述的开端始于埃庇达姆努斯发生的内乱，并且正是从埃庇达姆努斯的纷争开始，雅典和斯巴达被逐步地拖入战争。修昔底德在撰述埃庇达姆努斯内乱时说，埃庇达姆努斯在经受多年的内乱之后，在与邻近蛮族的战争中失利，从而丧失了大部分实力。而就

1　关于内乱在整书中的位置，最近的代表性研究当属普莱斯的专著《修昔底德和内战》。在该书中，他试图论证修昔底德将伯罗奔尼撒战争视为希腊人的内乱，并且这场最重要的内乱使希腊文明产生了显著退化，就如同我们所看到的内乱对城邦的影响那样。普莱斯还进一步用内战来解释修昔底德在这部书中的篇章布局，并且认为科西拉内乱（3.70-83）是整本书写作的基本模式，科西拉内乱这一范型主导了修昔底德对伯罗奔尼撒战争的基本理解以及写作。笔者并不完全同意普莱斯这一较强的解释结论，而是主张内乱和战争是修昔底德整部著作的两条并行主线，内乱并非能够涵盖战争，内乱的结构也未必能够解释战争的结构；但是，我们基本同意普莱斯关于内乱在书中结构节点的线索把握。

2　修昔底德：《伯罗奔尼撒战争史》，1.23.5-6。

3　关于学界的不同观点，参见 A. W. Gomme, *A Historical Commentary on Thucydides*, vol. 1, Oxford: Oxford University Press, 1956, 区分了战争的直接原因和心理原因；R. Sealey, "Herodotus, Thucydides and the Causes of War," *CQ*, n.s. 7 (1957), pp. 1-12, 修昔底德告诉我们雅典利用斯巴达的恐惧而引发战争；A. Andrewes, "Thucydides on the Causes of the War," *CQ* n.s. 9 (1959): pp. 223-39, *prophasis* 和 *aitiai* 在公元前 432 年只是同一事物的两面；De Romilly, *Thucydides and Athenian Imperialism*, 1963, p. 18 n.3, "战争是雅典权力帝国主义式发展，而非实际的帝国主义野心表露的结果"；D. Kagan, *The Outbreak of the Peloponnesian War*, Ithaca: Cornell University Press, 1969, p. 345. 修昔底德发明了将战争深层的原因和直接原因进行区分的做法，如他所说，雅典是侵略者，但是雅典的权力在公元前 430 年代并没有扩张；G. E. M. de Ste Croix, *The Origins of the Peloponnesian War*, London: Duckworth, 1972, 认为真正的原因不同于公开表达的抱怨的缘由，斯巴达是侵略者，并且没有合法理由发起战争，伯里克利不想开战。

是在伯罗奔尼撒战争前夕，城内平民驱赶了掌权者，掌权者投奔城外蛮族，并和蛮族一道从陆地和海上袭击埃庇达姆努斯。[1]民主派遂遣使向母邦科西拉求援，但遭到拒绝。无奈之下，转而向科林斯求援。科林斯派遣一支军队从陆上增援。科西拉得知消息，立即派遣舰队开赴埃庇达姆努斯，她要求埃庇达姆努斯驱逐科林斯的援军，并让贵族派重掌政权。在遭到拒绝后，即以舰队围困埃庇达姆努斯。对此，科林斯迅速做出反应，进行大规模的军事动员。科西拉又派使节前往科林斯，试图通过外交手段解决争端，但遭到科林斯拒绝。紧接着两军交战，结果科西拉舰队大胜。战后的两年，科林斯积极扩军备战。由于科西拉并未加入雅典或斯巴达两大军事同盟，此时面对属于伯罗奔尼撒同盟的科林斯，自感孤立无援，便向雅典寻求结盟。雅典先后召开两次公民大会讨论此事，考虑到科西拉及其舰队的战略重要性，最终决定和她结成防卫同盟。就这样，最初小城邦的内部纷争逐步诱发两大军事阵营的对抗。不仅战争的直接起因始于内乱，而且在真正战争的一开始，也是从内乱开始的。公元前431年，普拉提亚发生内乱，城中一派引底比斯人入城，屠杀政敌以取得政权。在普拉提亚发生的战乱撕毁了30年和约，直接导致了斯巴达入侵阿提卡，从而宣告战争的爆发。总体来看，修昔底德认为，科西拉和波提狄亚的争端是导致雅典和科林斯冲突的重要原因（*aitiai*），正是在这一冲突之后，科林斯鼓动伯罗奔尼撒联盟议事，引出了埃吉那和麦加拉的抱怨（*aitiai*），加之以修昔底德对雅典和斯巴达力量消长的陈述，为大战设定了基本背景。

按照修昔底德自己的叙述结构，内乱不仅成为伯罗奔尼撒战争的触发点，而且还是后来战争进程的隐性线索。正如学者普莱斯（Jonathan J. Price）提醒的那样，修昔底德认为"公元前433年埃庇达姆努斯发生的内乱与公元前427年科西拉内乱存在着关联"[2]，而后者则是整本书中描述最为详细的一次内乱。科西拉内乱的具体内容，后文还会具体讨论，这里只需指出该内乱在战争中所具有的两点重要意义。第一，修昔底德在对科西拉内乱的评述中，将内乱从单个城邦的冲突提升为希腊城邦的普遍性现

1　修昔底德：《伯罗奔尼撒战争史》，1.24。

2　Price, *Thucydides and Internal War*, p. 277.

象，即"这样，内乱在城邦间播散，在后来发生内乱的地方，因为他们知道其他地方以前所发生的事情，又出现了许多前所未有的更为出格的暴行，表现在夺取政权时更加阴险狡诈，报复政敌时更加残忍无忌"[1]。第二，科西拉内乱实质上对战争增添了新的因素："这次内乱如此血腥残酷……后来整个希腊世界可以说都受到震撼，因为民主党人和寡头党人到处都发生斗争，民主党的领袖们求助于雅典人，而寡头党人求助于拉栖戴蒙人。"[2] 结合这两点，我们可以看到修昔底德对科西拉内乱记述的一个主要动机在于揭示这场大战为城邦内乱提供了更为便宜的背景，战争的性质由两个头领城邦的冲突进一步深化为每个城邦内部的斗争。

正如修昔底德所言，在科西拉内乱之后，内乱如同瘟疫一样在希腊世界传播，大战的背景加剧了小城邦内部的权力斗争，因为在和平时期并不像战争时期这样可以随时寻找借口来求助于两大霸主城邦。在科西拉内乱之后，修昔底德还记述了公元前 424 年的麦加拉内乱（4.66-74）、波奥提亚（4.76）的内部斗争、色雷斯地区众多城邦的内乱（4.84 及以后）等。其中色雷斯地区城邦内乱很重要的外部因素就是斯巴达将军伯拉西达（Brasidas）的到来。用修昔底德的话说："这一次他（伯拉西达）对于这些城邦正直而温和的行动，成功地使许多城邦叛离雅典，还利用内应取得其他一些地方。"[3] 在阿堪苏斯事件上，伯拉西达展示了其高超的政治手段。当他率军到达时，就应该如何对待伯拉西达这一问题上面，阿堪苏斯城内分裂为两派，一派是与卡尔基斯人一起邀请他来的人，另一派是大多数普通民众，其中后者是亲雅典而对伯拉西达存有疑惧的。伯拉西达进城后对阿堪苏斯的民众发表演说，成功说服平民，这段演说中有一部分关于他对内乱的看法：

> 我到这里来，不是想袒护你们的这个党或那个派，我也认为如果我忽视了你们的祖制，使少数人奴役多数人，或者使多数人奴役少数人的话，那不是给你们

1　修昔底德：《伯罗奔尼撒战争史》，3.82。

2　同上。

3　同书，4.81。

真正的自由。这种统治将比受外族人的统治还要严酷，而我们拉栖戴蒙人的辛勤功绩也不会使人感激。[1]

从这段话可以看出伯拉西达卓越的政治和修辞能力，当面对雅典的盟邦时，他首先打消了平民关于斯巴达扶植寡头统治的顾虑，进而用解放希腊人脱离雅典的控制为合法性来说服民主派。无论伯拉西达所言是否是其真实的想法，但其演说和修辞之所以具有说服力，恰恰符合了科西拉内乱所揭示的大战背景下城邦内部的权力格局。综合伯拉西达在色雷斯地区的政治与军事活动，我们可以总结说，他在能够直接施加影响的地方扶植和利用内应控制友邦，而利用解放希腊人和帮助他们免除雅典的支配的口号，换取他无法改变其政体的城邦支持，从而取得巨大的成功。正是在色雷斯地区的成功为斯巴达做出了巨大贡献，成为后来达成尼西阿斯和平的重要砝码。

尼西阿斯和平之后，西西里远征部分关于内乱的直接记述并不多；而到了全书最后一卷，雅典和萨摩斯岛的内乱成为修昔底德书写的重点。Stasis 一词在第八卷出现的次数也仅次于第三卷[2]，并实质性地成为修昔底德所撰写的战争的收尾。如果结合修昔底德在伯里克利死后对雅典政治的评论的话，我们可以看到雅典城邦内部的纷争实际上是雅典远征西西里并最终战败的根本原因：

> 他（伯里克利）的继任者们的情况就不同了。他们彼此间大都不相上下，每个人都想力争居于首要地位，最终他们竟准备靠牺牲整个城邦的利益来迎合民众的心血来潮。这种情况，正如我们所预料的那样，在一个伟大的，居于统治地位的城邦中，必然会导致很多错误，西西里远征就是这些错误之一……因为他们忙于施展个人权谋，以图获取对民众的领导权。这样便不仅使远征军军心涣散，而且首先在国内引起**内讧**（*en allelois etarachthesan*）。他们在西西里损失了大多数舰船和其他军队后，在城邦内部发生了**内乱**（*stasei*）。尽管如此，他们还是又坚

1 修昔底德：《伯罗奔尼撒战争史》，4.86。
2 在第八卷中，与 stasis 相关的词共出现有 10 次。

持了 8 年……雅典人一直坚持着，直到由于他们内部的**纷争**（*diaphoras*）而毁灭了自己，被迫投降。[1]

按照修昔底德在此处的讲法，西西里远征实际上是后伯里克利时期雅典内部斗争的毁灭性结果，远征的决定以及期间的一系列错误很大程度上是由城邦内部的权力斗争带来的。而整场战争是以雅典内乱的自我毁灭告终。从这个角度来看，修昔底德并未完全记述到公元前 405—前 404 年有可能是有意为之，即在其详细讨论的公元前 411 年雅典内乱中，他已经看到了雅典失败的命运。更为重要的是，真正决定战争结局的，并非斯巴达真的打败了雅典，而是雅典内乱使其战败。[2]

从以上对《伯罗奔尼撒战争史》所撰战争缘起、发展与尾声来看，内乱实际上构成了与战争并行的另一条线索，并且在关键的节点影响着战争的进程。正如法国古典学家尼克尔·洛候（Nicole Loraux）所言："我们不应该在战争与内乱哪个更优先的问题上做出专断的结论，很显然，对于历史学家（即修昔底德）来说，这两种形式的冲突一并引发了希腊世界的运动。"[3] 如果对内乱重要性的认识是正确的话，那么需要进一步追问的是：内乱在这场战争中具体体现为何种样态呢？根据本文导论所言，通常学者会将修昔底德视为希腊城邦内乱范式转变的重要作家，那么究竟是否存在一种修昔底德范式的内乱呢？如果将全书的所有内乱个案统一考察的话，我们会发现，答案并非自明。

1　修昔底德：《伯罗奔尼撒战争史》，2.65。

2　无独有偶，柏拉图也将战争失败的责任放在雅典自身的内乱上面，只不过柏拉图指的是公元前404年的内乱。在《美涅克塞努斯》中，柏拉图曾这样看待雅典与斯巴达战争失败的原因："实际上，只是由于我们内部的纷争，而不是出于别人之手，才弄到我们失去光彩；在别人手下，我们直到今天还是不曾失败过，我们乃是自己打败自己，自己被自己打败的。上述这些事件之后，当时我们正同其他城邦和睦相处，我们城内却发生了内战。战争是这样打的——倘使人们注定要进行内讧的话，那就没有一个不希望他自己的国家有缺点都能像我们。比雷埃夫斯来的公民和雅典本城的公民以十分亲切友爱的态度彼此和解了，并且——出乎一般人的期望之外——也同其他的希腊人和解了；在他们解决对埃流西斯人的战争时，也采取了这样的温和态度。这一举动的根源不在别的地方，乃是在于纯正的亲缘关系，它为人们提供了不仅在言语方面，而且也在行动方面所拥有的基于血亲关系的牢固友爱。"（243d—244a）

3　Nicole Loraux, "Thucydides and Sedition Among Words," in Jeffrey S. Rusten, ed., *Thucydides*, Oxford: Oxford University Press, 2009, pp. 265-266.

二、内乱的"修昔底德范式"?

如上所述，修昔底德共记述了三十余次的城邦内乱，具体考察这些内乱的发生原因会发现，不同时期和不同城邦的内乱样态并不完全一致，这也引发了学者对修昔底德内乱模式的不同解读。但总体而言，争议的重点集中在两种解释框架内：一种是以埃庇达姆努斯内乱为范本，将内乱最后归因于土地和财富争夺与分配；一种是以科西拉内乱为范本，强调内乱的政治性和意识形态性特征。在本部分中，我们以修昔底德提及的不同内乱为研究对象，尝试辨析其提供的不同版本的内乱范式。

在《伯罗奔尼撒战争史》一书中，修昔底德最初提到内乱出现在早期希腊，那时内乱的产生主要是因为争夺土地。按照他的说法，"凡是土地肥沃的地方……其主人的更替都是最频繁的。土地的肥沃有助于特殊的个人扩大其权势，由此引发纷争，从而导致公社瓦解，还会造成外族入侵"[1]。阿提卡地区因为土地贫瘠，所以幸而免于内乱，并且还成为希腊其他地方流亡人士的避难地。这样，修昔底德在全书的开篇就给我们提供了早期希腊内乱的基本线索，即由土地生发的财富积累导致了个人权力斗争，同时基于土地的财富增多，也会招致外敌侵扰。这一内乱的发生机理虽然简单，但却极具解释力，有学者以此为入手点，提出修昔底德书中的内乱范本实际就是以此为基础的埃庇达姆努斯内乱。[2]

埃庇达姆努斯是科西拉在伊奥尼亚湾的殖民地，建成后她的势力日益强大，人口逐渐增多，但是后来因为内乱而衰落，修昔底德写到，这据说是因为与其毗邻的异邦人交战引起的。埃庇达姆努斯战败，丧失了大量兵力，后来在大战开始前，平民驱逐了掌权派，而被驱逐者投靠了异族，并和异族人一起在海陆袭掠埃庇达姆努斯。[3]这一内乱范式可以总结如下：城邦人口增加和实力增强是内乱的先决条件，然后内乱削弱了城邦的战争能力，导致对外敌斗争的失败，而占城邦多数成员的平民（*demos*）认为

1　修昔底德：《伯罗奔尼撒战争史》，1.2。

2　Scott L. Puckett, *Stasis in Ancient Greek Historians*, Doctoral dissertation. Retrieved from ProQuest Dissertations and Theses.

3　参见修昔底德：《伯罗奔尼撒战争史》，1.24。

少数掌权者（*dunatoi*）要对此负有责任，因而将掌权者驱逐出城邦，被驱逐者往往纠集外部势力攻打城邦以夺取权力。[1]

在这一模式中，有三点是值得特别注意的。第一，内乱的根本动力是对土地以及财富的追求，而内乱的前提也是财富的增加与人口的增长；第二，城内冲突双方是掌权者（*dunatoi*）和平民（*demos*）；第三，外部力量在城邦内乱中起到很重要的干预作用。其中后两点是修昔底德笔下大部分内乱都会涉及的要素。同时，在伯罗奔尼撒战争期间，对于大多数城邦而言，雅典和斯巴达是两个干预其内部斗争的最重要的外部因素。而在公元前 411 年雅典发生内乱时，斯巴达也是最为重要的外部力量。所以，埃庇达姆努斯模式中大部分内容是具有解释效力的；但是其第一点值得进一步讨论，对此最大的挑战就是科西拉内乱。

科西拉作为修昔底德最为详细描述的内乱个案，通常被学者视为内乱的标准模式。[2] 这一观点很大程度上来自修昔底德自己的评论，即科西拉内乱充分展示了权力斗争的残暴以及对共同体传统纽带和价值观的颠覆，是这场战争中具有代表性的内乱样本。自此以后，内乱在城邦之间蔓延。更为重要的是，与早期希腊世界的内乱不同，科西拉内乱增加了新的要素，即民主派和寡头派的"意识形态"之争。现在问题便是：科西拉内乱是否提供了新的模式，抑或说伯罗奔尼撒战争影响下的科西拉及其他城邦内乱并未脱离希腊历史的基本演进范式？为回答这一问题，我们需要对科西拉内乱进行更为细致的考察。

科西拉内乱发生于公元前 427 年，但其诱因却是和更早的埃庇达姆努斯争端相关。前文提到，当埃庇达姆努斯的平民驱逐掌权派后，掌权派联合异邦人攻打城邦。埃庇达姆努斯人救助母邦科西拉未果，便求科西拉母邦科林斯援助。随着事态发展，科西拉与雅典结为防御同盟，并与科林斯交战。科林斯俘虏了科西拉 250 人，希望这些在城中原本很有地位的人能够在回去后使科西拉转到科林斯这一边。公元前 427 年夏，当这些俘虏回城游说科西拉脱离雅典时，这场内乱便拉开了序幕。归城的俘虏

1　Puckett, *Stasis in Ancient Greek Historians*, p. 192.

2　如普莱斯就将科西拉内乱视为整本书写作的基本范式，见 Price, *Thucydides and Internal War*, pp. 6–78。

们先是想把雅典的代理人和民主派领袖佩西亚斯（Peithias）推上被告席，指控其使科西拉遭受雅典的奴役，但是审判结果是无罪。作为报复，佩西亚斯控告对方五位最富有的人，说他们在奉献给宙斯和阿尔基诺乌斯的神圣土地上砍伐葡萄树，应处以罚款。佩西亚斯作为议事会的一员，说服同僚坚持处罚。同时，还有消息说他想在身为议事会成员时说服人民与雅典订立攻守同盟。此时被控告的人突然闯入议事会会场，杀死佩西亚斯和其他 60 人，其中有些是议事会成员，有些是公民。

谋反者紧接着召集科西拉人大会，说明他们此举最好的后果是不用再受雅典人奴役。随后，科西拉的执政党人与民主派展开战斗，民主派在后来的战斗中占有优势。在此之后，雅典将军尼克斯特拉图斯（Nicostratus）率舰船和重装步兵前来，力图说服两派同意一起协商，把 10 名元凶推上审判席。裁决这 10 人以后不再生活在这个城邦，其余的人和平相处，两个党派相互妥协，共同与雅典订立攻守同盟。尼克斯特拉图斯完成后准备返航，此时民主派领袖将敌人名单列出来，准备让他们在尼克斯特拉图斯返航的舰船上服务，但这些人害怕被送往雅典，便躲进神庙，其他的寡头党四百余人看到这种情况，就跑到赫拉神庙，后来被送到神庙前面的岛屿。在这些寡头党人被送到岛屿上的第 4—5 天，伯罗奔尼撒人的舰队开到科西拉，并在与科西拉的海战中获胜。但伯罗奔尼撒舰队并未在科西拉长期停留，他们蹂躏了琉金密地峡土地，但在听到雅典舰队前来的消息后便撤离了。城内的科西拉人在得知敌人已经撤离，并且雅典舰队即将到达的消息后，信心大增，开始了对城内敌人的凶残杀害。民主派杀死所有能找到的敌人。之后，他们来到赫拉神庙，说服了那里 50 个人接受审判，处以死刑。大批祈祷者见此，拒绝出来受审，在神庙里相互杀死对方，有些自缢。在雅典舰队停泊的 7 天中，科西拉人不断屠杀他们公民中那些被认为是敌人的人。[1] 令人印象深刻的是，在这场屠杀中，还发生了很多极端残忍和违背传统价值规范的事情。

在对内乱的一段真伪有争议的评论中，修昔底德说："在那里，那些从未体验过平等待遇的或者的确是被统治者傲慢地统治的人，一旦取胜，便以暴力报复；那些要求

1　修昔底德：《伯罗奔尼撒战争史》，3.70–81。

摆脱他惯常的贫困并且贪求邻人财产的人，一旦取胜，便实施邪恶的动议……"[1] 如果只看这段评论，很容易与之前的内乱模式联系在一起。但是富克斯通过仔细的辨析，非常有说服力地论证了 3.84 的这段话实际上与修昔底德 3.82-83 的评论是矛盾的，进而证明了 3.84 是后人伪作。[2] 富克斯做出这一判断的重要依据是，经济因素在 3.82-83 的分析中完全缺失，甚至在从 3.70-81 的全部叙述中都没有丝毫体现，主导科西拉内乱进程的并非追求经济平等或者土地的重新分配，他进而提出："在修昔底德看来，科西拉内乱的原因与动机纯粹是政治性的。"[3] 富克斯的这一观点可谓非常中肯，因为经济或土地所有权指向的解释难以阐明诸如父子相残、神庙凶杀等恶性事件。更为重要的是，修昔底德明确说，在内乱中发生的这些事情平时并不会发生，因为"在和平繁荣的时候，城邦和个人所采取的行动，其动机都比较纯粹，因为他们没有为形势所迫而不得不去做那些他们不愿意去做的事情"[4]。也就是说，内乱时人们行为的特殊性很大程度上是由战争的大环境造成的，和平时期人们并不会做出这些举动，但在和平时期的城邦中，社会经济的结构性问题仍然存在，但却不会成为引发内乱的充分条件。

在排除了经济和土地占有等因素以后，我们仍需考察科西拉内乱究竟有何独特模式。从内乱的过程和参与力量来看，以下三点是新模式的基本框架。第一，派系成为内乱的主要行为者，寡头派和民主派是内乱的主要对立方。在修昔底德的评论中，我们可以看到在希腊城邦中，这两派"一方高喊民众应在政治上平等，另一方主张实行温和的贵族政治，他们打着为公众谋福利的幌子，事实上是为自己牟取私利。为了在斗争中赢得优势，他们不择手段……他们唯一的行为标准就是他们自己党派一时的任性，因为他们随时准备利用不合法的裁决来处罚他们的敌人，或是用暴力夺取政权"[5]。第二，外部力量实质性支配了内乱的形势。在寡头派杀害佩西亚斯之后，获得伯罗奔尼撒舰队协助的寡头派当即开始攻击民主派，并处于战争的优势地位，而在雅

---

1 修昔底德：《伯罗奔尼撒战争史》，3.84。

2 Fuks, "Thucydides and the Stasis in Corcyra: *Thuc.*, III, 82-3 versus III, 84."

3 Ibid., p. 50.

4 修昔底德：《伯罗奔尼撒战争史》，3.82。

5 同上。

典援助到达后，民主派则明显占优势，并在最后的屠杀中获得决定性胜利。第三，内乱的缘起并非出自城邦内部，导火索是科林斯让寡头派俘虏回城将科西拉转向母邦一边。也就是说，内乱的起因是两个大阵营争夺地理位置和海军力量都很重要的科西拉城。这样一来，战争的大环境进一步激化了城邦内部的潜在党派斗争，因为"在和平时期，人们没有求助于他们（雅典和斯巴达）的借口和愿望，但是在战争时期，任何一个党派为了能够伤害敌对的党派，使自己处于相应的有利地位，便总是要听命于某一个同盟，这就为那些想要改变政体的党派提供了求助于外部力量的机会"[1]。

分析至此，可以梳理科西拉内乱的基本线索：城内有寡头和平民两派的区分，这是内乱发生的前提条件；在雅典和斯巴达两大同盟对抗的背景下，两大巨头会主动诱发城邦内部的斗争，或者城邦内部各派为夺取权力会主动向两大阵营求援，结局则以某一派获胜而驱逐另一派暂时告终。如果比照埃庇达姆努斯内乱模式，我们可以通过比照几个关键点得到更为清晰的认知：

项　目	埃庇达姆努斯内乱模式	科西拉内乱模式
动　机	社会经济因素	政治因素，爱荣誉
前提条件	土地肥沃，财富和人口增加	民主派和寡头派分立
诱　因	城邦对外军事行动受挫，力量削弱，掌权派被驱逐	雅典和斯巴达两大阵营对峙，为干预城邦以及城邦内部派系求援提供条件
外部力量	受一方委托，协助攻击另一方	两方阵营援助，激化城邦内乱
结　果	一方获胜，另一方被杀害或驱逐	一方获胜，另一方被驱逐或杀害；城邦加入某一联盟，或维持同盟关系

通过对照可以看出，与伯罗奔尼撒战争爆发前相比，希腊世界的城邦内乱的模式发生了演变，如果说最初的内乱主要基于土地和财富的获取与分配，那么战争给内乱提供了新的要素，并使得内乱的意识形态化色彩突显。如果根据修昔底德此处的评论，我们可以看到战争（*polemos*）与内乱（*stasis*）的相互塑造关系。具体来说，伯

---

[1] 修昔底德：《伯罗奔尼撒战争史》，3.82。

罗奔尼撒战争一方面是雅典帝国与以斯巴达为首的伯罗奔尼撒同盟之间的对抗；另一方面，这场战争也可以视为雅典与斯巴达与同盟城邦中民主派和寡头派的联合，而不仅仅是城邦间的联合。[1] 战争将城邦内乱激化和普遍化，而内乱又反过来进一步推动了雅典和斯巴达两大阵营的对抗。

行文至此，我们可以尝试回到本部分一开始提出的问题，即是否存在一种内乱的"修昔底德模式"，不同于之前的城邦内乱形态。如果回到修昔底德的文本，我们会发现他在书中的某些段落的确展示了一种基于战争背景下的新内乱模式。但是修昔底德并非只提供了一种模式，而是将内乱纳入到希腊历史的总体进程中，呈现出跟随战争进程的内乱动态演变。

科西拉内乱发生在战争的开始阶段，修昔底德用它作为例证来说明希腊大多数城邦在战争中的经历。但是，如果我们接受内乱的意识形态解释，仍有两个问题有待澄清，即修昔底德所说的民主派和寡头派的冲突的性质应作何理解，寡头派和民主派的性质到底是什么。如果意识形态的解释成立，那么雅典和斯巴达在维系各自同盟的时候，政体要素在多大程度上决定了其同盟政策？本文的下面两个部分将分别考察这两个问题。

三、民主派、寡头派抑或掌权者

亚里士多德在划分政体类型时曾对民主派和寡头派有过一个重要的讨论，即民主派和寡头派作为变态政体。二者区分标准表面上看是少数人统治还是多数人统治，但实质上"区分民主制和寡头制的是贫穷和财富：如果有人因其财富而施行统治，无论他们是少数群体还是多数，政体就必然是寡头制，而当穷人统治时，必然就是民主制。事实证明，前者实际上是少数人，而后者是多数人"[2]。亚里士多德对寡头制和民主制

1　Price, *Thucydides and Internal War*, p. 290.

2　亚里士多德：《政治学》，1279b37–1280a6，译文由笔者翻译，参考 C. D. C. Reeve, *Aristotle: Politics*, Indianapolis, IN: Hackett, 1998。

的区分实际上最终落脚在财富上，而如果照搬这一理解，修昔底德在伯罗奔尼撒战争期间所记述的新的内乱形态，即以寡头派和民主派为核心的斗争是否可以进一步还原为社会经济因素的矛盾呢？寡头派和民主派是否如修昔底德对科西拉内乱的评论中所显示的那样确有稳定而自主的自我认同？我们在本部分中将通过对科西拉和萨摩斯岛内乱中术语的使用，澄清修昔底德对内乱的真实诊断。

如果仔细考察科西拉内乱，我们会发现城内政治力量主要分为三大部分，即亲雅典的民众领袖佩西亚斯及其周边群体；寡头派群体和民主派。除此之外，修昔底德还会使用"科西拉人"这样的表达。为了明确这些语词在内乱中的具体含义，有必要将这些用法做仔细的列举讨论：

1. 当雅典和科林斯同时派代表来科西拉时，**科西拉人**（*Kerkuraioi*）召开会议，投票决定自己的同盟关系，即维持和雅典的同盟关系，同时和伯罗奔尼撒人保持友好关系。（3.70.1）

2. 归城的俘虏是科西拉**城内很有势力和影响的人**（*dunamei auton hoi pleious protoi ontes tes poleos*）（1.55.1），他们将佩西亚斯——雅典的**代理人**（*etheloproxenos*）、科西拉民众（*tou demou*）的领袖——推上被告席。被宣判无罪后，佩西亚斯又控告反对派中 5 名**最富有的人**（*plousiotatous*）。（3.70.3-4）

3. 被处罚的人认为，只要佩西亚斯还是议事会的一员，他还会有意说服**人民**（*to plethos*）与雅典订立攻守同盟。于是，他们闯入议事会，杀死佩西亚斯和其他 60 人。（3.70.6）

4. 谋反者**召集科西拉民众大会**（*xunkalesantes Kerkuraious*），强迫公民大会通过动议，不再受雅典奴役，不接待任何一方来访者。（3.71.1）

5. 在科林斯舰船到达后，科西拉**执政党人**（*hoi echontes*）进攻**民主党人**（*toi demoi*）。（3.72.2）

6. 战斗过程中，夕阳西下时，**寡头派**（*hoi oligoi*）全线溃退，他们害怕获胜的**民主党人**（*ho demos*）乘势出击，纵火焚烧市场周边地带的房屋和公寓，不论是他们自己的财产还是邻人的财产都在所不惜；结果，商人们的大批货物也都被付之

一炬。(3.74.2)

科西拉内乱中，比较容易确定的是"寡头派"，修昔底德分别用了三个概念来形容他们：城内很有势力和影响的人、最富有的人和寡头派。总体来说，寡头派指称的基本是在埃庇达姆努斯争端开始前城内的权贵，特别是富有的群体。我们可以通过科林斯俘虏数以及后来与民主派斗争的人数大致推测寡头派的规模，科林斯最初保留的俘虏为 250 名，最后躲在赫拉神庙中的寡头派有至少 400 名，在内乱告一段落后被流放的寡头派有 500 名，所以寡头派数目大概超过了 1000 人。他们的主要诉求在上一部分中已经讨论过，即最初的主要目标是控诉佩西亚斯，使科西拉脱离雅典而回到科林斯一边。也就是说，寡头派最初在城内的斗争主要是围绕外交政策进行的，在于佩西亚斯互相控诉的阶段，并没有明确迹象表明寡头派想改变政体；[1] 反而，他们是不断诉诸公民大会来试图达到自己的目标。甚至在杀死佩西亚斯及同伙之后，谋反者仍然召集公民大会宣布脱离雅典奴役，并声称要保持中立。

相对于"寡头派"，"民主派"在内乱中则更难以把握。修昔底德实际上提到了三个群体，一是身为民主派领袖的佩西亚斯，他周围有小群体的支持者；在议事会中，最后被寡头派杀害的至少有六十人，其中既有议事会成员也有平民。第二个群体是民主派，也是和寡头派进行战斗的主要群体，这一群体最初是以被攻击的角色出场的。第三个群体是科西拉人，修昔底德对这一语词的使用并不严格，他们既可以指参加公民大会的科西拉公民群体，也可以指与寡头派战斗的民主派人士，或者作为那些试图颠覆民主政体的党派对立面出现的群体。如果说后两个群体在很大程度上有重合，那民主派和佩西亚斯及其同伙的关系就要复杂一些。在谋反者杀害佩西亚斯之后，科西拉的民主派并没有为佩西亚斯复仇的行动，而是接受了谋反者的动议，这说明科西拉民众也并不是非常赞同佩西亚斯的政见，而是将争取城邦的自主放在了更为重要的位置上。

但正如布鲁斯（I. A. F. Bruce）提醒我们注意的，寡头派和民主派都希望恢复科西拉的独立，摆脱雅典的支配，但是双方最初的行动仅限于将雅典的代理人佩西亚斯及

1　I. A. F. Bruce, "The Corcyraean Civil War of 427 B.C.," *Phoenix* 25 (1971), p. 110.

核心群体除掉，似乎认为这样就足以改变科西拉的对外政策。[1]到此为止，我们并不能看到科西拉内乱的任何动机或迹象；也正因为如此，像布鲁斯等学者才会认为对外政策是内乱最重要的争执点，冲突的双方实际上并不是支持两种不同政体的"民主派"和"寡头派"，而是在复杂而紧张的政治形势下产生的冲动与暴力，正如修昔底德也提到的那样，被杀害的人往往被冠之以颠覆民主制，但实际上有一些是因为私人债务关系而被杀害。[2]但布鲁斯的解释存在一个困难，那就是，毋庸置疑的是，在说服公民大会接受谋反者杀害佩西亚斯的行动之后，掌权的寡头派在载有拉凯戴孟使者的科林斯船到达后主动开启了内乱。按照后来战斗的状况来看，寡头派在人数和地势等各方面都处于劣势，并且没有伯罗奔尼撒的军队支援，这种情形下发动内乱着实难以理解。但是这一行动本身说明寡头派并不满足于城邦恢复对外中立地位，而是还要在城内打击民主派，进而改变政体。

修昔底德没有将内乱的全部细节，特别是此时寡头派的动机还原出来，但是在后面的评论里，他将内乱中各派行动的根本动机归为由贪婪和野心驱动的权力欲。内乱似乎开启了城邦另外一种模式。在这一模式下，原有的习俗道德和社会纽带皆不起作用，甚至成为负面价值。以党派、以原则的组织纽带超越了血亲关系，派系内部成员的信任建基于共同作恶基础之上，一切行为的目标都是为了击败敌人，暴力夺取城邦权力。修昔底德的评析实际上消解了寡头派和民主派的区分，并且将内乱冲突的基本单位还原到派系团体的层面。在修昔底德看来，寡头派和民主派所声称的政治平等与德性政治只不过是幌子，实质上二者并无二致，且在内乱中秉持的行动原则完全相同。围绕政体类型的斗争只是内乱的形式，真正核心的是对执政权的争夺。

简而言之，通过对科西拉内乱的分析，修昔底德将寡头派和民主派内乱斗争背后的根本原则揭示了出来，即对城邦权力的争夺。在这一视野下，民主派和寡头派可以进一步还原为同质的派系群体。如果说科西拉内乱还基本遵循了稳定的民主—寡头的区分，那么在公元前 412 年萨摩斯岛内乱中，我们可以更加清楚地看到内乱的权力

---

1 I. A. F. Bruce, "The Corcyraean Civil War of 427 B.C.," *Phoenix* 25 (1971), p. 116.

2 Ibid., pp. 116–117.

斗争实质以及派系名称的变动不居。

修昔底德在讲述这场内战时，如此形容对立的双方和政治形势的发展：

1. **平民**（*demos*）在雅典的帮助下起来反抗**掌权者**（*hoi dunatoi*），萨摩斯平民共杀死了 200 名**最有力量的人**（*dunatotatoi*），并放逐了另外 400 人，瓜分了他们的土地和房屋。萨摩斯平民掌管城邦事务，土地所有者被排斥在城邦事务之外，禁止任何平民与他们通婚。[1]

2. 雅典民主制被推翻，皮山大（Pissander）率使者回到萨摩斯，煽动萨摩斯"**最有权力的人**"建立**寡头制**，虽然萨摩斯人刚刚经过内乱，摆脱了寡头制。[2]

3. 在雅典四百人阴谋叛乱的时候，发生了下面这些事情。"那些起来反抗**掌权**的萨摩斯人（*dunatoi*），即**平民**（*demos*），在皮山大造访萨摩斯时，他们应皮山大和在萨摩斯参加密谋的雅典人的请求，转而倒向**寡头派**一边去了。他们当中有 300 人宣誓，将攻击转变立场后被认为是**民主派**（*demos*）的其他公民……现在他们决定攻击**民主派**了。萨摩斯的民主派觉察到即将发生的事情，把这个情况告诉了两个将军列昂（Leon）和迪奥麦顿（Diomendon），因为他们两人为民主派所信任，他们并非心甘情愿支持寡头制。"[3]

4. 当那 300 人进攻民众的时候……**多数人一派**（*hoi pleones*）获得了胜利，处死了那 300 人中的大约三十名头目，将另外 3 人流放，赦免了其他叛乱者，以便将来在民主政体下生活。[4]

在科西拉内乱中，我们看到的是标志传统价值观的语词的内容或性质发生变化，民主派和寡头派所指涉的群体基本还是稳定的。但在萨摩斯内战的过程中，修昔底德在不停地变换使用"寡头派"、"民主派"等词汇，同一个群体在内乱的不同阶段所背负的标签一直在变化。最初推翻原来寡头制和当权者的群体被修昔底德称为民众

1　修昔底德：《伯罗奔尼撒战争史》，8.21。

2　同书，8.63。

3　同书，8.73.2。

4　可参见 R. Sealey, "The Origins of Demokratia," *California Studies in Classical Antiquity* (1970), pp. 286–287。

（*demos*）；在驱逐了原来的寡头之后，夺取政权的民众领袖成为"最有权力的人"，即与之前寡头制下的统治者是同名；而这些人又在皮山大的怂恿下意欲建立寡头制。这样最初的民众领袖摇身变成他们之前斗争的对象，并攻击民众这一群体；而在最终的斗争中，修昔底德用"多数人一派"取代了"民众"来形容城邦中的"民主派"，最后以民主制的恢复告终。

从修昔底德的萨摩斯内乱记述来看，通常用来界定内战双方的标签"民主派"（或平民）、"寡头派"等已经失效。寡头派在第一次斗争中就被杀害或流放，城邦中不再有严格意义上作为政治派系的寡头派，但是这并不妨碍新掌权的群体成为新的寡头派系，并且原为民众领袖的群体也没有将自我认同固定在平民上面。所以，在变动的政治局势下，传统的政治符号和话语已经丧失了其表征意义。那如果民主派和寡头派这样的政治语汇不能有效形容和描述内乱，内乱的性质又是什么呢？从萨摩斯岛内乱的过程来看，唯一不变的是实力基础上的城邦统治权，掌握城邦权力的就被称作掌权者 / 强者（*hoi dunatoi*）以及最有力量的人（*dunatotatoi*）。这与修昔底德对科西拉内乱的评析也相符合，在这场战争期间所发生的城邦内乱，根本原因并不是社会经济因素，而是城邦统治权。民主派或寡头派并不再具备稳定的政治认同或阶级立场，民主派领袖在获得权力后，也会轻松摆脱民众的身份，甚至与民众为敌。力量或是权力（*dunamis*）成为内乱新模式的核心，在城邦权力核心周围，是许许多多想将之据为己有的派系团体，只不过在多数城邦中，这些团体披着民主派或寡头派的面纱出现，而一旦掌权后，他们无一例外地成为"最强大的统治者"。

四、雅典帝国与意识形态

修昔底德在科西拉内乱的评论中说，在这场战争中，民主派会求助雅典，而寡头派会求助斯巴达以帮助自己夺取城邦权力。在上一部分中，我们讨论了民主与寡头表象背后的权力斗争，下面需要回答的问题是，如果从雅典或斯巴达的角度，意识形态在多大程度上主导了其维系和发展同盟的行动？内乱所揭示的城邦内部分裂是否能够自然推导出整个希腊世界分为了民主与寡头两大意识形态阵营？本部分将以雅典帝国为主要考察对象，探究民主在其帝国经营中的作用。

关于雅典是否会推动同盟城邦政体变更为民主制，学界相关的研究汗牛充栋，而具体的结论却一直存有争议。[1] 回到修昔底德的书中，我们认为应该将意识形态因素放到帝国发展以及战争的不同阶段进行考察，而非简单给出一个非此即彼的答案。

雅典帝国的成型和发展始于对抗波斯的联盟，在斯巴达让出盟主领导权之后，雅典将之前的同盟逐步转变为雅典帝国。随着波斯威胁的消退，雅典维系帝国的合法性也逐渐丧失，随之而来的便是各盟邦的反叛活动。最早起兵反叛的城邦是纳克索斯，雅典对其进行围城战，最后纳克索斯不得不归顺雅典。修昔底德评论说："这是雅典违背盟约而奴役同盟城邦第一例，之后同盟的其他城邦就这样逐个地遭到奴役。"[2] 所以，在雅典帝国初期，雅典和盟邦关系主要是城邦间利益输送关系，雅典对盟邦的干涉也基本出于盟邦缴纳贡金或提供舰船的数量不足，或是拒绝服役，而政体因素并未进入修昔底德记述的内容。

在伯罗奔尼撒战争爆发前，明确提到政体变更的雅典干预事件是萨摩斯岛事件。公元前440年，萨摩斯人和米利都人因争夺普利爱涅起冲突，米利都人因被挫败而到雅典控诉萨摩斯。此时，萨摩斯城内想变更政体的人随米利都人一并来到雅典。修昔底德说："因此，雅典派40艘船前往萨摩斯，去那里建立民主政体。"[3] 在这一事件中，雅典是出于对方的要求而做出行动，很难称之为雅典对萨摩斯进行的意识形态改造。后来，萨摩斯的寡头派举行暴动，袭击雅典军营，并取得短暂胜利，但最后还是被雅典围攻征服。值得注意的是，在萨摩斯的投降条件中，修昔底德提及的是拆毁城墙，交纳人质，交出舰船和赔偿战费，这些条件中并没有变更政体的要求。由于史料

1　这方面的相关文献讨论，可参见 Roger Brock, "Did the Athenian Empire Promote Democracy?" in *Interpreting the Athenian Empire* (2009), pp. 149–166，特别是注释 1。

2　修昔底德：《伯罗奔尼撒战争史》，1.98。

3　同书，1.115。

的匮乏，我们并不能完全还原雅典在萨摩斯建立民主制的动机，但根据奥斯特瓦尔德（Martin Ostwald）的研究，目前已有的材料无法推导出雅典目标就是在萨摩斯建立民主制。"雅典去推翻一个寻求波斯帮助来攻击其另一盟邦的政体是符合雅典利益的，而只因为政体是寡头制所以就去攻击萨摩斯并不符合雅典的利益。"[1]

值得注意的是，在战争爆发前的几次伯罗奔尼撒同盟大会上的辩论中，科林斯人、斯巴达人和雅典人所提及的所有内容中，并没有提到雅典的民主制度，科林斯人甚至对雅典人的性格进行了描述，却只字未提民主制度对雅典的影响。民主作为一种独特的优良政体，是在伯里克利的阵亡将士葬礼演说上才正式被提了出来。而直到伯里克利去世，并没有出现雅典因为偏爱民主政体而干涉盟邦或其他城邦的案例，甚至在一些重要的事情上面，雅典丝毫没有意识形态的考虑，比如当埃庇达姆努斯争端发生时，雅典与寡头制明显的科西拉结成防御同盟，共同支持埃庇达姆努斯的寡头派。

到伯里克利后期，随着战争的爆发，雅典维持其帝国已经遇到了重大困难，这也是雅典逐步开始利用民主制度来维系帝国的开始。伯里克利在生前劝说雅典人不要和斯巴达求和的演说中说：

> 假如在危难时刻你们当中确实有人曾认为放弃帝国是一种正直的行为，那么，如今放弃这个帝国已经是不可能的了。坦率地说，因为你们维持帝国靠的是一种暴政；过去取得这个帝国也许是错误的，然而放弃这个帝国一定是危险的。那些主张放弃这个帝国，并且劝说别人采纳他们意见的人，将很快使邦国陷入灭亡；纵或他们自己独立地活着，其结果也是一样的。因为这些离群索居、没有雄心的人只有在勇敢的保卫者的支持下，才是安全的。总之，虽然他们可以在一个臣属之邦中安安稳稳地做奴隶，但是这种品质对于一个居于霸主地位的城邦来说是毫无用处的。[2]

1　Martin Ostwald, "Stasis and autonomia in Samos: a comment on an ideological fallacy," *SCI* 12 (1993), p. 58.

2　修昔底德：《伯罗奔尼撒战争史》，2.63。

在这段话中，伯里克利坦率地道出了雅典与帝国的困境，雅典此时已经凭靠帝国秩序实现并维系着自身的繁盛，但是帝国合法性却不复存在了。伯里克利承认雅典对帝国内城邦的关系是暴政统治，从而也就将帝国维系的纽带减损到纯粹的暴力因素上面。这一状况必然无法维持稳定的帝国秩序，伯里克利死后一年，在雅典饱受斯巴达陆上入侵和城内瘟疫困扰之时，列斯堡全岛除麦塞姆外都叛离雅典。修昔底德在对米提列捏叛乱以及雅典两位将军克里昂（Cleon）和狄奥多图斯（Diodotus）的论辩中正式提出了以民主作为整合帝国的新纽带。[1]

米提列捏在向斯巴达求援的时候，将雅典帝国合法性的困难又一次提了出来："我们和雅典人建立同盟的目的不是要雅典人来奴役希腊人，而是把这些希腊人从波斯的统治之下解放出来。在雅典人公正地领导我们的时候，我们是忠心耿耿地追随他们的。但是当我们看到，他们一方面对波斯的敌视愈来愈少，另一方面却力图奴役同盟诸邦，我们便开始恐惧了。"[2] 米提列捏虽然争取到斯巴达的帮助，但几经周折，最终反叛活动还是被雅典镇压。就应该如何对待米提列捏这一点，雅典内部产生了巨大的分歧；克里昂和狄奥多图斯在公民大会展开针锋相对的辩论，并自此改变了雅典对帝国的认知。

克里昂认为应该坚持之前的决议，即处死全部米提列捏人，他给出的理由与之前雅典帝国维系的逻辑高度一致。克里昂说，对于帝国而言，最致命的缺点有三，分别是同情怜悯、感情用事和宽大为怀。帝国维系需要依赖其他城邦的恐惧，基础是实力的优胜。[3] 在其发言中，唯一一点新奇的内容是区分了米提列捏的寡头和平民。克里昂说："不要只对寡头们定罪，而赦免平民。有一点是肯定的，他们在进攻我们的时候，和寡头们是一伙儿的，虽然在那个时候，平民们是可以转到我们这边来的，如果那样的话，他们现在就可以回去管理他们的城邦了。但是，他们并没有这么做，他们

1 　参见 Ostwald, "Stasis and Autonomia in Samos: a comment on an ideological fallacy," p. 61.

2 　修昔底德：《伯罗奔尼撒战争史》，3.10。

3 　参照雅典人在战争爆发前斯巴达的发言，会发现克里昂的理由与之前雅典将帝国秩序维系在强力和恐惧之上的逻辑是一脉相承的，参见 1.75—76。

认为和寡头分担危难是比较安全的，因而他们就加入了寡头派的暴动。"[1] 克里昂这段话或许反映了当时雅典民众对于米提列捏政治格局的看法，但是他的思考方式仍是以城邦为单位，而非将平民作为超越性的政治群体来对待。

狄奥多图斯的观点与克里昂恰恰相反，他提出了支配战争之后进程的重要思路。这段话非常重要，故而全文引证如下：

> 你们要考虑一下，如果你们采纳克里昂的意见，你们要犯下多么大的错误啊！在目前的情况下，各城邦的人民对你们是友好的，他们或者拒绝与寡头派一起叛离，或者，即使是被迫参加了叛离的话，他们也会很快成为叛离者的敌人的。因此，当你们和叛变属邦作战的时候，人民大众是站在你们这一边的。米提列捏的人民没有参加叛变，如果他们得到武器，就会主动地把城邦交给你们；如果你们杀害他们的话，首先，你们是犯罪，你们杀害那些曾经帮助过你们的人；其次，你们所做的正中上层阶级的下怀。以后他们在各自城邦发动叛变的时候，他们会立即得到人民的支持，因为你们已经清楚地向他们宣布，犯罪者和无辜者所受到的惩罚是一样的。但事实上，纵或他们是有罪的，你们也应当佯装不知，以使这个唯一与你们保持友好的阶级不至于疏离你们。简言之，我认为对于保全我们的帝国最有利的是宁可让人家对不住我们，而不要把那些活着对我们有利的人统统处死，不管处死他们是多么正当。[2]

狄奥多图斯与克里昂都清醒地意识到，雅典帝国已经不具备初创时的合法性了，但是对于如何维系帝国，二者的诊断并不一样。正如学者柯干（Marc Cogan）在其对修昔底德第三卷的经典研究中指出的那样，狄奥多图斯与克里昂的关键区别在于，后者认为治理帝国要靠恐惧，而前者认为要靠希望和爱。[3] 换言之，克里昂的思路是靠强

1　修昔底德：《伯罗奔尼撒战争史》，3.39。

2　同书，3.47。

3　Marc Cogan, "Mytilene, Plataea, and Corcyra Ideology and Policy in Thucydides, Book Three," *Phoenix* 35, No. 1 (1981), p. 9. 柯干认为，第三卷是整部书关键性转折的一卷，修昔底德通过第三卷完成了战争的意识形态化的转向。

力维持表面和平与稳定的帝国秩序，而狄奥多图斯想为帝国存续寻找到新的合法性和稳定结构。狄奥多图斯希望达成的目标是，依赖良好的治理而非强力展示的恐怖，让自由人从根本上丢掉想叛离的念头。与积极的目标相对，帝国秩序的存续还需准备防止动乱的新结构性支持，这就是将以城邦为单位转变为以平民派和寡头派为单位的思考范式。既然作为基本单位的城邦难以忍受雅典的持续盘剥，那么帝国新的合法性和稳定秩序的寄托必须另寻别路，而通过将城邦实质性区分为两个部分，狄奥多图斯认为通过联合和支持其中的平民派能够最大程度地帮助维系帝国。狄奥多图斯这一策略表面上看带有浓厚的意识形态色彩，但实际上是将雅典与属邦的冲突转化为属邦内部的派系斗争。这样一来，雅典得以一箭双雕，一则可以使属邦内部进一步分化，对平民派的支持自然会加深寡头派的猜忌和敌对，从而削弱属邦反叛的力量；二来可以通过扶植民主政体来服务于自身的帝国利益。

在修昔底德笔下，自狄奥多图斯演说之后，雅典的对外政策就马上进入新的轨道，并且意识形态要素也开始突显，成为战争和内乱叙事的主体。紧接着米提列捏事件的就是科西拉内乱，在这场内乱中，雅典协助的对象是科西拉的平民派领袖，并且如上文具体分析的，内乱也是以寡头派和民主派的斗争呈现的。公元前 424 年，麦加拉民主派领袖和希波克拉底（Hippocrates）与德摩斯梯尼（Demosthene）谈判，想引雅典人进城，以确保自身免遭流亡的寡头派的攻击威胁。虽然民主派最终并未得逞，但是其行动逻辑却符合意识形态和内乱模式。同年，波奥提亚诸邦和雅典将军希波克拉底和德摩斯梯尼勾结，希望变更政体，实行和雅典一样的民主制。[1] 当斯巴达将军伯拉西达率军在色萨利地区前进的时候，修昔底德评论说："色萨利人和雅典人总是友好相处的。因此，如果色萨利人不是像当地的通常情况那样，权力掌握在少数有势力的人的手中，而是实行民主制的话，那么，伯拉西达是绝对无法从那里通过的。"[2] 公元前 421 年，波奥提亚和麦加拉没有与阿尔戈斯结盟，修昔底德给出的原因是，他们认为相比斯巴达的政体，阿尔戈斯的民主制更不适合他们的

1　修昔底德：《伯罗奔尼撒战争史》，4.76。

2　同书，4.78。

寂头政体。[1]

在西西里的失败也从反面证实了雅典在理论和实践上的意识形态转向。修昔底德在雅典失败后做了简短的评论，他说，在与雅典进行过战争的城邦中，"叙拉古是唯一一个和他们自己性质相似的城邦，像他们一样实行民主制……雅典人既无法通过分化离间改变叙拉古人的政体的办法，使其归向自己一边，也无法以优势的军事力量征服他们"。[2] 而在雅典民主制被推翻之后，皮山大与使者们便在经过的臣属城邦中废除民主制，建立寡头制。[3]

通过上述这些事例可以看出，第三卷中狄奥多图斯提供的意识形态思路主导了后面的战争进程和叙事，并在结构上改变了战争与内乱的模式。所以，如果将雅典的帝国策略放回到战争进程中进行考察，我们可以清楚看到意识形态因素在其对外决策中分量的逐渐加重。但是，需要指出的是，联系盟邦民主派所服务的最终政治目的是为帝国寻求新的力量支持，而非纯粹出于意识形态原因。到战争后期，正如本文上一节中所讨论的那样，传统上对于民主和寡头的划分在实际的城邦内乱中已经失效，雅典实际上主要联合的对象成为执掌城邦权力的群体，无论他们是民主派的团体还是寡头派的团体。总体来说，在伯里克利去世之后，雅典面对盟邦持续的叛乱，开始以扶植民主派为策略实现自己的帝国利益，而这在实际上促使了其他城邦内部派系的分裂和寻求外部支持的行动，客观上加剧了战争过程中希腊城邦内乱的频繁化。但是，就如布洛克（Roger Brock）正确指出的那样，"雅典并非始终如一地秉持扶植民主派的政策，也并非将其视为持续的意识形态任务"。更合理的看法是，主导雅典政策的是实用主义的考量。[4]

---

1 修昔底德：《伯罗奔尼撒战争史》，5.31。

2 同书，7.55。

3 同书，8.64-65。

4 Brock, "Did the Athenian Empire Promote Democracy?" p. 161.

五、雅典内乱与修昔底德政体观

前文提到，修昔底德在伯里克利死后对雅典政治的评论中指出，雅典最终的战败归根结底是因为城内野心家的内斗，以及在西西里远征失败后城邦陷入内乱，虽然之后雅典依旧坚持了 8 年，但最终还是由于自身的内乱而被迫投降。修昔底德虽然没有能够写到公元前 404 年的雅典三十僭政，但是在全书的第八卷却详细记述了公元前 411 年雅典 5000 人政体的变动。令人印象深刻的是，修昔底德难能可贵地表扬了这一政体：

> 现在，雅典人似乎首次拥有了一个好政体（eu politeusantes），至少在我的时代是这样的。因为它使少数人和多数人的（tous oligous kai tous pollous）利益混合（metria xunkrasis），这使得城邦在历经劫难之后，能够重新恢复起来（anenenke）。[1]

修昔底德对 5000 人政体的评价引发了学者众多不同的解释[2]，但先撇开具体的细节争议，我们可以肯定的是，修昔底德确实给出了关于优良政体安排的明确答案。与稍后的柏拉图及亚里士多德相比，修昔底德虽然算不上系统讨论政体或最佳政体的政治思想家，但他在全书的结尾处留下的这一线索仍值得我们认真对待。本部分我们将通过考察雅典公元前 411 年政体变更来研究修昔底德对于政体的总体思考。

西西里远征失败后，雅典人先是不肯相信和接受这一事实，而在确认之后，又开始迁怒于当初鼓动远征的演说家，并感到极度恐慌。概览整本书，我们知道这已经不是雅典人第一次反复无常了，从战争爆发前关于是否与科西拉结盟起，雅典公民大会的决议便带有很强的冲动色彩，最典型的例子是如何处置叛乱的米提列捏人，公民大

1　修昔底德：《伯罗奔尼撒战争史》，8.97。

2　对这段文本理解的争议可参见 Simon Hornblower, *Commentary on Thucydides*, vol.3, Oxford: Oxford University Press, 2009, pp. 1033-1036。

会最初群情激愤，要将其全体成年男子统统处死；但到了第二天便后悔了，希望重新裁决。[1] 雅典民主制的这种实际表现与伯里克利葬礼演说上对民主及其生活方式的赞颂大相径庭。在伯里克利的民主赞歌中（2.36-46），雅典的民主制被说成是其他城邦学习的范本，并且民主使得雅典成为希腊最伟大和自足的城邦。民主制不是少数人而是大多数人统治的政体（ me es oligous all es pleionas ），并且在公共事务中决定性的标准是德性（ arete ）[2] 而非财富或出身，人们在私人生活中也能够保持自由和宽容守法。公民不仅关心私事，而且对公共事务充满热忱，公民个人生活自足的同时热爱着雅典城邦，以雅典的公共善为最终依归。

伯里克利对民主和帝国的颂扬并没有得到雅典后来政治实践的证明；与之相反，离开了伯里克利，雅典不但没有能够实现其制度优势，反而最终走向了自我毁灭之路。修昔底德对伯里克利时期雅典民主制的著名判定是："雅典虽然名义上是民主制，但事实上权力掌握在第一公民手中。"[3] 雅典后来的政局变动很大程度上因为继任者更多的是追求自身的权力和荣誉，而只顾取悦民众和不惜牺牲城邦利益。所以在修昔底德看来，雅典民主制的良好运转需要两个因素的积极配合，即以城邦利益为最终目标并能驾驭民众的政治家，和具有公共德性、热爱城邦的民众。[4] 对于二者来说，一个能驾驭民众的政治家要更为重要一些，因为民众的特征变化不大。另外，哪怕在伯里克利时期，在遭遇瘟疫和目睹自己土地被伯罗奔尼撒人蹂躏之后，雅典人的心态还是发生了变化，民众开始谴责伯里克利并希望与斯巴达和谈。从这一事件可以明显看出，民众之易变和短视是一贯的。在民众情绪激烈的时期，伯里克利也无法完全掌控；而

1　参见《伯罗奔尼撒战争史》1.44，2.59，3.36。

2　将民主制的特征定义为贵族政体的德性也引发学者的争论，笔者认为伯里克利这里的讲法修辞性大于事实性描述。相关的争论参见：N. Loraux, *The Invention of Athens: The Funeral Oration in the Classical City*, trans. A. Sheridan, Cambridge: Harvard University Press, 1986, pp. 172-220; S. Hornblower, *Commentary on Thucydides*, vol.1, pp. 298-299; P. J. Rhodes, *Thucydides: History II*, Warminster: Aris & Philips, 1988, pp. 219-220。

3　《伯罗奔尼撒战争史》，2.65。

4　关于修昔底德对民主制两要素的考量是学者们的共识，如 Kurt A. Raaflaub, "Thucydides on Democracy and Oligarchy," in Antonios Rengakos and Antonis Tsakmakis, eds., *Brill's Companion to Thucydides*, Leiden; Boston: Brill, 2006, pp. 189-222。

一旦家国的灾难感减弱一些，民众便又将一切事务交给他。

在失去伯里克利的节制之后，雅典民众在重大政治决策上的表现也乏善可陈，反而体现出极大的缺点。在西西里远征前的大会讨论中，尼西阿斯（Nicias）为了劝说雅典人不要冒险去争取那些并无把握的好处，力陈远征在战略上的危险，但是并不具备伯里克利掌控力的尼西阿斯事与愿违，雅典人反而比以前更渴望远征："所有的人都热衷于（eros）远征事业……大多数人的极其狂热（dia ten agan ton pleonon epithymian），使少数不赞成远征的人害怕举手反对而被指责为不爱国，他们只好保持沉默。"[1] 为尼西阿斯所担忧的雅典人的这种性格被阿尔喀比亚德（Alcibiades）利用，在鼓动雅典人远征的时候，他说："我相信，在本性上富有活力的城邦不应突然采取这样一种无所作为的政策，而使她更快地走上毁灭自己的道路；最安全的生活原则，是接受自己原有的性格和制度，纵或这种性格和制度还不是完善的，也要尽可能地依照这种性格和制度生活。"[2] 个人魅力与修辞能力更胜尼西阿斯的阿尔喀比亚德成功说服雅典民众赞同远征；然而，后来的事态发展表明他也并不具备伯里克利的品质，特别表现在他并没有以雅典的城邦利益为自己根本的行动原则。当阿尔喀比亚德被怀疑卷入出征前雅典城内破坏赫尔墨斯神像事件时，他又被政敌指控要阴谋推翻民主制。雅典民众出于对僭政一贯的疑虑，便决定召回阿尔喀比亚德受审，这也直接导致他出逃斯巴达并出卖雅典城邦利益。[3]

在西西里远征失败后，这场战争对雅典政体的压力进一步增强，雅典人感到前所未有的恐慌，但是雅典民众仍然依照民主制处事方式努力使一切事务在掌控之中。[4]

1　《伯罗奔尼撒战争史》，6.24。

2　同书，6.18。对雅典人性格的描述最早出自战争开始前科林斯人之口（1.70），在那里科林斯人描述了雅典人性格的几个特点：1. 热衷于革新，敏于构想，立即付诸实施；2. 雅典人的冒险之举超过了他们的实力，胆量超出了他们的判断，在危难之中仍能保持自信；3. 行事果断；4. 总是在海外，希望远离家乡扩大所得；5. 在胜利时乘胜前进，遇到挫折毫不畏缩；6. 他们认为要为城邦事业慷慨捐躯，培养自己的智慧为城邦效力；7. 未能实现的计划就是无可争议的失败，行动失败也会立即充满新希望；8. 和平安宁的生活是比攻城拔寨更大的不幸。科林斯人的这一总结基本符合雅典人在整场战争中的表现。

3　参见《伯罗奔尼撒战争史》，6.27-8, 6.53, 6.60。

4　同书，8.1。

修昔底德通过对雅典内乱过程的详细记述，展现了伯里克利死后雅典政体的另一面，即虽然没有摆脱战争压力下的内部分裂，但是城邦内部斗争的进程还是以捍卫雅典城邦的利益的一方获胜告终，并通过政体的调适，雅典成功地从内乱中走出。与前面战争中其他城邦的内乱相比，雅典的表现着实特殊，值得深究。

雅典在西西里的失败直接促发了爱琴海地区盟邦的叛乱，斯巴达与波斯的压力使得雅典面临着空前的帝国秩序危机。此时，雅典面临的形势是：雅典海军主要驻扎在萨摩斯岛以制衡周边城邦的叛乱，并维系到黑海的海上通道的安全；斯巴达与波斯签订盟约，以米利都为阵地不断煽动雅典盟邦叛乱；阿尔喀比亚德继续利用波斯代理人提萨佛涅斯（Tissaphernes），为自己寻求最好的出路；雅典城内的上层阶级已经蠢蠢欲动，希望由自己掌管政府。根据修昔底德的记述，政体变更最初是由阿尔喀比亚德提出的。阿尔喀比亚德在看到自己有机会回到雅典后，便向萨摩斯驻军代表提议，只要雅典放弃民主制，他便能够让提萨佛涅斯以及大流士国王与雅典成为盟友，进而摆脱内外交困的不利局面。[1]

在这之后，寡头派的重要人物皮山大便率使者从萨摩斯回到雅典，开始在雅典游说，策划此事。皮山大在雅典公民大会的发言将政体变更的理由陈述得非常直接，即只有召回阿尔喀比亚德才能换取波斯大王的信任与支持以拯救城邦，这么做的唯一要求就是将民主政体变为更加明智的（*sophronesteron*）寡头政体。最初听到这一方案而恼怒的雅典人被城邦陷亡的恐惧所压倒，进行了让步，同意皮山大以此为条件去和阿尔喀比亚德以及提萨佛涅斯谈判。在实际内乱之前的这次动员中，我们可以清楚地看到雅典城内民主政体的传统力量，民众对这一方案是非常排斥的；但是大部分人仍然将城内政体因素放在了城邦利益之下，即为了保障雅典城的利益，民众还是宁愿进行退让的。

虽然阿尔喀比亚德并没有能力成功履行承诺，但是当皮山大一行在与提萨佛涅斯谈判失败回到雅典后，雅典的寡头派已经开始行动了。民主派领袖和阿尔喀比亚德

1　参见《伯罗奔尼撒战争史》，8.48。

的政敌安德罗克里斯（Androcles）被秘密杀害，同时被除掉的还有寡头派憎恨的其他人士。此时，雅典民主制在没有强大领导下的弊端显露了出来，即面对没有组织的民众，寡头派可以很容易获得心理和组织上的优势。当皮山大和使者们在此时回到雅典后，便可以真正开始变更政体的工作了。根据修昔底德的记述，这场四百人的政变主要进程如下：首先寡头派提议选举拥有全权的 10 名委员，起草宪法；之后，他们就城邦最佳政体问题在指定日期向民众宣布。新的政体规定官员任职和付薪制度取消，选举 5 人为主席，这 5 人选择 100 人，这 100 人中的每一人再选择 3 人，组成"四百人"机构进驻议事会大厅，拥有治理城邦的全权，并可以在他们选定的任何时间召集"五千人"会议。[1] 对于这个披着五千人外衣的四百人政体，公民大会起初是一致赞成的，最主要的原因应该还是争取波斯支持的考量在起作用，并且民众并不认为四百人政体是与民主政体截然相对立的，甚至只是民主政体的适度调适，这一点我们可以从修昔底德的评论中看出。在四百人掌权后，修昔底德曾评论道：他们"整个改变了民主制度"[2]，并用强力方式控制城邦，处死一些他们认为便于除掉的人。值得注意的是，在修昔底德笔下，直到目前为止，雅典民众并没有明显质疑或反对四百人政权的行动。

四百人在控制城邦之后，对外政策的重点是与斯巴达谈和，并派使团到斯巴达将军阿吉斯（Agis）那里商谈。阿吉斯凭靠对发生内乱城邦的普遍经验，并不相信雅典能够平稳地实现政体变更；于是征召大批伯罗奔尼撒援军，试图大兵压城，引发雅典城内动乱以使雅典不战而降。但是此时雅典的表现与阿吉斯的设想恰恰相反，雅典非但没有出现一丝乱象，反而派出大量士兵抵御阿吉斯军队的入侵，迫使阿吉斯撤退。雅典此时的表现是令人瞩目的，从雅典的反应可以看出，四百人政权与民众此时皆是以城邦利益为重的，并没有因为政体的变更而进入到类似其他城邦内乱的状态，即只为争夺权力而不顾城邦安危。

在顺利度过阿吉斯的威胁之后，四百人政权还必须处理好与驻扎在萨摩斯的海军

1　参见《伯罗奔尼撒战争史》，8.66—67。

2　同书，8.70。

的关系，因为他们是雅典主要的海上力量，并且控制着雅典补给的海上生命线。但是这一努力被萨摩斯驻军派往雅典的凯利亚斯破坏了，他在萨摩斯恢复民主政体后被派往雅典汇报情况，但并不知道雅典已经改换政体，赴雅典的船只也被四百人政权拘捕扣押。凯利亚斯（Chaereas）自己逃回萨摩斯，向萨摩斯驻军夸大渲染雅典所实施的恐怖统治。萨摩斯海军由此开始与雅典本土为敌，雅典由此也陷入了新的内乱局势之中，即萨摩斯军队试图以武力迫使城邦实行民主制，而四百人想强迫军队接受寡头制。

在萨摩斯的军队中，温和派领袖特拉叙布鲁斯（Thrasybulus）一直坚持召回阿尔喀比亚德，以谋求波斯支持。在阿尔喀比亚德回到萨摩斯后，四百人派遣使者也来到萨摩斯说明雅典城的情况，着重强调士兵们的亲属并未受到凯利亚斯所声称的虐待，五千人都将在政权中分享权力等。但是，萨摩斯的士兵愤怒地表示，要航行回比雷埃夫斯港攻击雅典。这时，阿尔喀比亚德挺身而出，制止了士兵们的要求，并回复使者说，他并不反对五千人政府，但四百人政府必须予以取缔，五百人议事会要恢复权力。修昔底德高度赞扬了阿尔喀比亚德的这一举动，甚至称其为"首次为他的祖国做出了有益的事"[1]。当使者们带着阿尔喀比亚德的消息回到雅典时，雅典城内的局势也开始发生变化。尽管阿尔喀比亚德实际上并没有能力完全说服波斯代理人提萨佛涅斯，但是在雅典人心中，他所许诺的波斯支持仍是雅典在战争中扭转局面的重要依靠。听到阿尔喀比亚德的答复，四百人政权也发生了分裂，或者更为准确地说，本来就蕴含着分裂倾向的四百人政权裂痕开始显露出来。正如卡根正确指出的那样，当时的雅典存在着极端寡头派和温和派，二者的诉求并不一致。[2]此时，雅典寡头政府也开始分裂，其中有极端寡头派，如弗利尼库斯（Phrynicus）、皮山大和安提丰（Antiphon）等；也有温和派，按照修昔底德的说法，寡头政府中的多数人都开始对寡头制不满，如哈格农之子塞拉麦涅斯（Theramenes）和斯基利亚斯之子阿里斯托克拉提斯（Aristocrates the son of Scelias）等，他们主张五千人名单应该被指定出来。修昔底德向我们指

1　参见《伯罗奔尼撒战争史》，8.86。

2　参见唐纳德·卡根著：《雅典帝国的覆亡》，李隽旸译，华东师范大学出版社2017年版，第158、208—234页。

出，这些试图退出寡头政府的人实际上也是受自己野心驱使，某种程度上是寡头政府中的失势者，但无论如何，四百人内部的分裂在结果上造成了寡头制政府形势恶化。

四百人政权设置的初衷是为了换得阿尔喀比亚德及其背后可能的波斯力量的支持，而现在阿尔喀比亚德将四百人政权的合法性取消了，提出只有五千人政体才能使他与雅典一心，这样极端寡头派的底色开始显露。他们首先派使者与拉凯戴孟人和谈，并承诺任何条件都可以接受。[1]这也就意味着，极端寡头派为了自己的安全宁可牺牲雅典城邦利益，修昔底德准确把握了他们的心理谋划：

> 他们的第一个愿望是在不放弃帝国的前提下建立寡头制；如果这个愿望落空了，他们就控制舰船和城墙，保持独立；加入这个愿望也化为泡影，他们与其成为民主制恢复后的第一批牺牲品，不如下决心招请敌人来签订和约，放弃城墙和舰船，只要能够保全他们的身家性命，不惜任何代价保住对政府的控制权。[2]

极端寡头派的这一谋划最终为其招致覆灭，温和派塞拉麦涅斯等人率重装步兵拆除了寡头派在比雷埃夫斯港修筑的城墙，破除伯罗奔尼撒人从海上入侵的可能。在伯罗奔尼撒军队入侵优波亚后，陷入极度恐慌的雅典人在普尼克斯召集公民大会，废除四百人政权，将政权移交给五千人，所有能自备重装步兵装备的人都有资格成为五千人的成员，此外还规定，任何担任公职的人都不得享受薪金，违者将受到神祇的诅咒。

在四百人政权整个更迭过程中，修昔底德为我们提供了一个颇具活力的雅典形象。雅典在战争的压力下，并没有出现其他小城邦通常展现的慌乱和分裂，而是在大军压境之时保持镇定，除了极少数极端寡头派外，无论雅典城中如塞拉麦涅斯为代

---

1 参见《伯罗奔尼撒战争史》，8.90。
2 同书，8.91。

表的温和派还是萨摩斯岛以色拉叙布鲁斯为代表的温和派都坚守城邦利益为第一准则，力求能够赢得波斯支持而对抗伯罗奔尼撒人。在他们的一致努力下，雅典在公元前411年成功避免了内乱的极端样态，并能够以五千人政体暂时缓解内外压力。如果说，在战争开始时，伯里克利将雅典人的爱国精神与维系帝国联系在一起[1]，那么在经历漫长战争和系列挫败之后，雅典人的爱国精神仍然得以维系，并且在敌人数次威胁之下，显示出顽强的生命力。

除了爱国精神外，雅典的民主政体以及生活方式也显现出了其自身的力量。在四百人政权建立后，修昔底德曾有一短暂的评价："在废黜僭主统治以后的大约一百年中，雅典人民在这个时期不仅没有屈从于任何人的统治，而且在这期间的一半以上的时间里是习惯于统治其臣民的；要剥夺雅典人民的自由，那可不是一件容易的事。"[2] 所以，自由与爱国构成了雅典民主政体的两项正面素质，成为修昔底德在第八卷中撰述的主题。在战争特别是战败的大背景下，雅典显示出其与其政体缺点相伴随的韧性。[3]

正如在本部分开篇点出的那样，修昔底德对五千人政体给予高度赞扬，而如果阅读亚里士多德《雅典政制》，我们也能看到类似的赞美："雅典人这次似乎被统治得很好，虽在战时，但政权在重装步兵手中。"[4] 在历数了西西里战败引致的一系列纷乱之

1　伯里克利在阵亡将士葬礼演说的开场时说："因为他们还为我们留下了现在我们所拥有的帝国，而他们能够把这个帝国传给我们这一代，不是没有付出惨痛代价的。"（2.36）在稍后的地方他又将牺牲精神与爱国结合在一起："可以肯定，对于一个人来说，任何意外的失败，都将导致最可怕的后果。可以肯定，对于一个人的灵魂而言，由于懦弱而引起的堕落，比之在充满活力和爱国主义精神时意外地死于战场，不知要悲惨多少倍。"（2.43）

2　《伯罗奔尼撒战争史》，8.68.4。

3　有学者提出，在整部《伯罗奔尼撒战争史》中，修昔底德只在两个地方有过对民主的正面评价，一处是伯里克利阵亡葬礼演说（2.37-43），一处出自叙拉古煽动家阿特那哥拉斯（Athenagoras）（6.39-40）。但是，如果依照本文的分析，修昔底德在第八卷中对雅典政体的抗压叙述是对雅典民主真正的正面评价。除了文中提到的内乱表现外，第八卷一开始对成功镇压开俄斯叛乱的叙述也展现了雅典的韧性（8.14-15、23-24）。学者观点参见：S. Hornblower, *Thucydides*, London: Duckworth, 1987, pp. 68-69; Raaflaub, "Thucydides on Democracy and Oligarchy," p. 221.

4　亚里士多德：《雅典政制》，XXXIII，英译文参见 Aristotle, *The Athenian Constitution*, translated with introduction and notes by P. J. Rhodes, London: Penguin Books, 2002, p. 77.

后，修昔底德最后给读者留下了难得的希望。[1] 但是这一丝希望对于修昔底德的读者来说意味着什么呢？回到内乱的问题上来，为何五千人政体能够成功应对并终结雅典内乱？修昔底德是否在全书收尾处给出了克服内乱的政体解决方案？抑或这一解决方案只是权宜之计？

经历了四百人政权之后，极端寡头派逃离城邦，城内以重装步兵为核心的温和派建立政权，并得到在萨摩斯海军的认可。修昔底德称之为混合了少数人和多数人的利益，能够将城邦从危急状态中复原。哈里斯曾对此修昔底德的五千人政体描述有过一个经典分析，他认为，五千人政体的优点在于"它以正确的方式混合，进而能够避免寡头制和民主制的缺点"[2]。民主制本身存在着诸多弊端，本文上面也已分析不再赘述，而寡头制则容易滑向暴力统治。在哈里斯看来，五千人政体通过将权力分享给相对广大的公民群体，就可以防止单一民主制或寡头制的弊端，并能正常运作。甚至，修昔底德会设想五千人而不是更多人，可以保证这一群体的素质而不会轻易受到煽动家的影响。哈里斯的这一洞见可以回答五千人政体成功的道理，特别是从消极意义方面的解释很有说服力。但是需要追问的是，混合多数人和少数人的政体是否可以从理论上解决本文前面所述及的内乱模式呢？

如果我们接受以权力欲为核心驱动的城邦内乱模式，雅典的五千人政体能否一劳永逸地解决内乱问题呢？对照之前的内乱城邦，我们会发现，雅典四百人政权的内乱纷争中，寡头派领袖也表现出类似的特质，如为保住自己的权力而不择手段，甚至不惜牺牲城邦利益；受野心支配，尽可能夺取群众领袖的位置等。但是，雅典的独特之处在于这部分力量在城邦中并不强大，他们受到另外两种力量的约束，一是城邦温和派的约束，无论是温和派领袖还是重装步兵始终保持了城邦大义，奋勇卫城；二是驻扎在萨摩斯岛的海军，这是民主派的战士阶层支柱，民主派海军经由海上力量的掌控

1　诸家解释时也都注意到这一点，如 W. R. Connor, *Thucydides*, Princeton: Princeton University Press, 1984, p. 229。

2　Edward M. Harris, "The Constitution of the Five Thousand," *Harvard Studies in Classical Philology*, vol. 93 (1990), p. 273. 哈里斯认为修昔底德并非寡头派立场，而是持混合政体的政治态度，与之相对的观点参见：G. E. M. de Ste. Croix, "The Character of the Athenian Empire," *Historia,* 3 (1954/1955), pp. 31–36; L. Edmunds, "Thucydides' Ethics as Reflected in the Description of Stasis (3.82–83)," *HSCP*, 79 (1975), pp. 73–92。

也钳制着城邦极端寡头派的政治行动。所以，在五千人政体中，最为关键的是城邦的中间阶层，重装步兵阶层的稳定才是城邦复原的基石。

基于这一分析，我们可以说，之前诸多城邦并非不愿克服内乱，实际状况是，因为城邦内部阶层构成的差异性而没有能力克服内乱。这里仅举一例便可说明问题，在米提列捏反叛雅典时，到了战斗的最后阶段，面对伯罗奔尼撒援军迟迟未到的局面，米提列捏统治者撒拉图斯（Salaethus）将重装步兵装备分发给普通民众，以期协同抗击雅典人，但民众拿到武器后的反应并非争取城邦独立，而是要求统治集团分发食物，否则将单独和雅典媾和，将城邦献出。[1] 寡头派见此局面，不得已只能提前与雅典媾和，并引发了雅典后来一系列的反应和城邦被惩罚的灾难。在这一事例中，米提列捏由于长期缺失城邦担当者阶层，使得城邦在关键时刻无法做出正确应对，派系的自我利益很容易就压倒城邦整体利益。

总结来看，修昔底德在第八卷中关于雅典城邦内外形势的详细记述，向我们展现了雅典城邦的自我调适与拯救的过程。如果说伯里克利时期的雅典是杰出政治家领导下的"民主政体"，那么在经历了后伯里克利时期，特别是西西里战败之后，雅典民主政体所蕴含的力量仍然在发挥着作用，自由传统与爱国精神成为雅典成功抵抗伯罗奔尼撒人数次侵袭的法宝。城邦的重装步兵阶层在四百人政权的最后阶段勇于担当，成为重新凝聚城邦的核心群体，并能够在城邦温和派领袖的引领下，弥合纷争，消除内乱威胁。虽然从历史上看，五千人政体也只是过渡形态，重装步兵阶层与萨摩斯岛的海军阶层仍需要进一步的政体融合；但是修昔底德停笔之处向我们揭示了走出内乱瘟疫的一条可能的道路。这一方式并非每个城邦都有基础和能力采用，但是却为从政体层面为人性提供良善的环境提供了参照。诚如修昔底德所言，战争是暴戾的学校，人性在这所学校中既展露出较低的一面，也展示出其光辉的一面，他整本书所做的核心工作是提供现实的洞察，而我们在第八卷的雅典看到了可以使人性展现力量的政体环境。

---

1 《伯罗奔尼撒战争史》，3.27。

余论：修昔底德及其遗产

修昔底德撰述伯罗奔尼撒战争以及在此过程中发生的城邦内乱，目的是为了给出人性的洞察，揭示人在其中的行动样式，使之成为永久的遗产。如果关注其对内乱的分析，我们会看到柏拉图和亚里士多德在很大程度上继承了修昔底德的分析思路，并在政体分析方面更加丰富了城邦政治理论。

修昔底德在《伯罗奔尼撒战争史》一书中的多个地方揭示了希腊世界在当时的智识纷争，这一点通常被归纳为自然与礼法的冲突以及这一冲突的激进形态，即基于自然主张的强权原则。在他对科西拉内乱最后的评论中将内乱的逻辑非常明确地指了出来，即在内乱中，唯一的法则就是力量的优胜，我们在修昔底德笔下看到同样的逻辑也被应用于城邦间的关系上来。在公元前5世纪末，雅典在出征反抗自己统治的弥罗斯（Melos）前派代表前往交涉，雅典人在对话中说出了那段非常著名的现实主义言论：

> 出于自然的必然性（*hypo physeos anankaias*），神（我们相信）和人（我们确知）会统治他们所强于（*krate*）的其他人。我们没有制定这一法则；它早就被制定出来，我们也不是第一个遵此法则的；我们沿用它，将其作为事实，并且将传承这一法则，因为这一事实是永远正确的；因为我们知道你们如果有同样的权力的话，也会做同样的事情。[1]

在这一引文中，我们没有发现任何关于正义等涉及价值的表述。另外，在此段引文的前一页，雅典人还说，"正义是以权力/力量相当的双方为基础的：实际上，强者主宰他们所能做的一切，而弱者则忍受他们所必须承受的"。雅典人实际上将权力/力量作了价值中立的处理，即用事实而非规范来表达这一源于自然的法则。这恰恰是柏拉图政治哲学所要处理的核心主题。

在《高尔吉亚》和《理想国》中，我们可以看到卡里克里斯和色拉叙马霍斯以及格

---

[1] 《伯罗奔尼撒战争史》，5.105。

劳孔都重述了基于力量逻辑的统治原则甚至是正义原则。[1] 除此之外，另外一个重要的段落出现在《法篇》中，在那里柏拉图讨论了所有论证统治合理性的主张，在这些主张中，最强有力的是强者统治：

> 他们主张法律不应该着眼于战争或整全德性，而是应该着眼于既有政体的利益，和那些能使政体能够长久统治，永不消亡的东西。他们宣称符合自然的关于正义的最佳定义是强者的利益。[2]

柏拉图进而直接将内乱的原因与力量逻辑关联在一起：

> 统治团体将会不断争斗，胜利的一方会接管城邦事务，而不让失败一方有任何参与的机会。这样两派之间彼此盯着对方，一旦有机会掌握城邦大权便会记起之前的恩怨，开启动乱。这些根本不能被称为是政体，我们也不会说那些不寻求公于城邦整体的法律是正确的。如果法律是为了寻求某一部分人的利益，那我们将其居民称为是"派系"而非公民，并说他们尊之为正义的法律是虚幻的。
>
> 我们说这些话是因为下面的这些原因：我们不会将城邦的统治集团设立在某些人的财物，或力量上面。[3]

柏拉图以此为基础，通过最佳政体的论述，希望从理论与实践上找到克服内乱的永久性方案，这也构成了他《理想国》的美丽城与《法篇》中麦格尼西亚殖民地政体的设计核心。

如果说修昔底德是混合政体理论的早期代表者，那么柏拉图在《法篇》中明确继承了这一传统，提出君主制和民主制的混合政体设计。而这一思路更为明确的是在亚

1　参见柏拉图：《高尔吉亚》，482e–483e；《理想国》卷一至卷二。参考 John M. Cooper, and D. S. Hutchinson, eds. *Plato: Complete works*, Indianapolis, IN: Hackett, 1997。

2　柏拉图：《法篇》，714b–c，引文为笔者自译，英译参见上注本。

3　同书，715a–d。

里士多德《政治学》一书中，并且亚里士多德关于共和政体（*politeia*）也即政体本身的叙述与修昔底德在第八卷所阐述的五千人政体有高度一致之处。

亚里士多德在《政治学》第三卷中对共和政体的界定如下：

> 当多数人统治为了公共利益而进行统治的时候，这个政体就叫作共和政体（*politeia*）……有可能一个人或少数人会拥有杰出的德性，但是难以使更大规模的人达到德性的完备，但是在军事德性上可以实现这一点。这就是为什么要让重装步兵阶层在政体中成为最有权威的阶层。[1]

在接下来的分析中，亚里士多德将共和政体视为民主制与寡头制的混合。这一政体之所以拥有政体的通名，是因为它也符合了某种形式的最佳政体。我们知道，亚里士多德在《政治学》中讨论了诸多情况和前提下的最佳政体，但是在讨论何种政体适用于最大多数人和城邦时，他给出的答案是中间阶层掌权。因为唯有中间形式的政体才能够免除党派之争，但凡城邦内中层强大，公民之间就没有内乱。[2] 从对共和政体的讨论来看，亚里士多德回应了修昔底德对以重装步兵阶层为基础的五千人政体的赞美，并进行了更为细致和充分的论证。

所以，通过内乱的主题，我们可以看到修昔底德、柏拉图和亚里士多德构成了一条连贯的线索。修昔底德用政治史的方式将公元前 5 世纪雅典城邦政治的要义进行了历时性分析，通过战争和内乱这所学校，检视不同城邦和人的选择。而柏拉图和亚里士多德作为伯罗奔尼撒战争之后的古典作家，在修昔底德奠定的历史理论舞台之上，分别探析了内乱背后的哲学主张，并从系统的政体理论角度，为城邦政治寻求和解统一之道。只不过，柏拉图和亚里士多德真正心仪的最佳政体都已经部分地离开或超越了政治世界。

（本文作者为北京大学历史学系、西方古典学中心助理教授）

1　亚里士多德：《政治学》，1279a36-1279b3，引文为笔者自译，参考 Aristotle, *Politics*, trans. by C. D. C. Reeve, Indianapolis, IN: Hackett, 1998。

2　同书，1295a25-1296b1。

阿拉伯传统中的盖伦《论品性》[*]

阿拉伯传统中的盖伦《论品性》[*]

林丽娟

众所周知，"伦理"（ethics）一词来自古希腊词 ēthikos，而 ēthikos 又可进一步追溯到 ἔθος（ethos）和 ἦθος（ēthos）——这两个词最初意义相近，皆有多重含义，比如"常居地"（an accustomed place）、"习俗"（custom），"性情"（disposition）、"品性"（character）等。自公元前 5 世纪以来，二词出现了词义上的分化，ethos 主要被用于指生活习惯和习俗，而 ēthos 则往往被用来指"性情"和"品性"。[1] 由 ēthos 又衍生出 ēthikos（"与品性相关的"）一词，后者被亚里士多德用于描述一个特定的关于道德和实践智慧的哲学分支，这就是我们今日所说的伦理学（ta ēthika）。相比 ēthikos 一词在希腊哲学史上的地位和所受关注的程度，ethos 一词本身在古希腊传统中并不具备同等的重要性。无论是在柏拉图还是亚里士多德的思想中，该词都未曾作为中心概念被处理。在柏拉图对话里，该词使用相对自由，常与其他几个相近概念比如 τρόπος 或者 φύσις 互换使用。[2] 而在亚里士多德那里，ethos 一词也并没有像相关概念比如 ἕξις

---

* Michael Erler, Peter Adamson、程炜等诸位师友曾对本文初稿提出过有建设性的意见，在此致以诚挚谢意。

1 参见 Christoph Horn, Christof Rapp eds., *Wörterbuch der antiken Philosophie*, München, 2008, p. 156, s.v.: "Während das Moment der Lebensgewohnheiten und Sitten seit dem 5. Jh. v. Chr. mehr durch die neue Wortform *ethos* betont wird, bildet sich zunehmend der Sinn von *ēthos* als Charakter und Sinnesart aus." 有关这两个词的区别，还可参见亚里士多德：《优台谟伦理学》，1220a–b:"因为品性，正如它的名字所暗示出的，是由习惯得来……"（ἐπεὶ δ᾽ ἐστὶ τὸ ἦθος, ὥσπερ καὶ τὸ ὄνομα σημαίνει ὅτι ἀπὸ ἔθους ἔχει τὴν ἐπίδοσιν...）

2 参见 Richard Walzer, "New Light on Galen's Moral Philosophy," in Ibid., *Greek into Arabic: Essays on Islamic Philosophy*, Cambridge, Mass., 1962, pp. 149–150, 特别是第 150 页脚注 3、4。以下简称为 Walzer (1962a)。还可参见 Eckart Schütrumpf, *Die Bedeutung des Wortes ēthos in der Poetik des Aristoteles,* München, 1970, p. 38, 特别是脚注 5。以下简称为 Schütrumpf (1970)。

（state，disposition）或 πάθος（emotion）那样成为其伦理学的中心概念。[1] 事实上，在现存的希腊文本当中，我们很少能看到一本集中阐释 *ēthos*、亦即题为 περὶ ἠθῶν 的著作。[2]

古希腊医学家和哲学家盖伦的《论品性》（ περὶ ἠθῶν ）是一个例外。在《论我的著述》（ *De libris propriis*，"on my own works" ）一书第 15 章中，盖伦曾列出了他所写作的 23 部与伦理学相关的著作。这些著作大多已经失传，如今流传下来的仅有 3 部。[3]《论品性》便是其中之一。不过，遗憾的是，这部文本的希腊原文及其完整的阿拉伯语翻译[4]均已佚失，如今我们只能从一份仅存的阿拉伯语的概要[5]当中窥得它的主要内容。早在 1939 年，德国学者克劳斯（ Paul Kraus ）曾基于唯一一份断代到 14 至 15 世纪的抄本，整理并刊布了这份阿拉伯语的概要。[6]总的来说，尽管该文本在翻译中，特

1　参见 Schütrumpf (1970): p. 38: "wie die vorausgehende Untersuchung zeigen sollte, ist aber ἦθος bei Aristoteles nicht — wie etwas ἕξις, πάθος u.a. — zu einem zentralen und auch fest umrissenen terminus der Ethik geworden."

2　参见 Walzer (1962a): p. 146; Peter N. Singer ed., *Galen: Psychological Writings,* translated with introductions and notes by V. Nutton, D. Davies, and P. N. Singer, with the collaboration of P. Tassinari, Cambridge, 2013。以下简称为 Singer (2013)。伊壁鸠鲁学派哲学家 Philodemus 的 Περὶ ἠθῶν καὶ βίων (*On Characters and Lives*) 是个例外，感谢 Michael Erler 指出这一点。

3　另两部分别为《论针对每个人灵魂中特有的情感和错误的诊断和治疗》（ *De Propriorum Animi Cuiuslibet Affectuum Dignotione et Curatione; De Animi Cuiuslibet Peccatorum Diagnotione et Curatione*, "The Diagnosis and Treatment of the Affections and Errors Peculiar to Each Person's Soul"，以下简写为《情感和错误》或 *Aff. Pecc. Dig.* ）和《避免忧伤》（ *De Indolentia*, "Avoiding Distress"，以下简写为 *Ind.* ）。

4　出自 9 世纪著名学者、翻译家、聂思脱里派基督徒 Ḥunayn ibn Isḥāq 之手，他通晓叙利亚语、阿拉伯语、希腊语和波斯语，曾和他的儿子 Isḥāq ibn Ḥunayn 及其他追随者一起，将亚里士多德、盖伦等希腊哲学家的大量著作翻译为叙利亚语和阿拉伯语。有关 Ḥunayn ibn Isḥāq 及其团队的翻译，参见：Gotthelf Bergsträsser, *Hunayn ibn Ishak und seine Schule: Sprach- und literaturgeschichtliche Untersuchungen zu den arabischen Hippokrates- und Galen-Übersetzungen,* Leiden, 1913; Max Meyerhof, "New Light on Hunayn ibn Ishaq and his period," in *Isis* 8, no. 4, 1926, pp. 685–724; Ibid., "Les versions syriaques et arabes des écrits galéniques", in *Byzantion* 3, 1926, pp. 33–51; Rachid Haddad, "Hunayn ibn Ishaq apologiste chrétien," in *Arabica* 21, 1974, pp. 292–302; Gotthard Strohmaier, "Hunayn ibn Ishaq al-Ibadi," in *EI2,* III, 1990, p. 578。

5　作者失考，他很可能同样来自 Ḥunayn ibn Isḥāq 的翻译团队，参见 Singer (2013): p. 111。Fakhry 认为此人为 Abu ʿUthman al-Dimashqi，参见 Majid Fakhry, "The Platonism of Miskawayh and its implications for his Ethics," in *Studia Islamica* 42, 1975, p. 46。

6　P. Kraus, "*Kitāb al-Akhlāq li-Jālīnus*," in *Bulletin of the Faculty of Arts of the Egyptian University* 5.1, 1939, pp. 1–51. 另一个版本参见 A. Badawī, *Dirāsāt wa-nuṣūṣ fi l-falsafa wa-l-ʿulūm ʿinda al-ʿArab*, Beirut, 1981。这个文本的部分篇章曾被 Richard Walzer 所译出，可参见 Walzer 关于《论品性》的两篇文章：Richard Walzer, "A Diatribe of Galen," in *Ibid., Greek into Arabic: Essays on Islamic Philosophy*, Cambridge, Mass., 1962, pp. 164–174，以下简称 Walzer (1962b) [(1954¹)]。德国学者 Franz Rosenthal 也曾将该文本的部分章节翻译成德语，（转下页）

别是在简写的过程中，曾不可避免地发生了一些被歪曲和被简化的情况，但是，鉴于伊斯哈克（Ḥunayn ibn Isḥāq）的翻译团队在翻译质量上基本可信，并且他们所依据的底本无疑是去古未远的希腊语抄本，我们仍然可以基本信赖这份摘要，并凭借它的帮助来尝试复原盖伦的品性学说。[1] 本文有关盖伦品性学说的重构和分析，也主要依据这份阿拉伯语摘要所提供的信息。[2] 除此之外，还有一些在阿拉伯语和希伯来语材料中保存的引文，它们能够提供给我们有关这个文本的进一步的信息。[3]

正如题目所提示我们的，这本书致力于解释品性的定义、成因、迹象和相应的处理方式。在先前有关《论品性》为数不多的研究中，该书的主旨就已经被恰当地确认为"反斯多亚的"（anti-stoic）[4]。这个论断当然也完全符合盖伦在其他著作当中的倾向，即他不遗余力地反对老斯多亚派，特别是克吕西波（Chrysippus）的哲学学说，并声称自己才是柏拉图主义的真正继承人[5]，尽管在他的学说当中也蕴藏着诸多十分接近斯多亚派学说的方面[6]。在《论品性》一书中，盖伦反对斯多亚的倾向也十分明显：针对斯多亚理智主义学说，即他们倾向于否定非理性灵魂部分的存在，并将情感等同于某种判断和思想的结果；盖伦致力于论证非理性灵魂部分的存在，以及它在人类生活当

（接上页）参见 Franz Rosenthal, *Das Fortleben der Antike im Islam*, Zürich, 1965。整部摘要的首次英译参见 John N. Mattock, "A translation of the Arabic epitome of Galen's book *Peri êthôn*," in S. M. Stern, A. Hourani and V. Brown eds.: *Islamic Philosophy and the Classical Tradition: Essays Presented by his Friends and Pupils to Richard Walzer on his Seventieth Birthday*, Oxford, 1972, pp. 235–260。Daniel Davies 的最新英译见 Singer (2013): pp. 135–201。在本文中，我主要参照 Kraus 的阿语文本，并根据这个版本的页码和行数来引用相关阿拉伯文原文（Kr.），个别依据 Badawī 处将单独注明。在英译方面我主要参照了 Davies 的译本，个别处略有改动。

1　有关阿拉伯语翻译和摘要在多大程度上忠实地反映了希腊原文的面貌，其中哲学术语的翻译情况和重构希腊文本的可能性等问题的详尽分析，参见 Singer (2013): pp. 111–118。

2　当然，鉴于《论品性》一书已然失传，本文对于盖伦品性学说的重构，不可能完全是历史的，而只能是依据现存的材料而进行的理性重构。而我们也必须谨慎地对待重构所得出的结果，须知它有可能无法完全忠实地反映原文本的情况。而特别就摘要当中存在的一些矛盾和疑难之处而言，需要我们将流传过程中的种种复杂情境和相关历史背景的因素充分考虑在内。

3　参见 Singer (2013): pp. 173–201。

4　参见 Walzer (1962a) [(1949¹)]，这也是有关该材料的第一个现代研究。

5　参见 Phillip De Lacy, "Galen's Platonism," in *The American Journal of Philology* 93.1, *Studies in Honor of Henry T. Rowell* (1972), pp. 28–29。

6　参见 Christopher Gill, *Naturalistic Psychology in Galen and Stoicism*, Oxford, 2010。

中，特别是在品性形成过程当中所起到的重要作用。相应地，针对斯多亚学派认为人的天性可以通过后天的道德和理智教育得到完全的改善，而即便对于一个天生品性败坏的人也是如此，盖伦致力于论证人们先天获得的品性对于其成长所起的关键作用，并且认为，对于一个天生品性极为败坏的人来说，要使其得到完全的改善是不可能的。盖伦的品性学说不仅建立在对动物和人类行为经验观察的基础之上（这当然和他作为医生的职业不无关系），并且也吸收了古希腊经典时期哲学家们的种种理论资源。在这当中，柏拉图的灵魂三分理论及其相关的伦理、教育思想扮演着尤其重要的角色。

值得一提的是，作为盖伦最主要的几部伦理学著作之一，《论品性》在 9 世纪经伊斯哈克之手翻译为阿拉伯语之后，曾对伊斯兰世界的伦理学产生过根本性的影响。《论品性》的阿语译本曾被穆斯林学者们，比如金迪（al-Kindī）、米斯凯韦（Miskawayh）、拉兹（al-Rāzī）、比鲁尼（al-Bīrūnī）等所引用。[1] 进入现代以来，由于这一文本的保存状况相对糟糕，盖伦的《论品性》反倒较少地受到研究者的关注。[2] 事实上，根据阿拉伯语概要所呈现出的文本内容，《论品性》中存在诸多有趣的方面，它们不光对盖伦的道德心理学研究有独特的意义，也和古代哲学思想的诸多领域，比如伦理思想、灵魂学说、情感理论等存在许多富有启发的关联。另一方面，这一文本当中也存在着诸多疑难。在这篇论文中，我希望能够基于对这一概要的文本分析，简要勾勒出盖伦品性学说的理论背景和基本框架，尝试阐明其与古希腊经典时期哲学思想，特别是与柏拉图思想之间的关系，并介绍其中存在的一些疑难。我也希望，通过本文的介绍，能够引起中文学界对这一文本的关注，并激发进一步的讨论。

在盖伦看来，正如希波克拉底是最好的医生，柏拉图则是最伟大的哲学家。[3] 他也认为，与同时代的其他柏拉图主义者相比，他自己要更加忠实地继承了柏拉图的学

1　参见 Majid Fakhry, *Ethical Theories in Islam*, Leiden, 1994, pp. 63–64; Mohd Nasir Omar, "Ethics in Islam: A Critical Survey," in *Islāmiyyāt* 32 (2010), p. 171, 以下简称为 Omar (2010)。

2　迄今为止的研究，参见 Walzer (1962a) [(1949¹)]& (1962b) [(1954¹)], Gill (2010) 和 Singer (2013)。

3　参见 *PHP* (*De Placitis Hippocratis et Platonis*, "The Doctrines of Hippocrates and Plato") 199.25–27 De Lacy。

说。那么，盖伦的品性学说与柏拉图思想存在什么特殊的关联呢？简单说来，盖伦对于品性的理解主要基于柏拉图灵魂三分的理论。在盖伦看来，人的灵魂并非像斯多亚派所认为的，可以被仅仅等同于理性能力，而是像柏拉图所主张的，它主要由三个部分所组成，即欲望灵魂（to epithymêtikon）、意气灵魂（to thymoeides）以及理性灵魂（to logistikon）。针对这一点，盖伦在《论品性》的第一卷当中有十分清楚的说明："在这部书中我将称那思索（al-fikra, thought）所产生的地方为理性灵魂（an-nafs an-nāṭiqa, the rational soul）或者沉思灵魂（an-nafs al-mufakkira, the cognitive soul），而不论它是一个独立灵魂，一个部分，还是一种能力；[1] 那怒气（al-ġaḍab, anger）所产生的地方为意气灵魂（an-nafs al-ġaḍabiyya, the spirited soul）或动物灵魂（an-nafs al-ḥayawāniyya, the animal soul）；那欲望（aš-šahwa）所产生的地方为欲望灵魂（an-nafs aš-šahwāniyya, the desiderative soul）或植物灵魂（an-nafs an-nabātiyya, the vegetative soul）。"（26Kr. 9–12）[2]

柏拉图的灵魂三分理论，特别是他承认灵魂两个非理性部分，即意气灵魂和欲望灵魂的存在，为盖伦的品性学说提供了重要的理论支持——因为在盖伦看来，品性在本质上正关联着灵魂的非理性部分。在《论品性》一开始，盖伦就给出了品性的定义，并特别强调了品性的非理性特征："……品性（al-ḫulq, a character trait）是一种灵魂的状态（ḥāl li-n-nafs, a state of the soul），它引导人去完成灵魂的种种行为而并不经过思虑（rawīya, consideration）或选择（iḫtiyār, choice）。"（25Kr.4–5）在后文中，盖伦进一步将灵魂状态划分为两种，并再次把品性确认为灵魂的非理性状态："人类灵魂当中值得称颂的状态被称为'德性'（faḍīla, virtue），而值得谴责的状态则被称为'邪恶'（raḍīla, vice）。这些状态可被划分为两个部分：在思索（al-fikr,

---

1　显然，盖伦在这里无意于详细讨论所谓灵魂三分指的究竟是灵魂分为三个实体、三个部分还是三种能力。在 *PHP* 374.9–19 De Lacy 中，盖伦认为更准确的说法应为灵魂的三个实体（ousia），其各自拥有多种能力（dunamis）。有关这个问题详参 Singer (2013): p. 138, 脚注 14。

2　有关盖伦对于柏拉图灵魂三分理论的论述，还可参见比如 *QAM* (*Quod Animi Mores Corporis Temperamenta Sequuntur*, "The Capacities of the Soul Depend on the Mixtures of the Body") 34–36 Müller，以及 *PHP*，这部书的大部分论述均致力于证明柏拉图灵魂三分理论的正确性。

thought）、思虑（*ar-rawīya*, consideration）和鉴别（*at-tamyīz*, discrimination）之后在灵魂当中所产生的，被称为'知识'（*maʿrifa*, knowledge）、'意见'（*ẓann*, opinion）或'判断'（*raʾy*, judgement），而那些不经思索（*ġayr fikr*, without thought）就发生于灵魂当中的，被称为'品性'（*aḫlāq*, character traits）。"（28Kr.15-18）在发表于 1949 年的、有关《论品性》最早的一份研究中[1]，瓦尔泽（Richard Walzer）认为，盖伦对于品性的这一定义很可能受到当时学园派的影响。因为奥古斯都的老师、斯多亚派哲学家迪狄慕斯（Arius Didymus）就曾将品性定义为灵魂非理性部分的品质，并将这一定义归给当时的学园派（κατὰ Πλάτωνα φιλοσοφοῦντες）："品性是灵魂非理性部分的品质（ποιότης τοῦ ἀλόγου μέρους τῆς ψυχῆς），它习惯于服从理性（ὑποτακτικῶς ἔχειν ἐθιζομένου τῷ λόγῳ）。"[2] 在这之后，中期柏拉图主义者普鲁塔克在其《论道德德性》一文中也曾同样将品性定义为灵魂的非理性部分："……品性，简而言之，是非理性部分的品质（ποιότης τοῦ ἀλόγου）……"[3] 瓦尔泽没有注意或提及的是，类似的定义其实在亚里士多德《优台谟伦理学》第一卷中就已经出现过："那么，品性应被定义为非理性灵魂部分的品质，它依据占统治地位的理性，并能够服从于理性。"（Διὸ ἔστω τὸ ἦθος τοῦτο ψυχῆς κατὰ ἐπιτακτικὸν λόγον τοῦ ἀλόγου μέν, δυναμένου δ᾽ ἀκολουθεῖν τῷ λόγῳ ποιότης, EE 1220b5-6）另一方面，在品性定义的具体表述上，盖伦也继承了亚里士多德伦理学当中有关德性定义的描述，比如亚里士多德曾在《尼各马可伦理学》第二卷当中强调德性既非灵魂中的情感（πάθος, emotion），亦非灵魂的能力（δύναμις, capacity），而是灵魂的状态（ἕξις, state）（EN 1105b19ff.）。当然，盖伦对于品性的定义又有明显区别于前人之处，特别是他强调品性是一种引导人不假思虑（*rawīya*）或选择（*iḫtiyār*）地完成种种行为的灵魂状态。值得注意的是，恰恰是盖伦有关品性定义的这一具体表述，成为在伊斯兰世界之后对于品性的标准定义，被包括米斯凯韦、安萨里（al-Ghazālī）、拉兹和图西（al-Ṭūsī）在内的许多伊斯兰哲学家所广泛引用和

1　参见 Walzer (1962a): p. 147。

2　参见 Stobaeus, lib. ii, p. 38. 3-15 Wachsmuth。

3　参见 Plutarch *De virtute morali* 443c。

采纳。[1] 也恰恰是受盖伦《论品性》的影响，在许多伊斯兰世界的伦理学著作当中，"品性"（*ḫulq*，一般用于翻译希腊语中的 *ēthos*）成为研究的主要对象。在阿拉伯语中，伦理学即为"关于品性的学问"（*'ilm al-aḫlāq*），这一命名本身即暗示出"诸品性"（*aḫlāq*，*ḫulq* 复数形式）是研究的主题。[2] 有趣的是，恰恰在亚里士多德的伦理学中，对品性（*ēthos*）概念的系统探讨似乎并没有被当作首要的工作。《尼各马可伦理学》以有关幸福（*eudaimonia*）的讨论开篇，以探讨诸德性为主体。在第二卷一开始，当亚里士多德谈到理智德性和道德德性的区分时，他将道德德性中"道德的"（*ēthikē*）一词的来源追溯到 *ethos*（"习惯"），而并未提及 *ēthos*（"品性"）；而当他在《优台谟伦理学》中谈到同一区分时，他虽将"道德的"（*ēthikē*）一词的来源追溯到 *ēthos*，并阐明其与 *ethos* 之关联[3]，但在这里，他也只是简略地提及了品性的定义，并未深入讨论与品性相关的诸问题。虽然亚里士多德的伦理学究其实质是关于如何培养人拥有好的品性的学问，但似乎并未以回答何谓品性为首要任务；这一理论在其身后的哲学传统中被更清晰地勾勒了出来。

我们回到盖伦关于品性的定义。在《论品性》接下来的论述中，盖伦并未提及学园派的传统，而是将对品性的这一定义，即品性归属于非理性灵魂，归于"一些古代哲学家"的看法（26Kr.1）。相关证据表明，这些古代哲学家很有可能指的是毕达哥拉斯和柏拉图。[4] 盖伦接着谈到亚里士多德和另外一个较晚的学派对于品性的看法：

1　Omar (2010): pp. 158–159: "Yahya Ibn ʿAdi (1924: 8–9) took a similar view, defining [*ḫulq*] as, 'a state of the soul by which man performs his actions without thought or deliberation'. Yahya's definition is in agreement with that of his contemporary, Miskawayh (1966: 31), who also defines [*ḫulq*] as, 'a state of the soul which causes it to perform its actions without thought or deliberation'. Almost the same definition of character is later elaborated by successive writers on ethics in the Islamic world, such men as al-Ghazali (1976, III: 68), Fakhr al-Din al-Razi (1978: 39–40), Nasir al-Din al-Tusi (1964: 35–36), al-Dawwani (1839: 30–31; 38–39), and others."

2　参见 Omar (2010), p. 161. 相对而言，阿拉伯世界的"伦理学"一词更能严格对应古希腊"伦理学"一词的原意：*ēthikos* 源自 *ēthos*，是和品性有关的学问，它致力于培育人好的性格和性情。而中文译名"伦理学"则难以传递出这层关系，我们亦难以从伦理学这个名称直接看出它和品性的关系。"伦理学"这一译法倒更接近 *ēthos* 最早的含义，即与群体相关的"常居地"、"习俗"等。

3　参见 EE 1220a-b 及注 1。

4　可参考 *PHP* 290.1–5 De Lacy 的一处平行文本："不光亚里士多德或柏拉图持这个观点，并且较早的哲学家们也持同样的看法，特别是毕达哥拉斯。这个观点也为波西多尼乌斯（Posidonius）所持有，他认为这个理论最早为毕达哥拉斯所述，而柏拉图将其彻底发展了出来。"

"亚里士多德和其他人认为理性灵魂（*an-nafs an-nāṭiqa*）分享着品性中的某些部分，不过品性的绝大部分（*ǧull*，greater part）并不存在于理性灵魂当中；一个较晚的学派认为品性整体上属于理性灵魂，他们甚至将那些发生在灵魂当中的怒气（*al-ġaḍab*，anger）、欲望（*aš-šahwa*，desire）、恐惧（*al-faza‛*，fear）、爱（*al-‛išq*，love）、快乐（*al-laḏḏa*，pleasure）和悲伤（*al-ḥuzn*，grief），都归于理性灵魂。"（26Kr.1–5）在这里，所谓较晚的学派无疑指的是斯多亚学派。这样一来，在《论品性》的开始部分，盖伦就分别列出了三个古代学派关于品性的不同看法，即：柏拉图和毕达哥拉斯认为品性属于非理性灵魂；亚里士多德的逍遥学派认为品性绝大部分属于非理性灵魂，只有一小部分属于理性灵魂；而斯多亚学派则将品性整体归于理性灵魂。盖伦在这里的分类，特别是他对于柏拉图和亚里士多德关于品性学说方面所做的区分，在多大程度上是基于古代哲学家们的真实观点所得出的结论呢？考虑到前文中所提到的亚里士多德《优台谟伦理学》中 1220b5–6 这处文本，我们有理由认为，亚里士多德本人有关品性的看法可能更接近于盖伦归于柏拉图和毕达哥拉斯的观点，而非像他所说的自成一派。而盖伦在这里所归于亚里士多德及其学派的观点，实则难以在亚氏本人的哲学著作当中找到直接对应之处。[1] 从这个角度来看，盖伦在这里所作出的分类很难说是对古代哲学家们观点的忠实反映。针对这个问题，荷兰学者蒂尔曼（Teun Tieleman）在其《克吕西波的〈论情感〉：重构与解释》一书中有过详细的说明。他指出，实际上，人们可以在盖伦的其他著作比如《论希波克拉底与柏拉图的学说》，以及他同时代和古代晚期的许多其他哲学作品那里观察到类似的现象。服务于哲学论战的需要，这一时期的作者在针对某一哲学主题的写作当中，往往首先尝试对古代诸学派就该问题的观点进行分类，由此他们可以很方便地建立和古代某一传统的关联，从而借助古代权威来攻击敌对的观点。而受当时阅读和书写条件的限制，这些分类往往依据当时通行的学述

---

[1] Singer (2013): pp. 122–123: "Galen does not, however, make it explicit which texts of Aristotle he has in mind in his characterization of Aristotle's view of *ēthos*, either in *The Doctrines of Hippocrates and Plato* or in *Character Traits*. Certain passages of the *Nicomachean Ethics*, where Aristotle distinguishes between ethical and intellectual virtue, probably represent the most relevant Aristotelian background."

（doxography）汇编所做出，而不一定基于对古代哲学文本本身的直接考察。在论战中，适当调整前人的观点以适应自己论证的需要，也是可以设想的情况。因此，这种分类的可靠性，也就是它们是否总是能反映古代哲学家真实的哲学观点，也往往是需要被打上问号的。[1]

那么，在诸派别当中，盖伦的位置又如何呢？单从以上盖伦对品性的定义来看，我们似乎可以断定，盖伦属于第一个派别，即认为品性属于非理性灵魂这一派。不过，就他在后文的一些论述来看，特别是当他谈到品性的成因与灵魂不同部分之间的相互关系有关这一点时，他对品性成因中理性灵魂所可能发挥的作用亦非毫无考虑。事实上，在《论品性》中甚至有专门一卷（即第四卷）在谈论理性灵魂的品性。这便造成了另一处疑难。[2] 不过，虽然盖伦并没有完全排除理性灵魂在品性形成当中的作用，但确切无疑的一点是，盖伦坚决反对品性仅仅为理性灵魂所决定这一主张，也即老斯多亚派，特别是克吕西波的观点。恰恰站在与克吕西波相反的立场上，盖伦在《论品性》当中特别强调非理性灵魂在品性塑造中的重要影响，如同我们在接下来的论述中将看到的那样。

为了论证灵魂当中非理性部分的存在，盖伦首先在经验观察中寻求支持。例如，他提及人在不同情景当中会有一些不由自主的反应，比如当人们看到一些荒谬的事情，会不由自主地笑起来，而当他们突然听到可怕的声音会不由自主地吓一跳。这些反应之所以是"不由自主的"，是因为它们往往在理性的思虑或选择之前就已经发生了。这些不由自主的反应表明灵魂当中存在不可被化约的非理性的成分。另外一些有趣的经验事实则表明品性本质上与灵魂的非理性部分相关。比如，即使不具备理性能力的动物也具有不同的品性："我们看到一些动物，比如野兔和鹿，是懦弱的，而另一些动物比如狮子和狗，是勇敢的，还有一些动物，比如狐狸和猿猴，是狡猾的。一些动物，比如狗，对人是友好的，而另一些动物，比如狼，是狂野的，并远离人群。有

1　参见 Teun Tieleman, *Chrysippus's on Affections: Reconstruction and Interpretation,* Leiden, 2003, pp. 34–39, 54–58, 61–65。

2　参见 Singer (2013): pp. 123–125。

些动物喜欢独处，比如狮子，另一些动物则喜爱群居，比如马，还有一些喜欢成双成对生活，比如鹳。有些动物为自己收集和储藏食物，比如蜜蜂和蚂蚁，另一些只获取每日的食物，比如鸽子。有些动物会偷对它们无用的东西，比如喜鹊，它会偷宝石、戒指、德拉克马钱币和第纳尔钱币……"（25Kr.11-26Kr.1）[1] 类似的现象也可以在那些尚未具备理性能力的小孩子那里观察到："……我们有时看到他们中的某个被另一个玩伴弄伤，这时他们中的一些人同情并帮助他，而另一些则嘲笑他，幸灾乐祸，有时还加入进去一起伤害他。我们也看到一些小孩帮其他小孩解决困难，而另一些则将他们推入到危险的境地，捅他们的眼睛或者掐他们。一些小孩对他们手中拥有的任何东西都相当吝啬，一些小孩容易嫉妒，而另一些则不容易嫉妒。所有这些都出现在他们受教育之前（qabla ta' addub，before they have been educated）。"（29Kr.18-30Kr.1）"当小孩子长到三岁时，他们开始表现出羞耻（al-ḥayā'，shame）和无耻（al-qiḥa，shamelessness）的迹象。他们中的一些在做了被禁止的事情以后，如果有人批评他们，他们会感到羞愧，不敢抬起眼睛看那个批评他们的人，另一方面当被表扬的时候，他们会非常高兴；另一些孩子则完全相反。这些迹象发生在他们尚未被责罚（ḍarb，chastisement）或恐惧（ḫawf，fear）教训之前……"（29Kr.10-13）[2] 这些经验事实一方面表明，不同物种和人类个体的品性禀赋往往千差万别；另一方面，这些差异往往与生俱来，而和理性能力并没有什么关系。特别针对人的情况来说，某种品性往往是先天获得的——有的人天性纯良，有的人则正好相反；这些品性在他们接受教育之前，或者说在他们具备理性能力之前，就已经通过种种迹象显现了出来。盖伦认为，所有这些经验事实都进一步验证了他的观点，即品性实则为灵魂的某种与生俱来的非理性状态。

经验事实虽可帮助我们观察到人与生俱来具有不同品性，但是它们却无法帮助我们回答一些进一步的问题，比如：为什么人们天生具有不同品性？天生的品性是否可以被改变？如果可以，它们可以被改变到何种程度，而它们又应该被改变成什么样

---

1 盖伦有关动物天生品性差异的类似论述还可参见比如 *Aff. Pecc. Dig.* 27, 16-19 De Boer。
2 盖伦有关小孩子天生品性差异的类似论述还可参见比如 *Aff. Pecc. Dig.* 25-27 De Boer, *QAM* 32-33 Müller。

子？对这些有关品性成因问题的回答，构成了盖伦品性学说的核心。恰恰是在这些问题上，柏拉图的灵魂三分理论对盖伦的学说具有特殊的重要性。这也解释了盖伦的《论品性》一书的结构安排：第一卷（25Kr.-34Kr.）主要关于品性的基础理论和源自意气灵魂的品性，第二卷（35Kr.-41Kr.）则是关于欲望灵魂当中的品性，第三卷（42Kr.-44Kr.16）中则涉及三个灵魂部分之间的关系，第四卷（44Kr.17-51Kr.）主要关于理性灵魂中的品性。不难看出，该书主要依据柏拉图的灵魂三分来划分结构，而其大部分的论证则主要致力于通过解释灵魂三部分之间的关系来说明品性的成因。

和柏拉图的灵魂学说类似，盖伦赋予灵魂的三个部分以不同的能力和目标："关于理解力（*fahm*, understanding），它只在理性灵魂之中，它是一种看到所有事物中的一致（*ittifāq*, agreement）与不一致（*iḥtilāf*, disagreement）的能力，这个灵魂倾向于美（*al-ǧamīl*, the beautiful）。而关于意气灵魂，它是怒气之所在，这也是它被称作意气灵魂的原因所在，它倾向于征服（*al-galaba*, conquest）。而关于欲望灵魂，它是养育身体的能力之所在，它倾向于快乐（*al-laḏḏa*, pleasure）。"（38Kr.19-21）在盖伦看来，灵魂的三个部分是品性的"基本组成部分"（*uṣūl*, fundamentals）（39Kr.1），而如果我们能充分了解灵魂三个部分的不同状况及其相互关系，那么便能解开人的品性千差万别的奥秘。对此他说道："不同种类性格的差别只是由于灵魂每一部分在其自然力量的范围内倾向上的多与少（*al-kaṯra wa-l-qilla fī mayl*, a greater or lesser degree of inclination）。"（39Kr.1-2）比如，贪婪的品性应来自一个特别强大的欲望灵魂，就其自然上倾向于追求快乐而言；而一个品性大胆的人则拥有十分强大的意气灵魂，就其自然上倾向于征服而言。不过，针对某一种品性而言，我们又可以依据灵魂不同部分之间的相互关系继续将其划分为不同的类型。盖伦特别举出大胆这种品性为例，当某人拥有强大的意气灵魂，而这一部分又能较好地服从于理性灵魂，那么他便是稳重的；而如果他具有一个强大而又不受约束的意气灵魂，这一部分又拒绝与理性灵魂合作，那么他便是草率的："那些有思想地动怒的人表现出稳重（*waqār*, steadiness），而那些无思想地动怒的人则表现出草率（*tahawwur*, rashness）。易怒之人的特征是他会大喊和语出威胁；而勇敢的人（*an-naǧd*, the courageous person）不是这样，因为他的理智（'aql, intelligence）让他觉得处于这样的状态是不值得的，他不会草率地行动，也不会像动物一样，赤手空拳地和敌人的武器搏斗……虽然在动怒和怒气的力量这方面上一致，但勇敢的人和草率的人之间的不同之处在于，草率的人的怒气是不平衡的（ġayr mu'tadil, unbalanced），也不受思想活动（fikr, thought）控制；而在勇敢的人那里，它是平衡的，也为思想活动所控制。"（31Kr.14–32Kr.4）如此一来，某种特定品性或者某种品性的某一类型的出现便往往可以通过灵魂的某个部分的状态，或者通过灵魂不同部分之间的关系来得到解释。

盖伦强调品性作为生物与生俱来的性情这一点可能带给我们这样的印象，就是在他看来，后天的教育和习惯培养对于品性的形成并无影响。事实上并非如此。从《论品性》接下来的论证来看，我们不难发现，盖伦对于如何通过后天的努力来改善我们天生的品性这一主题亦有详尽阐发。在第一卷末尾，盖伦曾谈到教育可以给人天生的品性带来诸多益处："如果它（灵魂的意气部分）自然上（bi-ṭ-ṭab', in nature）便是大胆的（ġasūra, bold），那么教育（al-adab, education）会为它带来顺从和遵循，如果它天性缺乏大胆的品性（ġasāra, boldness），那么（经由教育）它会变得比之前更好（ḫayran mimmā kānat, better than it was）"（34Kr.15–16）；"它们（意气灵魂，这里被比作猎狗或马）之愿意遵从，以及它们的正直，是它（理性灵魂，这里被比作猎人或骑士）长期教育的结果。不是每只狗或每匹马都是可教育的，因为它们中的一些是无法控制和难以教育的，它们的教育需要很长时间以及旷日持久的习惯（'āda, habituation）。"（28Kr.3–5）我们注意到，盖伦在这里主要谈的是对非理性灵魂，特别是意气灵魂的教育，即通过习惯培养而使之顺从。在另一处盖伦继续谈到，品性可以通过习惯而被塑造："品性通过对某人在心中所建立之事的持续习惯（'āda），以及对其每日所做之事的持续习惯而形成……"（31Kr.4–5）很明显，虽然和老斯多亚派一样，盖伦也承认教育对品性塑造的影响，但二者侧重点有所不同：针对老斯多亚派主张品性可以单单通过对理性灵魂的教育而被塑造这一点，盖伦特别强调灵魂非理性部分，特别是意气灵魂的教育对品性塑造的影响。不过，盖伦亦提醒我们，一个人的品性可被教育到何种程度，很大程度上依赖于其灵魂与生俱来的状态，比如灵魂的意气部分是否愿意接受教育，或者灵魂的理性部分自然上是否聪慧。无论如何，盖伦对于完全败坏的本性被改善的可能性态度十分消极："我认为，在自然上极为懦弱和贪婪的人，并不会通过教育变得极为勇敢和节制。"（28Kr. 13-14）而只有那些天性爱荣誉的人，方有可能从后天的性格教育或书本学习当中获益："如果他自然上爱荣誉（karāma, esteem），而不是因为他惧怕某些可感事物，也不是因为他渴求一些可感事物，他就会成功地发展，而在相反的情形中他便不会成功地发展，不会学习，既不会接受品性教育（adaban ḫulqiyan, education of character），也不会接受书本教育（kitābiyan, book learning）。"（29Kr. 14-16）

与一些现在的柏拉图研究者不同的是，在盖伦基于灵魂三分的品性理论当中，意气灵魂的角色被特殊强调了出来。无论是在品性成因的解释中，还是在品性教育的理论当中，意气灵魂均扮演着不可缺少的角色：意气灵魂的状态本质上关联着一个人灵魂整体的状态以及他的品性特征，而意气灵魂能否接受教育和在恰当的环境下被教育，更是决定了一个人后天的品性发展状况。在《论品性》的另一些地方，意气灵魂和理性灵魂的关系曾被比作猎狗（kalb, dog）和猎人（qāniṣ, hunter），或马（faras, horse）和骑士（fāris, rider）之间的关系（27Kr.19-28Kr.3）。而作为合作者，它们应一同对抗欲望灵魂这头强壮而贪婪的野兽（42Kr.9-18）。因为欲望灵魂追求快乐，而理性灵魂追求真理，故二者之间存在着斗争；而在二者的斗争之间，意气灵魂的角色就是要帮助理性灵魂："在这场斗争当中，造物主通过（给予人）意气灵魂来帮助人，因为他的理性灵魂需要它的帮助以约束欲望灵魂，并限制它的过度运动（38Kr.8-9）。"我们也可以在盖伦的其他伦理学著作，比如《论希波克拉底与柏拉图的学说》和《情感和错误》中找到有关意气灵魂的类似表述。比如在前者中，盖伦就曾回到柏拉图《政制》中所举莱昂提诺的例子，来证明意气灵魂是不同于理性灵魂和欲望灵魂的一个独立的灵魂部分，并且它作为理性灵魂的同盟，"绝不可能和欲望灵魂一同战斗"（οὐδέποτε συμμαχεῖ τῷ ἐπιθυμητικῷ, PHP 350.25）[1]；而在后

---

1 有关盖伦对于柏拉图莱昂提诺例子的使用，亦可参见 Julia Trompeter, *Psychologische und physiologische Aspekte der Tripartition der Seele bei Platon und Galen*, Dissertation Bochum, 2013, pp. 185-188。

者中，盖伦亦针对如何驯服人们心中的马或猎狗，从而使其更好地发挥理性之助手的作用这一点，有过长篇的说明。[1] 众所周知，柏拉图曾在《政制》、《斐德若》、《法篇》等对话当中多次将意气灵魂比作理性灵魂之助手。[2] 在《政制》中，柏拉图曾将城邦当中对应于灵魂当中意气灵魂的护卫者阶层比作能区分敌友的狗（R.376a），而在《斐德若》中，他又将灵魂的意气部分比作灵魂马车中富有羞耻心和敬畏感的好马（Phrd. 253c–256e）。在盖伦的品性学说当中，柏拉图有关意气灵魂的学说被继承了下来，并得到了进一步的发展：《政制》中哲学家和护卫者（狗）的合作关系在这里被创造性地发展为猎人与猎狗的譬喻，而《斐德若》中驾驭灵魂马车的车夫与好马的关系则被发展为骑手和马的譬喻。在重视柏拉图灵魂学说中的意气灵魂这方面，盖伦和一些现代的柏拉图研究者形成了鲜明的对比。鉴于柏拉图曾在《政制》的后两卷和《法篇》当中回到灵魂二分的表述，一些现代的研究者认为，意气灵魂在柏拉图的灵魂学说当中并不重要，或者柏拉图的灵魂学说本质上是二分的。[3] 相较这些研究者而言，盖伦显然能更加严肃地对待柏拉图灵魂三分的学说，亦更能欣赏意气灵魂在灵魂结构当中所扮演的不可缺少的角色。值得一提的是，在盖伦的著作传入伊斯兰世界之后，他有关意气灵魂的学说也被伊斯兰哲学家比如金迪、米斯凯韦、伊斯法哈尼（al-Rāghib al-Iṣfahānī）、安萨里等所接受。[4] 在其《品性修养论》（*Tahḏīb al-Aḫlāq*）中，米斯凯韦称意气灵魂为真主赐予我们的礼物，凭借它的力量我们方能降服欲望

1　Aff. Pecc. Dig. 19DB ff. 在那里盖伦亦提及，有关如何驯服意气灵魂使之成为理性灵魂的助手这一点，在其《论品性》中已有更充分的说明。

2　参见拙作《理性的助手——柏拉图论羞耻感及相关情感》（*Die Helfer der Vernunft — Scham und verwandte Emotionen bei Platon*, Dissertation, München, 2016）。

3　参见比如 W. F. R. Hardie, *A Study in Plato*, Oxford, 1936, p. 142: "…the fundamental division here is into two and not three" 以及 Terry Penner, "Thought and Desire in Plato," in G. Vlastos ed., *Plato: A Collection of Critical Essays, ii. Ethics, Politics, and Philosophy of Art and Religion*, New York, 1971, pp. 96–118, p. 113: "Plato's true view [in the *Republic*] is…that there are only two parts of the soul, a rational part and an irrational part, and he allows himself thumos (spirit) for irrelevant political or moral reasons only… Plato had no logical or psychological arguments for going beyond two parts of the soul." 有关这个主题，参见 Moss 的研究综述: Jessica Moss, "Shame, Pleasure, and the Divided Soul," in *Oxford Studies in Ancient Philosophy* 29 (2005), p. 137, n. 2.

4　参见 Peter Adamson, *Al-Kindī*, Oxford, 2007, p. 228; Yasien Mohamed, "The Metaphor of the Dog in Arabic Literature," in *Tydskrif Vir Letterkunde* 45.1 (2008), pp. 79–80。

灵魂。[1] 还有一点颇为有趣：盖伦有关猎狗与猎人、马与骑士的譬喻，在阿拉伯传统中逐渐演变成了猎狗、马与骑士的模式。在伊斯兰哲学家那里，骑士和猎狗分别继续代表理性灵魂和意气灵魂，而骑士身下之马则成了欲望灵魂的代表。只有当骑士拥有一只听话的猎犬和一匹驯服的马，他才能达到他想要的目标；如果由马占据主导地位，则三者将陷入糟糕的境地，骑士将被马带去它所想去的方向。[2]

要言之，对于盖伦来说，好的品性之形成来自天性和后天教育（特别是习惯培养和理性指导）的结合。但是，什么是好的品性，或者换句话说，什么是品性培养的目标呢？在整部概要当中，盖伦就这个问题着墨最多，它也因此成为这个文本的中心问题之一。在盖伦看来，教育的目标是将灵魂的不同部分带入平衡和彼此的契合当中（43Kr.3），这也意味着灵魂的三个部分中存在着一种特定的秩序："目标是，理性灵魂应该利用意气灵魂的帮助来制服欲望灵魂，而意气灵魂应被训练以服从理性灵魂。"（39Kr.11）为了达成这个目标，应尽量使意气灵魂变得顺从，而使欲望灵魂变弱（28Kr.11-12），从而使得灵魂的这两个非理性的部分最终能够服从于理性部分，并且帮助它实现它的目标——也就是整个灵魂的目标："理性灵魂必须爱美（*al-ğamīl*，一般翻译希腊语 *to kalon*），渴望真理，知晓事物之间的一致和不一致……"（28Kr.7ff.）。鉴于灵魂当中总是存在对美的欲求或对于快乐的欲求之间的冲突，也就是理性灵魂和欲望灵魂之间的冲突，教育就是要使得人们学会如何像天使一样按照美的标准去生活，并且摆脱动物层面的种种快乐（34Kr.ff., 38Kr.ff.）。值得注意的是，在概要的第四卷中，理性灵魂的目标亦曾被描述为 *to agathon*："……我们看到对于好（*al-ḫayr*，一般翻译希腊语 *to agathon*）的爱存在于人的理性灵魂当中（48Kr.16）。"

依据这里的论证，品性培养的最终目标是使灵魂按照理性灵魂的目标去生活，

1　参见 Constantine Zurayk ed., *Mahdhib al-akhlaq*, Beirut, 1966, p. 52。

2　参见 Mohamed, "The Metaphor of the Dog in Arabic Literature"。在这篇有关阿拉伯文学中关于狗的譬喻的文章里，作者将盖伦、米斯凯韦和伊斯法哈尼有关意气灵魂譬喻的具体表述进行了对比，并将有关狗的譬喻当中所体现出的对于情感的积极评价主要回溯到亚里士多德的情感理论和盖伦的《论品性》。Mohamed 特别将骑士和马的譬喻回溯到盖伦的灵魂学说："The rider-horse imagery originated with Galen."（p.79）显然，他忽视了这一譬喻的柏拉图起源。

即生活在对 *to kalon*（*al-ǧamīl*）与 *to agathon*（*al-ḫayr*）的追求中。简单来看，盖伦似乎完全把 *to kalon* 和 *to agathon* 当作同义词来使用，并把它们同等地看作理性灵魂的目标。但是，如果我们综合考察盖伦《论品性》中对这两个词的用法，我们会发现，事实上的情况要复杂得多。一方面，不同于柏拉图，盖伦似乎明显更倾向于将 *to kalon* 看作理性灵魂的最终目标，而非 *to agathon*；而在整部《论品性》中我们只能找到 48Kr.15[1] 一处文本，在那里，*to agathon* 取代了 *to kalon* 作为理性灵魂目标之地位。另一方面，我们亦能发现一些别的段落，在其中 *to kalon* 与 *to agathon* 不再被当作同义词；恰恰相反，在这些语境中，它们被作为对立的双方而区别使用。这就涉及《论品性》的又一处疑难。在最新的《论品性》引论里，辛格（P. N. Singer）也曾专辟一节谈 "*to kalon* 与 *to agathon*"，认为这些术语的使用存在着一些问题，并希望引起读者对这一主题的特别关注。他特别认为，*to kalon*（对应 *to aischron* "丑，可耻"）与 *to agathon*（对应 *to kakon* "坏"）被当作反义词而使用的两处文本，即 33Kr.3-6[2] 和 34Kr.14[3]，极为棘手，很难通过柏拉图和盖伦二人的术语表得到解释。因为在辛格看来，在柏拉图和盖伦二人的术语表中，*to kalon* 与 *to agathon* 应主要被用于表示道德层面的最高善，或者至少各自代表灵魂较高部分，即意气灵魂和理性灵魂的目标，而不应被对举使用。[4]

在另一篇文章《盖伦〈论品性〉中的美（*to kalon*）与好（*to agathon*）》中，笔者尝试基于具体的文本分析来解决这一疑难。[5] 简单来说，我并不认为辛格所指出的两处文本难以通过柏拉图术语得到解释。在柏拉图对话当中，*to kalon* 和 *to agathon* 的关

1　"至于对好（*al-ḫayr*, 'the good'）的爱，如果我们考虑到神喜爱好，而人模仿神的灵魂是理性灵魂，我们便明白人对好的爱属于理性灵魂。"

2　"因为人自然上憎恶和避开的东西有两种：一种是他认为坏的（*šarr*），另一种是在他看来丑的 / 可耻的（*qabīḥ*）。要抵制丑的 / 可耻的东西需要比（抵制）坏的需要更多勇气，而懦弱的情形则相反。前者就好比某人在战争中宁愿死也不愿被打败，以及某人宁愿经受折磨也不愿意说有关朋友的谎话……"

3　"他们中的一些选择他们认为是美的东西（*ǧamīl*）而不是他们所认为好的东西（*ḫayr*），他们是勇敢的，而与之相反的人则是懦夫。"

4　参见 Singer (2013): pp. 125–128。

5　Lijuan Lin, "Galen on *to kalon* and *to agathon* in *De moribus*," in *Greek, Roman and Byzantine Studies* 58 (2018), pp. 77–101.

系曾在不同层面上被运用：它们有时被同等地看待为理性的最高目标，即道德层面上的最高善，并在此意义上被当作同义词来使用（如《会饮》）；有时它们被用来分别指灵魂意气部分和理性部分的目标：灵魂的意气部分追求 *to kalon*，而灵魂的理性部分则追求 *to agathon*，并在此意义上有所区别（《政制》和《法篇》）；而在另一些地方，这两个词则被对举使用：*to kalon* 特指道德层面的善，而 *to agathon* 被用来泛指好的东西，而在这类对举的语境中，这种好的东西可以是非道德层面的，它通常指能够满足个人欲望和利益的"好"，（比如《高尔吉亚》[1]）。辛格所指出的两处疑难文本，可以严格应对到最后这一层面的运用。事实上，把 *agathos* 用于表示非道德层面的"好"这类运用在柏拉图对话当中并不罕见，而是相当普遍。这当然也符合希腊语 *agathos* 一词最初的意思。它并非特指道德层面的好，而是泛指一般意义上的"好"。从这个角度来看，可以说，*to kalon* 和 *to agathon* 这两个重要的柏拉图术语之间的复杂关系，和它们各自所包含的复杂语义有直接的关系，因为在语义上二者均可涵盖多个不同的义项：它们既可以指非道德层面的美 / 好的东西，也可以指道德层面的最高善。[2] 盖伦《论品性》当中这两个术语的复杂关系，实际上是因袭了柏拉图对它们不同的使用和讨论。在此意义上，这部阿拉伯语概要当中所保存的有关 *to kalon* 和 *to agathon* 的

1　参见《高尔吉亚》，474c，在苏格拉底的对话者 Polus 看来，遭受不义比行不义更坏（κακίον），但行不义比遭受不义更丑 / 可耻（αἰσχίον）。在这里，*kalos/aischros* 被看作道德层面的评价，而 *agathos/kakos* 则是有关个人利益和好处层面的评价。苏格拉底和 Polus 在对话中的分歧则在于：相比行不义而言，Polus 认为遭受不义虽然道德上是美的（*kalos*），但并非符合个人利益（*agathos*），而苏格拉底则认为遭受不义既是道德上美的，也是符合个人利益的。

2　*Kalos* 也可以用来指非道德层面的好处、利益等，正如 *agathos* 也可在道德层面上被使用。参见 *kalos* 和 *agathos* 在 *LSJ* 中的定义：καλός: (i) beautiful, beauteous, fair, of outward form, (ii) in reference to use, beautiful, fair, good, (iii) in moral sense, beautiful, noble; ἀγαθός: (i) of persons 1. well-born, 2. brave, 3. good, capable, in reference to ability, 4. good, in moral sense [...], (ii) of things 1. good, serviceable, 2. of outward circumstances, 3. morally good [...]。关于 ἀγαθός 和 καλός 两词的关系还可参见 Kenneth J. Dover, *Greek Popular Morality in the Time of Plato and Aristotle*, Oxford, 1974, pp. 71–72 & *Plato: Symposium,* Cambridge, 1980, p. 136; Terence Irwin, *Plato's Moral Theory: The Early and Middle Dialogues,* Clarendon Press, 1977, pp. 49, 165; Paul Woodruff, *Plato, Hippias Major,* translated with Commentary and Essay, Oxford, 1982, pp. 183–189; Peter Stemmer, "Unrecht tun ist schlechter als Unrecht Leiden. Zur Begründung moralischen Handelns im platonischen 'Gorgias'", in *Zeitschrift für philosophische Forschung* 39.4, 1985, pp. 501–522. 我们也可以对比中文语境中的"美"与"好"两词：二者亦可在语义上涵盖多个义项，包括非道德层面上美 / 好的东西和道德层面的美 / 好。

讨论，并非像辛格所认为的那样，"难以前后一致地反映它们在希腊语当中的用法"，或者在流传过程当中受到了"一些令人困惑的篡改"；事实上，它们也是"希腊的"和"柏拉图的"。[1]

《论品性》具有双重的论证目标：它不仅在理论层面上阐明了品性的本质、成因和迹象，也在实践层面上致力于探讨塑造品性的方法以及伦理生活的最终目标。这两个方面当然是相关的：对于盖伦来说，恰当地理解灵魂三个部分的本质能够帮助我们去过符合德性的生活。整体上来说，盖伦的品性学说有明显的柏拉图特征，这不仅仅因为盖伦按照柏拉图的灵魂三分理论来构建其主要论证，也因为他同时接受了柏拉图其他相关的思想，特别是其伦理和教育学说。在对话录中，柏拉图曾给予非理性因素在人类灵魂当中的作用以特别的重视，比如他建议我们应因材施教，即按照人不同的自然禀赋去教育年轻人；教育的第一阶段应主要致力于训练非理性灵魂，特别是意气灵魂；真正的德性应该是性情和理性的完美结合。虽然柏拉图始终将关于善的知识，即理性灵魂的目标，作为教育的最高理想，但他亦不断提醒我们非理性因素在人类灵魂当中的存在及其发挥的重要作用。这些非理性的力量，特别是意气灵魂的存在，虽可能对理性的发展施加种种限制，但在训练得当的情况下，它们亦可能给与理性种种支持。在柏拉图看来，为了实现教育后期阶段的崇高目标，必须在教育的早期阶段对非理性灵魂加以恰当的训练，使之养成良好的习惯，如此才能为后期的教育做好准备。[2]柏拉图的这些思想，如同我们之前所看到的，都在盖伦的品性学说中得以继承。值得

---

1 Singer (2013): p. 128: "Though sense can be made of the distinction offered in this passage, then, it is difficult to see the terms for 'beautiful', 'ugly', 'good' and 'bad' here as consistently reflecting the Greek usage; it seems that at least some confusing distortion has taken place in the use of the value-terms. This may perhaps, raise further suspicion as to whether the identity of 'beauty' is secure."

2 在这一点上，亚里士多德和柏拉图分享着很多的共同点，参见比如：William Fortenbaugh, *Aristotle on Emotion. A Contribution to Psychological Psychology, Rhetoric, Poetics, Politics and Ethics*, London, 2009, p. 49: "Aristotle's contribution is not to alter but rather to formulate this fundamental position. He follows Plato in refering virtue to properly trained loves and hates (*Laws* 653b2–3, *Pol.* 1340a15)"; Myles Burnyeat, *Explorations in Ancient and Modern Philosophy 2*, Cambridge, 2012, p. 270: "The fundamental insight here (Aristotle about moral education) is Plato's. For in discussing the development in the young of a set of motives concerned with what is noble and just, we are on the territory which Plato marked out for the middle part of his tripartite soul."

注意的是，这一点和一些现代柏拉图研究者的思路有着很大的不同。如前所述，在现代，一些研究者试图质疑甚至取消意气灵魂在柏拉图灵魂学说当中的地位；另一些研究者认为，柏拉图终其一生都是一个理智主义者，他否认非理性因素在人类行为当中的作用；[1] 还有一些研究者虽然意识到非理性因素在柏拉图那里的重要性，但却仍然主要从宗教的角度去理解这些非理性的因素。[2] 相较而言，盖伦对于柏拉图灵魂学说中非理性部分的理解显然更为积极。在他所理解的柏拉图思想里面，非理性因素既非完全不存在，亦非要单纯被压制或克服的力量，而是呈现出更加复杂的面相和更为积极的图景。

（本文作者为北京大学历史学系、西方古典学中心助理教授）

1　参见比如：Martha C. Nussbaum, *The Fragility of Goodness: Luck and Ethics in Greek Tragedy and Philosophy*, Cambridge, 1986, p. 133: "It (the Platonic elenchos) teaches by appeal to intellect alone; learning takes place when the interlocutor is enmeshed in logical contradiction. He may, of course, consult his memories and intuitions during the argument; but he approaches them through and for the sake of an intellectual question. No jarring event, no experience that directly awakens feeling, should play any role in these interlocutors' learning."

2　参见：Eric R. Dodds, "Plato and the Irrational", in *Journal of Hellenic Studies* 65, 1945, pp. 16–25; Ibid., *The Greeks and the Irrational*, Berkeley: University of California Press, 1951。

被流放的蛮族女子

欧里庇得斯《美狄亚》中的地域与空间

刘　淳

　　美狄亚是希腊神话中一个颇为复杂的人物。她的诸多故事可以被应用到各种主题：襄助英雄的少女、被背叛的情人、狡猾的妻子、杀子的母亲、作为野蛮人的"他者"、复仇的"蛇蝎女郎"等等。古代文学对美狄亚的刻画也非常多样，其形象在几个世纪中经历了较大的变化。然而，诸多美狄亚的故事中的一个共同特点，是地理位置上的跨度。在几乎所有故事中，美狄亚都在不断地变换地点，从别处来，还要继续迁移到别的地方。正如格拉夫总结的那样："她是一个外来者，生活在已知世界之外，或从外地来到一个城市。每次，她都是从遥远的地方，来到这个要居住的城市；当她离开这里时，又要到另一个遥远的地方。"[1]

　　本文将重点讨论欧里庇得斯悲剧《美狄亚》中有关地域和空间的话题。在古希腊神话中，空间是有等级的，也总是体现着性别的区分。不死的诸神生活在奥林帕斯山上，而凡人则只能生活在地上，又将在死后进入地府。只有神明能够自如、轻松而迅速地跨越大片的空间。例如，在《伊利亚特》中，神明能够及时救下自己要保护的凡人，从战场上将他们提到空中，带到安全的地方，这是神才有的能力。神话中也有一些大英雄，如赫拉克勒斯、忒修斯、奥德修斯等人，能够活着进入地府再活着回到人

1　Fritz Graf, "Medea, the Enchantress from Afar: Remarks on a Well-Known Myth," in James J. Clauss and Sarah Iles Johnston eds., *Medea: Essays on Medea in Myth, Literature, Philosophy and Art,* Princeton: Princeton University Press, 1997, p. 38.

间；巧匠代达洛斯（Daedalus）也曾通过飞上天空逃离被囚禁的境遇——然而，这些都是常人不能企及的壮举，也正是这些壮举将他们与大多数凡人区分开来。在凡人中，空间上的等级在一定程度上反映在性别关系上：男性可以自由地四处游历，而女性的活动范围，则主要限于家庭。尽管女神们拥有穿越空间的自由，凡人女子却很少独自出行；像伊娥（Io）那样独自穿越大片地域的故事——即便她是以母牛的形态——也非常罕见。[1] 进入古典时期之后，随着古希腊政治、军事和经济状况的变化，以及古希腊人对自我和他者认知的不断增强，不同地域之间的区分似乎越来越重要。有学者指出，长久以来，希腊人就已注意到有与他们不同的族群存在，但只是在希波战争之后，他们才有意识地将自我和他者对立起来，在界定希腊人的特质的同时，也创造出所谓蛮族人的形象。[2] 故此，虽然荷马史诗中并不在语言和习俗上特别明显地区分特洛伊战争的双方，公元前 4 世纪的演说家却会将特洛伊战争称作"希腊人与蛮族之间"[3] 的战争。

地域和空间，是欧里庇得斯剧中的关键元素，被不同的人物反复提及，也激起了女主人公的强烈情绪。美狄亚作为一名凡人女子，其跨越空间和地域的经历与能力，无疑十分罕见。《美狄亚》剧中关于空间和地域的话题，集中体现在她的异族身份和不断迁徙的命运；本文将从这两方面入手进行分析。

异族的新娘

美狄亚是科尔奇斯（Colchis）的公主，而科尔奇斯地处黑海另一端，不仅远离希腊本土，也远离希腊周边的诸多岛屿。美狄亚爱上了来取金羊毛的伊阿宋，随他回到

1　M. C. Bolton, "Gendered Spaces in Ovid's Heroides," *Classical World*. vol. 102, No. 3. (Spring 2009), p. 288.

2　Edith Hall, *Inventing the Barbarian: Greek self-Definition through Tragedy*, Oxford: Clarendon Press, 1989, p. 6.

3　Demosthenes *Orations* 61.25. 艺术和建筑中也有众多的例子，体现出希腊人如何通过与地理上他者的对比，界定自我。当然，希腊人有关地域的刻板印象也并不限于自己与蛮族；希腊喜剧中就常常用希腊城邦之间的差异开玩笑。

希腊本土。在全剧开始的时候，老奶妈将美狄亚描述为爱情的受害者，悔怨不该离开曾经生活的故土（第 35 行）。不同的人物也几次强调了美狄亚的与众不同，比如，她擅长使用巫术（例如第 385、1126、1201 行）来达到自己的目标，做下了希腊女子绝不会做的罪行（第 1339 行）。在伊阿宋看来，尽管美狄亚曾对他多有襄助，自己给美狄亚带来的好处却远远超过了她的付出，因为他把美狄亚从边远之地带到希腊，让她在所有希腊人中扬名（第 536—541 行）。无疑，在该剧上下文中，美狄亚与伊阿宋的结合是特殊的，因为美狄亚来自远离希腊本土的地方。不过，美狄亚的"远嫁"是希腊神话传统中早有的故事。《神谱》中将她列在与凡人结合的女神之中（第 956—962 行），与之并列的，是一系列英雄赢取新娘的故事。赫西俄德的叙述，似乎反映了希腊早期的婚姻类型。有学者指出，从古风时代到古典时期，古希腊人的婚姻制度经历了从外婚制（exogamous）到内婚姻制（endogamous）的变化。外婚制是出于军事的需要，通过联姻来达成不同地区之间的联盟。随着人口和社会的发展，外婚制渐渐不再必要，人们更倾向于在父族家庭所处的社会中为子女安排婚姻，寻找本地相当的家庭缔结姻亲，以期后代能保持稳定的财富、地位和安全。[1] 故此，对于公元前 5 世纪的雅典人来说，他们可能更期待女儿在出嫁后仍与原生家庭保持较强的联系，美狄亚这样从远方来到希腊本土、完全抛弃自己原生家庭的新娘，无疑是非常特别的。

值得注意的是，欧里庇得斯剧中的美狄亚，并不是被动地被伊阿宋赢取的异族新娘。与许多英雄故事中处于陪衬角色的"战利品"新娘不同，美狄亚在她与伊阿宋的关系中处处发挥了主动性。在与伊阿宋的第一场对手戏中，美狄亚回顾自己曾给予他的帮助时，连续使用了一连串施动词（第 476—487 行）。伊阿宋英雄功业中最重要的部分，便是夺取金羊毛，而美狄亚宣布，是自己亲手杀死了看守金羊毛的蛇（第 480 行）。更重要的是，美狄亚在离开科尔奇斯时，"背弃了父亲，背弃了家乡"[2]（第 483

---

[1] 关于雅典社会的同族婚姻及更多文献，参见 Helene Foley, *Female Acts in Greek Tragedy*, Princeton: Princeton University Press, 2001, Part II, 特别是第 61—63、72—73 页。

[2] 本文中《美狄亚》原文的中译，均出自罗念生译本。《罗念生全集（第三卷）：欧里庇得斯悲剧六种》，上海人民出版社 2004 年版。

行），主动切断了与自己原生家庭的关系，杀死了自己的兄弟。尽管剧中的美狄亚只是轻描淡写地提及自己已没有兄弟，并没有明确提及自己杀弟的事情（第257—258行），这一行为的残酷与决绝却不容轻视。即使是伊阿宋，也谴责美狄亚杀死兄弟的可怕行为，认为这甚至给他自己带来了诸神的惩罚（第1333行）。对于公元前5世纪的雅典人，兄弟对于一个女子的意义可能比姐妹要大得多，因为他可以在女子出嫁、父亲去世之后，继续代表和保护自己的姐妹。[1] 杀死自己的兄弟，除了血亲谋杀之外，也根除了从兄弟那里得到任何保护和支持的可能性；美狄亚的做法，可以说是亲手斩断了与父亲家族的联系，这就让自己只剩下追随伊阿宋、永不回头的一条路了。美狄亚在提到女子的不幸时说："首先，我们得用重金争购一个丈夫。"（第232行）在雅典，女子出嫁时，通常是父亲为她提供一份嫁妆，美狄亚却是自己"争购"了丈夫。美狄亚并没有明确这份换来丈夫的"重金"是什么，也许科尔奇斯的金羊毛是最明显的答案；但在我看来，杀死自己的兄弟，让美狄亚付出了更大的代价，从美狄亚的角度来说，兄弟远比金羊毛要珍贵。杀死兄弟的美狄亚，常常被与索福克勒斯悲剧中的安提戈涅相对比；后者在面临复杂的抉择时，将血亲的联系看得高过一切，乃至于放弃了自己的婚姻和生命，以维护自己血亲的荣誉。[2] 相比之下，欧里庇得斯的美狄亚则反复背弃传统的家庭观念。[3] 她杀死自己兄弟的行为，正如她后来杀死自己亲生子的行为一样，都是有意识地计划和施行的，故此特别骇人。

然而，悲剧却并不是一味强调了美狄亚的异族身份。在某些方面，美狄亚身上突出体现出了希腊人的价值观，甚至比剧中的希腊人自己还更在乎这些东西。她宣布："不要有人认为我软弱无能，温良恭顺；我恰好是另外一种女人：我对仇人很强暴，对朋友却很温和，要像我这样的为人才算光荣。"（第807—810行）美狄亚反复强调了荣

1 Jan Bremmer, "Why Did Medea Kill Her Brother Apsyrtus?" in James J. Clauss and Sarah Iles Johnston, eds., *Medea: Essays on Medea in Myth, Literature, Philosophy and Art,* Princeton: Princeton University Press, 1997, p. 96.

2 Douglas Cairns, "*Medea*: Feminism or Misogyny?" in David Stuttard, ed., *Looking at Medea.* New York: Bloomsbury, 2014, p. 123.

3 Carmel McCallum-Barry, "Medea Before and (a little) After Euripides," in David Stuttard, ed., *Looking at Medea,* New York: Bloomsbury, 2014, p. 29.

誉的重要性，无论自己是否能安全脱身，她都选择先报复敌人（第 392 行以下）。她决不能容忍敌人嘲笑自己（第 1354—1355 行）；只要能让敌人难过，她宁可自己也忍受巨大的痛苦。故此，她对伊阿宋宣布："我知道了你不能冷笑，就可以减轻我的痛苦。"（第 1362 行）将荣誉看得高过一切，这是希腊神话传统中男性英雄所追求和坚持的价值观。有学者指出，美狄亚身上之所以有许多男性的特质，是因为这一形象的行动和作为，并没有真实的女性为榜样；作为女性人物的美狄亚，要想有尊严地、独立地行动，只能转向她的对立面——也就是说，与她蛮族女子身份完全相反的，希腊男性的英雄观——来寻求行动的榜样。[1] 美狄亚对荣誉的坚守，令人联想起《伊利亚特》中的阿喀琉斯和索福克勒斯悲剧中的埃阿斯（Ajax）。正如歌队所感叹的，"一切秩序和宇宙都颠倒了"（第 411 行）；比起剧中的希腊男性伊阿宋，美狄亚更富有英雄气概。然而，这种对英雄荣誉的追求，摧毁了数个家庭，让美狄亚自己遭受巨大的痛苦，也让观众心底发出追问：一切是否值得？可以说，欧里庇得斯通过他塑造的蛮族女子，用最为极端的方式展现了希腊人的传统荣誉观，也质疑这套价值观。

复仇的流放者

美狄亚随伊阿宋回到希腊本土后，又因对伊阿宋的叔叔复仇，被迫离开伊奥尔库斯（Iolcus）。他们随后来到科林斯（Corinth），伊阿宋决定与这里的公主成婚，科林斯国王克瑞翁（Creon）下令流放美狄亚和她的孩子。悲剧集中刻画了美狄亚面对被伊阿宋抛弃、被克瑞翁流放做出的反应，在全剧结束时，美狄亚将要离开科林斯，奔赴雅典；而观众则知道，雅典也并非她的安居之所，她将再次被迫离开。美狄亚一次又一次地流亡，借用学者哈里森的用词，她是一个"系列流放者"[2]。在某种程度上，流放

1　Helene Foley, *Female Acts in Greek Tragedy*, p. 264.

2　Stephen J. Harrison, "Exile in Latin Epic," in Jan Felix Gaertner, ed., *Writing Exile: The Discourse of Displacement in Greco-Roman Antiquity and Beyond*, Leiden: Brill, 2007, p. 149.

象征着所有古代女性在婚姻中的境遇：出嫁后的女子正如一个流放者，永远地离开原生的家庭，孤立无援地来到新的地方，并且很可能需要适应新的生活方式和习俗。这也正是美狄亚在出场后不久的感叹（第238—240行）。在这一层象征意义之外，悲剧中美狄亚的流放，也不同于公元前5世纪雅典等城邦中历史存在的流放制度，而只是这一做法在文学中的投射；在《美狄亚》中，悲剧诗人将虚构的流放投射到遥远神话年代，并且让美狄亚像男性公民一样，成为一个有着独立行为能力的人。

古希腊文学中，并没有关于专门的词汇来描述流放的概念。古希腊人用使动词"ἐλαύνειν"（赶走）来表示将某人流放（例如第70、372行），动词"θεύγειν"（逃走）和名词"θυγή"（逃）则用来表达流放的概念和行动（例如第341、346行）；被流放者则是"θυγάς"。这组词，既可以指对某一群体或个人的驱逐，也可以指某个人或某个群体主动的离开；[1] 这些词语也是日常生活中，用来表示"逃走、逃开"或者"离开、逃离"的常用词。故此，在最宽泛的意义上，古希腊文学中的这些词句的使用，意味着地点的变换，某种跨越一定地理范围的位移。已有学者在这一宽泛的概念下研究古代世界的迁徙和移动，这包括英雄的漫游、因开创某地而进行的迁徙等等。[2] 但狭义的流放，则意味着被迫离开自己的家园，生活在异族他乡；不管流放者是主动离开，还是被动遭到驱逐，他短期之内都不能回归故土，流放状态要么将持续终身，要么将在较长一段时间中持续。与四处冒险的英雄不同，被流放者背井离乡的缘故，即使不是出于犯罪，往往也并不怎么光荣。比如，《伊利亚特》中，菲尼克斯（Phoenix）就因为父亲的诅咒而流放他乡（卷九，第450行以下），而帕特克洛斯（Patrocles）则因为杀人而离开故土（卷二十三，第85—97行）。此外，一个人遭到流放，并不仅限于离开自己的故乡，也包括被迫从其他居住地离开。

早期希腊文本常常描述流放和流放者，但很少甚至没有对流放境遇之不幸的哀叹。例如，在《伊利亚特》中，菲尼克斯和帕特克洛斯虽然离开了故乡，但并没有被排斥在希腊人的社群之外；他们在希腊联军中仍享有一定的地位，受到应有的尊荣。他

1　J. F. Gaertner, "The Discourse of Displacement in Greco-Roman Antiquity," J. F. Gaertner(2007), p. 2.

2　Ibid., p. 9.

们离开了自己家乡的社群，但又被另一群体接纳；在荷马史诗的描述里，他们过去和现在所处的群体，在文化、政治和种族方面都没有本质的区别；故此，他们进入新的群体生活，似乎毫不费力。然而，在公元前6世纪末，随着抒情诗体的兴起和发展，有关流放的修辞也发展起来。这种题材的关注点，也从远古的神话故事，转换到诗人作为一个人物的声音及其个人经历。[1] 于是，流放的状态不仅仅意味着空间上的移动和距离，还意味着精神上的孤立与疏离。遭到流放的人，不再属于自己的故土，得不到自己族群的承认与支持，同时又是一个新地方的外来人和他者：这一切都是痛苦的来源，并不仅仅是地理位置的改变那么简单。对这种痛苦的哀叹，继而在悲剧中得到了表达，也给有关流放话题的讨论带来了新的角度。

《美狄亚》中也利用了哀叹流放之不幸的修辞。然而，欧里庇得斯的美狄亚，并不仅仅是一个因做下错事而遭到惩罚的流放者，她对自己境遇的反应，也并不仅仅是接受命运和哀叹其不幸。美狄亚多次表达了对离开家乡的悔恨和孤独无助的凄凉（例如第166—167、255、798—800行）。她一旦意识到自己必须离开科林斯，就马上哀求克瑞翁，请他允许自己多停留一天，而不是马上离开（第340行以下）。这些言辞，先是引发了歌队的同情（第263行以下），后来也让克瑞翁对她放松了警惕，甚至很可能让人物拥有观众的同情。美狄亚的哀伤也许并不完全是做戏，但她显然最大限度地利用了自己的不幸处境，通过这些言辞打动周围的人，给自己带来最有利的条件。在克瑞翁面前，美狄亚表现得十分绝望，然而，一旦克瑞翁离开舞台，美狄亚就对歌队表示，自己的处境并没有那么糟糕（第365行以下），自己有很多杀死敌人的办法（第376行）。可以说，当克瑞翁答应了美狄亚的请求，允许她在柯林斯多停留一天时，剧中人物的力量对比便发生了转变：悲剧开始时那个无助而绝望、没有朋友和亲人的美狄亚，虽然现在看来依旧脆弱，实际上却已经获得了更多的力量，她不仅不是克瑞翁命令被动的接受者，还将要去主动控制他人的命运。

美狄亚的主动权，也体现在流放与死亡的关系上。在很多情况下，流放都被看作

1　J. F. Gaertner, "The Discourse of Displacement in Greco-Roman Antiquity," J. F. Gaertner(2007), p. 8.

是死亡的替代；与死亡相比，流放的命运是两害择其轻的选择。这也正是克瑞翁准备流放美狄亚时，伊阿宋对她命运的态度（第454行）。流放的状态，也常常被描述为如死亡一样痛苦。在古希腊文学中，冥府常常被描绘为世界的尽头；而流放者所面临的，往往也是遥远而不可知的世界，这就让流放之地与死亡之间再多一层联系。确实，在这部剧的开头，老奶妈就说美狄亚正在考虑死亡。美狄亚哀叹流放生活的孤独无援，甚至说，死亡也要好过流放的生活（第645—653行）。这种哀叹，是典型的有关流放的修辞。不过，美狄亚的哀叹，很可能只是她言辞技巧的一部分，是她要赢得同情的表演；她对死亡的考量，可能也只是她对未来计划中的一种可能性。美狄亚真正的能力，超越了这种程式化的哀叹。在第399—400行，美狄亚连接使用了"πικρός"（苦涩的、悲惨的）一词，宣布不仅要让伊阿宋和公主的婚姻"πικρός"，也让自己的流放"πικρός"。流放生活对于流放者，自然是苦涩而痛苦的；然而，这句话并没有明确πικρός的对象；施加于美狄亚的流放，可能不仅对她本人是痛苦的，也将要给她的敌人们带来苦涩的后果。美狄亚要通过谋杀来报复自己的敌人，尽管她对谋杀的后果十分清楚，却依然坚持实施（第791行以下）。她让两个孩子给科林斯的公主送去礼物，这精美的新衣上却燃起火焰，吞噬了公主，也烧死了克瑞翁；接着，美狄亚为了打击伊阿宋，又杀死了自己的孩子。于是，美狄亚不再是悲剧开场时因伊阿宋控诉的罪名（第525行）而遭到流放惩罚的女子，而是一个为敌人带来死亡的复仇者；她最后的离去，恰恰让她逃避了更严苛的、死亡的惩罚。当美狄亚利用自己被流放的境遇对仇敌进行报复时，她就从一个被动的受罚者，成为（死亡）惩罚的施加者。

在全剧末尾，伊阿宋没能阻止美狄亚的杀戮，更没能阻止她的离去。当伊阿宋赶来时，他面对的是高高在上、已登上车驾将要离开的美狄亚。女主人公的太阳神车驾，可以说是这一场中最令人意外也令人不安的东西了。直到全剧最末，观者——剧中的人物和剧外的观众——才得知美狄亚从科林斯到雅典的办法：乘坐她从祖父太阳神赫利俄斯（Helios）那里得来的、由巨蛇驾驶的车驾。比起希腊神话中其他的飞行工具，巨蛇牵引的车驾十分独特。欧里庇得斯的《海伦》一剧中也提到了太阳神的车驾（第342行），但这个车驾由飞马牵引。《美狄亚》剧中的车驾，除了演出时显著的视觉效果，也令人关注巨蛇的象征意义。[1]有些学者指出，很多阿提卡瓶画描绘了雅典娜驾驶此类车驾的场景，这一幕很可能是故意"污染"了雅典人熟悉的意象，让美狄亚篡夺了自己城邦之保护神雅典娜的位置。[2]此外，蛇的意象也代表着神秘的力量，古希腊人也常常把蛇与死者、地府相关联。[3]可以说，能够飞上天空的、巨蛇牵引的太阳神车驾，将天空和地府的意象联结在一起。

此时，观者也许还会想起美狄亚从赫利俄斯那里得来的另一件宝物：精致得令人无法拒绝的衣裳，美狄亚之前派自己的孩子送给柯林斯公主的礼物（第955行）。人们也许还会记起，美狄亚决心复仇时，将宙斯和太阳神赫利俄斯列为自己的朋友与同盟（第764—766行）。从这种意义上来说，尽管美狄亚再也不能回归故土，将要在各处奔走流浪，她却仍然是太阳神的孙女，她用以杀死科林斯公主和国王的火焰，清楚地昭示着她与祖父赫利俄斯的联系（第1122—1123行）。在这种意义上，美狄亚从来也没有与自己的家族分离；在她施行自己计划的过程中，最关键的一环，仍然在于她与自己家族的联系。流放者美狄亚，在这一刻象征性地回归了。

在全剧的末尾，美狄亚登上太阳神的车驾，高高站在舞台上方，而下方是闻讯赶来、绝望而无助的伊阿宋。此前，伊阿宋曾断言，美狄亚要想逃脱惩罚，要么得把自己埋进土里，要么就得飞上天空（第1296—1299行）。讽刺的是，美狄亚确实做到了看似不可能的事情；她在最后一幕中身处的空间位置，在视觉上标志着她对伊阿宋的胜利[4]，也再次强调了空间在这部剧中的重要意义。美狄亚曾声称，自己在很多方面，都跟大多数凡人不一样（第579行）。在全剧最后的场景中，美狄亚通过对空间的跨越，也跨越了性别的界限，甚至超越了人和神、人与兽的界限；[5]她展现了从前不为人

1　关于巨蛇形象意义的概括和总结，参见 Rosie Wyles, "Staging *Medea*," in David Stuttard, ed., *Looking at Medea*, 第60页以下。

2　同上，第60—61页。另参见 Walter Burkert, *Greek Religion*, trans. John Raffan, Cambridge: Harvard University Press, 1985, p. 229。

3　Walter Burkert, *Greek Religion*, p. 195.

4　Rosie Wyles, "Staging *Medea*," p. 59.

5　在第1342行，伊阿宋把美狄亚比作母狮和怪兽斯库拉（Scylla）；美狄亚也在第1358行重复了他的比喻。

知的能力，甚至进入了凡人一般不能到达的领域——天空。[1]

　　这样的美狄亚，令人震撼，也令人畏惧。诗人让她在骇人的杀戮后腾空而去，全身而退，也许在某种程度上，是对美狄亚行为的认可和宽恕；但美狄亚这一形象的神秘和复杂性，以及通过这一形象对雅典人传统价值观的质疑，显然是令人不安的。《美狄亚》上演于公元前431年春天，伯罗奔尼撒战争正式开始之际。当时，这部剧仅仅获得了第三名，然而其影响却在之后的若干年中历久弥坚，直至今天。

　　　　　　　　　　　　　　　　　　　（本文作者为北京大学英语系副教授）

1　关于美狄亚飞上天空，欧里庇得斯在其悲剧中塑造的形象可能是最为著名的一个。此外，《阿尔戈英雄纪》中的美狄亚，想象了自己乘风跨越海洋，到伊阿宋面前去斥责他的情景（3. 1111-1117）；伊阿宋嘲笑这是无稽之谈。这段描写暗示了美狄亚飞翔的形象。奥维德也在《变形记》中描述了美狄亚杀死伊阿宋的叔叔后，乘太阳神车驾飞行的情景（7. 350及以下）。

圣徒传原始文献编辑与考证（一）

圣徒传——奇幻与纪实之间

那云昊

一、作为宗教文学的圣徒传

圣徒传（hagiography）作为记述圣徒生平与行迹的文学类型（literary genre），总体而言，可归属于叙事文类[1]。在体量、风格、结构、立意迥异的各类传记文学中，圣徒传可谓自成一体。其文本结构标准化，核心立意统一、鲜明，重在彰显圣徒的"圣性"（sanctity）[2]。圣徒传研究在中世纪研究领域也自成体系，是一门相对独立的分学科。

传统上，圣徒传以单一核心人物立篇，一篇传记记述一位圣徒，依次包括其"生平"（vita）[3]和一系列"圣迹"（miracula）。但是，围绕单一核心人物的圣徒传，通常会提及其他圣徒，展现主人公圣徒与其他圣徒之间的关联性。如，在民众中已称信的圣徒洞悉主人公的"圣性"，并对其加以扶持。[4]又如，圣徒之间的现世友谊[5]，或超现实

---

1 圣徒传的文类不限于叙事文类，详见本文第 137 页。

2 关于"圣性"，可参阅 André Vauchez, "L'influence des modèles hagiographiques sur les représentations de la sainteté, dans les procès de canonisation (XIIIᵉ–XVᵉ siècles)," in *Hagiographie, cultures et sociétés, IVᵉ–XIIᵉ siècles: actes du colloque organisé à Nanterre et à Paris (2–5 mai 1979)*, ed., Centre de recherches sur l'Antiquité tardive et le haut Moyen Age, Paris: Études Augustiniennes, 1981, pp. 585–596；André Vauchez, "Margery Kempe (1373–1438) ou la sainteté manquée," in *Saints et Sainteté: hier et aujourd'hui*, ed., Christiane d'Haussy, Paris: Didier-Érudition, 1991, pp. 75–82。

3 撰写年代最早的"生平"称作"第一生平"（vita prima）。以此类推，有"第二生平"（vita secunda）。

4 如圣日耳曼（Saint Germanus of Auxerre）对圣热纳维耶芙的祝福，详见本文第 140 页注释 2 引文一。又如圣法隆（Saint Faron）对圣菲雅克的接待，详见 Jacques Dubois, *Un sanctuaire monastique au Moyen-Age: Saint-Fiacre-en-Brie*, Geneva: Droz, 1976, pp. 75–84。

5 如圣菲雅克对圣吉利安（Saint Kilian）的接待，见于抄本 Paris, Bibliothèque nationale de France, MS fr. 243, fol. 394a–b（15 世纪）。本文中基本信息已详述的抄本被再次引述时，将简写作"图书馆缩写，抄本编号，页码"。

的精神感应[1]。这些内容属于反映天主教"基督奥体"思想、教会内权威观念[2]的重要题材，几乎存在于任何一位圣徒的传记当中。

圣迹系列具有明显的章回结构。内容上，每个圣迹都是相对独立、可以单独传颂的故事单元；形式上，收录圣徒传的中世纪手抄本[3]常常以各种辅助符号、标注语或装饰形式对每个圣迹故事的起始句加以标识，如段落符号（pilcrow）、章节标题（rubric）、边注（marginal note）、首字放大（initial）、有图像装饰的首字母（historiated initial）等。通常，圣迹系列大量记述圣徒寿终后所发生的圣迹，近者发生在圣徒离世后不久，远者可隔数百上千年。[4]这使得圣徒传的内容远远超出主人公活在世上的时限。圣徒的生平事迹、圣徒在世时的天主显灵只是其传记的一部分，圣徒辞世后的故事也是圣徒传的核心组成部分。圣徒传内在的宗教属性要求其具备这种从"记生前"到"记身后"的对现世的超越性。各圣徒传记基本都遵循此体例。从天主教圣徒崇拜的传统来看，身后圣迹是一位圣徒称其为圣徒的必要条件之一。为了展现圣徒的"圣性"，身后圣迹常描绘虔敬的信徒如何向已故圣徒祷告、向圣所朝圣，继而久病痊愈、化险为夷。为了消弭一神论教义与众圣徒崇拜实践之间潜在的矛盾，圣徒传作者们把这些灵验的圣徒明确定位为信徒在上帝面前的"说情者、代求情人"（intercesseur）[5]。换言之，圣徒不能赐福，他们只是帮信徒求得上帝的赐福，上帝才是唯一的终极原因。

1　如"远在比安提阿还远的东方"（"Es parties d'Orient oultre Anthioche"）的圣西蒙（"Symeon"）"凭借圣灵得知圣热纳维耶芙"。又如米兰的圣安波罗修（Saint Ambrose）"凭圣灵获悉"图尔的圣马丁（Saint Martin of Tours）离世，见于抄本 Paris, Bibliothèque Sainte-Geneviève, MS 1131, fol. 123a–b（约 1440 年）。

2　"诬告"（false accusation）是圣徒传常见主题之一，表现民众最初对一些圣徒的误解或不尊重，但已有权威的圣徒（通常具备较高的教职位阶，如主教）会对诬告加以澄清，维护这些被民众误解的圣徒。如圣日耳曼不采信民众对热纳维耶芙的诋毁，见于抄本 BSG, MS 1131, fol. 120c, 章节标题为 "Coment saint Germain la recommanda de rechief"。又如圣法隆认证菲雅克并非巫师，见于抄本 BnF, fr. 243, fol. 394c–d。

3　英文 "manuscript" 可译作 "手稿"，也可译作 "手抄本" 或 "抄本"，本文采用后者。需要说明，整体而言，"manuscript" 在中世纪文献研究领域没有现代文学语境中的 "草稿" 或 "半成品" 之意，中世纪的 "manuscript" 是成品书籍，"手抄" 只是书籍的生产形式，与成品与否无关。

4　如本文第 155 页注 4 引文六。

5　"Ainsi fut la femme guarie / Par le glorieux confesseur, /Qui envers la Vierge Marie /Pour elle fut intercesseur." Paris, Bibliothèque nationale de France, MS NAF 10721, fol. 71d（16 世纪），笔者编辑。本文引用韵文作品时，以 "/" 提示韵文换行。

相对于虔敬者得赐福而言，在圣徒传中我们也能找到不敬者遭惩罚的故事。[1] 圣女热纳维耶芙（423—512年）传中一则逃亡盗贼获庇佑而追捕者丧生的圣迹故事[2]，彰显了在虔敬准绳下，宗教法则对世俗规矩的超越和颠覆。

在生平与圣迹系列这两大圣徒传结构性支柱以外，针对殉道圣徒，还有专门的"受难记"（*passio*），再现殉道者蒙受的苦刑，是圣徒传的一个分类型。此外，还有专门记述圣髑转移（*translatio reliquarum*）与圣髑发现、再发现（*inventio reliquarum*）的文献，亦属圣徒传文学。

同大多数中世纪文学作品一样，圣徒传的文本处在被不断翻译、改写（recast）与改编（adapt）的运动过程中。特别之处在于，后代圣徒传作者在对前代文本进行加工和再创作时，会续写上新近发生的圣迹或圣髑转移。这一点不仅体现在中世纪"地方语言"（vernacular language）文本对先在的拉丁文本的继承发展中，也体现在17、18世纪圣徒传作品对中世纪材料的加工和改造当中。[3] 圣徒传的圣迹系列末尾，常常会出现"言未尽其详"[4]的惯用语。后世作品对圣迹系列的续篇为圣徒传增添了一抹永远"未完待续"的色彩，同时也折射出宗教文学一脉相承、与世独立的承续传统。

二、圣徒传文学的文献资源与学科研究现状

或片段或全面地记录某一圣徒生平、圣迹的文字可能存在于其他圣徒的传记[5]，或各种类型的宗教文献（如日课经、朝圣手册、殉教者名册等[6]）当中。某一圣徒相对完

1　如本文第 155 页注 4 引文六。

2　见于抄本 BSG, MS 1131, fol. 129b–c，章节标题为 "De ung lierres qu'elle respita de mort"。

3　如 *La Vie de saint Fiacre confesseur, patron de Brie, avec des avertissemens aux pelerins*, Troyes: J. A. Garnier, 1717, p. 13, 记述圣髑转移。

4　"Tant d'autres myracles Fiacre / A faiz com ne le sçauroit dire." 见于抄本 BnF, NAF 10721, fol. 71d，笔者编辑。

5　如圣吉利安传和圣法隆传中的圣菲雅克，见 Dubois, *Un sanctuaire*, p. 7。

6　殉教者名册之例，如圣菲雅克出现在《桑斯的"哲罗姆的"殉教者名册》（martyrologe hiéronymien dit de Sens）中，详见 Dubois, *Un sanctuaire*, p. 20, 该圣也出现在《戈曼的爱尔兰殉教者名册》（martyrologe irlandais de Gorman）中，详见前揭书，第 26 页。日课经与朝圣手册之例，见前揭书，第 37—43 页。

整的传记既可能收录在内容物冗杂、彼此异质、具有杂集性质的"抄本古籍"（codex）中，也可能作为大型圣徒传系列著作中的一篇，保存在这些著作的专集性抄本之中。杂集性抄本古籍常常杂而不乱，具备不同程度的整理与编排思路。[1] 这类抄本的制作和生产意图往往与订制人或受题献人的出身、职业、社会地位有关，不能一概而论。圣徒传系列著作中，瓦拉泽的雅各布（Jacobus da Varagine）创作的《黄金传说》（*Legenda aurea*）（创作年代：1261—1266 年）为人熟知，抄本众多，是圣徒传文学中重要的大型作品。但在浩如烟海的圣徒传文献中，《黄金传说》也只是一部 13 世纪的汇编作品。即便是日后"博兰学者"（the Bollandists）跨越近现代近三个世纪（1643—1925 年）前仆后继整理出版的《圣徒传》（*Acta sanctorum*）[2]，也远远不能穷尽圣徒传文献的编纂工作。

在拉丁语文献方面，许多圣徒的不同版本的传记虽已出版，但仍存在若干未经博兰学者或其他编者触碰的抄本文献。这些未经研究的抄本或能提供上述已出版文本的潜在的未知异文，或能提供一些异于上述文本的全新的未知版本。就已知的版本而言，也还有许多文本尚未经编辑出版。目前，该领域最大的原始文献目录库仍来自"博兰学会"（Bollandist Society），即"圣徒传拉丁文手稿资料库"（*Bibliotheca Hagiographica Latina Manuscripta*，简称 BHLms）[3]。

在中世纪地方语言文献方面，文献的整理与编辑工作远滞后于拉丁领域，已经得到研究和编辑的手抄本仅是文献总量的冰山一角。在中世纪法语文献方面，法国文献研究与文献历史研究所（Institut de recherche et d'histoire des textes，简称 IRHT）推出的"奥克语与奥依语中世纪文本与手稿目录"（Répertoire des textes et manuscrits médiévaux en langue d'oc et d'oïl，又称 JONAS）数据库旗下的"圣徒传数据库"

1　相关研究，如 Gabriella Parussa, "Le manuscrit 1131 de la Bibliothèque Sainte-Geneviève de Paris: un montage signifiant?" in *Mouvances et Jointures. Du manuscrit au texte médiéval*, ed. M. Mikhaïlova, Orléans: Paradigme, 2005, pp. 229–251。

2　关于博兰学者、《圣徒传》以及西方古文献学传统，请参见彭小瑜:《近代西方古文献学的发源》,《世界历史》2001 年第 1 期，第 111—115 页。

3　http://bhlms.fltr.ucl.ac.be.

（Corpus Hagiographie）[1] 是该领域重要的检索资源之一。此外，"中世纪文学档案"
（Les Archives de littérature du Moyen Âge，简称ARLIMA）[2] 也能提供圣徒传研究的相
关文献信息。

目前，圣徒传研究领域呈现出两大方向，涉及文本研究的不同阶段：其一，对有限
的已经现代考证编辑方法定稿出版的不同圣徒的传记作品群进行文学、语言学等分析，
研究视角与方法不一而足；[3]其二，聚焦某一位圣徒，对收录其传记的全部原始文献进行
细致入微的文本比较、文献传统分析和科学编辑，在语文学、文献学、语言学和文学的
综合研究基础上，编辑出版含校正、异文、难词汇编和各类语言学、文学与文化评注的
圣徒传校勘本（critical edition）。[4] 文本科学编辑是前一个大方向研究存在的前提。

三、作为信史的圣徒传

圣徒传的文学与语言学研究价值，宜另作专题详述，本文暂不讨论。圣徒传对于
宗教思想史研究、天主教圣徒崇拜历史研究的价值，显而易见，文本亦不做讨论。本
文要讨论的是，圣徒传作为历史文献能在何种程度上为我们提供或佐证历史事件的信
息，以及在这层意义上，如何看待圣徒传的信史价值。[5]

圣徒传的宗教属性和传记属性左右着我们对其信史价值的评断。宗教属性使得

1　http://jonas.irht.cnrs.fr/corpus/accueil_corpus.php#hagiographie.

2　http://www.arlima.net.

3　有专门的文源研究，如 Nathalie Stalmans, *Saints d'Irlande: Analyse critique des sources hagiographiques*, Rennes:
Presses Universitaire de Rennes, 2003；有以某一区域的圣徒们的生平为对象展开研究的，如 Françoise Laurent,
"Vocation hagiographique et ambition historique dans les vies de saints anglo-normandes," in *L'agiografia volgare.
Tradizioni di testi, motivi e linguaggi*, eds. Elisa De Roberto and Raymund Wilhelm, Heidelberg: Winter, 2016,
pp. 21-38；有探讨圣徒传文学特点的，如 André Vauchez, "L'hagiographie entre la critique historique et la dynamique
narrative," *Vie spirituelle* 143 (1989), pp. 251-260, 等等。

4　目前法语学界有若干以科学编辑圣徒传文本为任务的博士论文，可查阅 http://www.theses.fr。

5　关于该问题，可参阅 Bernard Joassart and Roger Aubert, *Hippolyte Delehaye: hagiographie critique et modernisme*,
Brussels: Société des Bollandistes, 2000。

圣徒传充溢着对超自然现象的描述,这部分内容在人类当代知识体系面前难免饱受争议,此类哲学、神学与自然科学问题,本文不做讨论。传记属性却赋予圣徒传鲜明的纪实性特点,明确规定了圣徒传是对历史上所发生之事的记述,而非虚妄之辞。关于圣徒传所载内容的历史真实性,必须具体问题具体考察。但整体而言,在圣徒传创作者们的心目中,不同于传奇小说、寓言故事,圣徒传作为一个文类是用来客观记录历史事实的,这一点可以肯定。有的作者在对某一事件的叙述中会以第一人称插叙自己是现场目击者[1]。我们虽然可以尝试从修辞套语、文学技巧的角度解构这些关于真实性的标榜,但仍须承认圣徒传作者们主观意识中对历史真实性的追求。圣徒传的史书色彩、圣徒传作者的史家观念也能在前文提到的圣迹续写现象中得到体现。

可以说,对圣徒传的作者和信众而言,圣徒传是现实主义传记,而非传奇、传说。法文中,除了"hagiographie"表示"圣徒传","légende"一词有"传奇、传说"之意,也有"圣徒传"之意,这是两个不同的义项。"légende"的"圣徒传"义项是对其拉丁词源"*legenda*"第一义项"*Liber acta Sanctorum*"[2]的继承。拉丁名词"*legenda*"则源自动形词(gerundive)"*legendus, a, um*",即"将被诵读的"。有趣的是,现代英文中,"legend"最通俗的义项是"传奇、传说","圣徒传"之意退居其后。义项顺序的演变能折射出中世纪与近代之间思想形态的扭转,对鬼神之说态度的改变。因此,*Legenda aurea* 的中文译名,《黄金传说》与《黄金传记》,哪个更合适?看似前者更符合当代读者期待,后者更贴合原文原意。但事实上,一字之差反映的是对该部作品内容真实性的不同评判。

圣徒传记史料性质的多寡,不能一概而论,尤需区分年代、语言与文学形式。以文类为例,在叙事文类、抒情诗与戏剧三分法的文学类型中,传记宜归属于第一类。圣徒传的创作和研究事实却不受制于机械的理论分类。11世纪以来,宗教戏剧就已是中世纪宗教文学的重要组成部分,从"仪式剧"(liturgical drama)、"奇迹剧"(miracle play,或译"圣迹剧")到15世纪大量涌现的"受难剧"(passion play)、"神秘剧"(mystery play),圣徒们的生平事迹没有离开过宗教戏剧舞台的中心。有些剧目

1　"Vidimus mulierem, apud Montem Leheri manentem…et narravit nobis…" 引自 Dubois, *Un sanctuaire*, p. 57。

2　Charles du Fresne, sieur du Cange, *Glossarium mediae et infimae latinitatis*, vol. 5, Niort: L. Favre, 1885, pp. 59–60.

就直接被冠名为"某某圣徒之生平"[1]，在舞台上相对完整地演绎主人公的一生。大量圣徒传戏剧尚未得到研究，亟待整理与编辑，是当前圣徒传文学与语言学研究的一大重点。讨论圣徒传的信史价值，同样可以兼顾叙事文本与戏剧文本，但需要格外注意戏剧文类的创作与研究规律，误把艺术效果与史实混为一谈。以下三组圣徒传信史价值的例证皆选自叙事文类圣徒传。此外，还需说明，散文体与诗歌体，或称散文形式与韵文形式，是文本的成文形式（form），不能与文类混淆。叙事文类的圣徒传可散可韵，中世纪戏剧则多为韵文。韵体的圣徒传绝不是抒情诗。接下来，我们将以不同类型的实例展示圣徒传的信史价值。

1. 圣热纳维耶芙传中的教会史与不列颠尼亚史

引文一[2]："适逢圣贤与德高望重之士，即前述主教日耳曼与主教卢，奉高卢众首之命动身赶赴海外不列颠尼亚以平伯拉纠异端，是者于斯岛蔓延甚极待剪，二人行至位于南特境内的教堂以休憩或布恩。教堂周遭大量民众遂来朝，以求祝佑，成群结队，无论男丁妇幼，皆奔走而来；圣日耳曼在成群涌动的人潮中以灵定睛遥见崇高者热纳维耶芙，于是令人将其迎至己处。（圣日耳曼）亲吻着她的头，从民众得知该少女的名字，并仔细询问她是谁家的女儿。"（笔者根据拉丁文

1　如戏剧文本《圣菲雅克阁下生平》（ *La Vie monseigneur saint Fiacre* ），见于 BSG, MS 1131, fol. 55d，引自 Gabriella Parussa, ed., *La Vie monseigneur saint Fiacre*, in *Les mystères du manuscrit 1131 de la Bibliothèque Sainte-Geneviève*, eds. Gabriella Parussa and Jean-Pierre Bordier, Paris: Garnier, forthcoming。

2　引文一。拉丁文："Omnium* igitur antistitum Gallie decreto proficiscentes in Britaniam sancti ac uenerabiles uiri, scilicet iam dictus Germanus et Lupus pontifices, transmarinam sub imperatoribus taxatis ad Pelagianam heresim que in iam dicta insula maxime pullulabat superandam, ad basilicam Namnetodoro uico sitam, manendi uel maxime orandi gratia se contulerunt. Quibus cum uulgi multitudo haud** procul ab ecclesia benedictionem expectans obuiam uenisset et cateruatim uterque sexus uirorum ac mulierum et paruulorum occurreret, in medio occurrentium cetu eminus sanctus Gernamus intuitus in spiritu magnanimen Genouefam, ilico ad se deduci precepit. Cui caput osculans sciscitabatur a turba nomen puelle et cuius esset filia diligenter inuestigabat."（ *Omnu，笔者校；**aut，笔者校）笔者编辑，底本为 Paris, Bibliothèque nationale de France, MS lat. 5667, vol. 1, fol. 1v（13 世纪末）。中古法文："Ou temps que ladicte vierge estoit enfes, sainct Germain d'Aucerre et saint Lou de Troyes, esleus des prelas [fol. 119 b] de France pour aler estaindre une herezie qui estoit en la grant Bretaigne, maintenant dicte Engleterre, vindrent a Nanterre pour eulz hebergier. Le pueple vint encontre eulz pour avoir la beneiçon. Enmy les gens, saint Germain, par l'enseignement du Sainct Esperit, va choisir la pucelote Geneviefve et la fait venir a luy. En la teste la bese et demande de son nom et qui fille estoit." 笔者编辑，底本为 BSG, MS 1131, fol. 119a–b，该中古法文本为该拉丁文本的中世纪翻译本。

本译，拉丁文本、中古法文本为笔者根据中世纪抄本编辑）

这段文字来自巴黎主保圣人圣女热纳维耶芙传（以下简称圣热传）拉丁语抄本文献第四族版本[1]第 1 章。开篇不久，文本便如上描绘主人公如何被欧塞尔（Auxerre）时任主教圣日耳曼（Germanus of Auxerre，380—448 年）发现并得其祝福的过程。文本透露了圣日耳曼针对伯拉纠主义（Pelagianism）的斗争。圣日耳曼于 429 年第一次赶赴不列颠尼亚，同行者有特鲁瓦（Troyes）主教圣卢（Lupus of Troyes，383—478 年）。[2]423 年出生的热纳维耶芙当时正为五六岁的孩童。该版圣热纳维耶芙传在下文不远处插叙了伯拉纠异端的谬误学说并对其予以驳斥。[3]传记声称圣日耳曼不仅完成了战胜异端的宗教任务，还取得了对皮克特人的军事胜利，译文如下：

引文二[4]："因上述异端四下播种杂草侵害麦苗，反对天主信仰，宣扬生身父

1　查尔斯·科勒（Charles Kohler）将圣热纳维耶芙拉丁传记文献分为四个家族，见 Charles Kohler, *Étude critique sur le texte de la vie latine de sainte-Geneviève de Paris avec deux textes de cette vie,* Paris: F. Vieweg, 1881, p. XX. 笔者所用底本，即抄本 BnF, lat. 5667，在科勒的分类中归属于第四家族，见 Kohler, *Étude critique*, pp. XXX–XXXI n. 1.

2　Jill Harries, "Germanus [St Germanus] (*d. c.*437/48)," in *Oxford Dictionary of National Biography*, ed. H. C. G. Matthew and Brian Harrison, Oxford: Oxford University Press, 2004; online ed., ed. David Cannadine, January 2007, http://www.oxforddnb.com.ezproxy.univ-paris3.fr/view/article/10568 (accessed July 5, 2017).

3　在其他族版本中也有类似于第四族引文二中 "heresis zizaniam…spiritu sancto" 的段落，见 Kohler, *Étude critique*, 6, "(que heresis…spiritu sancto)"。科勒认为该段落对伯拉纠主义的定义不够精准，且可能不是初始作品中的内容，见 ibid., pp. LXX–LXXI, n. 2.

4　引文二。拉丁文："Nam supradicta heresis ziziniam super triticum disseminans inter alia contra fidem catholicam asserebat natos ex duobus baptizatis sine baptismo posse saluari, cum omnino diuinum eloquium clara uoce per Iohannem intonet dicens nullum posse habere uitam eternam nisi renatus fuerit ex aqua et spiritu sancto. Hanc scripturarum testimoniis et uirtutum miraculis triumphantes ab eadem prouintia iam dicti pontifices non solum funditus stiparunt, sed et etiam Scothorum ac Pictorum* infestationem, que illi regioni instabat, in pasche festiuitate, quando adhuc in albis erant quos baptizauerant, in nomine sancte et indiuidue trinitatis canentes uoce excelsa alleluia effugarunt." (*Pictonum 笔者校) 笔者编辑，底本为 BnF, lat. 5667, vol. 1, fol. 2v. 中古法文: "La estoient hereges qui contre la loy catholique disoient que ly enfans nez de pere et de mere baptizis n'avoient mestier de baptesme. Ce n'est pas verité car nostre Seigneur Jhesucrist dit clerement en l'Envangile que nulz ne puet entrer ou regne de Dieu s'il n'est renay d'yaue et du Saint Esperit, c'est a dire generé ou sacrement de baptesme. Par ceste Escripture et par samblables destruirent ly sains prelas leur fausse creance et par vertus ausint et par miracles, car en une sollennité de Pasques que pluseurs estoient nouvellement baptisez, il chascerent, en chantant « Alleluya », anemis de Escoce et d'autres lieus estranges qui estoient venuz pour le païs grever." 笔者编辑，底本为 BSG, MS 1131, fol. 119d.

母皆已受洗者不受洗亦得拯救，而神言借约翰洪亮之声振聋发聩对明示道：除非从水与圣灵中再生，无人能得永生。上述两位主教不仅凭借圣经的证词和神迹的力量胜利地从该省彻底地压制了异端，他们还在复活节，即至今仍旧给身着白衣者施洗的日子，以不可分的圣三一之名，高声唱着'哈利路亚'驱赶了爱尔兰人与皮克特人对该地区构成威胁的攻击。"（笔者根据拉丁文本译，拉丁文本、中古法文本为笔者根据中世纪抄本编辑）

圣日耳曼还曾在特里尔（Trier）主教圣塞韦尔（Severus of Trier，主教任期：428—455年）陪同下造访不列颠尼亚。[1] 该版圣热纳维耶芙传同样予以印证，详见引文三。[2]

在厘清该版传记作者创作时的材料来源前，不能断言上述文本属于独立史料、还是转述性记载，我们将在下文予以讨论。此处，可以充分得见的是圣徒传远非通篇描摹超自然现象，它的时代背景叙述和相关事件插叙与我们通常认可的历史事实高度吻合。

在上述拉丁引文中，有两处文本校正（correction）值得讨论，从中可见抄本研究的必要性和前人圣徒传文本编辑工作中的未竟之处。

文献校勘实例一："Omnium igitur antistitum Gallie decreto" [3]

在笔者选用的底本，即法国国家图书馆拉丁文第 5667 号抄本第一卷（13 世纪末）（以下简称 5667 号）中，"Omnium" 的原文是 "Omnu"。在该抄本该行边缘处有边注 "omnū"。这意味着边注作者认为抄本正文誊写人（scribe）漏写了短横线形缩写符号

1　同第 141 页注 2。

2　引文三。拉丁文："Proficiscente igitur sancto Germano secunda uice in Britanniam una cum Seuero treuerensi presule, imperante iam minore Valentino, filio Placidie, contigit recti lignea callis iter facere per Parisium. Quo audito, fere uniuersus populus egressus ab urbe obuius ei hylari animo cucurrit. At ille illico, postpositis omnibus, sollicitus de Genouefa quid ageret inquisiuit." 笔者编辑，底本为 BnF, lat. 5667, vol. 1, fol. 3v。中古法文："Seconde foys retourna sainct Germain en Engleterre, sy vint a Paris, le peuple presque tout ala encontre luy a grant joye. Devant toutes choses, saint Germain demanda comment Geneviefve le faisoit;" 笔者编辑，底本为 BSG, MS 1131, fol. 120c。

3　引文一拉丁文本第 1 行，见注释 29。

（macron）。毫无疑问，添加完缩写符号后的"omnū"应被读者自动还原为"omnium"。该边注的墨水颜色、字体均与正文不同，这虽不足以说明边注与正文出自不同人之手，但根据经验，这种情况下的边注极可能是后人所添，用以批注正文。类似的注文和其他文本分析符号大量存在于该抄本边缘处。

例一这段文字在查尔斯·科勒（Charles Kohler）已经出版的与5667号手稿同属第四族版本的圣热纳维耶芙图书馆第3013号抄本（10世纪初）[1]的文本中，为"Omnis antistitum Gallie decreto"[2]。该族其他手稿中，既有与3013号一样作"omnis"[3]的，也有写作"omnium"[4]的。在科勒出版的第一族版本且配有博兰学者版和第二、三族版异文的文本中，没有该意群。[5]

就5667号的编辑而言，首先能确定"omnu"为谬误，该词形不存在。然后需参照其他抄本对其进行校正，同时给出5667号手稿自身的边注。那么，选择"omnis"还是"omnium"呢？笔者最终选择了"omnium"。原因有如下四点。其一，这符合底本手稿原型，短横线形缩写符号漏写的确是最常见的手稿谬误之一[6]，手稿边注合理。其二，存在其他文证（witness），即同族部分其他手稿，对"omnium"的支撑。[7]其三，"Omnium igitur antistitum Gallie decreto" 比"Omnis igitur antistitum Gallie decreto"更符合拉丁文的句法习惯：首先能明确的是"Omnium igitur antistitum Gallie"整体限定"decreto"；然后，为了确定"Omnium igitur antistitum Gallie"内部形容词与名词的修饰关系，我们可以忽略副词"igitur"，"omnium"与相邻的"antistitum"性数配合比"omnis"与相隔一词的"Gallie"性数配合更符合拉丁文的组群结构习惯。其四，

---

1 该抄本旧称为 H.2, L, in-8° 号。关于该抄本的描述，详见 Kohler, *Étude critique*, pp. XXVI–II。

2 Kohler, *Étude critique*, p. 49.

3 如抄本 Paris, Bibliothèque nationale de France, MS lat. 5305, fol. 47r（12世纪）；MS lat. 5324, fol. 149v（11世纪）。

4 如抄本 Paris, Bibliothèque nationale de France, MS lat. 747, fol. 128d（13世纪）。第四族共计14份抄本，详见 Kohler, *Étude critique*, pp. XXVI–XXXI。

5 Cf. Kohler, *Étude critique*, p. 6.

6 同时也应考虑短横线形缩写符号因颜料褪色或脱落导致不可见的情况。笔者认为，此处不属于该情况，"omnu"所在页其他短横线形缩写符号清晰可见。

7 见本页注4。其他尚未查阅的抄本亦可能支撑"omnium"。在扩大查阅范围的同时需要兼顾该族各抄本之间的传抄关系。

"omnes antistites"和"omnes catholici antistites"是拉丁文献中的惯用语，在该文本语境中"omnium antistitum Gallie"应指"omnium catholicorum antistitum Gallie"，"高卢（境内）的所有主教们的"，而非"（管辖着）全高卢的主教们的"（omnis antistitum Gallie）。根据上述古文字学（paleography）、文证比对、句法（syntax）和语用（pragmatics）四点理由，我们选择将 5667 号的"omnu"校正为"omnium"。

在上述四点理由之外，我们能否为该校正找到所谓史实支撑呢？关于 5 世纪上半叶，为处理伯拉纠异端，圣日耳曼被派出的幕后细节，所谓史实支撑，只能是寻找文本支撑。里昂的君士坦提乌斯（Constantius of Lyon）于 5 世纪所作的《圣日耳曼传》（*Vita sancti Germani episcopi*[1]）是同世纪材料。在《圣日耳曼传》中，与"Omnium igitur antistitum Gallie decreto"相关的文字是不列颠尼亚向"高卢主教们"（Gallicanis episcopis）派出使团汇报异端局势，寻求帮助。"是故，召集了一场与会人数众多的主教会议"（Ob quam causam synodus numerosa collecta est），并在所有人一致意见下推举出了日耳曼与卢。原文文笔优雅，写道"所有人心目中"（omniumque iudicio）"教内的两束耀眼明光"（duo praeclara relegionis lumina）"被一众所有人的恳请环绕"（universorum precibus ambiuntur），"即日耳曼和卢……"（Germanus ac Lupus...）。[2]可见，在圣日耳曼的派出问题上，《圣日耳曼传》与圣热传第四族版同意不同文。

此处，须讨论《圣日耳曼传》与圣热纳维耶芙传的关系。倘若前者是后面的材料依据，就还原所谓史实而言，两者系出同源，则相互没有佐证效力；但就文本编辑而言，却恰可相互对照，反映圣热传作者原意。科勒熟稔拉丁文圣热传各版内容，对文源考察亦细致入微。[3]他认为除圣马丁传之外，在圣热传中没有其他明显借用别的文本的痕迹，但"圣热传作者很可能了解欧塞尔的圣日耳曼传。如果圣热传

1　本文参阅的版本为 Constantius of Lyon, *Vita Germani episcopi Autissiodorensis*, ed. Wilhelm Levison, in *Passiones vitaeque sanctorum aevi Merovingici*, eds. Bruno Krusch and Wilhelm Levison, Hanover: Impensis Bibliopolii Hahniani, 1920, pp. 225–283。

2　Constantius, *Vita Germani*, p. 259.

3　见 Kohler, *Étude critique*, pp. LXIV–LXIX。

作者创作时手里没握着圣日耳曼传，他对该传记至少非常熟悉"[1]。科勒此处说的"圣热传作者"指的是圣热传原型作品的作者。科勒将传抄圣热传的手稿按"内容相似性"（des analogies de fond[2]）分为四大族。5667 号手稿所属的第四族是科勒认为内容与原作差距最大的一版。[3] 该版本通常被认为是对先在版本的改写（remaniement）[4]。在科勒认为与原型更接近的一、二、三族版本中没有第四族手稿记述的"Omnis（或Omnium）antistitum Gallie decreto"。这前几族在本段开篇即是"Proficiscentibus itaque ad Britanniam…"，对应于引文一"Omnium…decreto"后的"proficiscentes in Britaniam…"。[5] 笔者认为第四族版本的作者热衷于添加事件背景，下文亦有例证。此处他所添加的圣日耳曼被派赴不列颠尼亚的背景信息，虽不如《圣日耳曼传》详细，措辞也不同，但都强调高卢主教们的共同决定。第四族版作者可能也像科勒所说的原型作品作者那样，对《圣日耳曼传》"非常熟悉"，但未对其进行直接摘录。

　　科勒也指出第四族添加了与《圣日耳曼传》相吻合的圣日耳曼与圣卢由"高卢主教们"（les évêques de Gaule）"经一致意见"（d'un commun accord）派出的信息[6]。但是，科勒并没有对他发表的第四族 3013 号手稿的"Omnis…"与同族其他手稿中的"Omnium…"进行讨论。原因在于科勒认为该族手稿之间的异文除个别外均无关内容本身，只是文字层面的差异；[7] 科勒也声明他附在第一、二、三族版考证本（第二、三族手稿以及博兰版所用手稿之内容以异文形式呈现）之后的这份第四族 3013 号手稿文本是一份无校对无异文的普通誊录文本。[8] 因此，才有了我们以 5667 号为底本重新编辑该族文献考证本的空间。许多新的问题才会在异文比对中浮现。

1　"Il est fort probable que l'auteur connaissait la Vie de saint Germain d'Auxerre. S'il ne l'eut pas sous les yeux au moment même où il l'écrivait, l'œuvre du moins lui était très familière." ibid., p. LXIX.

2　Ibid., p. XX.

3　Ibid.

4　Ibid., p. XXVI. 第四族版作者可能名叫维达斯·菲利克斯（Vitus Félix），见 ibid.。科勒指出第四族手稿的内容与前三族相比，只多不少，见 ibid., p. XXXI. 关于几个族之间的关系，请见 ibid., pp. XXXI–XXXIX。

5　Cf. ibid., p. 6, 引文一见注释 29。

6　Kohler, *Étude critique*, LXX–LXXI n.2.

7　Ibid., p. 48.

8　Ibid., p. 48 n.1.

回到 "Omnis" 与 "Omnium" 的问题上，《圣日耳曼传》对我们的校正有直接支撑作用么？其实不然。在文源层面上，《圣日耳曼传》可能是第四族作者的参考资料，但并非逐字逐句的引用材料，不构成 "Omnium…decreto" 的直接文证。从所谓史实角度，《圣日耳曼传》提供的高卢的主教们一致派出圣日耳曼的信息在 5667 号手稿中本就不成问题。倘若追究 "高卢的主教们" 可否被冠以全称形容词来修饰，即 "高卢的所有主教们"，最妥善的方法是寻找这次主教会议的出席人员名单，与时任高卢主教名单做比对。关于圣日耳曼由谁派出的问题，阿基坦的普罗斯佩（Prosper of Aquitaine）于 5 世纪中叶完成 [1] 的《编年简史》（*Epitoma Chronicon*）则给出不同记载。与《圣日耳曼传》强调高卢主教会议的派遣决议不同，普罗斯佩称，针对不列颠尼亚的伯拉纠异端，教宗策肋定一世（Caelestinus I，在位时间：422—432 年）"回应于执事帕拉狄乌斯的汇报" 或 "动议"（"ad insinuationem Palladii diaconi" 或 "ad actionem Palladii Diaconi"），派出了圣日耳曼。[2]《圣日耳曼传》与《编年简史》或不冲突，但无论这次与伯拉纠异端的斗争中各方扮演的角色和发挥的作用如何，无论教宗与当时高卢众主教的关系如何，无论那次主教会议的出席人数几何，都不能作为 "omnu" 被校正为 "omnium" 的理由。语言层面上，无论 "omnium antistitum Gallie" 还是 "omnis antistitum Gallie"，都是全称概念，只是全称形容词的限度对象不同，两者之间的差异不是历史问题，而是遣词造句的问题。学理层面上，文本是推断史实的依据，不可凭史实判断来 "校正" 文本，否则本末倒置。文本编辑追求的第一真实性是文本原意，

---

1 作品年代，参见 Auguste Molinier, "614. Prosper Tiro sive Aquitanus, *Epitoma Chronicon*," in *Les Sources de l'histoire de France. Des origines aux guerres d'Italie (1494)*, vol. 1, *Époque primitive, Mérovingiens et Carolingiens*, Paris: A. Picard et fils, 1901, p. 175。

2 "Agricola Pelagianus, Severiani episcopi Pelagiani filius, ecclesias Brittaniae dogmatis sui insinuatione corrumpit. sed ad insinuationem Palladii diaconi papa Caelestinus Germanum Autisidorensem episcopum vice sua mittit et deturbatis hereticis, Britannos ad catholicam fidem dirigit." Prosper of Aquitaine, *Epitoma de Chronicon*, in *Chronica minora saec. IV. V. VI. VII.*, ed. Theodor Mommsen, vol. 1, Berlin: Weidmann, 1892, p. 472. Cf. "Agricola Pelagianus, Severiani Pelagiani episcopi filius, Ecclesias Britanniae dogmatis sui insinuatione corrupit. Sed ad actionem Palladii Diaconi, papa Coelestinus Germanum Antissiodorensem episcopum vice sua mittit, et deturbatis haereticis, Britannos ad catholicam fidem dirigit." Prosper of Aquitaine, *Chronicum integrum*, in *Patrologiae cursus completus, Series Latina*, ed. Jacques-Paul Migne, vol. 51, Paris: J.-P. Migne, 1861, pp. 594–595.

校正对象是文字披露，校正依据是同文本文证。任何一部作品传递出的历史信息，无论准确与否，都不能拿来"校正"另一作品的文字。比对史料评判文本内容的历史真实性，与比对同一作品的不同存本还原被传抄文本的原貌不能混为一谈。

文献校勘实例二："Scothorum ac Pictorum infestationem"[1]

我们的底本 5667 号的原文是"Scothorum ac Pictonum infestationem"[2]。即，手稿原文为"Pictones"的属格"Pictonum"，"皮克通人的"。在科勒发表的第四族 3013 号手稿的文本中，亦为"Pictonum"[3]。在我们已经查阅的该族其他三份手稿[4]中，均为"Pictonum"。根据科勒整理出版的文本，在第一、二、三族和博兰学者版中根本不存在引文二末尾"Scothorum ac Pictorum infestationem…alleluia effugarunt"这部分内容。[5] 这一点可以说明科勒对手稿的分族十分科学。正如我们在前文所述，第四族版的作者喜好在圣热传中添加与圣热纳维耶芙不直接相关的背景材料。和其他三版作者相比，只有第四族版作者对插叙圣日耳曼在不列颠尼亚的军事风云感兴趣。五份[6]隶属于第四族的手稿都提供"Pictonum"一词。

根据公元 2 世纪克罗狄乌斯·托勒密（Claudius Ptolemaeus）的记载，皮克通人（*Pictones* 或 *Pictavi*[7]）生活在比斯开湾沿岸阿基坦地区。[8] 依照 5667 号手稿文意，这些曾生活在今法国西南部沿河沿海的"皮克通人"（Pictonum）与"苏格兰人"（Scothorum）在 5 世纪上半叶共同进攻大不列颠岛南部。历史上存在这样一场对今英

---

1 引文二拉丁文本第 5 行，见第 141 页注 4。

2 BnF, lat. 5667, fol. 2v.

3 Kohler, *Étude critique*, p. 51. 笔者亦查阅该手稿原件，确为"Pictonum", Paris, Bibliothèque Sainte-Geneviève, MS 3013, fol. 56v（10 世纪初）。

4 Paris, Bibliothèque nationale de France, MS lat. 5324, fol. 151r（11 世纪初）；MS lat. 5305, fol. 47v（11 世纪中）；MS lat. 747, fol. 129c（12 世纪）。根据科勒的研究，该族共有 14 份抄本，见 Kohler, *Étude critique*, pp. XXVI-XXXI。

5 Cf. Kohler, *Étude critique*, pp. 6-10.

6 即 BnF, lat. 5667、BSG, MS 3013 以及注释 60 中的 3 份手稿。

7 Félix Gaffiot, *Dictionnaire Latin-Français*, Paris: Hachette, 1934, p. 1179.

8 "Quae autem Aquitaniae maxime Septentrionalia sunt, & penes mare, & penes fluuium, tenent Pictones, *Pictauenses*." Claudius Ptolemaeus, *Geographia Universalis*, trans. Willibald Pirckheimer, ed. Sebastian Münster, vol. 2, Basel: Henricus Petrus, 1540, p. 16.

格兰地区的南北夹击吗？

我们知道大不列颠岛北部久居皮克特人（*Picti*）。皮克特人"Picti"的属格为"Pictorum"，与皮克通人"Pictones"的属格"Pictonum"只相差一个字母。5667 号手稿第 1 卷采用的是哥特字体中的 *Textualis Rotunda*[1] 体。该字体中，"r"与"n"之间，可以说只是一笔之差。"皮克通人"会是对"皮克特人"的误写吗？我们也知道，"Scoti"最早被罗马作家用来指代爱尔兰岛上的居民。[2] 这些爱尔兰的盖尔人（Gaels）在公元 6 世纪末 7 世纪初已建立地跨苏格兰与爱尔兰的达尔里阿达王国（kingdom of Dál Riata）。[3] 中世纪文献中的"Scoti"既能指代爱尔兰岛上居民，也可指代不列颠岛北部的爱尔兰移民。[4] 9 世纪后，古英语里"Scot"的所指范围缩小，特指大不列颠岛北部的爱尔兰人。[5] 14 至 15 世纪的中古法语中，北海海峡两岸居民的名称也明确分道扬镳，"Escossois"（"Escosse"源自"Scotia"）与"Hibernois"分别指代"苏格兰人"与"爱尔兰人"。[6] "Scoti"经历了从族群指代到地域指代的词义转变。那么，在 13 世纪末的 5667 号第一卷拉丁文手稿抄本中，所谓的"苏格兰人"（Scothorum）指的是谁呢？圣热传中古法文本则采用了一个地域性表达，"来自苏格兰的敌人"（anemis de Escoce）[7]，无从讨论具体族群。

现代学者常认为圣日耳曼这次以"哈利路亚"成功领导大不列颠岛南部布立屯人（Britons）战胜的敌人是撒克逊人与皮克特人。[8] 这一说法无疑依托于比德

1 请比较 Ikram Moalla, Frank Lebourgeois, Hubert Emptoz and Adel Alimi "Discrimination des styles d'écriture des manuscrits médiévaux pour la Paléographie," in *CIFED'06. Actes du Neuvième Colloque International Francophone sur l'Écrit et le Document (18–21 septembre 2006, Université de Fribourg, Suisse)*, ed. Laurence Likforman-Sulem, s.l.: s.n., 2006, pp. 223–224; online ed., https://hal.archives-ouvertes.fr/hal-00119841/document。

2 参阅 Philip Freeman, *Ireland and the Classical World*, Austin, TX: University of Texas Press, 2001, p. 15。

3 Michael Lynch, ed., *The Oxford Companion to Scottish History*, Oxford: Oxford University Press, 2001, p. 161.

4 Albert Blaise, *Dictionnaire Latin-Français des auteurs du Moyen Âge*, Turnhout: Brepols, 1975, p. 829.

5 "The name followed the Irish tribe which invaded Scotland 6c. C. E. after the Romans withdrew from Britain, and after the time of Alfred the Great the Old English word described only the Irish who had settled in the northwest of Britain." Douglas Harper, *Online Etymology Dictionary*, http://www.etymonline.com/index.php?term=Scot.

6 ATILF-CNRS and Université de Lorraine, *Dictionnaire du Moyen Français* (DMF 2015), http://www.atilf.fr/dmf.

7 见第 141 页注 4 引文二中古法文本。

8 Harries, "Germanus," in *Oxford Dictionary of National Biography*. André Maurois, *Histoire d'Angleterre*, vol. 1, Paris: Albin Michel, 1963, p. 36.

（Bede the Venerable）在 8 世纪所作的《英吉利教会史》（*Historia Ecclesiastica Gentis Anglorum*）："撒克逊人与皮克特人以联军向布立屯人发起战事……"（**Saxones Pictique** bellum aduersum Brettones iunctis uiribus susceperunt...）"神父们高喊三声'哈利路亚'"（alleluiam tertio repetitam sacerdotes exclamabant），"一众同声紧随，将高喊声倍增，回声弥漫，响彻山间"（Sequitur una uox omnium，et elatum clamorem repercusso aere montium conclusa multiplicant），"行进而来的敌军被惊惧吓倒……"（hostile agmen terrore prosternitur... ）[1]。《英吉利教会史》详细描述了圣日耳曼如何巧借地理环境带领布立屯人佯装劲旅吓退强敌。

时隔三个世纪，比德何以知悉战役细节？经过仔细比对，我们发现《英吉利教会史》第 1 卷第 20 章中关于"哈利路亚"恫吓战三百余词的记述，与 5 世纪的君士坦提乌斯在《圣日耳曼传》中的记载一模一样。可以断定，比德一五一十地照抄了《圣日耳曼传》。[2] 圣热传第四族作者能在圣热传先在版本内容之外添加该战事，可能是参考了《圣日耳曼传》的传统，这一点和例一反映的情况一致。但是，若如此，圣热传第四族作者为何将《圣日耳曼传》中的 "Saxones Pictique" 改成抄本显示的 "Scothorum ac Pictonum"？撒克逊、皮克特、苏格兰（爱尔兰）、皮克通，5 世纪的布立屯人究竟几面受敌，顺序如何？

6 世纪的吉尔达斯（Gildas the Wise）在《不列颠尼亚的毁灭与征服》（*De Excidio et Conquestu Britanniae*）中明确记载不列颠尼亚"任人践踏，先是多年惊愕呻吟于两个极其狂暴的海外民族，来自西北的爱尔兰人与来自北方的皮克特人"（duabus primum gentibus transmarinis vehementer saevis，Scotorum a circione，Pictorum ab

---

1　Bede, *Historia ecclesiastica gentis Anglorum*, 1: 20, ed. Charles Plummer, Oxford: E Typographeo Clarendoniano, 1896, in *The Latin Library*, http://www.thelatinlibrary.com/bede/bede1.shtml#20.

2　在笔者比对的《圣日耳曼传》与《英吉利教会史》的版本（分别见第 144 页注 1、本页注 1）中，两者之间并非没有异文。但可以断定这些异文是文本流传、传抄过程中产生的异文。比如个别词汇的有无，如句首连词 "et"，形容词 "beati"；个别词汇差异，如 "sed" 与 "verum"；代词、名词转换，如 "eos" 与 "antestites"；个别词序差异，如 "martyris Albani" 与 "Albani martyris"，等等。最大的一处异文位于段落末尾，《圣日耳曼传》中的 "quippe qui vicissent Pelagianistas et Saxones, cum totius memore regionis" 在笔者参阅的《英吉利教会史》中没有。不排除该作品的其他抄本含有该段文字的可能。

aquilone calcabilis，multos stupet gemitque annos ）。"面对他们的进攻和极其耸人的屈辱"（ ob quarum infestationem ac dirissimam depressionem ），布立屯人曾求援于罗马，后"为击退这些北方民族，引狼入室般将那些最残暴、渎教、人神共愤的萨克逊人请入岛内"（ ferocissimi illi nefandi nominis Saxones deo hominibusque invisi，quasi in caulas lupi，in insulam ad retundendas aquilonales gentes intromitterentur ）。[1]

弗兰克·斯坦顿（ Frank M. Stenton ）在《盎格鲁–撒克逊英格兰》中指出，6 世纪通行的不列颠传统将撒克逊人受邀来大不列颠岛的年份定在 446 年与 454 年之间，这一事件是导致撒克逊人攻占该岛南部的一系列事件之开端。[2] 如果我们相信上述断代信息，综合吉尔达斯的记述，可以推断，约 429 年前后被圣日耳曼用计吓退的敌人中不应该有撒克逊人。

5 世纪下半叶的不列颠尼亚饱受撒克逊之乱，生活在该时期但远在高卢的《圣日耳曼传》作者君士坦提乌斯把撒克逊人塞进了圣日耳曼于该世纪上半叶在不列颠尼亚的军事风云中。这份我们看来可疑的海外信息回流到英格兰本土，经比德之手传抄，通过《英吉利教会史》被广而告之。圣热传第四族作者写下的 "Scothorum ac Pictorum[3] infestationem" 却能经得起年代推敲。无论根据《圣日耳曼传》《英吉利教会史》的记载，还是依照《不列颠尼亚的毁灭与征服》推论，都可知圣日耳曼领导布立屯人对抗的敌人之一是近在咫尺根植于大不列颠岛北部的皮克特人，而非远在阿基坦的皮克通人。根据《不列颠尼亚的毁灭与征服》的说法，圣热传第四版记载的敌人之二 "Scoti" 应与古典晚期拉丁文献中 "Scoti" 所指一样，即爱尔兰人。圣热传第四族作者是否读过吉尔达斯的作品尚未可知，但我们的确可以在前文已引述的吉尔达斯的记载——"…duabus primum gentibus transmarinis vehementer saevis，**Scotorum** a circione，**Pictorum** ab aquilone calcabilis，multos stupet gemitque annos. ob

---

1　Gildas the Wise, *De Excidio et Conquestu Britanniae*, in *Chronica minora saec. IV. V. VI. VII.*, ed., Theodor Mommsen, vol. 3, Berlin: Weidmann, 1898, pp. 33–38.

2　Frank M. Stenton, *Anglo-Saxon England*, 3rd ed., Oxford: Oxford University Press, 1971; repr., 2001, p. 1.

3　笔者校。

quarum **infestationem** ac dirissimam depressionem…" ——中找到 "Scothorum ac Pictorum infestationem" 的影子。诚然，重合文字的数目甚少，不足以说明问题。但从内容上看，可以说圣热传第四族文本此处承继的不完全是《圣日耳曼传》的传统，还有吉尔达斯作品代表的史料传统。

至此，距离把 "Pictonum" 笃定地校正为 "Pictorum" 还有一步之遥：在语用层面，中世纪文献里的 "Pictones" 与 "Picti" 是否可以混用呢？我们只能找到 "Pictones" 与 "Pictavenses"、"Pictavi" 的等义关系 [1]，未见其于 "Picti" 的混用。最后，我们选择将 "Pictonum" 校正为 "Pictorum"。[2] "Pictonum" 不一定始于 5667 号，可能源自其他手稿，需依据传抄关系推敲。它可能是误读或笔误，即最初某个执笔人把他所抄录文献中的 "r" 误读作 "n" 然后誊录 "n"，或阅读正确但下笔时出现了纰漏。"n" 在第四族手稿中被不断传抄，形成 "共同谬误"（common error），加之该句在其他族文本中不存在，后世编辑者很难凭借抄本、版本比对发现异样。该问题的发现，只能靠对文本内容的反思。科勒对圣热传拉丁文献的研究堪称圣徒传文献研究之典范，但仍未注意到该问题。

最后，我们提出一种反对上述校正的可能性，以供讨论。倘若 "Pictonum" 不是抄本誊录人的误读或笔误，也不是出自誊录人或作者本人对 "皮克通人" 与 "皮克特人" 的混淆，那么，这两个族群之间会不会存在某种我们尚不可确定的同源联系，致使多份手稿坚称 "Pictorum" 为 "Pictonum"？[3]

2. 圣热纳维耶芙传中的水文史

引文四[4]："她（圣热纳维耶芙）如何保佑巴黎免于被水摧毁（章节标题）

1　见第 147 页注 7、8。

2　该校正尚无同文本文证支撑，属特例。仍需进一步查阅该族其他手稿。

3　主张 "皮克通人" 与 "皮克特人" 同源的作品，如 Gabriel Lévrier, *Dictionnaire étymologique du patois poitevin*, Niort: Th. Mercier, 1867, pp. 7–35。

4　引文四。中古法文："Comment elle garda Paris de estre destruite par yaue: Il avint en·j·yver qu'il plut en France plus que on avoit oÿ de memoire de homme qui lors fust. Sy creut Saine et desriva par telle maniere que la cité de Paris fu toute plaine d'yaue et que les clers et les gens lesserent les eglises et leur maisons." 笔者编辑，底本为 BSG, MS 1131, fol. 129a。

　　有一年冬天法国降大雨，比能从前人记忆中得知的任何一次都大。塞纳河猛
涨决堤以致巴黎西岱岛被水覆盖；教士与百姓纷纷放弃教堂和民房。"（笔者根据
中古法文本译，中古法文本为笔者根据中世纪抄本编辑）

　　引文四来自中古法语圣热纳维耶芙传散文体第二族版本。[1] 其下文讲述主教令民
众守斋祷告以平息上帝对罪恶的愤怒，并令神父与教士们乘舟在各个教堂中寻找还
能继续进行宗教活动的场所。一个名叫理查赫（Richart）的乘舟行至贞女们的修道院
时，发现贞女热纳维耶芙过世所卧的床还在那里，四周被水围绕，水面高达墙壁中
央，但没有一滴流进床上。理查赫上前细察这一神迹，并将其禀告给主教。主教旋即
率僧俗众人来观看神迹，并赞颂上帝与贞女热纳维耶芙。从那天起，塞纳河水退去，
回到原来的河道中。[2]

　　搁置神迹不谈。引文四描述了发生在巴黎冬季的一次洪水。如前文所述，圣徒传
的行文遵循严密的时间顺序。这段文字在记述圣女热纳维耶芙离世的文字之后（非
相连）[3]，在记述诺曼人纵火祸乱巴黎的文字之前（非相连）。在开启关于诺曼人入侵
巴黎的叙述前，文本还明确写到"前面记述的圣迹发生在诺曼人纵火焚烧贞女的教堂
之前"[4]。"贞女的教堂"指兴建于 502 年的巴黎圣热纳维耶芙修道院（Abbey of Sainte-
Geneviève），该圣徒逝世于 512 年。诺曼人第一次兵临巴黎城下是在 845 年。856
年，诺曼人第二次入侵巴黎并纵火。857 年诺曼人又袭巴黎，除圣日耳曼德佩修道院
（Abbey of Saint-Germain-des-Prés）与圣丹尼修道院（Abbey of Saint-Denis）外，各教
堂均遭焚烧[5]，圣热纳维耶芙修道院当然也未能幸免[6]。该修道院直到 12 世纪初才得到

1　关于中古法语散文体圣热传的版本分族，参见 Anders Bengtsson, *La Vie de sainte Geneviève. Cinq versions en
　　prose des XIVᵉ et XVᵉ siècles*, Stockholm: Almqvist & Wiksell International, 2006, pp. XVII–XVIII。

2　见于抄本 BSG, MS 1131, fol. 129a–129b。

3　"Cy après sont escrips aucuns des miracles d'après son trespassement" 笔者编辑，底本为 BSG, MS 1131, fol. 127d。

4　"Miracles du temps le roy Charles, filz du roy Loys empereur, et depuis: Les miracles devant dis furent fais ainçois
　　que l'eglise de la vierge fust arsse des Normans," 笔者编辑，底本为 BSG, MS 1131, fol. 129c。

5　参见 Serge Prigent, *Paris en dates et en chiffres*, Paris: Jean-Paul Gisserot, 2005, p. 17。

6　参见 Jacques Dubois and Laure Beaumont-Maillet, *Sainte Geneviève de Paris*, Paris: Beauchesne, 1982, p. 78。

重建，现为亨利四世中学（Lycée Henri-IV）校址。翻阅巴黎市的历史，在 512 年与 857 年之间，共有五次有记载的塞纳河明显涨水：583、820、821、842、854 年。[1] 笔者推断，传记描述的正是 583 年 2 月发生的这次洪水。它是第一次有记录的塞纳河重要洪灾，时间节点符合传记中的描述。图尔的格列高利（Gregory of Tours）对这次塞纳河严重泛滥的描述，与传记十分吻合。他写道："大水猛涨超出惯例，引起巴黎周遭发生塞纳河与马恩河大洪灾，以致许多船只甚至在西岱岛与圣罗兰教堂之间倾覆。"[2]

引文五 [3]："她如何保佑巴黎远离水患（章节标题）

1206 年 12 月，我主上帝据其公正评判，于法兰西王国降下持续滂沱大雨、洪水滔天，致使江河决口，迅猛至极，以致树木倒拔、谷物被毁、乡间与城市屋舍夷为平地。其间，巴黎城市饱受塞纳河之苦，以致街巷间借舟楫穿行。建筑崩塌，幸存者亦形同废墟，惨遭洪浪冲击。小桥（桥梁名）当时为石料所筑，在洪水与巨浪肆虐下严重断碎、崩裂、解体，几近倾覆、严重错位，如狂风肆虐下的树木，震荡摆动、摇摇欲坠。全城低迷。在上帝与童贞女玛利亚之后，唯有一线希

1　参见：Stanislas Meunier, "La crue de la Seine et la géologie hydrologique," *Revue des Deux Mondes* 56, no. 1 (March 1910), p. 148; online ed., https://rddm.revuedesdeuxmondes.fr/archive/article.php?code=5665; Pierre Larousse, "Paris - Hydrographie," in *Grand dictionnaire universel du XIXe siècle*, vol. 12, Paris: Administration du grand Dictionnaire universel, 1874, p. 226.

2　"Les eaux grossirent au-delà de la coutume, et causèrent autour de Paris une telle inondation de la Seine et de la Marne, que beaucoup de bateaux périrent entre la Cité et la basilique Saint-Laurent." Gregory of Tours, *Histoire des Francs*, trans. François Guizot vol. 1, Paris: Brière, 1823, p. 337.

3　引文五。中古法文："Coment el garda Paris d'yaue: L'an mil · cc · vi · ou moys de decembre envoia nostre Seigneur Dieux par son juste jugement ou royaume de France sy grant abondance de pluyes et de yaues que les fleuves et les rivieres desriverent sy impetueusement qu'il esrachoient les arbres, destruisoient les semences, abatoient maisons des villes et des citez. Entre les autres, la cité de Paris fu durement tourmentee de Saine tant qu'il convenoit aler a navire parmy les rues et que pluseurs edifices trebucherent. Ly autres qui en estant se tenoient valoient en ruine, tant estoient debatuz des ondes de l'yaue. [fol. 135 a] Peti Pont, qui lors estoit de pierre, estoit sy quassé, decrevé et desjoint et ruineus et sy debatuz de la redeur de l'yaue et des undes qu'il chancelloit et croulloit comme arbre que le vent demaine. La cité estoit desconfortee. Seule esperance avoient, aprés Dieu et la Vierge Marie, en madame saincte Genevieve, en qui ly Parisiens out especial devocion pour les benefices qu'el leur a fait." 笔者编辑，底本为 BSG, MS 1131, fol. 134d–135a。

望寄于圣女热纳维耶芙，巴黎人对她格外笃信，因其曾为他们创造过诸多福祉。"

（笔者根据中古法文本译，中古法文本为笔者根据中世纪抄本编辑）

这段文字直接点明洪灾的年份月份。有史料显示，1206 年这次塞纳河泛滥致使多处房屋被毁，小桥（桥梁名）的三个桥拱被洪水冲毁。[1] 这佐证了引文五对本次洪灾的描述。小桥（Petit-Pont）在巴黎市中心，位于塞纳河上，连接西岱岛与左岸今名为圣米歇尔河畔（Quai Saint-Michel）和蒙特贝罗河畔（Quai de Montebello）的地带。早在罗马统治时期，该位置上的桥梁就唤作"小桥"[2]。引文五之后的内容是巴黎人如何在主教带领下，求得教堂（指存放圣热纳维耶芙遗骸的场所）修士同意，以庄重（sollennement）、合乎旧规（selonc ce qu'il est acoustumé de ancienneté）的仪式队伍将热纳维耶芙圣髑迎入巴黎城内，以求圣女庇佑、上帝宽恕。[3] 圣徒崇拜实践中圣髑转移动机的合法性和仪式的庄重性是圣徒传和相关文献中的敏感话题。对时人而言，庄重、合法与否，直接关乎借转移圣髑祈求赐福的愿景能否实现。在与圣菲雅克相关的文献中，有一篇总长度为 188 行的亚历山大体讽刺诗[4]，极力挖苦法王路易十三的宰相、天主教枢机黎塞留（Cardinal Richelieu, 1585—1642 年），称他在垂死之时，命人将菲雅克圣髑抬至自己病榻前以求得救的狂妄行为不正当、不合法。该作品发表在黎塞留辞世后的 1643 年。圣菲雅克是痔疮等诸多病患、诸多职业的主保圣人。该圣位于莫城（Meaux）附近的圣所是数百年来经久不衰的朝圣中心。如果黎塞留为自己直接搬走菲雅克圣髑的说法属实，则的确有辱朝圣传统，抹杀圣徒威严，侵害来朝者平等权利。这两份与圣髑转移相关的记述对比鲜明：巴黎主教为民众福祉转移热纳维耶

1　"brisa trois arches du Petit-Pont" Rigord, *Histoire de Philippe Auguste*, eds. and trans. É. Carpentier, G. Pon and Y. Chauvin, Paris: CNRS, 2006, p. 399, quoted in "Instruments de Travail," *Histoire & Sociétés Rurales* 27, no. 1 (2007): 258–260; online ed.,https://www.cairn.info/revue-histoire-et-societes-rurales-2007-1-page-258.htm.

2　Félix Lazare and Louis Lazare, *Dictionnaire administratif et historique des rues de Paris et de ses monuments*, Paris: Félix Lazare, 1844, p. 560.

3　见于抄本 BSG, MS 1131, fol. 135a–b。

4　*Sur l'enlevement des reliques de sainct Fiacre, apportees de la ville de Meaux, pour la guerison du cul de Mr le Cardinal de Richelieu,* Anvers: s.n., 1643.

芙圣髑，平息水患，则"成功"；枢机黎塞留为一己之身挪动菲雅克圣髑，则"失败"。天主教圣徒崇拜实践中的道德原则，从中可略见一二。

回到引文五本身的讨论。圣徒传核心立意虽在于展现圣徒的圣性，但在教会几乎参与个人、社会、国家生活方方面面的中世纪，圣徒崇拜也就得见于社会生活的方方面面，大者如天灾国祚，微者如雨中烛火，疾者如悬梁险情，缓者如高厦筑做，圣徒传作者们的笔墨也就跟着触及现实生活的方方面面，在上述洪水之例以外，还有战争、饥荒、工程、疾病、取水、伐材、饮食、穿戴……[1] 圣徒传是一卷呈现人世百态的万花筒，只是我们需要熟悉它的呈像角度，在它或华美或朴实的宗教语言镜像中洞察历史原型。

3. 圣菲雅克传中的政治军事史

圣菲雅克中古法语传记有一韵文版[2] 以八音步诗体行文。文本末尾最后一个圣迹，讲述一位英格兰国王来到法国，获知圣菲雅克其人。英王企图通过战争暴力将圣菲雅克遗骨带回到他的故土，以展示自己的强大。英王纠集大量人马，妄图在夜幕下偷走该圣遗骨，但遗骸纹丝不动；行窃未果，英王又分别以一百头壮牛、四十四战马尝试拖拉圣菲雅克，仍未得逞。最后，英王返回莫城，害恶疾"圣菲雅克病"（mal saint Fiacre）[3]，因其不敬行为而遭到惩罚，详见引文六。[4]

1　例子众多，可阅读 Bengtsson, *La Vie de sainte Geneviève*, pp. 55–93。

2　关于圣菲雅克中古法语传记诸版，可参阅 M. E. Porter and J. H. Baltzell, "The medieval French lives of saint Fiacre," *Modern Language Quarterly* 17, no. 1 (1956): 21–27。

3　"圣菲雅克病"（mal saint Fiacre），一说指"fic"，即无花果（*ficus*）状"流有恶臭血脓的疣或瘤"；一说指痔疮、腹泻或各类脓创。详见 Dubois, *Un sanctuaire*, p. 167。

4　引文六。中古法语："Plus n'en metrons que ung seullement / D'un roy angloys qui vint en France, / qui par quelque advertissement / Eust de Fiacre congnoissance, / Qui voullut monstrer sa puissance / Et mener a force de guerre / Fiacre au lieu de sa nessance, / Devers le païs d'Angleterre. / Force de gens fit assembler, / Lesquelz il mena nuytaument, / Esperant le corps saint embler, / Et l'emporter secretement. / Mais Dieu le permist autrement, / Car onc pour chose qu'on peut faire, / On ne le sceust aucunement / Hors de son territore traire. / Porter se laissa jusques aux bors / De sa terre, maiz cent thaureaulx / Ne l'en eussent pas tiré hors. / Ilz y perdirent leurs travaulx. / Lors commanda a ses heraulx / Le roy qu'on luy fist amener / Quarante roussins les plus beaulx, / Que l'on sçauroit imaginer. / [f. 72a] Les chevaulx furent amenez, / Et pour tirer a la charete / De cordage bien ordonnez, / Ainsy qu'a ce fait il compete. / Mais onc pour chose qui fut faicte, / Les chevaulx ne se desmarcherent, / Mais ainsy que une buche droite / Devant la fierte demeurerent. / Adont le roy, tout forcenant, / Qui n'avoit point executé / Ce qu'il estoit entreprenant, / S'en retorna en la cyté / De Meaulx, ou il fut tourmenté / Du mal saint Fiacre et esprins / Pour la mauvaise volenté / Que vers luy avoit entreprins." 笔者编辑，底本为 BnF, NAF 10721, fols. 71d–72a。

这则传奇色彩浓厚的圣迹故事讲述的不是无名百姓，而是英格兰国王。文本未点出该王名号，但我们推测，该故事既述及国王，应有历史原型。根据圣徒传严格的从古到今的叙述顺序、该圣迹位于文末的相对位置，以及保存该作品的存本年代，即15世纪末16世纪初，我们推测这则故事的历史原型应该发生在14或15世纪。那么，哪位中世纪晚期的英王曾来到法国，并占据莫城，甚至抱病于此呢？我们在沃尔特·保尔（Walter Bower）于15世纪上半叶创作的《苏格兰编年史》（Scotichronicon）中找到了答案：

> 引文七[1]："……英格兰国王……缺少食物补给，派部属洗劫乡里；但是由于他们取不到任何可食之物，于是他下令破坏、侵犯前苏格兰国王之子圣菲尔古斯或菲奥格鲁斯的庇护所。没人敢对那里暴力相向，否则必遭惩罚。他从那儿卷走了乡民因那里是庇护所而寄存在那儿的牲畜和食物。尔后他突然陷入一种在当地语言中被称作'圣菲雅克病'的恶性肿瘤疾病中"。（笔者根据瓦特编辑本翻译，详见本页注1）

这段文字来自《苏格兰编年史》第十五卷第34章。该章叙述的正是英法百年战争第三阶段1421年博热（Baugé）战役英军失利后，英格兰国王亨利五世帅兵在翁夫勒（Honfleur）登陆，先取德勒（Dreux）、再攻下默伦（Melun），然后开展莫城围攻的军事史。英王如上下令洗劫了莫城附近乡间的菲雅克圣所，随后患顽疾暴毙。[2] 圣菲雅克传引文六用浪漫奇幻又带寓言色彩的笔法影射了英王亨利五世对菲雅克圣所的

1　引文七。拉丁文："…rex Anglie…Qui carens victualibus misit suos ad predandum patriam; sed quia nichil poterant quod comedi posset apprehendere jussit immunitatem Sancti Fergusii sive Feogri quondam regis Scocie filii infringi et violare. Quam nemo immunis a vindicta audet violenter attemptare. Abhinc catalla et victualia inibi pro immunitate a patriotis commendata asportavit. Et subito infirmitatem cancrosam quam vulgariter 'Saynt Feakre le male' vocant subiit." 引自 D. E. R. Watt et al., eds., *Scotichronicon by Walter Bower in Latin and English*, vol. 8, Aberdeen: Aberdeen University Press, 1987, p. 122。

2　通常认为亨利五世死于痢疾（dysentery），参见 Philip J. Potter, *Monarchs of the Renaissance: The lives and Reigns of 42 European Kings and Queens*, Jefferson, NC: McFarland, 2012, p. 25。

洗劫与践踏。亨利突然抱病的结局在圣菲雅克传与《苏格兰编年史》中一致，圣菲雅克传只是比保尔的史书多了句对病因的道德解释"因其歹意心中藏，敢向圣人行恶状"[1]（Pour la mauvaise volenté / Que vers luy avoit entreprins.）。至于圣菲雅克何许人也，是否真为苏格兰王子，他的圣所又有怎样的宗教地位，我们将在后续文章中依托达尔里阿达王国史料与教会史料予以解答。

四、结　语

圣徒传记具备怎样的信史价值？如上文所述，它们可能像《圣日耳曼传》被《英吉利教会史》大段抄录那样，是重要史书的直接文源；可能像圣热纳维耶芙拉丁传记第四族版插叙爱尔兰人与皮克特人进攻布立屯人那样，提供独立且经得住推敲的历史信息；可能像中古法语圣热传记载水文史那样，为服务于主线叙述保存了许多鲜活生动又可信的历史画面；也可能像诗体圣菲雅克传那样，对事实进行艺术加工，改编成神秘奇幻的宗教警言。

圣徒传从来都不缺乏史学角度的研究，本文主要从文本科学编辑的视角出发，介绍圣徒传抄本编辑中遇到的考据问题。在类似实例二"Scothorum ac Pictorum infestationem"这样涉及文本内容历史真实性的考据问题上，需要兼顾语文学与史学的考据方法，尽可能运用广泛的史料和不同的文本传统，讨论历史原委，厘清词汇演变，明确文字当时当地具体所指，对词汇真伪做出辨析。但这是文本编辑中的特例，前提是真词与伪词极其相似，存在混淆的可能性。在类似于实例一"Omnium igitur antistitum Gallie decreto"这样关于词形句法的问题上，编辑者可以从内容真实性角度做出评注，但都是外围评注，不能干预文本建立过程中的文字取舍。在文本建立过程中，必须在由同一文本的不同抄本构成的文证体系内讨论问题，立足于选定的底本，

1　为保留原文诗体形式，笔者采用半直译半意译的方法。

比对异文，在底本出现明显谬误时谨慎校正。倘若 5667 号手稿中没有出现 "omnu"
这样的谬误，则无需在 "omnium" 与 "omnis" 之间进行选择，底本 5667 号手稿提
供哪个词，就誊录哪个词，切不能篡改，要最大程度地保留底本原貌。在我们选择
"omnium" 而非 "omnis" 的四点理由中，实质的理由是第一条。因为 "omnu" 只能是
书写 "omnū"（等同于 "omnium"）时漏笔所致，与 "omnis" 无关；所以，为充分尊重
底本原意，一定要校正为 "omnium"。这类问题才是中世纪手稿编辑中的典型问题。

（本文作者为北京大学历史学系西方古典学中心博士后）

对托马斯·贝克特圣徒崇拜的由来

12世纪宗教、政治与文化的一曲合奏

周诗茵

1170 年 12 月 29 日的下午 2 点半到 3 点半也许是中世纪最著名的一小时。坎特伯雷大主教托马斯·贝克特（Thomas Becket，St. Thomas，1162—1170 年任职，即后来的"圣托马斯"）在教堂的圣坛前遇害，把他砍倒在地的是英国国王亨利二世（Henry II，1154—1189 年在位）的四位骑士。当时圣诞节还没过去几天，这个骇人听闻的消息很快传遍整个西方基督教世界，就像 20 世纪肯尼迪总统（John F. Kennedy）或马丁·路德·金（Martin Luther King, Jr.）遇刺一样带来巨大的震撼。[1]

12世纪的人们记录并保留了这个事件的详细情况。[2]仅谋杀一幕就留下 9 份报道，其中有 5 份是现场实录。[3]贝克特之死是众人津津乐道的宫廷八卦，是戏剧舞台的绝

1　Thomas M. Jones, ed., *The Becket Controversy*, New York: Wiley, 1970, Introduction, 1.

2　这些记录主要来自贝克特留下的通信和他同时代人写作的传记。传记作者有伯斯汉的赫伯特、威廉·菲茨斯蒂芬、索尔兹伯里的约翰、爱德华·格里姆、朗贝斯匿名作者（不知名作者 2）、彼得伯罗的本尼迪克、坎特伯雷的威廉的传记、彭蒂尼的罗杰（不知名作者 1）、加尼尔、蒂克斯伯里的阿兰、兰斯多恩匿名作者（匿名作者 3）等。13 世纪编纂的《英南传奇》（*The South English Legendary*）和成形于 14 世纪的《冰岛传奇》（*Thomas Saga Erkibyskups*）记述了一些贝克特声誉流传的事迹。此外，坎特伯雷的杰维斯、新堡的威廉、拉尔夫·德·迪希特、沃尔特·迈普和理查德·菲兹奈杰尔和格兰维尔撰写的编年史中都也有一定篇幅的记述。我们主要使用 7 卷本的《坎特伯雷大主教托马斯·贝克特史料集》里的书信、传记、传奇和编年史。J. C. Robertson and J. B. Sheppard, eds., *Materials for the History of Thomas Becket, Archbishop of Canterbury*, Nendeln, Liechtenstein: Kraus Reprint, 1965.

3　David Knowles, *The Historian and Character and Other Essays*, Cambridge: Cambridge University Press, 1963, pp. 123—124.

佳题材。然而，不是所有的中世纪谋杀都能走向封圣，也不是所有受封的圣徒都能获得大众的普遍崇拜。本文将考察对贝克特圣徒崇拜的由来，看这场突发的悲剧如何在宗教、政治与文化的合力作用下，成为一个内涵丰富、影响深远的历史事件。

一、谋杀："火与剑"的归来？[1]

　　四位骑士谋杀贝克特的动机，是他们相信亨利国王想要将他除之而后快。这似乎是一个与"信任"和"背叛"有关的故事。1154 年，年轻的亨利赢得英国的王位，是为亨利二世。他曾在争夺王位的过程中得到教会的帮助，自然对当时德高望重的坎特伯雷大主教西奥博尔德（Theobald of Canterbury, 1139—1161 年任职）礼遇有加。[2] 西奥博尔德因病去世后，年富力强的亨利国王认为这是控制英国教会的好时机，便想挑选一个自己信任的坎特伯雷大主教，一个英国教会的领头人。于是，他派使者前往坎特伯雷向教士团施加压力："如果候选人不能取悦国王，你们将会看到分裂和不和，这样一个牧羊人只会惹来纷扰而无法带来庇护。"[3] 国王属意的人选就是后来的悲剧主角——贝克特。他当时身兼坎特伯雷大执事和国王书记官两个职位，不但政务娴熟而且和国王关系不错，据说，"在基督教世界再没有这么和谐亲密的两个人"[4]。

　　贝克特可能不太情愿接受坎特伯雷大主教的职位。"我清楚地知道，如果上帝如

1　J. C. Robertson and J. B. Sheppard, eds., *Materials for the History of Thomas Becket, Archbishop of Canterbury*, vol. 7, p. 440.

2　亨利一世（1100—1135 年在位）去世后，他的外甥斯蒂芬（1135—1154 年在位）抢先继位。他的女儿玛蒂尔达凭借前神圣罗马帝国皇后的头衔和现安茹公爵夫人的身份在英国掀起内战，终于为她的儿子亨利二世赢得英国王位的继承权。在这个过程中，坎特伯雷大主教西奥博尔德曾多次拒绝为斯蒂芬的儿子加冕，起到推波助澜的作用。

3　J. C. Robertson and J. B. Sheppard, eds., *Materials for the History of Thomas Becket, Archbishop of Canterbury*, vol. 2, pp. 366–367.

4　J. C. Robertson and J. B. Sheppard, eds., *Materials for the History of Thomas Becket, Archbishop of Canterbury*, vol. 3, p. 25.

此安排，现在我们之间这么丰沛的情谊和恩典就会离我而去，取代它们的将是最残酷的恨意。"[1] 也许他已经意识到，亨利国王这次能插手教会的选举，以后也会继续干预教会的其他事务，到时他该怎么办呢？果然，亨利在 1162—1164 年间召开一连串的会议，向教会提出一系列的权利要求，还要将它们记录下来，形成一部成文法——《克拉伦登宪章》。[2] 贝克特不愿配合国王的要求，仓皇地逃往法国。两人关系破裂以后，亨利把贝克特看作一个忘恩负义之徒：他亲自把一个商人的儿子推至英国教会的最高位，然而却遭到了背叛。而贝克特则声称，他们之间的私人关系是次要的，从两人的职责与角色来看，亨利不仅是"他的领主"、"他的国王"，还是"他精神上的儿子"；[3] 他们交恶的原因不是贝克特人品卑劣，而在于他必须要为"教会自由（libertas ecclesiae）"的原则而战。

大主教与国王之间剑拔弩张，使得英国教会与国家的关系也岌岌可危。这在中世纪是很危险的事情，因此教宗亚历山大三世（Alexander III，1159—1181 年在位）多次派遣使团处理此事，从中斡旋并组织会谈。1170 年 7 月双方最终达成协议，贝克特可以结束流亡返回英国。不过这次的"和平"，靠的不是解决争论、达成共识，而是双方对关键的问题——《克拉伦登宪章》（共 16 条，教宗曾经谴责过的 10 条）——避而不谈。亨利与贝克特甚至没有交换"和平之吻"——它是当时重要的社会交往礼仪，代表基督徒之间的同伴情谊与和平关系。英国国内的情况也不容乐观：留守的教士在贝克特出走的日子里饱受夹板之苦，对他感到疏离甚至恐惧；国王的党羽依然把贝克特当作叛徒，并不打算配合他回归以后的计划。一纸协议没有缓解那些尖锐的矛盾，危机四伏的局面更无法承受额外的压力。贝克特也不愿忍辱偷生，他在（现存的）给国

1　J. C. Robertson and J. B. Sheppard, eds., *Materials for the History of Thomas Becket, Archbishop of Canterbury*, vol. 3, p. 181.

2　亨利在 1163 年 7 月的伍德斯托克会议上要求把教会捐赠性的"郡长辅助金"变更为义务性的常规税收；他在 10 月的威斯敏斯特会议上要求，犯有重罪的教士在教会法庭接受审判后，应移交至世俗法庭接受惩罚；他在 1164 年 1 月的克拉伦登会议上要求贵族和教会共同宣誓遵守王国的传统习俗，并将这些习俗记录为成文的法律，这样就会限制英国教会在绝罚、审判、选举、与外界交往等多方面的自由权利。

3　Anne J. Duggan, ed. & trans., *The Correspondence of Thomas Becket, Archbishop of Canterbury, 1162–1170*, New York: Clarendon Press, 2000, p. 292.

王的最后一封信中表达了自己向死而生的态度："在您的许可和恩惠下我将回来，而且可能，我会用死亡去阻止她（指教会）的毁灭，除非您很快屈尊赐予我们其他的安慰……愿上帝祝福您和您的孩子。"[1] 他在 11 月回国后继续使用"绝罚"这个武器追讨坎特伯雷教会的财产，并对付他在教会中的敌人。

亨利此时还在法国的领地上[2]，他听闻贝克特回国后的所作所为，十分愤怒，当场咆哮起来。他的四名骑士想要为他分忧，直接穿越海峡回到英国，在 12 月 29 日下午闯进坎特伯雷的大主教座堂。[3] 他们刻意忽略贝克特大主教的身份，对他直呼其名地指责道：国王已经依照他的要求恢复和平，他却还固执己见，带来伤害，不但谴责和诅咒国王身边的人，甚至还想剥夺国王之子的王位——因为贝克特把加冕视作坎特伯雷大主教之权，所以他不认可由约克大主教在 1170 年 6 月为小亨利主持的"副王"加冕仪式。贝克特辩解他绝无此意，而且他不明白为什么国王不许他在各地旅行，也不许他亲近那些已经与他分离多年的民众。愤怒的骑士称贝克特是"国王和王国的叛徒"。贝克特回答道："我在这里，不是国王的叛徒，而是一个神父。"[4] 众教士把他拉进内室，但他依然不愿逃走，终于被砍倒在血泊之中。这场残酷的谋杀距离他与亨利国王的"和解"才不过五个多月的时间。

二、辩护：叛徒，还是殉教者？

1170 年 12 月的惨案发生以后，坎特伯雷教堂中的幸存者惊魂未定，心有疑虑：

1　Anne J. Duggan, ed. & trans., *The Correspondence of Thomas Becket, Archbishop of Canterbury, 1162–1170*, p. 1334.

2　亨利二世除统治英国外，还在法国拥有诺曼底、阿奎丹人和安茹等领地，并因它们尊法国国王路易七世为封君。

3　他们其实是与国王关系密切的贵族。雷金纳德·菲兹厄尔兹是亨利一世的后裔；休·德莫维勒在英国北部拥有大量的土地；威廉·德特雷西是国王忏悔者爱德华姐姐或妹妹的后裔；理查德·勒布雷特也拥有一些土地。Michael Staunton, ed. & trans., *The Lives of Thomas Becket: Selected Source*, Manchester and New York: Manchester University Press, 2001, pp. 190–191.

4　J. C. Robertson and J. B. Sheppard, eds., *Materials for the History of Thomas Becket, Archbishop of Canterbury*, vol. 2, pp. 430–435.

贝克特到底是国王的敌人还是基督的殉教者？他是王国的叛徒还是教会的英雄？人民会迅速地遗忘他还是会永远纪念他？也许谁也没有想到，教宗会在两年半后就为贝克特封圣，而且他将成为中世纪最受欢迎的圣徒之一。

殉教是基督教的光荣传统。早期基督教会曾受到罗马帝国的残酷迫害，有些信徒即使面对残酷的刑罚和死亡的威胁也没有胆怯和退缩，因为他们相信，耶稣曾经死在十字架上，为信仰而死是一种效法基督的途径，光荣的牺牲可以换来灵魂在天国的幸福永生。他们鼓励自己，比起害怕一个今生必死的君王（尘世的皇帝），更应当惧怕一位永世长存的君主（天国的上帝）。就如《圣经》中所说："得着生命的，将要失丧生命；为我失丧生命的，将要得着生命。"（《马太福音》10∶39）

如何辨别"殉教者"是一个严肃的论题。希波的奥古斯丁（Augustine of Hippo）曾说，是理由（causa）而非遭遇（poena）造就了殉教者。[1]比如说，无罪的妻子被有疑心病的丈夫杀死，基督徒的孩子遭犹太人杀戮，或者为追求世俗的正义而遇害，这些情况从神学上来说都不能算作"殉教"。贝克特在教堂里惨遭杀害这点不假，但他是否罪有应得？他惹祸上身的"理由"足不足以支撑"殉教者"这个光荣的头衔？贝克特的支持者从多个方面回应了此类问题。

首先，贝克特的支持者把他塑造为一个勇敢而非莽撞的形象。贝克特在接受大主教职位时哀叹自己将会失去国王的感情，在和平协商时担心国王的承诺将会落空，这些判断基本准确。他在1170年5月的信中引用了教父西普里安（Cyprien）的一句话："如果一个主教害怕，他就完了！"[2]这说明他在遇害之前已经做好心理准备。贝克特生前的顾问、著名政论家索尔兹伯里的约翰（John of Salisbury）在12月的信中说，他们回到坎特伯雷是"在巨大的危险下等待上帝的救赎"。他还记录下贝克特在生死关头对骑士们所说的话："我准备为了我的上帝，为了保护教会的正义和自由而死。如

---

1 J. P. Migne, ed., *Patrologiae Cursus Completes, Series Latina*, Paris: 1844–1864, vol. 38, 1451. Anne Duggan, *Thomas Becket*, London: Arnold, 2004, p. 2.

2 Anne J. Duggan, ed., & trans., *The Correspondence of Thomas Becket, Archbishop of Canterbury, 1162–1170*, p. 1220.

果你们要我的头颅，我以万能的主的名义、以绝罚的威胁要求你们，不得伤害任何其他人——修道士、教士或普通教徒，无论他们等级的高低。不要惩罚他们，因为他们与此事无关；如果他们中有人曾支持困境中的教会，算在我的头上而不要算在他们的头上。我准备好拥抱死亡了，只要教会的和平和自由可以在我挥洒鲜血以后随之而来。"[1] 这些生动又震撼的"记录"把文学和历史糅杂在一起，一个自愿牺牲的英雄形象呼之欲出。

其次，贝克特的支持者特别谈到了他牺牲的"理由"。巴黎学者缪兰的罗伯特（Robert of Melun）曾说，在所有殉教的理由里，为信仰而死才是最重要的。[2] 然而，英国当时没有遭遇信仰危机，国王没想否定基督教的信仰或是脱离罗马天主教会，那么贝克特的牺牲是不是因此就没什么意义，达不到"殉教"的层次呢？索尔兹伯里的约翰对此的解释是：如果牺牲是为了真理、为了对国家或对邻人的爱，那么这也是一种殉教，历史上有很多这种例子。此时英格兰的基督教信仰看似没有动摇，这一点却更加突显这桩惨案多么可怕——施暴者居然也是基督徒！约翰感慨道，贝克特不是死于异教徒或敌人之手，杀害他的凶手都曾公开承诺服从上帝的法律，他们本应是他忠诚的朋友，因此他们的罪恶更甚于那些异教的罪犯。[3] 贝克特生前的另一位顾问伯斯汉的赫伯特（Herbert of Bosham）干脆打了这么一个比方：基督徒在主教座堂里谋杀大主教，就像儿子在母亲的子宫里杀死自己的父亲。[4]

再次，贝克特的支持者不但努力地为他打造一段"殉教"的经历，还强调他不为人知的"禁欲"的历史，因为这两者都是中世纪基督徒通往理想生活的重要途径。自从 4 世纪罗马皇帝皈依基督教以后，"殉教"的现象就不那么常见了，"禁欲"的意

---

1 W. J. Millor, and C. N. L. Brooke, eds., *The Letters of John of Salisbury*, Oxford: Canterbury Press, vol. 2, pp. 772, 730.

2 Beryl Smalley, *The Becket Conflict and the Schools: A Study of Intellectuals in Politics*, Oxford: Basil Blackwell, 1973, p. 57.

3 John of Salisbury, *Anselm and Becket: Two Canterbury Saint's Lives by John of Salisbury*, Ronald E. Pepin trans., Toronto: Pontifical Institute of Mediaeval Studies, 2009, p. 92.

4 J. C. Robertson and J. B. Sheppard, eds., *Materials for the History of Thomas Becket, Archbishop of Canterbury*, vol. 3, p. 510.

义逐渐凸显出来。基督教把男女之间的婚姻看作一桩圣事,生儿育女是其中必要的组成部分。不过,夫妻即使在合法的婚姻关系里也不应完全沦为肉体欢愉的奴隶,他们在完成生育的使命之后可以自愿选择虔敬纯洁的相处方式,它不但不会折损夫妻之情,还会令他们之间的关系得到升华。清除教士同居的陋习是 11—13 世纪教会改革的一项重要内容。修道士更应该摒弃尘世的羁绊,他们手上佩戴的戒指就是自愿为基督守贞的标记。中世纪有不少与自己欲望做斗争的圣徒故事。据说圣哲罗姆(St. Jerome, 347—420 年)在荒远的沙漠中与蛇蝎为伍,几乎从不吃烹煮过的食物;圣本笃(St. Benedict, 480—543 年)为战胜自己的性欲,赤身裸体地在荆棘丛中翻滚,直至浑身上下伤痕累累。在贝克特之前的三位坎特伯雷大主教——兰弗兰克(Lanfranc)、安瑟伦(Anselm)和西奥博尔德都曾在修道院里修行,但贝克特却是个例外,他生前还曾因享受奢华的生活和隆重的排场引来非议。然而坎特伯雷修道士的声明翻转了大家的这种印象:他们在为贝克特下葬时,才发现他一直在外衣底下秘密地穿着刚毛的衬衣。"看,这是一个真正的修道士和苦行者!看,这确实是一个殉教者,他不但在死亡的那一刻,而且在生前就忍受着(欲望的)折磨。"[1]

依照贝克特支持者所说,他生前的"禁欲"与死时的"殉教"交相辉映,在他身上融合了基督教的两种理想。而且据说在贝克特死后,欧洲各地纷纷出现各种关于他的传说和幻象。坎特伯雷的修道士有意识地将它们记录下来,仅彼得堡的本尼迪克(Benedict of Petersburg)在 1171—1177 年间就记下约 250 个。[2] 上帝通过贝克特彰显"神迹",这种超自然的现象似乎足以证明他的"圣洁"。不过,如果 12 世纪的信众想要集体、公开地纪念和崇拜一位"圣徒",还必须得到教会最高权威——罗马教宗的正式批准。

---

1 Benedicta Ward, *Miracles and the Medieval Mind: Theory, Record and Event, 1000–1215*, Philadelphia: University of Pennsylvania Press, 1982, p. 99.

2 Michael Staunton, *Thomas Becket and His Biographers*, Woodbridge: Boydell, 2006, p. 9.

三、封圣程序：教宗的决定和国王的许可

4 世纪时，一位大执事曾经斥责一位贵族妇女，因为她在圣餐礼之前亲吻一个死者的遗骨，然而此时教会尚未授予他正式的殉教者头衔。起初，通常由主教承担鉴定的责任：死者当地的主教调查死亡是不是为了基督教的信仰；然后这名主教再向其他教会、特别是向临近的教会讲述殉教的过程，这样就有可能获得其他主教的认可，让那些教区也为死者举办纪念的仪式。

11—13 世纪的改革派教宗逐渐把"封圣"的权力集中到自己手里，与贝克特同时代的教宗亚历山大三世（1159—1181 年在位）恰是这个过程中的关键人物。[1] 从历史事实来看，当时的德国皇帝和英国国王都认可"封圣之权"隶属于"教宗之职"。亚历山大在 1161 年应亨利国王之请，为最后一位盎格鲁-撒克逊国王忏悔者爱德华（Edward the Confessor, 1042—1066 年在位）封圣，而德国皇帝巴巴罗萨（Frederick Barbarossa, 1152—1190 年在位）则在 1166 年让他支持的"对立教宗"帕斯卡三世（Paschal III, 1164—1168 年在位）为查理曼大帝（Charlemagne, 800—814 年在位）封圣。从教会法发展来看，此时也出现了一个标志性的事件。在 1171 或 1172 年，亚历山大教宗在一封给瑞典国王的信里，谴责他的臣民不该崇拜一个因醉酒恍惚而丧命的人。[2] 教宗清楚地写道："你们未经罗马批准公开尊奉他为圣徒，这样是不行的。"[3] 他指出圣徒崇拜应受罗马教会控制，否则他信中提到的那种偏差可能会对教会和信徒造成严重的损失。从表述的方式来看，他是在清晰地阐述一个法律的原则而不是发表一次性的声明。[4] 这封信后来被 1234 年的《格列高利九世教令集》（*Decretals of Gregory IX*）收录进去，它就正式变成了教会的法律。

尽管教会法的正式规定与各地教会的真实情况不一定完全一致，"地方封圣"的

1　参见 E. W. Kemp, "Pope Alexander III and the Canonization of Saints: The Alexander Prize Essay," *Transactions of the Royal Historical Societ* (Fourth Series), vol. 27, pp. 3-28.

2　有学者认为，这个未被点名的"圣徒"是瑞典的圣埃里克。

3　J. P. Migne, ed., *Patrologiae Cursus Completes, Series Latina*, vol. 200, p. 629.

4　Danald S. Prudlo, *Certain Sainthood: Canonization and the Origions of Papal Infallibility in the Medieval Church*, Ithaca and London: Cornell University Press, 2015, pp. 33-34, 72.

古老做法从未在中世纪彻底消亡，但是到 13 世纪的时候，教宗的批准确实已是"封圣"的必要条件，"封圣"是"教宗全权"的一部分。圣徒崇拜不再是各地随意的行为，它们更加庄重和严肃。[1] 各地向教宗提出的封圣申请很多，因此他们有时会将这项权力委托给地方主教或教宗使节。正式的封圣是一个严苛而冗长的过程：先是地方上报神迹；然后是教宗派出使者实地探访加以核实；再后是召开公会议进行综合的考察；最终经罗马教会权威批准，正式将申请人列入圣徒名册，举办庆典进行纪念。这个过程可能长达数十年甚至数百年之久。

一些英国修道士在 1171 年向亚历山大教宗上呈一整套贝克特的"神迹"记录，正式请求他为贝克特"封圣"。这是一个棘手的问题：如果贝克特是圣徒，那么亨利国王愿意承受戕害圣徒的名声和罪责么？亚历山大教宗此时无法忽略英国国王的想法：德国皇帝在 1059 年的教宗选举中支持另一位"对立教宗"，亚历山大甚至无法长驻罗马，他亟需英、法两国国王承认和支持他的教宗地位。亨利国王显然应对贝克特遇害负有不可推卸的责任，但是如果过重地审判他，说不定会刺激他投入"对立教宗"的阵营，这将是亚历山大教宗最不想看到的局面。于是，教宗最终没有直接判处国王有罪，但呼吁他别进教堂参加宗教活动，直到他真心忏悔并对教会做出适当的补偿。这是一个"介于仁慈与正义之间的判决"[2]。1172 年 5 月，亨利国王公开承认自己对贝克特谋杀一案负有部分责任，他愿意为此付出一些代价，并做出承诺：英国国王将世世代代尊重教宗的权威。[3]

1　Michael Staunton, *Thomas Becket and His Biographers*, pp. 25–26.

2　J. C. Robertson and J. B. Sheppard, eds., *Materials for the History of Thomas Becket, Archbishop of Canterbury*, vol. 7, p. 478.

3　亨利与教宗使节 1172 年 5 月 16 日在戈龙、17 日在萨韦尼、19 日在阿弗朗什多次进行协商，21 日在阿弗朗什互换和平之吻。30 日，亨利在诺曼底首府卡昂的聚会上公开发誓：我，亨利国王，以神圣福音发誓，我没有计划、知晓或命令处死圣洁的托马斯；我听闻这次犯罪，如同得知自己儿子遇害一样悲痛和难过。但我不能为自己寻找借口，如果不是我失常和发怒，这位圣洁的人不会死。我没杀他，他却好像因我而死，为此我将立刻派出 200 名士兵前往耶路撒冷保卫基督教世界，他们将在那里驻扎一整年，或者我至少会支付士兵驻扎一年的费用。我还会佩戴主的十字标志三年，并亲自前往那里，除非罗马教皇允许我继续待在这儿。我会完全废除在我统治时所引入王国的非法习俗，并禁止人们遵守它们。此外我将允许人们自由地向教皇上诉，不会阻止任何人这么做。除了以上种种，我和我同是国王的长子发誓，我们和我们的继承人将从教皇亚历山大以及他的继承人那里享有和掌握英国王国。除非他们支持我们做基督教的国王，我们和我们的继承人不会自认为是英国真正的国王。Boso, *Boso's Life of Alexander III*, G. M. Ellis trans., Oxford: Blackwell, 1973, pp. 85–86.

接下来的封圣程序就很顺畅了。亚历山大教宗派出两位枢机核实贝克特死后的神迹并收到肯定的报告，然后他在 1173 年 2 月 21 日把封圣的消息通报给"整个基督教会的高级神职人员"："全能的上帝通过圣洁、令人敬重的前坎特伯雷大主教托马斯行使大能……他圣洁、神奇、光荣，在死后彰显神圣，他值得颂扬的一生闪耀许多无价的荣耀，殉教是这些荣耀的顶点……在所有教士和俗人面前，我们按照众位弟兄的建议进行封圣，把他（贝克特）加入圣徒的行列……我们敬告你们和整个教会：我们凭借自身的权威严格地要求你们每年在上述光荣殉教者去世的日子庄严地庆祝他的节日。"[1]教宗向各地教会的通报封圣的情况，这在历史上是具有分水岭意义的第一次。[2]

从 1170 年 12 月贝克特遇害到 1173 年 3 月教宗为其封圣，这之间还不到两年半的时间。这么快的封圣速度在中世纪极为罕见，以同样是由亚历山大教宗封圣的另两位圣徒为例可以清楚地说明这一点。坎特伯雷的安瑟伦也曾是坎特伯雷大主教，因圣职授职权与两任英国国王抗争，并两度流亡海外。他于 1109 年去世，1163 年封圣，期间间隔 54 年。克莱沃的伯纳德（Bernard of Clairvaux）是前任教宗尤金三世（Eugene III）的老师，曾创建过一座著名的修道院，并积极推动第二次十字军东征。他于 1153 年去世，1174 年封圣，期间间隔 21 年。这两位都是闻名遐迩的学者，享有崇高的声望，然而贝克特封圣的速度却比他们快了许多。这首先当然是因为贝克特死得极其惨烈悲壮，身后的传说也特别丰富逼真。但还有另一个更为重要的原因：亚历山大教宗曾经亲自帮助过贝克特，了解贝克特争论的来龙去脉，他想要借此机会，在基督教世界树立一个保卫"教会自由"原则的榜样。从教宗的个人经历来看，他为了求得罗马教会不受德国皇帝控制的"自由"，苦苦地抗争了 20 年，并在 1179 年取得胜利后召开第三次拉特兰大公会议（The Third Lateran Council），以完善教宗选举规则、整饬教会纪律、反对异端思想和发展神学与教会法。这个教会改革的计划中处处体现出"教会自由"的精神——它与贝克特生前与国王争论中的"诉求"不谋而合。

1　J. C. Robertson and J. B. Sheppard, eds., *Materials for the History of Thomas Becket, Archbishop of Canterbury*, vol. 7, pp. 547–548.

2　Danald S. Prudlo, *Certain Sainthood: Canonization and the Origions of Papal Infallibility in the Medieval Church*, p. 36.

1173 年 4 月英国爆发一起大规模叛乱，带头反叛亨利国王的是他的妻子和他们的几个儿子，他们与法国国王、苏格兰国王等一些外国势力结成联盟。贝克特遇害是他们否定亨利统治的理由之一，不过教宗和英国教会还是一直支持亨利。1174 年 7 月，亨利国王打着赤脚前去祭拜圣托马斯的陵墓，这可能是为了修补形象、巩固王位和求得胜利，也可能是为了缓解内心的压力、平息圣徒的怒火和重获王国的安宁。伦敦主教福利奥特（Gilbert Foliot）代表英国教会发言，他赞扬亨利谦卑和悔罪的精神，强调国王与圣徒之间已经完全和解。如果说贝克特从教宗那里获得了圣徒的头衔，那么他又从这次叛乱中获得了圣徒的力量。直到 16 世纪宗教改革运动以前，英国国王都不会阻碍人民去纪念或崇拜这位圣徒。

四、圣徒纪念：崇拜与朝圣

圣托马斯是中世纪第一个受到大众普遍敬拜的圣徒。[1] 他是基督教世界闻名遐迩的话题人物，他的故事被绘制在图画、玻璃和棺材上，还记载于十几部"圣徒传记"里。它们详细地讲述了圣徒的一生和纪念的理由，就像今天报上的"秘史"一样吸引眼球。[2]

贝克特生前曾经饱受批评，圣徒传记却用一种全新的角度来解读他以前走过的"弯路"：他担任过世俗的职务，但是他一直对穷人态度谦卑并过着禁欲的生活；国王把他推上大主教的高位，这违背了教会自由选举的原则，毫不光彩，但他正是在这个职位上与国王的权力对抗，失去恩宠也在所不惜；他签下对教会不利的《克拉伦登宪章》，但他很快就公开表示悔恨，并且从此意志更加坚定；他因担心自己的安危离开英国，弃自己的同事和教众不顾，但他惨遭杀害的事实证明这不是杞人忧天；他最终

1　参见 Raymond Foreville, "La diffusion du culte de Thomas Becket dans la France de l'Ouest avant la fin du XII siècle," *Cahiers de Civilisation Médiévale*, 1976, pp. 347-369。

2　R. C. Van Caenegem, F. L. Ganshof, *Guide to the Sources of Medieval History*, Oxford: North-Holland Publishing Company, 1978, p. 54.

勇敢地回来迎接死亡，这足以弥补他曾经犯下的种种过失，何况上帝已经通过他行使的"神迹"证实他"圣洁"的品性。在他们笔下，贝克特在上帝的恩典下从"旧人"变为"新人"，自觉地走上通向殉教的旅程。"我们确实认为他拥有疯狂的一生——当他不满足于先辈的局限、热衷于教会法律的时候，当他不让恩宠或恐惧左右自己、不畏惧失败和死亡的时候，当他反抗国王的时候。"[1] 传记作者还灵活地运用圣经中的人物，把作为"牧者"的圣托马斯比作领导犹太民族摆脱奴役、走进希望之乡的摩西（Moses）或大卫（David）；把流亡多年的他比作先从大马士革出逃、后来又前往耶路撒冷赴死的使徒保罗（Paul the Apostle）；把慷慨就义的他比作为信仰牺牲的亚伯（Abel）、撒迦利亚（Zachariah）、施洗者约翰（John the Baptist）和基督（Christ）；把他的敌人比作旧约里的暴君或新约里的法利赛人（Pharisees）和大祭司；把国王迫害他的亲属，比作希律王（King Herod）杀害无辜的人。[2]

圣徒在基督教世界享有非常特殊的地位。他们虽然无法达到"神"的高度，但也脱离了"人"的范畴。他们生前历经艰险，死后备受尊崇，因圣洁的品性和高尚的德性受到上帝特别关爱。而且他们有过真实的生活经验，同情凡人的不足和理解凡人的愿望，因此死后可以代表普通信徒向上帝祈祷并获得帮助。圣徒的"生"与"死"其实具有强烈的撕裂感：他们生前是真实存在的个体，追求良知、自我克制、与尘世疏离；但他们死后却是被塑造的形象，为各种群体——国家、教会、城市、行会等——所用，满足大众的想象和心理需求。尽管圣徒把自己的身体当作罪恶的容器和精神的敌人，但是人们还是收拢他们的遗骨，把它们当作"神迹"的载体和无价的宝石，接受信徒的顶礼膜拜。[3]

朝圣者的旅途通常十分辛苦，但他们可以借此自由地在各地通行，并在圣徒的墓前倾诉自己的愿望，期待圣徒能改变他们的逆境、宽恕他们的罪行、保佑他们获胜，

1　J. C. Robertson and J. B. Sheppard, eds., *Materials for the History of Thomas Becket, Archbishop of Canterbury*, vol. 4, p. 140.

2　Michael Staunton, *Thomas Becket and His Biographers*, p. 16.

3　Donald Weinstein and Rudolph M. Bell, *Saints and Society*, Chicago and London: The University of Chicago Press, 1982, pp. 141-142, 239-241.

特别是治愈他们的疾病。根据 1215 年第四次拉特兰会议的说法，疾病是一种身体的"不安"，它源自于人的"罪孽"。[1] 如此说来，病人与其寻医问药，还不如去祭拜一位圣徒。"在他（圣托马斯）遇难的地方，也是他彻夜长眠的地方，在高高的祭坛之前，也是他等待埋葬的地方，和在他最后被埋葬的地方，中风的被治愈，盲人可见，聋人可听，哑巴可讲，瘸者可行，发烧的人们被治愈，患麻风病的被洁净，被魔鬼缠身的被解脱，重病的从所有疾病中治愈，被魔鬼掌控的亵渎者精神错乱。"[2] 也许因为贝克特生前与国王对抗的形象深入人心，人们传说他是一个报复心很强的圣徒。他不但会治愈疾病和帮助弱者，还会惩罚祭拜不诚和供奉不足之人。[3] 在正反两面的宣传攻势下，大量病人和垂死之人涌向圣托马斯的陵墓，膜拜他带血的斗篷、衣服的碎片、头发和鞋子。他们花钱买掺了一点点鲜血的"圣托马斯之水"，还捐钱捐物，为坎特伯雷教会带去崇高的声望和丰沛的收入。乔叟（Chaucer）在 14 世纪以这些朝圣者的逸闻趣事为原型，著成文艺复兴时期不朽的文学名著——《坎特伯雷故事集》（The Canterbury Tales）。

中世纪的人们络绎不绝地来到圣托马斯的墓前，颂扬他勇敢和圣洁的美德，回忆他的磨难和战斗，纪念他出生和殉教的日子，甚至把他的父母——吉尔伯特和玛蒂尔达看作城市和行会的守护者。从积极的方面来看，这些行为有可能鼓励人民一心向善，提醒教士履行职责，督促王公贵族敬重教会、诚心行礼和照顾穷人。不少位高权重的人物曾经亲临坎特伯雷朝圣，比如曾经帮助过贝克特的佛兰德斯伯爵菲利普（Philip I, Count of Flanders）和法国国王路易七世（Louis VII）。英国国王也逐渐接受了这个现实：继 1174 年以后，亨利二世每次从大陆返回英国时（除 1188 年那次以外）都会前往坎特伯雷向圣托马斯致敬；1194 年，亨利之子狮心王理查德一世（Richard I）参拜贝克特的陵墓；1220 年，桑斯大主教（Archbishop of Sens）、坎特伯雷大主教和国王亨利三世（Henry III）一同把贝克特的遗体移至坎特伯雷的三一教堂，后来亨利四

1　Nigel Saul, *A Companion to Medieval England, 1066–1485*, Stroud: Tempus, 2005, pp. 224–225.

2　W. J. Millor, and C. N. L. Brooke, eds., *The Letters of John of Salisbury*, Oxford: Canterbury Press, vol. 2, p. 736. 对照《马太福音》10∶8；11∶5。

3　Benedicta Ward, *Miracles and the Medieval Mind: Theory, Record and Event, 1000–1215*, p. 97.

世（Henry IV）就埋葬在它的附近；亨利五世（Henry V）以它为起点启程，重燃英法两国之间的百年战争。圣托马斯成为上帝护佑英国的一个标志。

五、余论：12 世纪宗教、政治和文化的一曲合奏

贝克特惨遭杀害一事，说明中世纪教会与国家之间的矛盾有时极其尖锐，甚至会有一方（通常是国家）使用暴力来解决问题。不过在贝克特一案中，国王并没有因此而大获全胜。这首先是因为，教会的知识分子用他们的笔墨为贝克特建构起一个"圣洁"的形象，人民群众据此浮想联翩，主动对他发起纪念和崇拜的活动。其次是因为，尽管教宗没有深究国王在谋杀事件中所负的责任，但他为了要在基督教世界树立一个坚守"教会自由"精神的榜样，利用专属于自己的封圣权力，迅速将贝克特加入圣徒名册。再次是因为，贝克特之死还引发了贵族对国王统治合法性的质疑。最终亨利国王为平息叛乱，被迫对逝者表达忏悔之情，正式承认贝克特被"封圣"的事实。

简而言之，圣托马斯之所以能成为中世纪赫赫有名的圣徒，是因为传记作家为他描画圣洁的形象，改革派教宗将他迅速封圣，国王迫于政治形势承认他的圣徒身份，朝圣者长久不衰地对他顶礼膜拜。这几点在逻辑上环环相扣：圣洁才能封圣，封圣才能朝圣。不过它们在时间上时有交错，比如封圣以前已经出现一些自发的纪念活动，封圣以后又涌现一批歌颂圣徒的传记。尽管教会、国家和信众这三者对贝克特之死的关注点和着力点各不相同，但它们一起把贝克特推上圣徒的祭坛，并使他在数百年间得享声势浩大的纪念与崇拜。这样的例子尽管不多[1]，但它足以说明中世纪的教会制度、政治结构和大众文化紧密勾连，牵一发而动全身。

---

[1] 斯莫利曾对比圣艾伯特和圣托马斯两位圣徒。艾伯特是一位德国主教，他抵制德国皇帝侵犯教会选举自由的行动，得到教宗西莱斯廷三世的支持，然而依然难逃厄运。皇帝从没为此表示忏悔，只通过捐赠对教会做了一些补偿。尽管艾伯特的传记作者认为他有更充分的牺牲理由、更令人同情的遭遇和更热爱和平的美德，但是他早在 1192 年牺牲却直到 1612 年才进入圣徒名册，而且从未像圣托马斯那样拥有长期而广泛的圣徒崇拜与朝圣。Beryl Smalley, *The Becket Conflict and the Schools: A Study of Intellectuals in Politics*, pp. 208-215.

大多数圣徒身上的光芒都随着中世纪的结束而黯然失色。14 世纪文艺复兴后，越来越多的人文主义者对他们冷嘲热讽。16 世纪宗教改革的浪潮席卷英国，国王亨利八世为了达到离婚的目的与罗马教宗公开决裂。[1] 圣托马斯在历史上曾依靠教宗与王权抗争，于是成为宗教改革的第一个牺牲品。[2] 按照"新时代"的解读方式，贝克特维护教士的司法特权是蓄意破坏英国的安宁，他向罗马教宗上诉是叛国的行为，他与法国国王的密切联系是勾结外国敌对势力。如此说来，他无论在哪个方面都不配得到圣徒的地位，英国的圣徒名册自 1538 年 1 月起将他正式除名。政治重新书写了历史。[3]

时过境迁。与贝克特备受崇拜的那个时代相比，现今人们的生活方式和价值观念似乎发生了不少改变：宗教成为个人的私事；国民不论僧俗都由统一的法律管辖；自由属于全体人民，而不再是贵族或教会的特权。那么，为什么中世纪的圣徒依然还有吸引力呢？因为他们的人生曾在"时而软弱的人性"与"追求不朽的勇气"之间切换和纠结——我们也还是如此；因为他们的命运是当时政治、宗教和文化共同完成的一场激情合奏——我们通过他们，才能深刻地认识那段历史，也能反思我们的现在。

（本文作者为中共中央党校文史部世界史室讲师）

1　亨利八世与妻子阿拉贡的凯瑟琳没有男嗣，于是他以她曾是他寡嫂为由向教宗提出"婚姻无效"的申请。由于凯瑟琳是西班牙公主、神圣罗马帝国皇帝的姨母，教宗不愿批准这一请求。为此亨利不惜与罗马天主教会决裂，整个英国教会加入新教的阵营。

2　Anne Duggan, *Thomas Becket*, p. 238.

3　Thomas M. Jones, ed., *The Becket Controversy*, Introduction, p. 8.

阿奎那论意志软弱性

马明宇

解释意志软弱性这种现象的困难主要来自于两个似乎不可拒绝的直观。一方面，我们认为，至少存在着某些评估性判断（evaluative judgment），它们拥有一些特殊的性质，从而使其与纯粹的描述性判断（descriptive judgment）区分开来；进而，这种特殊的性质就是这类判断与人类行为之间所具有的紧密联系：评估性判断是指导行为的，甚至在某种更强的意义上能够产生行为。另一方面，我们认为存在着这样一些现象，这些现象表明：我们的行为往往与我们所做出的这类评估性判断相冲突。哲学史上把这样的现象称作 akrasia，不节制、意志软弱、道德软弱等等。这些现象是否确实可能，抑或只是我们直观上的错误描述以及如何解释这种现象，便成为行为哲学和道德哲学所要关心和解答的重要问题。

如果采取一种极端的内在主义立场，认为所有的评估性判断都与我们的行为、动机之间具有一种因果的、内在的或逻辑的必然联系，那么意志软弱的行为便是不可能的，真正的意志软弱现象是不存在的，我们的第二个直观是有问题的。相反，如果采取一种极端的外在主义立场，认为不存在任何评估性判断在实践推理方面具有任何特殊性质，它们与描述性判断在指导行为上不具有任何区别。也就是说，我们的行为在逻辑上可以完全不受所谓的"评估判断"的影响，而是由其他动机性因素所决定的。这种立场显然能够轻松地说明意志软弱的可能性，从而捍卫我们的第二个直观，但这种解释所付出的代价似乎也是很大的。首先，如果评估性判断实际上并不具有那些与行为、动机紧密相连的特殊性质，那么当我们的行为与其相冲突时，我们也不会对此产生任何困惑。就像在做出"这张桌子是白色的"这个判断之后,我们并不需要有任何行为举动来跟进这个判断。无论我们做出什么行为,这个行为与此判断的共存都不会产生任何难以理解之处。然而,事实上,意志软弱是一个困惑,是一个需要解释的哲学困难。通过理论上抹除评估性判断和描述性判断在实践推理方面的区别,无论这种消除是否成功,我们的困惑依然存在。在现在的语境下,这种困惑将转化为:我们何以前理论地认为评估性判断与纯粹描述性判断在指导行为方面是有区别的? 其次,彻底切断评估性判断与行为之间的内在联系,会对理解人类的意向性行为和实践理性产生严重的困难。因为我们确实认为在我们的意向性活动和实践理性中,评估性判断扮演着特殊的角色。我们的实践理性推理总是基于对各种证据的考量和所持有的一般性行为原则。在大多数情形下,向我们所开放的行为选择是众多的,其中不乏相互冲突的情况。这时候评估性判断就扮演着重要的角色。正如布拉特曼(Michael Bratman)所说,在实践理性中,我们是通过考虑"如何行为是最好的"(what it would be best to do)来解决"如何行为"(what to do)的问题的。[1]因此,对于意志软弱的说明似乎必须在以上两个极端之间选取一种温和的立场,这样才能对我们的直观做出合理的解释。

本文主要考察阿奎那对意志软弱性的解释。我们将会看到,阿奎那的解释基本上是在亚里士多德的框架下展开的。通过明确引入意志(will)这个概念,阿奎那不仅澄清了亚里士多德留下的许多解释上的困难,而且更好地说明了意志软弱的行为是如何发生的。在重构阿奎那的论证之后,本文试图将阿奎那的论证从其道德语境中抽取出来,放入当代行为理论对意志软弱讨论的一般背景中,从而更清楚地表明阿奎那的模型是如何解决意志软弱问题的。

1

阿奎那对意志软弱的讨论首先并不是在一般的实践非理性的背景下展开的,尤其

---

1 Michael Bratman, "Practical Reasoning and Weakness of the Will," *Noûs* 13 (1979), p. 156.

是当这种实践非理性被具体地表述为这样一种哲学困难，即我们何以可能不按照我们所判断为最佳的行为方式来行为。阿奎那的讨论给人的第一印象是在一个道德评判的语境下展开的[1]，他的主要目的在于澄清不同罪责程度的基础分别是什么，从而将意志软弱与别的更大或更轻的罪责区分开来。在《神学大全》(*Summa Theologiae*)中，阿奎那将意志软弱视为一种特殊形式的罪责，它是由感觉欲望的激情(passions of the sensory appetite)引起的。因此"由激情而引起的罪"(sins from passion)和"由软弱而引起的罪"(sins from weakness)在阿奎那看来是可以互换的两个表达式，描写的是同一个现象。在 *De malo* 中，阿奎那具体解释了"由 x (*ex aliquod*)而引起的罪"的意义。在这里，x 指引起罪的第一原理。[2] 通过这一解释，我们能够初步理解阿奎那将意志软弱和放纵区分开来的根据，即前者是"由激情而引起的罪"而后者是"由选择引起的罪"(sins from choice)，这两种罪责的第一原理是不同的。进一步的理解则需要我们对"选择"这个概念做出实质性的说明。

根据亚里士多德在《尼各马可伦理学》中的说明，"选择"是指去做理性认为好的事情的欲望，是某种"慎思的欲望"(deliberate desire)。进而，亚里士多德将"慎思"描述为一种思想或推理的过程，旨在确定某种行为方式以实现某个目的。在对意志软弱的论述中，亚里士多德持有这样一些主张：首先，意志软弱者的行为与其选择是相反的；其次，意志软弱者的选择是好的；再次，在某些场合下，亚里士多德认为意志软

1　道德上的关注无疑是阿奎那对意志软弱以及其他形式"罪责"讨论的一个侧重点。但这个讨论是能够比较容易地被普遍化为对一般实践理性和行为解释的讨论的。*Peccatum* 这个拉丁概念的内涵可以在沿着某个方向得到越发普遍化、一般化的解释。从神学语境开始，一般化到道德语境，最后到行为理论的语境。*Peccatum* 是对希腊语 *hamartia* 和 *hamartema* 的翻译，后两者能够表达"未能实现某个目标"、"未能达到某个标准"这样一些一般化的含义。实际上，阿奎那自己就对 *Peccatum* 已经进行了第一层次的普遍化，即从神学语境过渡到了道德语境。阿奎那指出：神学家讨论 *Peccatum* 主要指的是对神的冒犯，而道德哲学家则考虑的是对理性的冒犯。(*Summa Theologiae (ST)*, I–II, q. 71, a.6, ad.5: "Ad quintum dicendum quod a theologis consideratur peccatum praecipue secundum quod est offensa contra Deum, a philosopho autem morali, secundum quod contrariatur rationi. Et ideo Augustinus convenientius definit peccatum ex hoc quod est contra legem aeternam, quam ex hoc quod est contra rationem, praecipue cum per legem aeternam regulemur in multis quae excedunt rationem humanam, sicut in his quae sunt fidei.")

2　*De malo*, q. 3, a. 12, ad 5: "Dicendum quod cum dicitur aliquis peccare ex aliquo, datur intelligi quod illud sit primum principium peccati."

弱者并没有做出选择；最后，鲁莽的（impetuous）意志软弱者并没有慎思。这些主张以及亚里士多德在其他不同场合的说法似乎是相互冲突的。一方面，意志软弱者如果没有做出选择，那么何以称其选择是好的？另一方面，在对选择的说明中亚里士多德诉诸了"慎思"这样一个概念，那么在说鲁莽的意志软弱者没有慎思的时候，是否意味着亚里士多德运用了另一个"选择"的概念，这个概念是与慎思相分离的呢？根据米尔（Alfred Mele）的解释，亚里士多德并没有使用两个不同的"选择"概念，而是在倾向性（dispositional）的意义上来使用选择这个概念的。意志软弱者在道德倾向性上将选择正确的行为。他们与放纵的人或邪恶的人不同，后两者在倾向性上就会去选择坏的行为。[1]

这种道德倾向性的内容就是我们关于善恶的基本观念。在一个具体的实践三段论中，大前提来自于这样一些关于价值的普遍判断。小前提来自于感官知觉，目的在于将普遍判断与个别情形联系起来。当这两个前提结合在一起并产生欲望之后，我们便会根据我们的谋划来行为。在意志软弱者的实践三段论中，亚里士多德认为存在两个大前提，一个前提制止某种行为，一个前提允许这种行为。由于受到欲望或激情的影响，行为者会错误地评价当下的个别情形，从而使得那个本应该摒弃的大前提发挥了实际的作用，于是产生了违背我们道德原则的行为。比如，一个糖尿病患者在考虑自身的健康水平以及医生的建议之后，得出了关于什么该吃，什么不该吃的普遍判断。其中一条是"所有甜的东西都不该吃"。有一天当他看到自己最喜爱的甜点的时候，他难以控制其欲望，从而产生了第二个大前提，即"吃甜食是快乐的"。由于当下的欲望使得他没法按照那个禁止性的大前提行为，相反在第二个大前提下完成了他的实践推理，从而产生了意志软弱的行为。这里需要注意两点。首先，亚里士多德认为意志软弱者拥有关于什么是善的正确观念，在普遍知识上他并没有犯错，因此他的道德倾向性，即选择，是好的。其次，亚里士多德认为第二个前提并不反映意志软弱者关于善的观念，而仅仅反映的是他关于快乐的观念，只有放纵者才将快乐视

---

1 Alfred Mele, "Choice and Virtue," *Journal of the History of Philosophy*, vol. 19, Number 4 (October, 1981), p. 417.

为善。[1]

在这个问题上，阿奎那支持亚里士多德的前一个立场，而反对后一个。与亚里士多德一样，阿奎那也认为意志软弱者的道德倾向性是正确的，也就是说在倾向性的意义上他们的选择是好的，意志软弱者并不拥有扭曲的价值观。然而由于激情的影响，意志软弱者对于当下情形所做出的判断则是错误的，而这些个别判断才是我们行为的直接原则。因此，在对于所犯之罪所要负的责任程度上，"由激情引起的罪"相对于"由恶引起的罪"来说，就没那么严重，因为意志软弱者行为的意愿性程度要弱于放纵者行为所具有的意愿性程度。前者意愿性程度的减弱，在阿奎那看来是由于激情对理性和意志的影响而导致的。一个行为能够被称为我们需要对其负责的罪，仅当这种行为出自于自由意志。感官欲望所产生的激情能够以在先或在后的方式作用于自由意志。当激情以在先的方式作用于自由意志时，能够降低我们对自己行为的控制程度，从而减少行为的意愿性，也因此而减轻了我们的责任程度。[2] 进而，阿奎那论述了激情影响我们从普遍的、倾向性的知识下降到个别的、实际的知识的两种途径：第一，激情能够作用于主体方面，也就是影响灵魂的官能。激情能够将我们的注意力从普遍知识上转移开来。灵魂的功能总是基于灵魂的某个本质部分，如果其中一个部分的功能过于强烈，必然就会抑制其他功能的发挥；第二，激情能够作用于意志的对象方面。

1　相关讨论可参见 M. F. Burnyeat, "Aristotle on Learning to Be Good," in Amelie O. Rorty, ed., *Essays on Aristotle's Ethics*, Berkeley: University of California Press, 1980, pp. 83–88。

2　*ST.* I–II, q. 77, a.6 co. "Respondeo dicendum quod peccatum essentialiter consistit in actu liberi arbitrii, quod est facultas voluntatis et rationis. Passio autem est motus appetitus sensitivi. Appetitus autem sensitivus potest se habere ad liberum arbitrium et antecedenter, et consequenter. Antecedenter quidem, secundum quod passio appetitus sensitivi trahit vel inclinat rationem et voluntatem, ut supra dictum est. Consequenter autem, secundum quod motus superiorum virium, si sint vehementes, redundant in inferiores, non enim potest voluntas intense moveri in aliquid, quin excitetur aliqua passio in appetitu sensitivo. Si igitur accipiatur passio secundum quod praecedit actum peccati, sic necesse est quod diminuat peccatum. Actus enim intantum est peccatum, inquantum est voluntarium et in nobis existens. In nobis autem aliquid esse dicitur per rationem et voluntatem. Unde quanto ratio et voluntas ex se aliquid agunt, non ex impulsu passionis, magis est voluntarium et in nobis existens. Et secundum hoc passio minuit peccatum, inquantum minuit voluntarium. Passio autem consequens non diminuit peccatum, sed magis auget, vel potius est signum magnitudinis eius, inquantum scilicet demonstrat intensionem voluntatis ad actum peccati. Et sic verum est quod quanto aliquis maiori libidine vel concupiscentia peccat, tanto magis peccat."

处于激情影响下的行为者很难将其判断的对象从情绪关注的对象上转移开来，这些对象会显得格外具有吸引力，从而使得理性的判断受到想象和欲望能力判断的阻碍。[1]

然而，阿奎那并不认为，意志软弱者实践推理中的第二个大前提仅仅体现的是他关于快乐的观念而不是善的观念。首先，阿奎那将 *actus humani* 与 *actus hominis* 区分开来。前者是严格意义上的人类行为，而后者只是与人类相关的行为。其次，严格意义上的人类行为是指人之所以为人而发生的行为，也就是源自于理性灵魂的行为。再次，理性灵魂包括一个认知的能力，即理智，以及一个欲求的能力，即意志。严格意义上的人类行为因而就是产生于理智和意志的行为。最后，意志自然的欲求理智所设想为是善的对象；因而，从这两个能力而来的行为实际上就是来自于"慎思意志"（deliberated will）的行为。[2]

可见，意志总是欲求理智所设想为善的对象这一点在阿奎那看来是概念上为真的。在此，阿奎那认为苏格拉底的观点在某种程度上是正确的，即"每一种德性都是某种知识，而每种恶都是某种无知"。意志的对象总是某种善，要么是真实的善，要么是表象的善。意志有可能趋向一个真实的恶，但这个恶在激情的影响下向理智呈现的

---

1 *ST,* I–II, q. 77, a.1, co: "Respondeo dicendum quod passio appetitus sensitivi non potest directe trahere aut movere voluntatem, sed indirecte potest. Et hoc dupliciter. Uno quidem modo, secundum quandam abstractionem. Cum enim omnes potentiae animae in una essentia animae radicentur, necesse est quod quando una potential intenditur in suo actu, altera in suo actu remittatur, vel etiam totaliter impediatur. Tum quia omnis virtus ad plura dispersa fit minor, unde e contrario, quando intenditur circa unum, minus potest ad alia dispergi. Tum quia in operibus animae requiritur quaedam intentio, quae dum vehementer applicatur ad unum, non potest alteri vehementer attendere. Et secundum hunc modum, per quandam distractionem, quando motus appetitus sensitivi fortificatur secundum quamcumque passionem, necesse est quod remittatur, vel totaliter impediatur motus proprius appetitus rationalis, qui est voluntas. Alio modo, ex parte obiecti voluntatis, quod est bonum ratione apprehensum. Impeditur enim iudicium et apprehensio rationis propter vehementem et inordinatam apprehensionem imaginationis, et iudicium virtutis aestimativae, ut patet in amentibus. Manifestum est autem quod passionem appetitus sensitivi sequitur imaginationis apprehensio, et iudicium aestimativae, sicut etiam dispositionem linguae sequitur iudicium gustus. Unde videmus quod homines in aliqua passione existentes, non facile imaginationem avertunt ab his circa quae afficiuntur. Unde per consequens iudicium rationis plerumque sequitur passionem appetitus sensitivi; et per consequens motus voluntatis, qui natus est sequi iudicium rationis."

2 *ST,* 1a 79, 80, 82. 另参见 Scott MacDonald, "Ultimate Ends in Practical Reasoning," *The Philosophical Review*, vol. 100, No. 1, Jan., 1991, pp. 35–36。

却一定是某种善的表象。¹因此，在意志软弱者的实践推理中，阿奎那认为他们的理智确实已经得出了一个当下的行为是善的判断。也就是说，在阿奎那的解释下，意志软弱者实践三段论中第二个大前提不仅仅是说"吃甜食是快乐的"，而是"吃甜食的快乐是善的"，或者说"吃甜食的快乐是应该追求的"。正因为这样，阿奎那才能够比亚里士多德更明确地认为，意志软弱者选择了他的行为，尽管他产生的并不是"由选择而引起的罪"。

在这里阿奎那做出了另一个区分，即 *peccare ex electione* 以及 *peccare eligens*。上文解释了阿奎那对 *ex aliquod* 这个术语的用法，*aliquod* 指的是第一原则。*peccare ex electione* 并不是意志软弱者的罪责形式，因为意志软弱者的道德倾向性是好的，他关于善恶的普遍知识是正确的，因此作为倾向性的"选择"并不是他的罪责的第一原则，激情才是他的罪责的直接原因。相反，放纵者的道德观念是完全颠倒的，他的邪恶意志使得他从倾向上或习惯上就会把恶的东西当作是善的，因而作为倾向性的选择就是他罪责的第一原则。然而，阿奎那也认为意志软弱者尽管在普遍判断上没有失误，但是由于受到激情的影响，理智所做出的当下判断却将坏的当作好的，而意志则紧跟理智所认为的善，从而在另一个意义上选择了当下的行为，因此是 *peccare eligens*。可见，由于阿奎那明确地使用了"意志"这个概念，并将其运用于对行为的解释中，在他的框架下，选择既有倾向性的用法，也有发生性的用法。在 Prima Secundae, q78 中，阿奎那强调：激情会使得意志软弱者选择在没有激情影响下不会选择的行为。在这种情况下，意志软弱者选择了一个与其选择相违背的

---

1 *ST*, I–II, q. 77, a.2, co: "Respondeo dicendum quod opinio Socratis fuit, ut philosophus dicit in VII Ethic., quod scientia nunquam posset superari a passione. Unde ponebat omnes virtutes esse scientias, et omnia peccata esse ignorantias. In quo quidem aliqualiter recte sapiebat. Quia cum voluntas sit boni vel apparentis boni, nunquam voluntas in malum moveretur, nisi id quod non est bonum, aliqualiter rationi bonum appareret, et propter hoc voluntas nunquam in malum tenderet, nisi cum aliqua ignorantia vel errore rationis." 在 *De malo* 中，阿奎那也表达了类似的观点：意志总是指向理性认为好的对象，激情使得意志软弱者错误地认为当下的行为是好的。（*De malo*, q. 3, a. 9, ad 4: "Dicendum quod voluntas semper tendit in aliquid sub ratione boni. Sed quod aliquid appareat bonum quod non est bonum, quandoque quidem contingit ex hoc quod iudicium rationis est perversum etiam in universali, et tunc est peccatum ex ignorantia, quandoque vero ex hoc quod impeditur in particulari propter passionem, et tunc est peccatum ex infirmitate."）

行为。[1] 前一个选择是发生性意义上的选择，而后一个选择则是倾向性意义上的选择。道德倾向体现了一个人的道德原则以及对于善恶的普遍判断，但是我们的行为并不是直接基于这个普遍原则之上的。我们甚至可以去意愿一个与这个普遍判断相冲突的判断。但是一旦某个普遍原则与当下情形相结合从而产生了一个个别判断，那么我们的意志则必然会欲求这个判断所断定为善的东西。

这一发生意义上的选择究竟具有什么样的形而上学地位，在阿奎那的表述中并不是很清楚。*eligens* 是一个与 *peccare* 并列的分词，这两者间的关系至少可以做出三种理解：第一，*eligens* 是一个与 *peccare* 并列同时发生的两个行为。类似于"写论文的同时听着音乐"；但是我们并不清楚这种意义上的"选择"究竟是一种什么行为。根据阿奎那和亚里士多德解释行为的框架，每一种行为的解释都必须诉诸某一个具体的实践三段论，如果这里的"选择"是某个有别于 *peccare* 的行为的话，解释它的实践三段论是什么呢？是与 *peccare* 的实践三段论一样的吗？第二，*eligens* 与 *peccare* 是对同一个行为的两个描述。类似于"他扣动扳机开了一枪"。这里"扣动扳机"和"开了一枪"可以理解为对同一行为的两个不同描述。[2] 当下的这种选择就是某种罪，而当下的这种罪也就是一种选择。它们都是对同一种行为的不同描述。第三，*eligens* 与 *peccare* 是两个不同的事件，但 *eligens* 并不是一种行为。在这种理解下，又有两种方式来解释 *eligens*：一、由于这里的选择是发生意义上的选择，也就是说它总是处于某个当下个别情形中。阿奎那一再强调，意志软弱者的问题在于对当下情形做出了错误的个别判断。我们似乎可以认为这种

1　*ST.*, I–II, q. 78, a. 4, ad 3: "Dicendum quod aliud est peccare eligentem, et aliud peccare ex electione: ille enim qui peccat ex passione, peccat quidem eligens, non tamen ex electione: quia electio non est in eo primum peccati principium; sed inducitur ex passione ad eligendum id quod extra passionem existens non eligeret: sed ille qui peccat ex certa malitia, secundum se digit malum, eo modo quo dictum est [aa. 2–3]; et ideo electio, quae est in ipso, est principium peccati: et propter hoc dicitur ex electione peccare."

2　对这类例子的解释是存在争议的。Alvin Goldman 并不认为这是对同一个行为的不同描述，而是实际上涉及了两个不同的行为。Goldman 的论证见于：*A Theory of Human Action*. Princeton, New Jersey: Princeton University Press, 1970；以及 "The Individuation of Action," *Journal of Philosophy 68* (1970), pp. 761–774。对事件和事件描述进行区分的最佳论述来自于戴维森和 Anscombe: G. E. M. Anscombe, *Intention*. Oxford: Basil Blackwell, second edition, third printing, 1968; Davidson, "The Logical Form of Action Sentences," in *Essays on Actions and Events*, Oxford: Clarendon Press, 2001, pp. 105–122.

个别判断就是这里所说的选择；二、*eligens* 是意志的某种活动，是在理性做出个别判断、完成实践三段论后，意志对这种判断的某种认可、肯定的意向性活动。

如何判定这几种解释的合理程度，阿奎那的文本似乎并没有给出比较明确的答案。我们能够肯定的只是以下两点：首先，亚里士多德只是在倾向性的意义上使用了"选择"这个概念，而阿奎那则同时赋予"选择"以某种发生意义上的使用；其次，这种发生意义上的使用能够清楚地将意志软弱者的罪责程度与放纵者的罪责程度区分开来。一方面，这种发生意义上的选择突出了意志软弱者行为的意愿性，从而明确了意志软弱者应该对其行为负责。事实上，阿奎那认为除了理智和意志之外，人类还拥有一对低一级的认知能力和欲求能力，即感官知觉和感官欲望，这两个能力是与动物所共有的。然而，阿奎那否认人类能够直接在这两种能力的基础上行为。即便是从感官知觉而来的感觉欲望也只有在得到意志同意的情况下才能驱动人类行为。这是人与动物的一个重要区别。低级感官欲望并不能立即驱动人类行为，而是必须等待理性和意志的命令。[1] 另一方面，通过与"由选择而引起的罪"进行对比，阿奎那明确了意志软弱者的罪责要弱于放纵者，因为意志软弱者的倾向和习惯体现的是正确的道德

---

1 *ST*, Ia.q.81.a.3 co: "Respondeo dicendum quod irascibilis et concupiscibilis obediunt superiori parti, in qua est intellectus sive ratio et voluntas, dupliciter, uno modo quidem, quantum ad rationem; alio vero modo, quantum ad voluntatem. Rationi quidem obediunt quantum ad ipsos suos actus. Cuius ratio est, quia appetitus sensitivus in aliis quidem animalibus natus est moveri ab aestimativa virtute; sicut ovis aestimans lupum inimicum, timet. Loco autem aestimativae virtutis est in homine, sicut supra dictum est, vis cogitativa; quae dicitur a quibusdam ratio particularis, eo quod est collativa intentionum individualium. Unde ab ea natus est moveri in homine appetitus sensitivus. Ipsa autem ratio particularis nata est moveri et dirigi secundum rationem universalem, unde in syllogisticis ex universalibus propositionibus concluduntur conclusiones singulares. Et ideo patet quod ratio universalis imperat appetitui sensitivo, qui distinguitur per concupiscibilem et irascibilem, et hic appetitus ei obedit. Et quia deducere universalia principia in conclusiones singulares, non est opus simplicis intellectus, sed rationis; ideo irascibilis et concupiscibilis magis dicuntur obedire rationi, quam intellectui. Hoc etiam quilibet experiri potest in seipso, applicando enim aliquas universales considerationes, mitigatur ira aut timor aut aliquid huiusmodi, vel etiam instigatur. Voluntati etiam subiacet appetitus sensitivus, quantum ad executionem, quae fit per vim motivam. In aliis enim animalibus statim ad appetitum concupiscibilis et irascibilis sequitur motus sicut ovis, timens lupum statim fugit, quia non est in eis aliquis superior appetitus qui repugnet. Sed homo non statim movetur secundum appetitum irascibilis et concupiscibilis; sed expectatur imperium voluntatis, quod est appetitus superior. In omnibus enim potentiis motivis ordinatis, secundum movens non movet nisi virtute primi moventis, unde appetitus inferior non sufficit movere, nisi appetitus superior consentiat. Et hoc est quod philosophus dicit, in III de anima, quod appetitus superior movet appetitum inferiorem, sicut sphaera superior inferiorem. Hoc ergo modo irascibilis et concupiscibilis rationi subduntur." 另参见 MacDonald, "Ultimate Ends in Practical Reasoning," p. 36, n. 14.

观。这种个别情形下的错误选择对于意志软弱者来说是不稳定的，是他总体行为模式上的偶尔突变。我们对于"由于无知而引起的罪"所要负的责任最少，而对于"由于邪恶而引起的罪"所要负的责任最多，而对于"由于软弱而引起的罪"所要负的责任则处于这两者之间。

最后需要指出的是，从阿奎那对意志软弱的论述中，我们可以看到阿奎那对于意志及其活动，包括同意、选择，在软弱行为中所发挥的重要作用的强调。正是这些发自意志的行为，才使得意志软弱的行为是应该被谴责的。然而这并不意味着像沃森（Gary Watson）所说的"意志软弱"必须成为某种解释性的概念，从而当我们用这种方式来确定某类行为的时候，我们已经提供了最小的解释。[1] 从阿奎那对 *ex aliquod* 的论述中，我们可以看到尽管我们把这种行为称为"意志软弱"，但是意志软弱并不是这种行为的真正原因。激情直接影响我们是否能够成功地将普遍判断用于个别情形之中，从而形成一个符合或违背我们倾向性的具体判断。一旦这个判断形成，意志根本无所谓软弱或者强健，因为它都将必然追求理智所做出的这个判断所断定为善的对象。因此，"意志软弱"这个概念只是标志出一类现象，并没有发挥对行为的因果解释的功能。

2

阿奎那在道德语境中讨论意志软弱，产生了一些后果：首先，由于意志软弱者的普遍判断都是一些道德原则，也就是说，在实践中，道德的考虑被自动放在了我们价值评价的优先等级上，这使得阿奎那所讨论的实践三段论相对实际情况来说得到了很大程度的简化。这种简化一方面将非道德的考虑完全排除在外；另一方面正如戴维森（Donald Davidson）所批评的，在这种冲突的图景中，阿奎那的模型并没有很好的体现

---

1 Gary Watson, "Skepticism about Weakness of Will," *The Philosophical Review*, vol. 86, No. 3 (Jul., 1977), p. 326.

心灵所经历的重要的权衡过程。[1]

其次，无论在日常语言中，还是在理论上，我们不仅将"意志软弱"这个概念用于某些行为，我们也将其用于描述或者命名某种性格特征。我们不仅说某人所做的某种行为是软弱的，我们也直接说某人是软弱的。同理，"意志不软弱"或者"有节制"也同样被用于行为以及性格上。进而，当它们被用于性格特征时，我们可以引入"自控力"这个概念对其进行定义。两种性格对自控力的拥有和使用都不是绝对的：软弱并不是完全没有或者完全不会使用自控力，不软弱也不是拥有完美的自控力。在这个图景下，一个意志软弱的人可以做出意志坚定的行为，而一个意志坚定的人在某些情况下也有可能做出软弱的事。表面看来，阿奎那的讨论似乎符合这个图景。我们毕竟一再看到阿奎那强调道德倾向性、习惯、体现善恶价值观的普遍知识这样一些似乎属于性格层面的属性。然而稍加反思，我们就能发现，阿奎那的"意志软弱"在这幅图景下并不能找到恰当的位置。在习惯和倾向性上，阿奎那并不认为存在着软弱这样一种选择。因为软弱并不体现对"什么是好"、"应该做什么"的普遍判断。阿奎那的苏格拉底主义体现在对大前提的理解上，德性就是大前提所表达的普遍知识。意志软弱者在这方面是没有任何问题的，自控力的拥有和使用并不会改变他们的大前提，因为不会影响他们的习惯和性格倾向性。可以用一个略带悖论色彩的命题来描述阿奎那的主张，即"意志软弱者在性格上倾向于意志不软弱"，这类似于阿奎那所说的"意志软弱者选择了一个违背他选择的行为"。

然而，如果我们转换图景，将"意志软弱"限定在对行为的描述上，阿奎那的理论似乎也不能满足当下的语境。因为从逻辑上来说，我们没有任何理由认为某一类人不会做出意志软弱的行为。而阿奎那的讨论似乎从逻辑上就排除了某些意志软弱的可能性。根据这个理论，意志软弱属于道德评价和罪责程度的某个中间等级，许多我们在非道德语境下认为也会做出意志软弱行为的人，阿奎那实际上认为是不能够用意志软弱来评价的。尽管阿奎那明确地说有美德的人偶尔也会意志软弱，但是

---

1 Donald Davidson, "How is Weakness of the Will Possible," in *Essays on Actions and Events*, pp. 35–36.

对于邪恶的人、放纵的人，阿奎那似乎认为他们与意志软弱这个评价是不相关的。因为这意味着他们犯下了更严重的罪，却将得到更轻的审判。设想一个拥有颠倒价值观，倾向性上就爱作恶的人，有一天受到激情的影响，对某个个别情形做出了错误的判断，停止作恶并且行善。阿奎那并不会用意志软弱来评价这个人。从对罪的定义以及对责任程度的区分上，阿奎那就已经排除了用意志软弱来形容放纵的人、恶人的可能性。

因此，在阿奎那的图景下，一方面，由于意志软弱者和有美德者在习惯倾向、基本价值观上是无法区分的，我们很难将他对意志软弱的讨论纳入性格讨论的图景中；另一方面，由于必须区分意志软弱者和放纵者的罪责程度，我们也很难将他的讨论纳入行为讨论的图景中。

本文暂时搁置对意志软弱作为一种性格特征的讨论，同时认为阿奎那的理论能够比较容易地普遍化为一般的行为理论。首先，上文已经指出，"罪"这个概念可以进行一般化的解释，从而使其脱离神学、道德的背景，进入一般行为的语境。其次，阿奎那认为意志软弱在行为上有两个特点，一个是非持久性，长期来看意志软弱者的行为是符合他们的习惯倾向的。另一个是后悔，在意志软弱之后，软弱者会表现出后悔。一旦抽象掉意志软弱者和放纵者在道德责任上的区别，"非持久性"和"后悔"就将只是两个中性的概念。我们所设想的这个恶人，完全可以体现出这两个特点，从他的视角来看他的行为就是一种软弱，体现了一种第一人称视角下的非理性。阿奎那确实讨论过有恶习的人有时候也会做出好事，因为恶并不会完全破坏理性能力。出于无知或者激情，有恶习的人也会做出违背其习性的事情。在这种情况下，恶人并没有使用他的习惯。[1]

---

1 *ST,* I–II, q. 78, a.2, co.: "Respondeo dicendum quod non est idem peccare habentem habitum, et peccare ex habitu. Uti enim habitu non est necessarium, sed subiacet voluntati habentis, unde et habitus definitur esse quo quis utitur cum voluerit. Et ideo sicut potest contingere quod aliquis habens habitum vitiosum, prorumpat in actum virtutis, eo quod ratio non totaliter corrumpitur per malum habitum, sed aliquid eius integrum manet, ex quo provenit quod peccator aliqua operatur de genere bonorum; ita etiam potest contingere quod aliquis habens habitum, interdum non ex habitu operetur, sed ex passione insurgente, vel etiam ex ignorantia."

因此，阿奎那的理论在逻辑上并不必然要求他只能停留在道德语境中而不能在一般的实践理性问题下讨论意志软弱。在这个部分，我试图将阿奎那的讨论从其原有语境中抽取出来，放入当代行为哲学背景下来考察阿奎那的模型是如何解决意志软弱问题的。

首先，简要考察一下戴维森对意志软弱问题的表述和解决是有帮助的。戴维森认为意志软弱的困难来自于两个从实践理性而来的原则与我们相信意志软弱现象存在的直观之间的冲突。这两个原则是：

P1. 如果相对于 y 来说，一个行为者更想要去做 x，并且他相信自己能够自由地要么做 x 要么做 y，那么，如果他做 x 或 y 是意向性地做的话，他将意向性地做 x。

P2. 如果一个行为者做出了做 x 比做 y 更好的判断，那么，相对于 y 来说，他就更想要去做 x。[1]

正如戴维森所说，P2 表述了一种温和形式的内在主义，将"做什么更好的判断"与动机或"想要"联系起来。由于 P1 将"想要"和意向性行为联系起来，P1、P2 一起蕴含了：如果一个行为者判断做 x 比做 y 好，那么他将不可能意向性地做 y。

戴维森对意志软弱的定义是这样的：

在做出 y 这个行为时，该行为者是意志软弱的，当且仅当：(a) 该行为者意向性地做出 y；(b) 该行为者相信存在着另一个行为 x 是可供其选择的；(c) 该行为者判断到，基于一切考量 (all things considered)，做 x 将比做 y 好。[2]

这似乎与上面两个原则以及它们的推论相冲突。戴维森的解决方式是区分两类不同性质的判断。在意志软弱的定义中，相关的判断是"基于一切考量"的判断，而在 P2 中所涉及的判断则是某种裸判断 (all out)。意志软弱者可以反对前者而不能反对后者，其行为最终是在某个裸判断的指导下进行的，尽管这个判断与他"基于一切考量"的判断有可能是不一样的。

裸判断的"裸"究竟体现在什么地方呢？"基于一切考量"的判断与"裸判断"

---

1 "How is Weakness of the Will Possible," p.23.

2 "How is Weakness of the Will Possible," p.22.

也被表述为"初表（*prima facie*）判断"与"最终（sans phrase）判断"[1]以及"条件（conditional）判断"与"无条件（unconditional）判断"。如何理解这些区分，让我们随意地给出并考察两个实践三段论。[2]

PS1：

大前提（M1）：不要吃易于发胖的食物。

小前提（m1）：行为 a 容易导致肥胖。

结论（C1）：不要做 a。

PS2：

大前提（M2）：快乐是值得追求的。

小前提（m2）：行为 a 能带来快乐。

结论（C2）：做 a。[3]

戴维森认为，任何一个实践三段论的结论都只是某种初表判断或者条件判断。

1　*Prima facie* 和 *sans phrase* 的区分由 Ross 于 1930 年引入，用以区分两种不同种类的义务。在某个道德语境下，可以存在着多个 *prima facie* 的义务加在我们身上，这些义务不可能同时得到满足。在经过一定的道德反思后，我们最终会决定优先执行其中的某个义务，这个义务也就成为 *sans phrase* 的义务。参见 W. D. Ross, *The Right and the Good*. Oxford: Clarendon Press, 1930。

2　在实践推理中采取三段论的形式，可以说是被亚里士多德、阿奎那和戴维森所共同接受的。对戴维森而言，心灵内部的冲突正是由存在着相互冲突的实践三段论来刻画甚至定义的。而且也正是某些类型的冲突产生了意志软弱的现象。（参见 Davidson, "Paradoxes of Irrationality," in Wollheim and Hopkins, *Philosophical Essays on Freud*, 1982, pp. 289-305。）出于本文的目的，实践三段论的具体结构，如何表述其中的大前提、小前提，并不是一个特别相关的问题。关于如何表述亚里士多德实践三段论是存在争论的，本文在讨论实践三段论时将忽略这些细节，因为对本文来说也不是特别相关的。类似的讨论可参见: James Bogen and Julius Moravcsik, "Aristotle's Forbidden Sweets," *Journal of the History of Philosophy* 20 (1982), pp. 111-127；以及 James J. Waish, *Aristotle's Conception of Moral Weakness*, New York: Columbia University Press, 1963, pp.106-110, 144-158。

3　在经典的行为解释理论中，解释行为的理由具有一定的内在结构。不同的理论在设想这个结构的内在要素时存在差异。一般来说，这个结构必须包括信念和欲望两个成分。在一个实践三段论中，大前提和小前提似乎都只是信念。大前提是我们对于"什么是好、应该做什么"所持有的一个普遍判断，是指导行为的一般准则。小前提则是对当下情形所做出的个别判断。这个判断将大前提与当下情形结合起来，从而对行为产生影响。这么看来，作为解释行为的实践三段论似乎只包括了信念内容，而缺少欲望成分。一方面，我们可以认为实践三段论并没有穷尽解释行为的理由，在三段论外我们必须要假设欲望的存在。另一方面，值得注意的是，在亚里士多德和阿奎那的模型下，实践三段论其实已经包含了欲望成分。根据亚里士多德和阿奎那的认识论，小前提作为对当下情形的个别判断，其形成极大地受到感官知觉的影响。感官知觉依赖于身体器官，任何身体器官的变化都将影响这个个别判断。正是身体欲望的存在和影响，才使得意志软弱者对当下的个别判断出现了差错。设想一个具体的情形。晚饭以后，面对眼前的蛋糕，小王对其充满欲望。（转下页）

C1 和 C2 表面上看起来似乎是矛盾的，但这种矛盾其实是由于我们错误地理解了它们的逻辑结构。实践三段论的结论在逻辑结构上是不能够与其前提脱离开来的。它们所具有的初表特征，体现在其逻辑结构应该表示如下：

C1：pf（不要做 a，M1 且 m1）。

C2：pf（做 a，M2 且 m2）。

其中 pf（*prima facie*）是一个算子，其意义可以大致表述为：如果情况是如此这般，那么采取这样的行为就是恰当的。因此 C1 说的是：如果情况如 M1 和 m1 那样，那么就应该不要做 a。根据这种解释，PS1 和 PS2 尽管是两个相冲突的实践三段论，但它们并不是矛盾的。C1 和 C2 是相容的。

在对行为的因果解释中，M1 且 m1 以及 M2 且 m2 都构成各自三段论中行为的解释性理由。当然，在某个时刻和情形下，我们可以考虑这样一个句子：

pf（P（x），TR）. 其中谓词 P 表示"……是可允许的"；变量 x 的域是各种行为的集合；TR 表示所有理由的总体。

这就是戴维森所说的"基于所有考量"的判断。尽管在这个实践三段论中，前提是由我们所具有的理由总体所构成的，但本质上它仍然只是初表判断或者条件判断。根据戴维森的理解，在 pf 算子的影响下，所有实践三段论的结论都将与其前提绑在一起，任何将其与其前提分离开来的尝试都将产生不融贯的实践推理理论。[1]

（接上页）同时，一段时间以来，小王都持续地抱有获得美好身材、减掉身上多余脂肪的欲望。这个欲望在当下对蛋糕充满欲望的时候依然存在着。小王在饮食上持有两个指导行为的一般原则，分别是"所有快乐都值得满足"以及"拒绝所有不利于健康的饮食习惯"。经过一番内心冲突，要么吃蛋糕的欲望获胜，要么减肥的欲望获胜。在前一种情况下，小王做出了"吃这块蛋糕能让我非常快乐"的个别判断，成为实践三段论中的小前提。同时将"所有快乐都值得满足"这个原则作为当下推理的大前提。对后一种情况的处理是类似的。在此，我们可以看出，一个实践三段论中，大前提和小前提的运用，以及小前提的内容都受到了欲望的影响。亚里士多德和阿奎那都认为，普遍知识是不会受欲望和激情影响的，受影响的是个别知识。对这个主张的理解，需要做出一点澄清，才能更确切地理解什么叫作"受影响"或者用更隐喻的话说"像奴隶一样被拖拽"。首先，有必要区分知识的命题内容和知识在一个实践三段论中的运用。从上面的例子中，我们可以看到，个别判断或者小前提的命题内容是会受到欲望或者激情的影响的。同样是面对一块蛋糕，减肥欲望强烈的人或许会对其产生厌恶和排斥，做出"吃它是不好的"判断；而对一个对甜食毫无抵抗力的吃货来说，这块蛋糕无疑会对他产生强烈的吸引力，做出"吃它会让我非常快乐"的判断。而对于大前提来说，欲望和激情并不能改变它们的命题内容，但却能够影响它们的具体运用。在同一个个别情形下，欲望的影响能够决定我们是否运用某个普遍原则。因此，每一个实践三段论都是具体的、个别的。它使用了什么大前提、小前提又具有什么样的命题内容，对这两个问题的回答预设了欲望的存在和影响。

1 "How is Weakness of the Will Possible," p.37.

如果不受 pf 算子的影响，从而将 P(x) 与其前提分离开来，我们将得到赤裸裸的 P(x)。它直接告诉我们"做 x 是被允许的"，而不是"如果某些前提或者理由实现的话，做 x 就是被允许的"。这种不与任何前提绑定的句子，就是戴维森所说的"裸判断"或者"非条件判断"。

在做出这种区分之后，戴维森就能够说明意志软弱行为的逻辑可能性。因为，一个条件判断在逻辑上是不可能与一个非条件判断相矛盾的。意志软弱者条件性地做出了一个"基于一切考量"的判断，认为做 a 比做 b 好。然而他最终却在一个认为做 b 比做 a 好的非条件判断的指引下，意向性地做了 b。因此，他并没有根据他的"基于一切考量"的最佳判断而行为，但他的行为仍然是有理由的。从逻辑上说，我们不可能从一个条件判断过渡到非条件判断。不存在这样的逻辑蕴涵关系。这种过渡需要采用戴维森的"节制原则"，即我们应该根据那个基于理由总体的条件判断而行为，也就是按照"基于一切考量"的判断而行为。这尽管不是一个逻辑原则，却是一个实践理性原则。遵循这个原则的行为是合乎理性的，而意志软弱所体现的实践非理性正体现在对这个原则的违背上。

3

阿奎那对意志软弱可能性的解释在某种程度上与戴维森的思路是相同的。阿奎那也区分了两类不同形式的判断：普遍判断和个别判断。这两类判断共同存在于不同的实践三段论中。在此，我们认为普遍判断不仅仅是我们的道德原则，而是我们的一般行为准则和习惯倾向。更具体地说，可以用一个反事实条件句来定义这种行为倾向，即在正常情况下，如果不受到激情的影响，我们将会采取的行为指导原则。这些原则不仅仅是允许或者禁止，还包括复杂的价值排列顺序，是指导我们评估欲求对象的价值标准。在这个定义中，还涉及激情这个概念。严格意义上的激情都来自于感觉欲望，是所有伴随着生理变化的感受。也许有人会质疑说即便在不受激情的影响下，我们也可能违背我们的普遍判断而行为，这种行为似乎也应该被称为意志软弱。事实上，阿奎那承认存在着这样的行为。也就是说，在我们的心灵不受激情影响的时候，我们也有可能与我们的原则相冲突。阿奎那不仅认为对于那些拥有邪恶倾向的人而言这种现象是有可能发生的，即便是对于那些没有恶的倾向性的人来说，这也是可能的。我们当然可以以一种深思熟虑或不带感情的方式做坏事，但是这在阿奎那的道德语境下并不是"由软弱引起的罪"而是"由邪恶引起的罪"。[1] 可见，阿奎那的激情概念的外延是很广的，不带感情与深思熟虑几乎是同义词的。激情包含了理性谋划之外的所有因素。因而，即便不在道德语境中，我们也认为这种在不受到任何其他动机影响之下有意地、通过理性谋划地违背先前判断或者一般原则的行为并不是意志软弱，而是某种试图改变性格或者改变打算的行为。这样的行为者在事后并不会为此感到后悔。

将阿奎那对意志软弱的讨论从道德语境中抽象出来之后，本文提出两种解释可能性以表明阿奎那所拥有的理论资源如何能够回应当代行为哲学中意志软弱如何可能的问题。为了维持评估性判断与行为间具有的紧密关系，同时也为了承认意志软弱现象的客观存在，戴维森的方案提示我们：需要将评估性判断这块铁板打碎，从中分离出两类不同的判断。其中一类用来捍卫某种内在主义，保证这类判断应该具有的、与行为间的紧密联系；同时表明我们直观中所理解的意志软弱现象并不需要这类判断来得到定义。

阿奎那模型同样有资源来区分两种不同的评估性判断。在第一种可能的解释下，我们可以认为："意志软弱"这个概念的定义所要求的判断是普遍判断，而 P2 命题中的判断则是个别判断。也即，从逻辑来说，意志软弱者可以反对自己的普遍判断，而不能反对个别判断。从上文的论述中，我们已经看到，对于戴维森来说，一个实践三段论的结论是一个受到 pf 算子约束的句子，这种句子属于条件性判断。这意味着，一个实践三段论并不是一个演绎推理，经典逻辑中的 *modus ponens* 规则是不适用于实

1　*ST*, I–II, q. 78, aa. 2–3.

践三段论推理的。从"如果 p，那么 q"以及"p"，我们可以得出"q"。但在戴维森看来，实践三段论的结论并不具有 q 这样的逻辑结构，而是 pf(q, R)，其中 R 表示某个行为理由，即大前提和小前提。因此，实践三段论的结论与前提间并不是演绎的关系。这一点与亚里士多德传统下对实践三段论的理解是不一样的。对于亚里士多德和阿奎那而言，实践三段论与演绎性的理论三段论并没有本质和逻辑上的不同。他们是用同一套逻辑规则来处理理论三段论和实践三段论的。[1] 因此，对亚里士多德和阿奎那来说，一个实践三段论的结论至少是某个戴维森意义上的无条件判断。进一步，这个无条件判断与行为之间的关系，亚里士多德和阿奎那的理解是有差别的。亚里士多德认为这个判断就是行为本身，而阿奎那则引入了意志活动。

事实上，戴维森在 1963 年对于实践三段论也持有这种演绎的观点。那时他并没有区分条件判断和无条件判断，并且和亚里士多德一样，认为做出某个行为等同于得出某个实践三段论的结论。在对布拉特曼的回应中，戴维森明确地将这种观点赋予亚里士多德，进而指出这种观点的好处在于取消了理由和行为之间可能具有的任何中间角色，即意志的活动。[2] 这种观点会面临许多困难。其中一点在于，如果将实践三段论中的前提和结论理解为演绎的关系，并进而将结论和行为等同起来，我们似乎没有办法解释多个实践三段论共存的情况。在这种框架下，意志软弱以及一般的涉及心灵内部冲突的现象将包含着相互矛盾并且同时具有行为承诺的评估性命题。假设存在两个实践三段论，如果其结论的逻辑结构分别是 P 和 ¬P，那么通过 *modus pones*，我们将得到两个矛盾的命题；如果三段论的结论就是行为，意味着我们将在同一时刻做出相互矛盾的行为，这似乎是不可能的。正因为面对这样的困难，戴维森在 1969 年论述意志软弱可能性的时候修正了自己早期的观点，做出了条件判断和非条件判断的区

---

1 参见 Alexander Broadie, "The Practical Syllogism," *Analysis*, vol. 29, No. 1 (Oct., 1968), pp. 26–28；以及 Anthony Price, "The Practical Syllogism in Aristotle. A New Interpretation," *Logical Analysis and History of Philosophy* 11(2008), pp.151–162。

2 "Actions, Reasons, and Causes," *Journal of Philosophy* 60, 1963, pp. 685–700, reprinted in Davidson, 2001, pp. 3–19; "Replies," in Vermazen and Hintikka, eds., *Essays on Davidson: Actions and Events*, Oxford: Clarendon Press, 1985, pp.195–229, 242–254.

分。在这个时期，实践三段论的结论被等同于某个条件判断，而非条件判断则等同于行为。也就是说，戴维森仍然保留了某种判断与行为的等同关系，只是切断了这种判断与实践三段论的关系。

阿奎那的解决思路与戴维森的有所不同。阿奎那并没有切断实践三段论与非条件判断间的关系，仍然对实践三段论持有演绎的立场。但阿奎那并不认为非条件判断在逻辑上就等同于行为。刚才已经指出，戴维森早期将实践三段论的结论与行为直接等同的一个动机在于取消意志在两者之间能够发挥的中间作用。然而，强调意志的功能恰恰是阿奎那理论的核心。因此，对于阿奎那来说，既然已经设定了意志的活动，就不再有戴维森式的动机必然地要将实践三段论的结论和行为等同起来。无论意志如何发挥功能，只要其存在于结论和行为之间，就没有必要从逻辑上将它们等同起来。然而，持有这种非同一性立场并不意味着要否认实践三段论的结论与行为之间所具有的紧密联系。实际上，阿奎那认为，在一个自由行为中，意志必须意欲当下实践三段论的结论，从而产生相应的行为。可以说，在解释行为所具有的功能方面，意志的意愿活动与实践三段论的非条件判断是等价的。在正常的情况下，意志必然会意欲这个判断所断定为善的目标。在讨论恐惧是否能够导致非意愿性时，阿奎那强调由恐惧引发的行为所具有的混合特征，它们可以说一半是意愿性的、一半是非意愿性的。它的意愿性体现在：作为当下情形中一个具体行为，它符合此时此地行为者所做出的非条件判断；它的非意愿性体现在：如果从当下具体情形中抽离出来，反事实条件地来看待行为者的心灵状态，我们会认为，该行为者在不受恐惧影响的情况下并不会做出当下的举动。这种混合状态与由暴力引起的被迫行为不同。暴力是某种完全外在的力量，它们直接迫使行为者做出违背意志的行为；然而这也使得该类行为成为非自由的行为。因此，在自由行为的范畴内，意志必然追随实践理性的非条件性结论，而行为则必然追随这个当下意志。[1]

1　*ST.* Iᵃ–IIae q. 6 a. 5 co. "Respondeo dicendum quod violentia directe opponitur voluntario, sicut etiam et naturali. Commune est enim voluntario et naturali quod utrumque sit a principio intrinseco, violentum autem est a principio extrinseco. Et propter hoc, sicut in rebus quae cognitione carent, violentia aliquid facit contra naturam; ita （转下页）

当这个模型用于说明自由行为时，意志的中间作用体现得并不是很明显。因为，尽管非条件判断与行为间的直接等同被意志打断了，但在这幅和谐的图景下，行为最终还是必然地符合实践三段论所得出的结论。然而，这并不意味着意志的作用是冗余的。在解释非意愿行为或者混合行为的非意愿方面时，这种独立存在的意志活动所具有的功能就将得到充分的体现。在讨论出于恐惧的行为和出于邪欲的行为的区别时，阿奎那指出，出于恐惧的行为者在当下仍然保留着先前的意愿，而出于邪欲的行为者则不保有先前的意愿。显然，只有承认存在着在本体论上独立于行为的意志以及意愿，我们才能理解这个区分。然而，也正是因为出于恐惧的行为者保有这种未被行为实践的意愿，他的行为从这个意义上来说具有不自由的成分。[1]

有趣的是，1978 年的戴维森又对自己 1969 年的模型进行了修正。这个修正让他的观点更加接近于阿奎那的立场。非条件判断与行为间的等同关系在此被否定了。

（接上页）in rebus cognoscentibus facit aliquid esse contra voluntatem. Quod autem est contra naturam, dicitur esse innaturale, et similiter quod est contra voluntatem, dicitur esse involuntarium. Unde violentia involuntarium causat." Iª–IIae q. 6 a. 6 co. "Respondeo dicendum quod, sicut philosophus dicit in III Ethic., et idem dicit Gregorius Nyssenus in libro suo de homine, huiusmodi quae per metum aguntur, mixta sunt ex voluntario et involuntario. Id enim quod per metum agitur, in se consideratum, non est voluntarium, sed fit voluntarium in casu, scilicet ad vitandum malum quod timetur. Sed si quis recte consideret, magis sunt huiusmodi voluntaria quam involuntaria, sunt enim voluntaria simpliciter, involuntaria autem secundum quid. Unumquodque enim simpliciter esse dicitur secundum quod est in actu, secundum autem quod est in sola apprehensione, non est simpliciter, sed secundum quid. Hoc autem quod per metum agitur, secundum hoc est in actu, secundum quod fit, cum enim actus in singularibus sint, singulare autem, inquantum huiusmodi, est hic et nunc; secundum hoc id quod fit est in actu, secundum quod est hic et nunc et sub aliis conditionibus individualibus. Sic autem hoc quod fit per metum, est voluntarium, inquantum scilicet est hic et nunc, prout scilicet in hoc casu est impedimentum maioris mali quod timebatur, sicut proiectio mercium in mare fit voluntarium tempore tempestatis, propter timorem periculi. Unde manifestum est quod simpliciter voluntarium est. Unde et competit ei ratio voluntarii, quia principium eius est intra. Sed quod accipiatur id quod per metum fit, ut extra hunc casum existens, prout repugnat voluntati, hoc non est nisi secundum considerationem tantum. Et ideo est involuntarium secundum quid, idest prout consideratur extra hunc casum existens."

1 *ST.* Iª–IIae q. 6 a. 7 ad 2: "Ad secundum dicendum quod in eo qui per metum aliquid agit, manet repugnantia voluntatis ad id quod agitur, secundum quod in se consideratur. Sed in eo qui agit aliquid per concupiscentiam, sicut est incontinens, non manet prior voluntas, qua repudiabat illud quod concupiscitur, sed mutatur ad volendum id quod prius repudiabat. Et ideo quod per metum agitur, quodammodo est involuntarium, sed quod per concupiscentiam agitur, nullo modo. Nam incontinens concupiscentiae agit contra id quod prius proponebat, non autem contra id quod nunc vult, sed timidus agit contra id quod etiam nunc secundum se vult."

戴维森最终还是引入了"意向性"这个概念，并进而将其与非条件判断等同，而与行为区别开来。[1] 从此，我们的行为不仅可以违背当下做出的"基于一切考量"的判断，也可以违背当下做出的裸判断或者非条件判断。因为，后者只是一个纯粹的、指向未来的意向性，而不再从逻辑上等同或者蕴含任何具体行为。然而，这个观点是阿奎那不能完全接受的。我们的行为可以违背当下实践三段论所做出的裸判断的唯一情况，在阿奎那看来，只有当这种行为存在非意愿性成分的时候。一个自由的、意愿性行为是不可能违背这种判断的。

这样的话，阿奎那的模型似乎就仍将面临戴维森 1963 年模型所面临的困难，即：在自由行为的范畴中，当一个行为者拥有相互矛盾的实践三段论时，他将在当下同一时刻既产生又不产生同一个行为。我们已经看到，戴维森通过引入两个理论上的区分最终彻底解决了这个困难。而阿奎那的解决办法则是直接否定这个困难的真实存在。在沿用亚里士多德的语言讨论问题时，阿奎那的表述似乎肯定了一个意志软弱者内心不止拥有一套实践三段论，但仔细阅读文本会发现：阿奎那其实只承认存在着两个大前提、一个小前提和一个结论。也就是说，其中一个三段论是不完整的，它的小前提并没有得到表述，因而也没有得出任何结论。在意志软弱者的心灵中，确实存在着两个大前提，一个是禁止性的，一个是容许性的。前者体现的是他所拥有的正确的价值取向和行为习惯。然而，在激情的影响下，软弱者并没有能够成功地给出隶属于前一个大前提下的小前提，而是给出了后一个大前提下的小前提，并进而在这个三段论下得出了结论、产生了行为。[2] 因此，意志软弱者以及一般的行为者并不会真正地面临着多个完整的、现实的、具体的实践三段论的对立冲突，冲突的只是两个大

1　"Intending," in Davidson, 2001, pp. 83–102.

2　*ST*, I–II, q. 77, a. 2, ad 4: "Dicendum quod ille qui habet scientiam in universali, propter passionem impeditur ne possit sub ilia universali sumere, et ad conclusionem pervenire; sed assumit sub alia universali, quam suggerit inclinatio passionis, et sub ea concludit; unde Philosophus dicit in VII Ethic. [1147a24] quod syllogismus incontinentis habet quatuor propositiones: duas particulates: et duas universales; quarum una est rationis, puta nullam fornicationem esse committendam; alia est passionis, puta delectationem esse sectandam: passio igitur ligat rationem, ne assumat et concludat sub prima; unde ea durante assumit et concludit sub secunda."

前提。

这也为我们提示了另一种方式来理解阿奎那如何解决意志软弱可能性的问题。在第一种解释下，"意志软弱"这个概念的定义所要求的判断是某个普遍判断 U1，而 P2 命题中的判断则是某个个别判断 C2。（U 和 C 旨在被理解为两个命题变量。数字用来标示它们属于不同的实践三段论）现在，我们也可以认为，在阿奎那模型下，"意志软弱"的定义所涉及的是在 U1 这个大前提下得出的结论 C1，而 P2 命题中所说的判断仍然是 C2。问题只在于，C1 并不具有任何现实性。它是一个潜在的结论，或者说倾向性意义上的结论，可以通过反事实条件来得到说明，即：在不受到激情影响下，该行为者将现实地做出的结论。

4

对戴维森 1969 年模型的一个批评是这样的：即便将判断区分为"基于一切考量"的类型以及"无条件"的类型这一点是可理解的，我们仍然怀疑：当做出了一个无条件的裸判断之后，是否仍有可能不按照这个判断行为。因而，意志软弱的可能性问题也许只是被推后了，并没有得到满意的解释。戴维森 1978 年的模型告诉我们，这种可能是存在的：裸判断仅仅产生了一个相应的纯粹意向性，而相应的行为有可能是不存在的。

这其实意味着，戴维森已经修改了对"意志软弱"的定义。"意志软弱"不再是违背"基于一切考量"的判断的行为，而是违背裸判断的行为。同时，P1、P2 两个原则所表达的判断、欲求、行为之间的关联也被打破了。沃森和米尔都乐于接受这种破裂。他们区分"想要"的两个含义：评估性含义和动机性含义。在前一个意义上，当我们说某人相对于 y 更想要做 x 的时候，我们指的是在价值评价上，y 的排列高于 x；而在后一个意义上，当我们说某人相对于 y 更想做 x 的时候，我们指的是这个人被更强的动机驱动去做 x 而不是 y。通过这种区分，P2 是真的，仅当我们在评估的意义上来理解"想要"；而 P1 是真的，仅当我们在动机的意义上来理解"想要"。[1] 于是，判断和行动之间的联系就被"想要"的两种含义给切断了。这种区分的根据在于相信在我们的理性判断之外存在着一些独立于认知的动机来源，这些意动性（conative）成分是独立于认知能力起作用的。我们有一部分行为动机与我们关于行为的认知判断是不相关的，这种意义上的动机对于我们而言是外在（alien）的。

然而，阿奎那并不会接受在意志软弱行为中存在着这样一种独立于理智能力的动机来源，用他的术语来说，激情的影响不可能是完全外在的。在意志软弱的情况中，激情的影响总是通过理智来完成的，只有通过阻碍理智认识特殊情形，我们才能得到一个意志软弱的案例。我们已经看到，阿奎那比较了从恐惧而来的行为以及从强烈邪欲而来的行为。在这段讨论中，这两个行为者都已经在某个时间点上做出了某个个别判断，从而形成了一个意愿。然而，在前者中，激情的影响完全独立于这个判断的，是从外而来的一种影响。因而，在他的行为过程中，阿奎那认为始终保留着先前形成的那个意愿，但这时的行为是非自愿的、被迫的。而在后者中，激情的影响并不独立于理智，而是使得理智改变了他先前做出的那个意愿，形成了一个新的意愿。因此，意志软弱者行为的第一原则在一定意义上也在内在，激情的影响必须通过某种内化的方式才能产生出一个软弱行为，否则只是某种强迫的、非意愿的行为。正是因为把这种非理智的动机设想为完全外在的，沃森才得出结论：通过驱动行为者违背自己的最佳判断而行为的能力这一点并不能够将软弱和强迫区分开来。[2] 阿奎那的模型告诉我们，这种能力虽然在结果上都使得行为违背自己的最佳判断而行为，但是达到这个结果的方式却是不一样的，一个是通过影响理智而发挥作用，另一个则是独立于理智而发挥作用的，正是这种方式上的不同将软弱和强迫区分开来。

至此，我们可以比较清楚地看到在处理意志软弱问题过程中所呈现出来的辩证特征。戴维森 1969 年模型提供了一个经典的模板，区分两类不同的评估性判断，其一

1　Gary Watson, "Skepticism about Weakness of Will," p. 321；以及 Mele, "Akratic Action: Causes, Reasons, Intentions," in *Irrationality: An Essay On Akrasia, Self-Deception And Self-Control*, New York: Oxford University Press, 1987, p. 37。

2　Gary Watson, "Skepticism about Weakness of Will," pp. 326–327.

用来捍卫某种内在主义, 其二用来捍卫我们对意志软弱的直观。在这个模板下, 任何认为存在着某种命题以至于我们的行为无法违背的时候, 我们都可以试图将这个命题放入第一个类型中, 而强调"意志软弱"的定义并不需要这样的命题。相反, 在这个模板下, 无论选取什么样的命题来充当前者的角色, 人们总是能够追问:"我们的行为真的就不能违背这个命题吗?"面对这样的追问, 戴维森最终认为不存在任何评估性判断是我们的行为不可违背的, 这意味着放弃了经典模板。这时, 为了捍卫我们对意志软弱的直观, 沃森和米尔为我们提供了一种可能的途径, 即引入完全外在、独立于理智而发挥作用的动机来源。阿奎那否认在自由行为中存在这种来源, 仍然坚持经典模型就是一个非常自然的结果。

5

在戴维森 1969 年模型所定义的意志软弱行为的三个要素中, 上面的讨论主要关注意向性和最佳判断。最后, 我们简要地考察一下自由和强迫的问题。对这个问题的讨论, 我们可以在沃森所提出的怀疑论背景下展开。沃森的怀疑论主要针对这样一个信念, 即: 与我们的最佳判断相违背的行为是自由的。这里的自由是在可以以别的方式行为的意义上来理解的。因此, 意志软弱者在行为的那个时刻被认为是有能力抵制这种行为的。[1]

沃森的论证分为两步。首先, 引入自我控制这种能力作为区分软弱行为和强迫行为的标准; 其次, 对意志软弱者在其行为的时刻不具有这种能力提供一个论证。在第一步中, 沃森提出了两个通常用来区分意志软弱和强迫行为的标准。第一个是"驱使行为者违背其判断而行为的能力"。沃森认为这一点不能将软弱行为和强迫行为区分开来, 因为这两种行为是在同一个意义上被描述为违背行为者的最佳判断的。上文我

1　Gary Watson, "Skepticism about Weakness of Will," pp. 317, 334.

们已经阐述了阿奎那对这一点的回应，即意志软弱和被迫行为虽然都体现为违背我们的最佳判断，但是前者是由激情通过影响理智而实现的，而后者则是由激情独立发挥作用而实现的。第二个标准是"诉诸相反动机的强度"。沃森指出，对动机强度的判断标准最终又回到了行为上，因而这个标准实际上可以还原为上一个标准。最后沃森指出，必须通过引入一般自我控制能力这个概念才能独立于行为来说明动机强弱这个概念，从而才能将意志软弱者和被迫行为者区分开来。前者没有能够发展并维持这样的一般自我控制能力，在其行为时刻，他并不具备这种自我控制能力；而后者则是即便发展并具备自我控制能力，但也无法抵制他的当下行为。[1]在第二步中，沃森论证了为什么意志软弱者在其行为时刻并不具有自我控制能力。如果该行为者具有这种能力，而没有成功实践，那么我们需要对此加以解释。这种解释有两种可能。一、该行为者选择不去使用这种自我控制能力。由于自我控制是一种特殊的能力，是用来对抗与我们的最佳判断相冲突的动机的能力，因而我们如果选择不使用这种能力似乎就意味着我们改变了我们的最佳判断，那么该行为就不再是一个意志软弱的行为；同时，这种解释也不能够将意志软弱者与自我放纵者区分开来。因此是不合理的。二、该行为者制止该行为的努力是不充分的。这种解释实际上是转移了解释的对象，从解释为什么没有成功地实践自我控制能力转到解释为什么努力是不充分的。沃森认为对于后者我们找不到合理的解释，因此我们有理由怀疑这种主张是合理的。

对于第一种解释，肯特（Bonnie Kent）认为，阿奎那与沃森的观点是一致的，都会拒绝这种解释，理由也是这种解释不能将意志软弱和自我放纵区别开来。[2]本文认为，两者的论证都是不成立的。沃森拒绝这种解释的两个理由之所以是不合理的，一是因为他缺乏理论资源，二是错误地理解了选择这个概念。在沃森的框架下，某个行为者做出了某个判断，认为不做 a 是好的，然而该行为者却有很强的动机去做 a。这时，如果该行为者选择不去实施自我控制就意味着他做出了另一个判断认为做 a 是好的。

1　Gary Watson, "Skepticism about Weakness of Will," pp. 327–330.

2　Bonnie Kent, "Aquinas and Weakness of Will," *Philosophy and Phenomenological Research*, vol. LXXV, No. 1, July 2007, p. 87.

于是该行为者经历的只是一个改变主意的过程，并不是一个意志软弱的案例。同时沃森认为"选择"意味着将某人的一般价值原则运用于实际情况，因此如果该行为者选择不去实施自我控制，意味着他拥有一个自我放纵的价值，从而使得他不再是一个意志软弱者而是一个自我放纵者。在这一点上肯特的理由是一样的。然而，本文认为，在阿奎那区分了普遍判断和个别判断之后，说一个行为者选择不去实施他的自我控制能力是可以成立的。因为该行为者的选择是在具体的个别判断下进行的，这里的个别判断已经断定了某个对象是善的、值得追求的，因此与这个判断相一致地选择不去实施自我控制，并不存在任何改变主意的过程。在沃森框架下认为被改变的主意在阿奎那这里是某个普遍判断，而这个普遍判断并没有改变。其次，选择并不意味着是将我们的一般价值原则运用于当下情形，而是根据我们的当下个别判断而展开的。因此，当意志软弱者选择不去实施自我控制的时候，并不能由此得出结论说该软弱者的一般行为倾向就是自我放纵。他的一般行为倾向或普遍判断仍然是认为节制比放纵好，因此并没有将意志软弱的案例划归在自我放纵当中。

对于沃森的第二个论证，首先，从结论上说，阿奎那并不赞成意志软弱者在其行为的时刻并不具有一般自我控制能力的观点。其次，从论证上，阿奎那并没有明确地表明我们如何能够对意志软弱者的这种失败给出一个最终的说明；但我们可以根据阿奎那理论的基本精神为其提供至少一种可能的解释。阿奎那认为，说某人在行为的时候不能抵制激情的影响，相当于说此人已经丧失了理性的使用能力，而丧失理性的使用能力意味着该行为不再是意志软弱的行为。阿奎那认为，意志软弱者在其行为的时刻是能够控制其自身的，是具备一般的自我控制能力的，因为他并没有丧失理性的使用能力。上文已经论述过，在意志软弱行为中，激情的影响是通过阻碍理智而完成的。因此，在阿奎那模型下，自我控制也主要发生在理智中，是通过理智抵抗激情的影响而完成的。这种自我控制的能力并不像米尔所设想的分散和展现在评估和动机两个领域[1]，因此，只要拥有正常的理性使用能力，就拥有正常的自我控制能力。而如

1　Mele, "Self-Control and the Self-Controlled Person," in *Irrationality*, p. 53.

果不拥有正常的理性使用能力，那么该行为也不能被称为意志软弱。对意志软弱者自我控制的失败可以做出以下的解释：理智在进行实践三段论的过程中，有可能不能将正确的大前提运用于当下的情形，或者错误地判断当下的特殊情形。理智在进行自我控制的时候同样也会出现这样的问题。尽管意志软弱者拥有正常的自我控制技巧，但是在他失败的案例中，他没有能够将这些一般的技巧合理地运用到当下的情形中，错误地判断了应该运用什么样的技巧，或者根本不知道应该将什么样的技巧运用于当下的特殊情形。正因为如此，意志软弱者虽然具备正常的理性使用能力和自我控制能力，但还是没有能够成功地实施自我控制。总之，在阿奎那的模型下，我们可以认为，意志软弱者要么选择不去实施自我控制，要么实施自我控制的努力失败了。这两种可能性都表明了意志软弱者的行为是自由的。

（本文作者为比利时鲁汶大学哲学系博士研究生）

教宗国的领土化

论格里高利九世 1239 年对腓特烈二世的绝罚

李文丹

欧洲中世纪史中，罗马教会占据核心地位。罗马教会的历史可以分为两段：在前一段中，教会经常依靠世俗统治者为宗教事业服务；在后一段中，教会与世俗统治者互为对手，纷争频现。[1] 这两段历史的分水岭便是 13 世纪上半叶。在 13 世纪上半叶中，罗马教会最重要的转变便是教宗国的"领土化"。教宗国由私权性质的"地产"（patrimonium）发展为公权性质的"领土"（territorium）。[2] 在"领土化"的过程中，教会与世俗统治者发生激烈冲突，其发端便是 1239 年的一次绝罚。这次绝罚深刻影响了罗马教会和神圣罗马帝国的命运。由于这次绝罚，罗马教会声望受损，斯陶芬王朝由盛及衰，意大利的政治关系陷入混乱，教会与帝国的均势和谐就此终结。[3]

前人对 1239 年绝罚的研究论述丰富，但仍存在诸多疏漏。前人研究无法解答：为什么 13 世纪的政教冲突比以往更为激烈？为什么罗马教廷对斯陶芬王朝的统治极度焦虑？教权力求压制皇权，是因为教权的急剧膨胀吗？这一系列问题的症结在于前人的研究忽视了教宗国的"领土化"进程。本文通过对 1239 年绝罚根本原因的研究，试图拓展对这次绝罚的认识，完善对罗马教会历史转折的分析，从而加深对中世纪政

1　James Powell, *Innocent III: Vicar of Christ or lord of the world?* Boston: Heath, 1963, p. 2.

2　教宗国的"领土化"概念详见文本第三节。

3　参见：Joseph Felten, *Papst Gregor IX.*, Freiburg im Breisgau: Herder, 1886, p. 1; Ernst Kantorowicz, *Kaiser Friedrich der Zweite: Hauptband*, Stuttgart: Klett-Cotta, 2010 (1927), pp. 429–430; Klaus Roth, *Genealogie des Staates: Prämissen des neuzeitlichen Politikdenkens*, Berlin: Duncker & Humblot, 2003, pp. 440–441。

治与社会的理解。

一、问题的提出

1239 年 3 月，教宗格里高利九世（Gregorius IX，1227—1241 年在位）[1] 宣布了对神圣罗马帝国皇帝腓特烈二世（Fridericus II，1194—1250 年）的绝罚。这次影响深远的绝罚发生在格里高利统治末期，也就是教宗病逝前两年。

对绝罚的原因，教宗与皇帝持相反观点。教宗在《绝罚敕令》（Excommunicamus，1239.03.20）中控诉皇帝侵犯了西西里王国（以下简称"西西里"）的教会权利。在所举的 17 项罪名中，西西里教会事务占据 10 项。例如，"我们处之以绝罚，因为他逮捕、监禁、流放、杀害王国内的神职人员；因为他禁止修复王国内主教空缺的教堂，伤害了教会自由；因为他掠夺主教堂和骑士团的财物，破坏了和平协约"。[2] 皇帝在公开文书《抬起你们的眼》（Levate in circuitu，1239.04.20）中回应：教宗掩盖了自身的政治意图，伦巴第战争才是绝罚的真正原因。[3] 伦巴第战争始于 1236 年。腓特烈向伦巴

1　格里高利九世在任时颁布《教令集》（Liber Extra），推动托钵僧的清贫运动，巩固教宗国，对教会发展有很大贡献。然而，他两次绝罚腓特烈二世，史学界对此多有诟病。教会史学和意大利、德意志的民族史学对格里高利九世的评价截然不同。对教会而言，格里高利是坚韧而富有激情的斗士。对意大利而言，教宗是抵御帝国入侵、捍卫本土主权的守护者。对德国而言，教宗阻碍了德意志皇权的发展。尽管民族主义史学与护教史学已退出当下的历史学界，然而刻板印象余波犹在。格里高利九世至今缺乏有分量的整体研究，现有的两本专著分见：Felten, *Papst Gregor IX*; Salvatore Sibilia, *Gregorio IX (1227–1241)*, Milano: Ceschina, 1961. 抛开护教的观点，前者所采用的史料更为丰富，论述更为扎实。

2　*Historia diplomatica Friderici secundi*, Huillard-Bréholles ed., Paris: Plon, 1852–1861, V. pp. 287–288: "Item excommunicamus et anathematizamus eumdem pro eo quod in regno clerici capiuntur et incarcerantur, proscribuntur et occiduntur…quod non permittit quosdam cathedrales ecclesias et alias vacantes ecclesias in regno reparari et hoc occasione periclitatur libertas Ecclesie… quod quasdam ecclesias cathedrales… bonis suis spoliavit; quod multe ecclesie cathedrales et alie ecclesie et monasteria de regno per iniquam inquisitionem fuerunt fere bonis omnibus spoliate… quod in regno Templarii et Hospitalarii mobilibus et immobilibus spoliati non sunt juxta tenorem pacis integre restituti."

3　*Hist. dipl. Frid. sec.* V., p. 306: "Haec est causa namque pro vero, videlicet de Lombardis, quae cor Papae pungebat intrinsecus, licet ipsam foras educere propter vestrum et audientium scandalum, non auderet…"

第同盟宣战，要求同盟解散并承认帝国的统治。1237 年末，腓特烈在科尔泰诺瓦战役（Cortenuova）中获得决定性胜利。[1]

1239 年 7 月，教廷发起舆论攻势（propaganda）。这新一轮的攻势以宣传檄文为标志，直指皇帝的异端倾向。最著名的通谕《海中之兽》（Ascendit de mari, 1239.07.01）以末世预言开篇："一头兽从海中上来，满身亵渎的名号，长着熊的利掌与狮子的口，身型如豹。它愤怒不已，开口说着亵渎神的话，将长枪掷向天主的居所与天上的圣徒。它试图用铁一般的钩爪与獠牙将一切撕碎，将整个世界在脚下踩烂。"（《启示录》13∶1-2）[2] 教宗还认为皇帝是"致命危险的王"（rex pestilentie）、"盘绕的蛇"（coluber tortuosus）、"敌基督的先行者"（praeambulus Antichristi），因为腓特烈宣称耶稣基督、摩西和穆罕默德都是将世界诱入歧途的骗子。[3] 在次年的教宗通谕《团结一致》（Convenerunt in unum, 1240.06）中，腓特烈继续被冠以魔鬼（diabolus）、毒蛇（serpens basilisce）、恶龙（draco）之称。[4] 充满末世色彩的檄文将教宗与皇帝的冲突推向高潮。舆论之战前所未有，导致了 1239 年的绝罚无可挽回。由此引发的纷争从格里高利九世延续至英诺森四世（Innocentius IV，1243—1254 年在位），直到 1250 年腓特烈二世去世才暂时平息。

1　伦巴第战争，参见 Wolfgang Stürner, *Friedrich II.*, 2, Darmstadt: Wiss. Buchges., 2000, pp. 316-341。

2　*MGH Epistolae Saeculi XIIIe Regestis Pontificum Romanorum Selectae* 1, Carl Rodenberg ed., Berlin 1883, n. 750, p. 646, "Ascendit de mari bestia blasphemie plena nominibus, que pedibus ursi et leonis ore deseviens ac membris formata ceteris sicut pardus, os suum in blasphemias divini nominis aperit, tabernaculum eius et sanctos qui in celis habitant similibus impetere iaculis non omittit. Hec unguibus et dentibus ferreis cuncta confringere et suis pedibus universa desiderans conculcare…"

3　同上：p. 653, "Quod iste rex pestilentie a tribus barattatoribus, ut eius uerbis utamur, scilicet Christo Iesu, Moyse et Machometo, totum mundum fuisse deceptum…" p. 646, "…sub vulpe latentem omni curavimus gratia prosequi…" p. 647, "…virus effundere caude aculeo more scorpionis incepit." p. 652, "…ut ecclesie obstetricante manu educatur coluber tortuosus…" p. 653, "…Qui gaudet se nominari praeambulum Antichristi."

4　Hans Martin Schaller, "Die Antwort Gregors IX. auf Petrus de Vinea I, 1 'Collegerunt pontifices'," in Schaller, *Stauferzeit: Ausgewählte Aufsätze*, Hannover: Hahnsche Buchhandlung, 1993, p. 218, "Fredericus vero rugiens lupus rapax…" p. 219, "…errore diabolico instigati…gens humana, diabolica fraude delusa…" p. 222, "O serpens basilisce, cur es conceptus de materia infernali! Draco tu, percussus vana gloria mundiali…" p. 223, "…corruas ad inferna velut angelus Lucifer, immunitie nature…"

学界对 1239 年的绝罚已多有探讨，但也存在诸多问题。

其一，对于绝罚的原因，前人研究大多局限在教宗与皇帝两方的论据，缺乏对背后原因的挖掘。大部分学者赞成皇帝的观点，小部分赞成教宗的观点。皇帝的观点尤其为德国史学家广泛接受。温克尔曼（Winkelmann）、沙勒（Schaller）、施杜尔那（Stürner）等学者认为，伦巴第战争是 1239 年绝罚的真正原因，西西里的教会问题只是教廷无关痛痒的抱怨。[1] 费尔顿（Felten）、巴肯（Baaken）等小部分学者认为，西西里教会问题才是教廷的关切所在。这些学者论证了教宗绝罚的合理性：腓特烈是西西里国王，罗马教宗是其封君。若封臣破坏法度、践踏契约，封君则有权对此行径施以惩罚。由上述观点可见：研究者认为教宗与皇帝的正面论战已揭示出绝罚的全部原因。[2] 在此之外是否还有更根本的原因，是否可以在更广泛的史料中找到线索？现有研究并无深入探讨。

其二，前人研究忽视了教廷自身的理性。理性基于传统与现实判断。有史学家认为格里高利九世为偏执与仇恨所驱使[3]，他的性格暴躁如雷[4]，他仅仅推动了教宗权势的急剧膨胀。[5] 这样的论断正是出于对教会的误解。具体而言，根据教会法中的二分原则，教宗权威只限于精神领域，不干涉世俗政治；国王的权力在于国家治理，也不能干涉教会自由。两者分别执掌精神之剑与世俗之剑，共同统治基督教世界。[6] 对教廷

1　参见：Eduard Winkelmann, *Geschichte Kaiser Friedrichs II. und seiner Reiche*, 2, 2, Berlin [u.a.]: Mittler [u.a.], 1865, p. 127; Hans-Martin Schaller, *Kaiser Friedrich II.* Göttingen: Musterschmidt, 1971, p. 63; Wolfgang Stürner, *Friedrich II.*, 2, Darmstadt: Wiss. Buchges., 2000, p. 468。

2　参见：Felten, *Gregor IX.*, p. 256; Gerhard Baaken, *Ius imperii ad regnum. Königreich Sizilien, Imperium Romanum und Römisches Papsttum vom Tode Kaiser Heinrichs VI. bis zu den Verzichterklärungen Rudolfs von Habsburg*, Köln — Weimar — Wien 1993, pp. 293-294。

3　Kantorowicz, *Kaiser Friedrich*, p. 131.

4　David Abulafia, *Frederick II: A Medieval Emperor*. New York: Oxford University Press, 1992, p. 320.

5　格里高利九世时罗马教会权威与权力两方面的增长均受到学者关注，分别见：Walter Ullmann, *The Growth of Papal Government in the Middle Ages*, London: Routledge, 2012 (1955), p. 431; Friedrich Kempf, "Das Problem der Christianitas im 12. und 13. Jahrhundert," *Historisches Jahrbuch*, vol. 79 (1959), p. 122; Jürgen Miethke, "Die 'Konstantinische Schenkung' in der mittelalterlichen Diskussion. Ausgewählte Kapitel einer verschlungenen Rezeptionsgeschichte," in Goltz, Schlange-Schöningen ed., *Konstantin der Große, Das Bild des Kaisers im Wandel der Zeiten*, Köln, Wien: Böhlau, 2008, pp. 53-54。

6　参见彭小瑜：《中世纪西欧教会法对教会与国家关系的理解和规范》，《历史研究》2000 年第 2 期，第 121—133 页。

来说，与皇帝公开斗争是艰难而慎重的决定，因为它打破了原有的和谐秩序，教廷内部也分裂为支持绝罚的强硬派与反对绝罚的温和派。其后，腓特烈占领部分教宗国，逮捕百余名主教，格里高利最终病逝于皇帝包围的罗马城。这样的惨痛代价，教宗并非没有预料到。再后来，英诺森四世继承了格里高利的政治主张，他在 1245 年将腓特烈再次绝罚并废黜，之后又沿用了充满末世警言的宣传檄文。英诺森四世的一系列行动均获得教廷上下的一致支持，这标志着教会与帝国的关系彻底转向激烈斗争。那么，教廷 1239 年的绝罚是否处在前后连贯的逻辑中？教廷是否依据传统与现实做出了理性决断？1239 年的绝罚背后，罗马教廷的观念转变与政治诉求仍有待考察。

本文认为，1239 年绝罚的首要原因是腓特烈整体的"意大利政策"，以西西里整饬为起点，它与教宗国的"领土化"进程存在根本冲突。具体而言，教宗与皇帝矛盾的总爆发，其根源并不在教宗声称的西西里教会事务，也不在皇帝声称的伦巴第战争，而是可以追溯到 1220 年。此时，腓特烈继任神圣罗马帝国皇帝，兼任西西里国王，着手重建西西里王国的政权。也是此时，教宗国刚刚完成失地收复计划（recuperatio），教宗国的"领土化"初步完成，皇权在意大利的扩张必然与教宗国的生存相冲突。

那么，"领土化"进程如何改变了教会与国家关系？它是否是构成 1239 年绝罚的最主要原因？本文将分为以下几部分来论述：第二节介绍史料与方法；第三节讨论作为 1239 年绝罚之历史背景的"领土化"；第四节讨论作为 1239 年绝罚之首要原因的西西里问题；第五节讨论 1239 年绝罚的预演；第六节讨论 1239 年绝罚前的准备。其中，第四节包含新史料提供的直接证明，第五、六节为推论性质的旁证。第七节讨论"领土化"带来的历史转折；第八节为全文结语。

二、史料与方法

以上观点基于新的史料和新的视角，下文分别按照史料的体裁、立场、受众进行梳理。

本文区分了史料的体裁。对于 1239 年的绝罚，晚近研究常用的原始文献有两类，一类是法律文书，一类是宣传文书，两者各有局限。法律文书需要尽可能多地从教会法中找到绝罚依据。[1] 它们一方面只涉及最传统的教会内部事务，例如，对神职人员的迫害、对教会事务的干预。另一方面，它们包含了诸多彼此不相关的事由：例如，在 1239 年以前，腓特烈阻止了突尼斯王子受洗，阻止了教宗使节、帕莱斯特里纳主教的行动，阻止了索拉教会的修复。[2] 宣传文书具有对外性，本身即为政治手段，不能全盘作为思想史研究的参照。这类文书以教宗名义向基督教世界发布，并非悉数出自教宗亲笔，而是大多由教廷文书处撰写。它们一方面受教宗思想影响，获得了教宗的认可；另一方面也因执笔人的不同而风格相异，所体现的思想也不尽相同。[3]

本文区分了史料的立场。格里高利九世任期内著名的文书家（dictator）有枢机卡普阿的托马斯（Thomas Capuanus, 1185—1239 年）和枢机维泰博的莱那（Rainerius de Viterbo, 1180/1190—1250 年）。他们作为教廷温和派和强硬派的代表与教会的对外政治紧密相连。托马斯的家族埃博罗（de Ebulo）来自西西里王国，一半家庭成员在教廷担任要职，如托马斯；另一半家庭成员为腓特烈二世效力，如托马斯的兄弟彼得（Petrus de Ebulo）。由于托马斯在西西里的家族关系，他长期担任教会对帝国事务的

1　绝罚敕令中依照的教会法，参见 John Phillip Lomax, *"Ingratus" or "indignus": canonistic argument in the conflict between pope Gregory IX and emperor Frederick II.* Dissertation: University of Kansas, 1987。

2　*Hist. dipl. Frid. sec.* V, Huillard-Bréholles ed., p. 286, "… pro eo quod venerabilem fratrem nostrum Prenestinum episcopum, Apostolice Sedis legatum, ne in sua legatione procederet quam in Albigensium partibus pro corroboratione catholice fidei sibi commisimus, per quosdam fideles suos impediri mandavit." p. 287, "… pro eo quod nepotem regis Tunicii venientem ad Ecclesiam Romanam pro suscipiendo baptismatis sacra mento, detinet nec venire permisit." "… pro eo quod non permittit Soranam ecclesiam reparari." 相同内容见通谕《使徒圣座》（Sedes Apostolica）, *Hist. dipl. Frid. sec.* V, Huillard-Bréholles ed., pp. 291–292。

3　格里高利九世文书集（*Les registres de Grégoire IX.* (1227–1241), ed. L. Auvray, Paris, 1890–1955, 4 vols）收录重要教宗文书 6183 封，约占文书总数的 1/5。参见: Friedrich Bock, "Kodifizierung und Registrierung in der spätmittelalterlichen kurialen Verwaltung," *Archivalische Zeitschrift* 56 (1960) pp. 11–75; "Päpstliche Sekretregister und Kammerregister," *Archivalische Zeitschrift* 59 (1963) pp. 30–58; Edward Andrew Reno, *The Authoritative Text: Raymond of Penyafort's Editing of the "Decretals of Gregory IX" (1234)*, Thesis (Ph.D.) New York: Columbia University, 2011, pp. 327–365。

使节，为教宗草拟了大量相关文件。[1] 托马斯 1239 年 8 月去世后，莱那成为枢机之首，极大地促成了文书风格的转变。据记载，莱那为前熙笃会院长，与新兴的托钵僧团体关系密切。1244 年，当英诺森四世在里昂筹备大公会议时，莱那被任命为教宗国代理。他向停驻在里昂的教廷发去多份宣传文书，声讨腓特烈二世。史学家依据修辞的高度相似性，推断格里高利末期的绝罚檄文或许正是出自莱那之手。[2] 本研究在使用教廷文书时注意区分不同的立场，从中可以看到：一方面，以格里高利九世为核心，由莱那、西尼巴尔多（Sinibaldo，英诺森四世）与里纳尔多（Rinaldo，亚历山大四世，1254—1261 在位）等枢机组成的强硬派最终决定了教廷的政治走向。这些广为流传的檄文与教宗思想中最激进的一面较一致。另一方面，温和派在教廷中形成了制约势力，长期影响了斗争前夜的教廷政治。向前回顾温和派的教廷文书，更可以从中挖掘教会与帝国的矛盾根源之所在。综上所述，在政治冲突中，教廷文书的特异性往往大于它们的整体性。

本文使用了文书之外的教廷史料，它们鲜见于对 1239 年绝罚的研究。其共同特征为，史料的受众是教廷成员与教廷亲信。它们分别是《格里高利九世传》（Vita Gregorii IX，以下简称《教宗传记》）和教宗宣布绝罚的布道。其中，《教宗传记》是教

1 参见：Hans Martin Schaller, "Studien zur Briefsammlung des Kardinals Thomas von Capua," *Deutsches Archiv für Erforschung des Mittelalters*, Bd. 21 (1965), pp. 383–385; Norbert Kamp, *Kirche und Monarchie im staufischen Königreichen Sizilien* Bd. I, München 1973, pp. 315–317; Werner Maleczek, *Papst und Kardinalskolleg von 1191 bis 1216: die Kardinäle unter Coelestin III. und Innocenz III.*, Wien: Verl. d. Österr. Akad. d. Wiss. 1984, pp. 201–203; *Die Briefsammlung des Thomas von Capua*, Vorläufige Online-Edition, Matthias Thumser, Jakob Frohmann ed., *MGH* 2011, pp. 3–4. 托马斯（可能）的代表作品为 Miranda tuis sensibus, Attendite ad petram.《托马斯书信集》于 1270 年左右编纂成册，收集了 526 封托马斯及其修辞学派的教廷书信，至今有 67 部抄本，然而书信的具体作者仍不可考。

2 Karl Hampe, "Über die Flugschriften zum Lyoner Konzil von 1245," *Historische Vierteljahrschrift,* Bd. 11 (1908), pp. 297–313; Peter Herde, "Ein Pamphlet der päpstlichen Kurie gegen Kaiser Friedrich II. von 1245/46 (Eger cui lenia)," *Deutsches Archiv für Erforschung des Mittelalters* Bd. 23 (1967), pp. 494, 497; Norbert Kamp, CAPOCCI, Raniero, in *Dizionario Biografico degli Italiani*, Alberto M. Ghisalberti ed., Band 18, Istituto della Enciclopedia Italiana, Roma 1975, pp. 608–616; Maleczek, *Papst und Kardinalskolleg*, pp. 184–189; Matthias Thumser, "Kardinal Rainer von Viterbo († 1250) und seine Propaganda gegen Friedrich II.," in Jürgen Dendorfer and Ralf Lützelschwab, ed., *Die Kardinäle des Mittelalters und der frühen Renaissance*, Firenze 2013, pp. 188–189, 194–195; 莱那（可能）的代表作为 Vox in rama, Ascendit de mari, Aspidis ova, Iuxta vaticinium，针对腓特烈的政治檄文至少有 50 封，它们集中收录于 Pal. lat. 953 和 Paris lat. 2954 两部原始抄本。

廷最重要的同代史书。[1]据考证，它由格里高利的侄子、亚历山大四世的财政官阿纳尼的尼克洛（Nicolaus de Anagnia）所作。[2]一方面，它收录于教廷的财政用书《贡赋册》（Liber Censuum），反映了此时期教廷对教宗国治理的浓厚兴趣。另一方面，它撰写于腓特烈绝罚之际，亦是对教宗决策的诠释与辩护。对1239年的绝罚，《教宗传记》具有特殊的史料价值。其一，《教宗传记》更贴近教廷的真实思想。它仅供教廷内部使用，因而无须夸大或过度隐瞒。《教宗传记》开篇表明，它存放于教廷内部的档案馆，用于纪念教宗以及供后世参考其言行。《教宗传记》只有一部原始抄本，也证明了它仅在教廷内部流通。[3]其二，《教宗传记》是纪传体史书，对教宗言行的记载最为系统。出于为教宗辩护的需要，它力求呈现教宗言行的合理性。因此，较之于教廷文书，《教宗传记》呈现了更完整、更连贯、更清晰的逻辑，从中可以窥见教廷对1239年绝罚的根本想法。其三，《教宗传记》记载了格里高利在重要历史节点上所做的多篇布道词。在此之外，格里高利的布道词未能流传后世。依照英诺森三世确立的传统，布道词为教宗亲自所作。它们是牧灵职责的重要体现，是教宗面向教众的最直接表述。[4]因此，

1　*Le liber censum de l'Église romaine*, P. Fabre and L. Duchesne ed., I–IV, Paris 1905–1952, II, pp. 18–36. 最早的抄本为 Firenze, Biblioteca Riccardiana, 228, 1228–1265, ff. 300r–308v. 下文参考的校勘版本尚未付梓，因而省去具体页数。《教宗传记》现有研究，参见：Fabre, "Les vies des papes dans les manuscrits du Liber Censuum," *Mélanges de l'École française de Rome* 6 (1886), pp. 147–161; Jakob Marx, *Die Vita Gregorii IX quellenkritisch untersucht*, Berlin, 1889; Agostino Paravicini Bagliani, "La storiografia pontificia del secolo XIII. Prospettive di ricerca," *Römische Historische Mitteilungen* 18 (1976), pp. 45–54。

2　尼克洛的仕途，参见 Pascal Montaubin, "Bastard Nepotism: Niccolò di Anagni, A Nephew of Pope Gregory IX and Camerarius of Pope Alexander IV," in *Pope, Church and City. Essays in honour of Brenda M. Bolton*, Bolton, Andrews, Egger, Rousseau ed., Leiden: Brill, 2004, pp. 129–176。对传记作者的详细考证随后可见笔者正在准备的博士论文。

3　*Vita Greg. Cap.* 1, "Venerabilium gesta pontificum archivis sunt mandanda fidelibus ut ea digesta per ordinem lectorum studia in vota gratiarum exerceant et capiat de priorum moribus secutura posteritas vite felicioris exemplum."

4　布道词通常由以下几部分构成：诵读礼拜经文（thema）、拆解主题（divisio thematis）、展开主题（distinctio thematis）、系统论证（dilatatio thematis）和祝福结语（benedictio），12世纪，里尔的阿兰曾撰写《布道的艺术》。Alain de Lille, *Ars praedicandi*, PL 210, 111–198.（*Patrologia Latina*, J. P. Migne ed., Paris: 1841, 遵照惯例省去具体页数，下文同）参见 Ernstpeter Ruhe, "'Praedicatio est translatio' Das Elucidarium in der altfranzösischen Predigt," in Ruhe ed., *Elucidarium und Lucidaires*, Reichert, Wiesbaden 1993, pp. 11–14. 英诺森三世论布道，参见 PL 217, 309。"我为神职人员和平信徒写作、布道，时而用拉丁语，时而用意大利语，以期望作为使徒职责的牧灵关怀不致被忽视。"（Ne vero curam spiritualium negligere omnino, que mihi propter apostilicae servitutis officium magis incumbit, quosdam sermones ad clerum et populum, nunc litterali, nunc vulgari proposui et dictavi.）

它们对理清教廷思想的重点与线索有莫大帮助。

借助以上史料所揭示的联系，本文将诠释 1239 年的绝罚根植于腓特烈二世 1220 年的"意大利政策"，它与教宗国的"领土化"进程存在根本矛盾。文本同时采用思想史与政治史两种研究方法，一方面挖掘、阐释史料中隐藏的"教廷思想"，另一方面力求证实这些"教廷思想"的可靠性，探究它们与现实的联系。本文将 1239 年的绝罚置于教宗国"领土化"的人背景下考察，从矛盾的爆发入手，试图为"罗马教会历史转折"这一命题提供具体的参照。

三、1239 年绝罚的历史背景：教宗国的"领土化"

教宗国"领土化"是教会史中的重要转折。教宗国的"领土化"并非学界公认概念，也较少受到关注。本文对"领土"的界定采纳了文化地理学者艾登（Elden）的观点。"领土"（territorium）的确立意味着：1. 领主建立了一套明确的政治、经济、法律关系。2. 领土有清晰的边界，领主在此领土内拥有全整的权力。[1]

在 13 世纪以前，教宗拥有的地产是零散的。[2] 据《贡赋册》在 12 世纪末的记载，教宗在意大利的直属地产共计 226 处。[3] 教宗从这些领地内获得收入（census），行使领主般的政治、法律权力。尽管法兰克国王丕平、德意志皇帝奥托等先后"赠予"教宗大片"领土"，它们集中在意大利中部的罗马与拉文纳。然而，此时的"圣彼得的

1　参见：Stuart Elden，" Die Entstehung des Territorium," *Erlanger Beiträge zur Kulturgeographie*, 1, 1–11 (2011), pp. 2–4; Stuart Elden, *The Birth of Territory*, Chicago: The University of Chicago Press, 2013.

2　参见：Daniel Philip Waley, *The Papal State in the Thirteenth Century*, London: Macmillan, 1961, pp. 1–29; Thomas F. X. Noble, *The Republic of St. Peter: The Birth of the Papal State, 680–825*, Philadelphia: Univ. of Pennsylvania Press, 1991; "Patrimonium Sancti Petri," in *Lexikon des Mittelalters*, Stuttgart: Metzler, [1977]–1999, vol. 6, cols 1792–1793. 诺贝尔认为教宗在 740 至 844 年、1215 至 1305 年和 1415 年以后对教宗国拥有明确的公权力。

3　参见 Volkert Pfaff, "Die päpstlichen Klosterexemtionen in Italien bis zum Ende des zwölften Jahrhunderts, Versuch einer Bestandsaufnahme," *Zeitschrift der Savigny-Stiftung für Rechtsgeschichte: Kanonistische Abteilung* vol. 72 (1986), p. 80。

遗产"（Patrimonium Petri，按约定俗成统称为"教宗国"）只在名义上属于教宗。实际上，它仍是一片无主的土地。这片土地上的地方事务由四种权力管理。其一是大大小小的侯爵领、伯爵领，它们的统治中心是城堡。其二是教宗，在直属地产上，教宗与世俗领主无异。其三是自治城邦。其四是德意志皇帝。虽然皇帝将意大利中部视作自己的领土，但是他只是偶尔光顾。也就是说，当皇帝想扩大自己在意大利的利益时，他可以随意带兵进出教宗国。此时，帝国与教会在政治形态上没有任何共同之处。理论上，帝国负责保护罗马教会的安全，罗马教会为帝国的统治提供合法性。教会传统中的"双剑理论"、"日月学说"正是对这一秩序的反映和期望。

在 12、13 世纪之交，罗马教会形成了领土意识，开始追求教宗国主权的完整与独立。教宗国的"领土化"在英诺森三世（Innocentius III，1198—1216 年在位）时取得突破性进展。[1] 在德皇亨利六世去世后，英诺森从帝国手中收回了斯波莱托、安科纳、南托斯卡纳等地的主权，它们曾在名义上属于圣彼得的遗产。随后，在德意志王位之争中，教宗成为了仲裁者。他使奥托四世、腓特烈二世等候选人颁布诏书，在法律上确认了教会的既得权力。因此，英诺森三世被视为教宗国真正的建立者。在他的治下，教宗领地面积翻倍，零散的直属地产连接成片，体量达到了地缘政治中的中等国家。这同时意味着，教宗国既无法做到在区域内一言九鼎，又无法免于区域内的领土纷争。[2] 教宗国的性质也发生了根本变化，它从私权力的"圣彼得的遗产"演变为公权力的"领土"。自此，教宗国有了明确的省份划分，通常由枢机担任教区长（rector），

1　英诺森时期教宗国的建立，参见：Waley, *Papal State*, pp. 30–32; Peter Partner, *The Lands of St. Peter. The Papal State in the Middle Ages and the Early Renaissance*, Berkeley: University of California Press, 1972, pp. 229–231; Manfred Laufs, *Politik und Recht bei Innozenz III. Kaiserprivilegien, Thronstreitregister und Egerer Goldbulle in der Reichs- und Rekuperationspolitik Papst Innozenz' III.*, Köln – Wien 1980; Sandro Carocci, "'Patrimonium beati Petri' e 'fidelitas': Continuità e innocazione nella concezione Innocenziana dei domini pontifici," in Andrea Sommerlechner ed.: *Innocenzo III. Urbs et orbis, Atti del Congresso Internazionale*, Roma, 9–15.9.1998, 2 Bde, pp. 668–690; Sandro Carocci, *Vassalli Del Papa: Potere Pontificio, Aristocrazie E Città Nello Stato Della Chiesa, XII–XV Sec.*, Roma: Viella, 2010, pp. 83–84。

2　Thomas Frenz, "Das Papsttum als der lachende Dritte? Die Konsolidierung der weltlichen Herrschaft der Päpste unter Innozenz III.," in Hechberger, Schuller ed., *Staufer & Welfen: Zwei Rivalisierende Dynastien Im Hochmittelalter*, Regensburg: Pustet, 2009, p. 199.

他们是教宗统治的代理人。[1] 教宗召集教宗国代表参加议会，颁布法令。[2] 教宗国的"领土化"还改变了罗马教会的传统理论。在谈论教廷的收复计划（recuperatio）时，英诺森说到，"对教会自由而言，没有什么比罗马教会掌握全部权力更为重要，无论是在世俗还是在宗教领域"[3]；"我们在教会的领土上享有完全的权力"[4]。在教会改革的11、12世纪，"教会自由"（libertas ecclesie）意味着宗教事务不受世俗权力干预。而在13世纪后，教宗国的主权被视为"教会自由"的根基，对教宗国领土的侵犯常常构成绝罚的理由。[5] 此外，在英诺森三世以前，教宗全权（plenitudo potestatis, plena potestas）仅限于教宗在教会内部秩序中的权威。[6] 而13世纪后，这一理论用被用来证

---

1 参见：Christian Lackner, "Studien zur Verwaltung des Kirchenstaates unter Papst Innocenz III.," *Römische Historische Mitteilungen* 29, (1987), p. 183; Waley, *Papal State*, pp. 137-138.

2 *Gesta Innocentii*, Gress-Wright ed., in *The "Gesta Innocentii III". Text, Introduction and Commentary*, Ann Arbor 1981 (Diss. Bryn Mawr, UMI No. 9320723), Cap. CXXIV, p. 312, "Tunc etiam ad suam presentiam convocavit episcopos et abbates, comites et barones, potestates et consules civitatum de Tuscia, Ducatu et Marchia usque Romam, ad iurisdictionem sedis apostolice pertinentes, et solemni curia congregata, primo die iura ecclesie romane proposuit et omnino ab universes laices iuramenta recipiens, quod eius ordinationi parerent, secundo die 200 querelas et petitiones universorum audivit, tertio die pro iustitia et pace servanda statuta huiusmodi promulgavit que servari precepit sub debito prestiti iuramenti." 参见 Waley, *Papal State*, pp. 52-53, 121。1207年，英诺森三世在维泰博召开议会，为教宗国颁布了整体性法令。然而在此后，教宗通常针对专门的省份和问题立法。

3 *Die Register Innocenz' III.*, 1., Hageneder, Haidacher, ed., n. 27, p. 21: "Nusquam melius ecclesiastice consulitur libertati quam ubi Ecclesia Romana tam in temporalibus quam spiritualibus plenam obtinet potestatem. "

4 X 4.17.13, "…causam tam ex Veteri quam ex Novo Testamentao tenentes, quod non solum in Ecclesiae patrimonio, super quo plenam in temporalibus gerimus potestatem…"

5 参见 Brigitte Szabó-Bechstein, "'Libertas ecclesie' vom 12. bis zur Mitte des 13. Jahrhunderts. Verbreitung und Wandel des Begriffs seit seiner Prägung durch Gregor VII." *Vorträge und Forschungen* 39 (2014), pp. 155-167. 例如英诺森三世对马克德的绝罚：*Die Register Innocenz' III.*, Hageneder, Haidacher, ed., I, n. 38, p. 56, "Hoc siquidem attendentes, licet Marcovaldus multa contra libertatem ecclesiasticam et Ecclesiae patrimonium praesumpsisset, eum tamen excommunicare distulimus; ne, si admonitio non praecederet, ad proferendam sententiam non zelo rectitudinis, sed ex odio moveri potius videremur." 以及后文所述格里高利九世对腓特烈二世和斯波莱托公爵莱那德的绝罚。

6 在英诺森三世以前，教宗全权理论的发展分为三阶段：其一是利奥一世到尼古拉一世，强调罗马教会与地方教会的关系是完全的权力与分担的权力；其二是格里高利七世与教会法学家，论证了教宗在教会内的首要地位，具体表现为教宗在创立、改变、废除法律时享有至高权力；其三是明谷的圣贝尔纳，他将教宗全权扩展到全部教会事务上，并将教宗权力理解为服务的责任、"心灵的劳苦"。较清晰的综述性著作，参见：Gerhart Burian Ladner, "The concepts of Ecclesia and Christianitas, and their relation to the idea of papal 'plenitudo potestatis', from Gregory VII to Boniface VIII.", in Friedrich Kempf, ed., *Sacerdozio e regno da Gregorio VII a Bonifacio VIII*, Miscellanea Historiae Pontificiae, xviii, 1954; Holger Erwin, *Machtsprüche: das herrscherliche Gestaltungsrecht "ex plenitudine potestatis" in der Frühen Neuzeit. Forschungen zur deutschen Rechtsgeschichte*, Bd. 25. Böhlau Verlag Köln Weimar, 2007。

明教宗对教宗国领土的主权："我们在教会的领土上（Ecclesiae patrimonio）享有完全的权力。"[1] 不过总体而言，教宗国的领土统治是松散的、非制度化的。其统治的主要形式是封臣、城邦向教宗宣誓效忠（iuramentum fidelitatis），按年度缴纳赋税（annuum censum）。[2] 教宗国并没有发展为现代意义的主权国家，在政治学上被称为"国家的另类形态"，然而教宗也志不在此。[3] 英诺森三世将教宗国的统治比喻为"温柔的轭"："我的轭是温柔的，我的担子是轻的。"（Iugum meum suave est et onus meum leve. 马太 11∶30）[4]

13 世纪以后，稳定的政治环境只是暂时的。英诺森在位时，欧洲恰好形成了权力制衡。法王与施瓦本的斯陶芬家族联手对抗英王与萨克森的韦尔夫家族。教宗国的

1　X 4.17.13, "…causam tam ex Veteri quam ex Novo Testamentao tenentes, quod non solum in Ecclesiae patrimonio, super quo plenam in temporalibus gerimus potestatem…" "Quod non solum in Ecclesiae patrimonio, super quo plenam in temporalibus gerimus potestatem, verum etiam in aliis regionibus, certis causis inspectis, temporalem jurisdictionem causaliter exercemus." 以上出自英诺森著名的教令 Per venerabilem。在英诺森看来，教宗对教宗国的主权和治权是清晰确定的，而在"在世界其他地方、在特定场合"教宗的权力是灵活的。与此教令相关的研究文献有：Brian Tierney, "The Continuity of Papal Political Theory in the Thirteenth Century. Some Methodological Considerations," *Medieval Studies 27* (1965), pp. 227–245; Brian Tierney, "Tria quippe distinguit iudicia…A note on Innocent III's decretal Per Venerabilem", *Speculum 37* (1962), pp. 48–59; John Watt, *The Theory of Papal Monarchy in the Thirteenth Century. The Contribution of the Canonists,* hier relevant, pp. 38, 120; Kenneth Pennington, "Pope Innocent III's Views on Church and State: A Gloss to Per Venersbilem," pp. 49–67; Walter Ullmann, *The Growth of Papal Government in the Middle Ages. A Study in the Ideological Relation of Clerical to Lay Power,* London 1970, hier relevant pp. 525–526; Othmar Hagender, "Anmerkungen zur Dekretale *Per venerabilem* Innocenz' Ill. (X 4.17.13)" in Matthias Thumser ed., *Studien zur Geschichte des Mittelalters, Jürgen Petersohn zum 65.Geburtstag*, Stuttgart 2000, pp. 159–173。

2　《英诺森三世传记》记载了大量教宗国治理的细节。例如：*Gesta Innocentii*, Gress-Wright ed., Cap. IX., p. 7, "Conradus ergo, natione svevus, dux Spoleti et comes Assisii, videns terram suam pari modo ad dominium ecclesie romane redire, multes modes tentavit si posset apud dominum papam gratiam invenire, offerens ei decem milia librarum in continenti et annuum censum centum librarum argenti et obsequium ducentorum militum per patrimonium ecclesie a Radicofano usque ad Ceperanum pro securitate vero preter hominium et fidelitatem suam et iuramenta suorum promittebat tradere filios suos obsides et omnes munitiones tribuere sues custodiendas expensis."

3　Christina Abel, *Kommunale Bündnisse im Patrimonium Petri des 13. Jahrhunderts*, Dissertation: Freie Universität Berlin 2017, pp. 56–58.

4　*Die Register Innocenz' III.*, Hageneder, Haidacher, ed., 1., n. 401, pp. 600–601, "Ut autem dominium sedis apostolicae, quae de se vere dicere potest: Iugum meum suave est et onus meum leve (Matth. XI, 30), diebus nostris dulcedinem non deponat et nulli fiat penitus odiosum."

收复计划得以顺利开展。然而在 1220 年,腓特烈继任罗马皇帝后回到西西里,局势发生了急剧变化。变化的原因在于,西西里有了强大的君主。

西西里与教宗国的"领土化"紧密相关。11 世纪以来,西西里王国对罗马教会具有特殊意义。西西里虽然不属于教宗国,但它是教会最重要的封臣和最坚实的后盾[1]:西西里国王能帮助教会向南抗击拜占庭和撒拉森人,向北抵御神圣罗马帝国,还能在罗马平息城市贵族的暴动。[2] 1186 年,德意志皇储亨利六世(1165—1197 年)与西西里女继承人康斯坦茨(1154—1198 年)结婚。1194 年亨利加冕为西西里国王,西西里并入神圣罗马帝国(unio regni ad imperium)。在亨利死后,腓特烈二世先后成为西西里、德意志和神圣罗马帝国的君主。这对教廷而言既是极大的机会,也是极大的威胁。作为机会的是:教宗仍是西西里国王的封君。在法律上,他仍有警告、阻止国王行动的权力。教宗一旦可以约束腓特烈的行为,便能一举消除德意志和意大利两个隐患。而构成威胁的是:腓特烈可能会继承斯陶芬王朝的意大利政策,将征服意大利作为帝国复兴的标志,这势必对教宗国形成包围之势。一旦发生冲突,教宗国将受到南北夹击,丧失活动空间,"领土化"的努力将彻底失败。在德意志王位之争中,英诺森三世最初极力反对腓特烈当选,正是因为"帝国的统一将使教会陷入混乱"。[3] 最终,教廷支持的奥托四世背叛了教廷,教廷不得不转而支持腓特烈。20 年后,随着教宗国的"领土化"逐步完成,教宗国成为阻碍伦巴第与西西里统一的天然障碍。英诺森收复了斯波莱托、马克安科纳等地,使西西里与伦巴第不再接壤。教宗国的存在与斯陶芬传统的意大利政策无法共存,这一切都为 1239 年的绝罚埋下了伏笔。

---

1 作为入侵者的诺曼贵族为了取得统治的合法性,在 1059 年使西西里王国成为罗马教会的封臣。参见 József Deér, *Papsttum und Normannen. Untersuchungen zu ihren lehnsrechtlichen und kirchenpolitischen Beziehungen*, Köln u.a.: Böhlau 1972。

2 Deér, *Papsttum und Normannen*, pp. 11–71.

3 *RNI* Kempf ed., n. 29, p. 79, "Quod non expedit ipsum imperium obtinere patet ex eo quod per hoc regnum Sicilie uniretur imperio et ex ipsa unione confunderetur ecclesia." 此文献(Deliberatio super facto imperii de tribus electis)是英诺森三世在教廷内部会议上的重要讲话,讨论了德意志王位的 3 位候选人。

四、1239 年绝罚的首要原因：腓特烈的西西里整饬

1239 年绝罚的首要原因是腓特烈从 1220 年开始的西西里整饬。西西里整饬是腓特烈意大利政策的第一步，罗马教廷第一次感到了来自腓特烈的威胁。这一威胁在于，有朝一日，腓特烈的意大利征服将使罗马教会没有生存空间，教宗国的"领土化"果实将不复存在。这一认识可以从两方面得出：一方面是对教廷绝罚论证的考辨，另一方面是对教廷应对措施的分析。前者构成本文的第四节，后者为本文第五节与第六节。

教廷对 1239 年绝罚的论证见于多种史料。《绝罚敕令》、通谕《使徒圣座》（Sedes Apostolica, 1239.04.07）、通谕《海中之兽》和《教宗传记》都是写于 1239 年绝罚之际的教廷文献。它们详细列举了绝罚的各项理由。上文提到这四份文献因体裁、立场和受众的不同而侧重各异。按产生的先后次序可做如下归纳：《绝罚敕令》所列举的事项模糊且分散，意在展示皇帝在何种问题上违反了教会法。《使徒圣座》全盘采纳了《绝罚敕令》的论点，在此基础上强调了皇帝的负恩（ingratus）。负恩是教廷的常用论证，此观点源于教会法，并且反复出现在 1227 年的绝罚通谕和洪诺留三世（Honorius III，1216—1227 年在位）末年对腓特烈的警示信函中。[1]《海中之兽》的特征在于舆论

---

[1] "Miranda tuis sensibus": *Briefsammlung des Thomas von Capua*, Thumser, Frohmann ed., p. 18: "Quapropter, fili karissime…, quem multo labore fovit impuberem multaque sollicitudine promovit adultum." "In maris": *MGH Epp. Saec. XIII.* 1, Rodenberg ed., p. 282: "…apostolica sedes his temporibus cum multa diligentia quendam nutrivit alumnum, imperatorem videlicet Fridericum, quem quasi a matris utero except genibus, lactavit uberibus, humeris bajulavit, de manibus querentium animam eius frequenter eripuit, educare studuit multis laboribus et expensis, usque ad virum perfectum deduxit, ad regie dignitatis decorem et tandem ad fastigium culminis imperialis provexit, credens ipsum fore defensionis virgam et sue baculum senectutis." "Sedes apostolica": *MGH Epp. Saec. XIII.* 1, Rodenberg ed., p. 637, "Sedes apostolica, sicut totus fere orbis facti evidentia didicit, Fridericum dictum imperatorem, ex quo ipsum ex utero matris excepit genibus, affectu materno prosequens lactavit uberibus et humeris baiulavit, quem olim omni pene destitutum auxilio et dubiis tantum derelictum eventibus suo recepit patrocinio confovendum…" X 1.37.3: "Clericus autem, qui contra ecclesiam, a qua beneficium obtinet, pro extraneis advocatus vel procurator esse praesumit, tanquam ingratus potest, maxime si clericus sit eiusdem ecclesiae, beneficio huiusmodi spoliari." (*Liber extravagantium decretalium*, Emil Friedberg ed., in *Corpus Iuris Canonici*, volume 2. Leipzig: Bernhard Tauchnitz, 1881. 遵照惯例省去具体页数，下文同）参见 Lomax, "*Ingratus*," pp. 361-378。

动员，它将皇帝视为《启示录》中的猛兽。在重述《绝罚敕令》的观点外，《海中之兽》添加了对皇帝异端倾向的指控。《教宗传记》在兼顾以上几种论证的同时，进一步揭示了教廷思想。其一，《教宗传记》道出了绝罚论证的重点："不论其他，腓特烈在西西里接连不断的恶行便足以构成绝罚。"[1] 它包括两部分：西西里教会事务和西西里世俗事务。其二，《教宗传记》点明了敕令中隐藏的人物和事件。具体而言，它极大拓展了敕令中"教会事务"的范畴，并增加了"世俗事务"作为新论据。其三，《教宗传记》控诉的"教会事务"同时也是"世俗事务"。这些"教会事务"与"世俗事务"共同指向了腓特烈的西西里整饬措施。这一系列措施自1220年开始，在1227年前便已悉数完成。可以看到，在《绝罚敕令》的基础上，《教宗传记》提出了新的论证。那么，新的论证是否合情合理？是否更为重要？是否能揭示1239年绝罚的根本原因？答案是肯定的。本节首先讨论《教宗传记》中的论述。

《教宗传记》暗示了腓特烈的西西里整饬是1239年绝罚的首要原因。《教宗传记》中的第30至38章独立于此前的编年体纪事，转而为教宗绝罚辩护。它记载了如下事由：其中属于西西里"教会事务"的是：腓特烈逮捕并流放了卡塔尼亚、塔兰托和切法卢三地的主教及若干神职人员；腓特烈占领了托雷马焦雷等地修道院的15处城堡、3座庄园、8所农屋和城市切法卢城市，强行迁移（revocare）了教区内信徒；腓特烈毁坏了医院骑士团和圣殿骑士团在巴列塔的建筑；在穆斯林聚居的卢切拉，腓特烈用所获赃物建造自己的宫殿。属于西西里"世俗事务"的是：腓特烈逮捕并流放了西西里贵族诸侯；腓特烈制造伪币，垄断王国内盐铁交易，提高关税，限制自由贸易等等。《教宗传记》是教廷内的公开文献、传世之作，因此它必然考虑到政教关系的基本原则，也就是教权与王权的分离，教权不得干涉世俗事务。但与此同时，《教宗传记》是教宗言行与思想的如实记录，因此它必然透露出更丰富的细节。从《教宗传记》的绝罚论证中可以得出以下三点信息：

---

1 *Vita Greg. Cap.* 30, "Satis in eius penam preter culpe gravioris excessum miseri regni Sicilie continuata molestia sufficere poterat."

  《教宗传记》控诉的西西里"教会事务"超出了教会权利的范畴。尽管在传统上，侵犯神职人员、教会、修道院和骑士团的行为严重违反教会法；然而，《教宗传记》的论证重点不在教会法，而在于对教宗国"领土化"极为重要的要塞与城堡。它们曾经直接或间接地掌握在教宗手中，是限制西西里王权扩张的重要屏障。从行文上可以看到，《教宗传记》强调的受害者是教会和修道院的庄园与城堡（castrum, villa, casale, civitas）。[1] 与之形成鲜明对比的是，《绝罚敕令》强调的受害者是教会和修道院本身（ecclesie cathedrales et alie ecclesie et monasteria）。[2] 腓特烈在回应绝罚时也曾一针见血地指出："教宗提到切法卢的教会，实际上意在的是切法卢的城堡。这些城堡是我们在海上抵御撒拉森人的堡垒，永远为西西里国王所有。"[3] 再者，《教宗传记》的叙事顺序独具匠心，它使《绝罚敕令》中分散的论据（第 3、11、12、13 条）成为一个整体。具体而言，它揭示了腓特烈侵害教会权利的步骤：驱逐神职

---

1 *Vita Greg. Cap.* 31, "Iurisditionem etiam quam idem in Santo Germano, loco utique populo et multa comoditate dotato, longa traditione possederat; castrum etiam Atini, Roccam Bantre, Roccam Guilielmi, in eius confinio; in Calabria castrum Malveti et possessiones non modicas suo dominio in ecclesie Romane iniuriam et beati Benedicti preiudicium applicavit." 32, "Monasterio Turris Maioris abstulit castrum et villam, ecclesie Melfiensi villam, Troiane casale Sancti Laurentii, Aversane duo castra, Salernitane castrum Olibani, Tarentine casalia tria, Capudaquensi castrum, Pollicastrensi castrum, Monasterio Sancte Eufemie castrum et villam, Militensem castrum. Regine castrum Syracusane, casalia quatuor, Cephaludensi civitatem et castrum, Cathaniensi castra duo nequiter abstulit, suo dominio applicatis eisdem ac homines civitatis ipsius, qui tantum Cathaniensi ecclesie tenebatur, ad sui demanii loca nova transvexit." "Nobiles domos ipsorum apud Barolum, pia fidelium erogatione constructas, in Crucis evertit iniuriam adversarius Crucifixi. De quarum quadris lapidibus perito ligatis artifice in civitate Nuceria, in quam eiectis Christi cultoribus cultores intulit Machometi, opere regio construxit palatium."

2 "Excommunicamus", *Hist. dipl. Frid. sec.* V, Huillard-Bréholles ed., pp. 287−288, N. 3: "Item excommunicamus et anathematizamus eumdem pro eo quod non permittit quosdam cathedrales ecclesias et alias vacantes ecclesias in regno reparari et hoc occasione periclitatur libertas Ecclesie, perit fides, quia non est qui proponat verbum Dei nec qui regat animas deficiente pastore…" N. 11: "Item excommunicamus et anathematizamus eumdem pro eo quod quasdam ecclesias cathedrales, videlicet… bonis suis spoliavit." N. 12: "Item excommunicamus et anathematizamus eumdem pro eo quod multe ecclesie cathedrales et alie ecclesie et monasteria de regno per iniquam inquisitionem fuerunt fere bonis omnibus spoliate." N. 13: "Item excommunicamus et anathematizamus eumdem pro eo quod in regno Templarii et Hospitalarii mobilibus et immobilibus spoliati non sunt juxta tenorem pacis integre restituti."

3 *Hist. dipl. Frid. sec.* V, Huillard-Bréholles ed., p. 251, "Item, idem dicit de ecclesia Cephalensi, nisi forte tangatur de castro Cephalensi quod velut munitissimam arcem supra mare et stantem in marchia Saracenorum tenuerunt semper reges Sicilie."

人员；占领教会财产；将教会财产用于修建城堡宫殿。传记作者总结道："腓特烈伸出罪恶的手。他既收复了王国，也征服了教会。他将穷人与基督侍者的财产用于自己的非法事业。"[1] 这"非法事业"影射了王国的巩固。因为事实上，腓特烈一旦驱逐了主教，也就占领了教区内的城堡与港口，垄断了教区内的贸易。[2] 此外，在《教宗传记》的控诉中，腓特烈所占领的教会、修道院领地有突出的共性，它们均极具战略意义：第一处是传统诺曼区的沿海主干道城市；第二处是以蒙特卡赛诺和萨莱诺为中心的拉乌鲁地区（Terra di Lavoro），在这里可以抵御教宗国向南的扩张；第三处是腓特烈新建的皇宫驻地、北普里亚的卡皮塔纳塔（Capitanata）地区，这里临近连接伦巴第与西西里的通道，亦可控制亚得里亚海。教廷和腓特烈或许深刻认识到，控制住这些区域，王权既可以加强对内控制，也能以此向外扩张。皇帝进而能完成南北意大利的统一，对教宗国形成包围之势。综上所述，教廷关心的"教会事务"实际上是腓特烈在西西里的"非法事业"。教宗国将因此陷入被皇权包围的危险。

《教宗传记》所列举的绝罚理由正是腓特烈的西西里整饬。这些绝罚事由均可追溯至 1220 年 12 月。此时，腓特烈加冕为罗马皇帝后，从德国返回西西里。他随即在卡普阿召开宫廷会议，公布了 20 条法令作为未来的施政纲领。其目标是恢复西西里国王威廉二世（1155—1189 年）时代的统治秩序，收复此前丧失的权利与财物。[3] 通过比较，《教宗传记》中列举的绝罚事由几乎都能在这 20 条法令中找到对应。其中对教廷最重要的法令是：将教会的收入、权利和财产置于王权的管理下；[4]

1　*Vita Greg. Cap.* 36, "Et adhuc manus sevientis extenta, regnum querens et sacerdotium vindicare;" "ipsarum bona pauperibus et Christi deputanda ministris in usus convertens illicitos temerarius dispensator."

2　举例详见 Stürner, *Friedrich II.*, 2, pp. 78–79。

3　*Ryccardi de Sancto Germano notarii Chronica*, ad 1220, Garufi ed., p. 89, n.1, "Imprimis precipimus omnibus fidelibus, uidelicet prelatis ecclesiarum, comitibus, baronibus ciuibusque, terris et omnibus de regno nostro omnes bonos usus et consuetudines, quibus consueuerunt uiuere tempore regis Guillelmi, firmiter obseruari."

4　*Ryccardi de Sancto Germano notarii Chronica*, ad 1220, Garufi ed., p. 89, n. 2, "Item precipimus ecclesiis decimas dari iuxta consuetudinem regis Guillelmi, et ut nullus iustitias ecclesiarum detineat et bona eorum inuadat," Stürner, *Friedrich II.*, 2, pp. 9–16.

收回王国内的城堡和要塞。[1] 事实上，腓特烈决意革除的，正是罗马教廷在 13 世纪初取得的丰硕成果。1197 年，腓特烈的父亲亨利六世（1165—1197 年）骤然离世。次年，在目睹腓特烈加冕西西里国王后，他的母亲康斯坦茨（1154—1198 年）也与世长辞。她在死前将年仅 4 岁的幼主托付给英诺森三世照管。皇后还违背亨利的意愿，继续承认教宗为西西里王国的封君。[2] 对比威廉二世时代的教会政治，康斯坦茨对英诺森多有妥协。[3] 自此，教宗不断声称西西里是罗马教会的自有财产（proprietas ecclesie）。[4] 在"教会事务"上，大量来自罗马的神职人员在西西里教会中占据要职；传统上隶属于诺曼国王的教会现如今直接听命于罗马；卡塔尼亚、塔兰托和切法卢三地的主教尤其与教廷关系密切，并且，他们不仅是主教，更是西西里的国务

1　*Ryccardi de Sancto Germano notarii Chronica*, ad 1220, Garufi ed., p. 90: "Demanium nostrum uolumus habere plenum et integre, uidelicet ciuitates, munitiones, castra, uillas, casalia et quicquid in eis esse et in demanium consueuit uel esse consueuerunt tam intus quam extra, et que ad manus nostras rationabiliter poterunt peruenire. Et uolumus habere omnes redditos nostros, et quod exigantur a baliuis et ordinatis nostris eo modo quo tempore regis Guillelmi exigi consueuerunt tam ab extraneis quam ab hominibus regni in portubus, duanis et aliis locis, non obstante concessione uel libertate alicui inde facta," p. 92: "Precipimus etiam ut omnia castra, munitiones, muri et fossata, que ab obitu regis Guillelmi usque ad hec tempora de nouo sunt facta in illis terris et locis, que non sunt in manus nostras, assignentur nuntiis nostris, ut ea funditur diruantur, et in illum statum redeant, quo tempore regis Guillelmi esse consueuerunt. De illis uero, que sunt in demanio nostro et curie nostre, faciemus uoluntatem nostram."

2　*MGH Const.* I., n. 64–65, pp. 203–205, n. 71, p. 279. 来自德意志的亨利六世在生前一直拒绝承认教会与西西里的封君封臣关系。RNI n. 29, p. 79. "…nam, ut cetera pericula tacemus, ipse propter dignitatem imperii nollet ecclesie de regno Sicilie fidelitatem et hominium exhibere, sicut noluit pater eius (Heinrich VI.)."

3　*Die Register Innocenz' III.*, Hageneder, Haidacher, ed., Graz/Köln 1964, I., n. 410, p. 616; n. 411, p. 618, n. 413, p. 622. 对比：*MGH Constantiae Imperatricis Diplomata*, Theo Kölzer ed., Hannover 1990, I., n. 413, pp. 589–590, n. 417, pp. 593–594. 参见 Baaken, *Ius imperii,* pp. 66–79。

4　英诺森三世对西西里主权的宣称：*Die Register Innocenz' III.*, Hageneder, Haidacher, ed., I. n. 412, p. 619. "… cum regnum Sicilie ad ius et proprietatem ecclesie Romane pertineat et in eius fidelitate perstiterit ac permanserit unitate…" I. n. 555, p. 807, "Licet circa statum regni Sicilie ex generali debito pastoralis officii sollicitudinem gerere teneamur, ex eo tamen, quod regnum ipsum ad proprietatem ecclesie pertinet et nobis ex incilite recordationis Constantia imperatricis legitimo testamento karissimi in Christo…est cura commissa…" 相似内容见：Reg. Inno. III. I. n. 555, p. 807; I. n. 558, p. 814; I. n. 559, p. 816; *Regestum Innocentii III Papae super negotio Romani Imperii (RNI)*, Friedrich Kempf ed., Roma: Pontificia Universita Gregoriana, 1947, n. 15, p. 41. 格里高利九世对西西里主权的宣称：*MGH Epp. Saec. XIII.*, Rodenberg ed., I., n. 370, p. 287, "Preterea cum regnum Sicilie pleno proprietatis iure ad Romanam spectet ecclesiam…" 相似内容见：*MGH Epp. Saec. XIII.* I. n. 371, p. 289; I. n. 399, p. 319; n. 741, p. 638. 参见 Baaken, *Ius imperii*, pp. 280, 293。

大臣。[1] 在"世俗事务"上，教廷积极介入西西里政治。腓特烈流放的诸侯、收回的领地，都是王国内的强大自治势力。在腓特烈看来，他们阻碍了王权的巩固、王国的统一。而在教宗看来，西西里诸侯是教廷的盟友。莫利塞、阿韦尔萨、阿奎拉等伯爵领尤为重要，它们位于马克安科纳省与卡皮塔纳塔地区之间，也就是教宗国与腓特烈的统治中心之间。因此在皇帝与诸侯的冲突中，教宗常常成为调解人，敦促皇帝停止对诸侯的讨伐。作为回报，上述诸侯也为教宗的军事行动效力。[2] 综上所述，《教宗传记》控诉的"非法事业"其实是腓特烈完整的西西里整饬计划。它目标明确，意在恢复威廉二世的统治，革除英诺森三世以来教廷对西西里的影响。因此《教宗传记》认为，"腓特烈在西西里接连不断的恶行便足以构成绝罚。"

《教宗传记》中记载的绝大部分绝罚事由在洪诺留时代便已顺利完成。短短六年内，腓特烈流放了教会与世俗诸侯，收复了大量城堡与地产[3]，完成了货币改革[4]，将皇宫从西西里岛搬至意大利腹地。[5] 1226 年，即洪诺留在位末年，一向温和的教宗终于向腓特烈发出警告。这篇文书出自卡普阿的托马斯之手：

> 你说在你回到西西里后，你恢复了王国此前丧失的权利，赶走了叛乱者。你责备罗马教会接纳了这些可疑分子。我们为你整饬王权感到欣喜。然而我们更希望你的欲望不要越界，不要将恢复自身的正当权益（recuperatio）演变为不义，演变为侵占他人的权益（usurpatio）。[6]

1　参见：Baaken, *Ius imperii*, p. 260; Kamp, *Kirche*, p. 1048; Jochen Johrendt, "Sizilien und Kalabrien—Binnendifferenzierung im Regno?" in *Rom und die Regionen. Studien zur Homogenisierung der lateinischen Kirche im Hochmittelalter*, Johrendt/Müller ed., Berlin/Boston 2012, pp. 285, 323。

2　参见 Stürner, *Friedrich II.*, 2, pp. 62-63。

3　参见：Eduard Sthamer, *Die Verwaltung der Kastelle im Königreich Sizilien unter Kaiser Friedrich II. und Karl I. von Anjou*, Berlin, Boston: Max Niemeyer Verlag, 1998 (1914), p. 6; Stürner, *Friedrich II.*, 2, pp. 9-10。

4　参见 Stürner, *Friedrich II.*, 2, pp. 31-32。

5　Eduard Sthamer, "Die Hauptstraßen des Königreichs Sicilien im 13. Jahrhundert," *Studi Michelangelo Schipa* (1926), pp. 106-110; Stürner, *Friedrich II.*, 2, p. 28.

6　"Miranda tuis sensibus": in *Briefsammlung des Thomas von Capua,* Thumser, Frohmann ed., p. 17, "Adiecisti preterea, quod post reditum tuum in regnum Sicilie, reintegratis iuribus tuis pro temporum varietate dispersis, exclusis rebellibus, ecclesia contra matris officium suspectos filii receptavit. Et quidem de iurium reintegratione gaudemus; et utinam reintegrantis affectio sic debitis fuisset contenta limitibus, quod a iustitia recuperationis in suis, in alienis ad usurpationis iniuriam non transisset."

可以看到，这段警告与《教宗传记》中论述的绝罚原因如出一辙。它表明 1239 年的绝罚正根植于洪诺留时期的矛盾，即，腓特烈的西西里整饬与教宗国"领土化"的潜在冲突。1239 年绝罚以前，《教宗传记》所揭示的矛盾必然在现实政治中有所体现，教廷必然对教宗国的危机有所行动。下文将分析罗马教廷的应对措施，以求证明《教宗传记》中观点的可靠性。同时可以看到，教廷的主动出击也是 1239 年绝罚的预演。

五、1239 年绝罚的预演：1227 年的自科绝罚

教廷在 1239 年以前采取了一系列措施应对腓特烈的西西里整饬。

1227 年的自科绝罚是 1239 年冲突的预演。格里高利 1227 年上任伊始便看到了向腓特烈宣战的机会。腓特烈曾八次推迟十字军计划，在此之后他与洪诺留三世约定：若 1227 年 8 月仍未出征，他将不需宣判而自动接受绝罚。[1] 因此当期限一过，尽管腓特烈的航船已停在布林迪西港，格里高利毫不犹豫地宣布了绝罚敕令。格里高利是洪诺留时期最重要的枢机，熟知帝国事务，他显然不满前任教宗对腓特烈的一再妥协。在格里高利 1227 年对腓特烈的绝罚中，有两个特征不同于以往。

其一，1227 年的绝罚充满末世色彩。这一点多为前人研究所忽视。在正式诉诸教会法前，格里高利在绝罚的布道中宣告："这世界有祸了（马太 18：7），大天使米迦勒将战胜恶龙（《启示录》12：7-12）。"这恶龙便是腓特烈，他要在末世降临前扰乱世界。[2] 这则布道不见于其他教廷文献因而鲜为人知，但它仍十分重要。它意味着教宗在伦巴第战争爆发前便将皇帝视为《启示录》中的猛兽。因为"天上的龙"（1227）与"海中的

1　*MGH Constitutiones et acta publica imperatorum et regum inde ab a. MCXCVIII usque ad a. MCCLXXII* 2, Ludwig Weiland ed., Berlin 1896, n. 102, 103, pp. 129–131; *Vita Greg. Cap.* 5.

2　*Vita Greg. Cap.* 5, "Ibique sequente proximo festo Michaelis archangeli in maiori ecclesia pontificalibus indutus ex more assistentibus venerabilibus fratribus cardinalibus archiepiscopis et aliis ecclesiarum prelatis, sermonem exorsus huiusmodi: 'Necesse est ut veniant scandala, cum archangelus de dracone triumphans', Fredericum imperatorem frequenti monitione premissa votum exequi recusantem exconmunicatum publice nuntiavit."

兽"（1239）均源自《启示录》。它们同为敌基督的先行者，先仆后继："我看见从海里上来一只兽；那龙遂把自己的能力、宝座和大权交给了它。"（《启示录》13∶1-2）它也意味着教宗在伦巴第矛盾爆发前便尝试与皇帝对决。格里高利谨慎地将宣布绝罚的地点选在家乡阿纳尼，他的家族在此颇为显赫。[1] 阿纳尼政治环境安定，气候凉爽，整个教廷从罗马前来避暑。[2] 这表明，教宗希望首先在教廷成员与家乡贵族间获得支持。随后，通谕《在海中》（In maris, 1227.10.10）再次赋予腓特烈恶龙的形象（serpens et regulus, monstrum huiusmodi）："它的鼻息、撕咬和焰火将毁灭世上的一切，只有除妖战魔才能平息这场愤怒。"[3] 可以看到，1227 年绝罚的气氛已与 1239 年的景象十分接近。

其二，1227 年的绝罚导致了激烈的军事冲突。1228 年 6 月 28 日，腓特烈在未经教廷认可的情况下擅自率领十字军出征。他最终以和平手段收复了耶路撒冷。[4] 同年 7 月 31 日，格里高利在伦巴第同盟的支持下，宣布解除西西里王国向腓特烈效忠的封建契约。这一行动无异于在法律上"废黜"国王。教宗的理由是："腓特烈践踏了教会自由，侵犯神职人员及其财物，并与基督的敌人撒拉森人交易。"[5] 可见，十字军并非教

1　*Vita Greg. Cap.* 2, "Hic enim natione campanus, de Anagnia nobiliori eiusdem provincie civitate… matre vero de potentioribus Anagninis exortus." 参见 Giuseppe Marchetti Longhi, "Ricerche su la famiglia di papa Gregorio IX," *Archivio della regia deputazione romana di storia patria* 67 (1944), pp. 275–307。

2　*Vita Greg. Cap.* 5, 11, 16, 23, 28. 参见 Paravicini Bagliani, "La mobilità della corte papale nel secolo XIII.," in Carocci ed., *Itineranza pontificia. La mobilità della curia papale nel Lazio (secoli XII-XIII)*, Roma 2003, pp. 18–19。

3　*MGH Epp. Saec. XIII.* 1, Rodenberg ed., p. 282, "…serpentes et regulos qui flatu, morsu, incendio cuncta vastare nituntur. Huic est quod ad monstra huiusmodi perimenda et expugnandas acies inimicas, ad tempestatum inquietudines mitigandas…"

4　参见 Stürner, *Friedrich II.*, 2, pp. 147–169。《教宗传记》对腓特烈在耶路撒冷的议和持负面评价，斥责腓特烈与苏丹的秘密协约令圣地蒙羞，"天主的庙宇被交给穆罕默德的信奉者，过往的行人可以随便拿取圣物"。(*Vita Greg. Cap.* 7, "Ubi, quibusdam treugis immo collusionibus initis cum soldano, civitas sancta, que longius ipsius suspirabat adventum, servit ignominiosus agarenis, dum servitutis angaria quam prius violentia palliabat consensu creverit et auctoritate pretoris. Et templo Domini sponte tradito cultoribus Magometti, pactum iniit cum Assiriis, sancta prostituens cuilibet transeunti.")

5　*MGH Epp. saec. XIII.* 1, Rodenberg ed., pp. 730–732, "… illud decernimus non tenere, pro eo quod idem exigentibus culpis suis dudum excommunicationis laqueo innodatus, sicut per alias vobis litteras exposuimus diligenter, pluries monitus ut desisteret a conculcatione libertatis ecclesiastice, non solum non destitit ab expoliatione religiosarum personarum et clericorum, verum etiam in eos immaniori temeritate deseviens bona ipsorum et ecclesiarum diripuit, et quedam etiam per manus inimicorum crucis Christi, sacraque vasa divinis usibus deputata profanans clericis ipsis aquam, ignem, cocturam panis et alia commercia interdixit, factusque Pharaone d[eterior, divi]nam ultionem non metuens, clerum afflixit cruciatibus infinitis." 参见 Stürner, *Friedrich II.*, 2, pp. 143, 170。

廷此时关心的第一要务。"废黜"之举影响深远，教会与帝国的军事冲突也随之开启。1228 年末，腓特烈在西西里的摄政大臣、斯波莱托公爵莱那德（Rainaldus）入侵了教宗国的安科纳领地。[1]继而，教宗命一路军队抵抗在安科纳的进攻，另一路精锐部队入侵西西里王国直至卡普阿。这是教会史上的第一支雇佣军，史称钥匙兵，由教廷神职人员率领。[2]1229 年，腓特烈从耶路撒冷班师回朝，顷刻化解了教宗在西西里的节节胜利。[3]次年，双方在西西里的圣杰尔马诺签订和约。教宗解除对皇帝的绝罚，皇帝以若干城堡为报酬，继续作为封臣向教宗效忠。[4]《教宗传记》记载了格里高利在此次冲突中的心路历程，"当精神之剑的惩罚（即，对公爵和皇帝的绝罚）无法奏效时，圣彼得的继任者迫于必要性（necessitate devictus），应使出世俗之剑。彼得在主基督受难前（passuro）询问这两把剑，他从主基督手中接过了这两把剑所象征的权力。（路加

1　*Les registres de Grégoire IX.*, Auvray ed., Paris 1896, n. 217, 227. 在教廷眼中，公爵是在腓特烈的授意下入侵教宗国，然而此观点并无史料证实。*Vita Greg. Cap.* 8, "Eo nichilominus incepte crudelitatis exitia inhumaniter exequente et demum Cesaris urgente nequitia, quem dira concitabat barbaries, Marchiam Anchonitanam iure dominii per Romanam ecclesiam antiqua traditione possessam non minus nequiter quam potenter ingressus, Montem de Ulmo, Maceratam volente perfidia occupavit." 参见: Daniel Waley, *The Papal State in the Thirteenth Century*, London: Macmillan, 1961, pp. 134–135; Wolfgang Hagemann, "Herzog Rainald von Spoleto und die Marken in den Jahren 1228/1229," in *Adel und Kirche*, Fleckenstein, Schmid ed., Freiburg u.a.: Herder 1968, pp. 440–441; Klaus Schubring, *Die Herzoge von Urslingen*, Tübingen: Kohlhammer 1972, pp. 395–419.

2　*Ryccardi de Sancto Germano notarii Chronica*, ad 1228, Pertz ed., p. 350: "Nam collectis undique Campanie ac maritime uiribus, congregauit exercitum, cui quemdam Pandulfum de Anagnia capellanum suum, qui legationis officio fungebatur, et exclusos de Regno comites, Thomam de Celano et Roggerium de Aquila prefecit capitaneos et ductores." *Vita Greg. Cap.* 10, "Idem autem copiosum exercitum per honorabilium legatorum Iohannis Ierosolimitani regis illustris… et I(ohannis) Sancte Praxedis presbyteri cardinalis fidele obsequium in Marchiam destinavit… Pandulfum capellanum ejus experte providentie virum cum militum et peditum bellatorum subsidio transmisit in Regnum…infra breve temporis spatium usque Capuam optinuit civitates et castra." 参见: Stürner, *Friedrich II.*, 2, pp. 170–172; Hagemann, "Herzog Rainald," p. 444。

3　参见: Stürner, *Friedrich II.*, 2, p. 174; Waley, *Papal State*, p. 136。

4　《教宗传记》认为教宗是最终的胜利者，因为腓特烈继续承认教宗为封君并献上了城堡。（*Vita Greg. Cap.* 11: "Quod tandem summus pontifex… demum terram tot acquisitam laboribus eidem quasi nova infeudatione concedit, in signum Domini quibusdam sibi munitionibus reservatis, quasi eidem postmodum, adiectis conditionibus, conmendavit nec ipsius vulnere solidato rancoris."）*Ryccardi de Sancto Germano notarii Chronica*, ad. 1229, ed. Garufi, pp. 160, 163–164. 参见 Stürner, *Friedrich II.*, 2, pp. 181–182。

22:38)"[1]"迫不得已"与"受难前"在教会此前的双剑学说中极为罕见。一方面,这强调了决定的慎重性,另一方面也反映出,罗马教廷意识到它正处在生死存亡的关键时刻。

以上可以看到,格里高利采取的手段激进而决绝。它发生在教宗上任伊始,宣告末世预言与组建教宗军队都是史无前例的举措。表面上看,教廷的危机感源自西西里摄政大臣对教宗国的入侵,摄政大臣的入侵源自教宗对国王的"废黜",教宗的"废黜"之举是 1227 年绝罚的后续。然而,引发"废黜"的原因却不在十字军。教廷在 1239 年向腓特烈问罪时,历数了皇帝即位以来的种种罪行,十字军事件不是责难的焦点。绝罚敕令和通谕《使徒圣座》都没有再提及十字军问题。可见,十字军问题只是 1227 年绝罚的导火索。回顾教廷 1228 年宣告的"废黜"理由:"腓特烈践踏了(王国内的)教会自由,侵犯神职人员及其财物,并与基督的敌人撒拉森人交易。"这既与教廷对 1239 年绝罚的论证如出一辙,也与教廷 1226 年对腓特烈的警告相一致。综合格里高利的两次绝罚,可以看到:教廷始终看重的是西西里王国的事态,教廷想阻止的是腓特烈在西西里的统治。十字军东征与伦巴第战争分别只是 1227 年和 1239 年绝罚的导火索。它们根植于共同的、更为深刻的历史背景,这便是西西里问题,也就是西西里整饬与教宗国"领土化"的潜在冲突。1227 年的绝罚撤回后,西西里的王权极为稳固、没有变数,它是腓特烈征服伦巴第、统一南北意大利的基础。若要阻止腓特烈意大利政策的实现,保住教宗国的"领土化",格里高利必须要采取新的手段。

六、1239 年绝罚的准备:教宗国的巩固

1227 年的绝罚失败后,教廷开始积极巩固教宗国的领土。1231 年至 1238 年,教廷与腓特烈处在圣杰尔马诺的和平约定中。前人研究忽视了,对教廷而言这八年并非

1　*Vita Greg. Cap.* 10, "Verum quia nec spiritualis animadversio gladii coriipuit delinquentem, necessitate devictus temporalem curavit Petri successor gladium exerere, qui a Domino passuro querente de gladiis recepit utriusque gladii potestatem."

和平。

在两次绝罚之间，格里高利修建、购买、收回了多座城堡与其附属领地。[1]它们位于教宗国边界，也就是教宗国与西西里、伦巴第接壤的地方。同时，这里也是西西里与教宗国爆发冲突的战场。1228 年，西西里军队入侵教宗国，首先占领的是马克安科纳省。在教宗国获得马克之前，这里是西西里军队进入伦巴第的唯一通道，因此享有重要的战略地位。格里高利收复城堡和领地，同样是出于战略上的考虑。这些军事要塞包括：1. 南部边境上，阿纳尼附近的帕利亚诺、塞罗内和富莫内，它们可以抵御西西里的入侵，从南面保护罗马；2. 东部边境上，列蒂附近的米兰达堡和蒂尔尼附近的费伦蒂洛，它们同样可以抵御西西里的入侵，从东面保护罗马；3. 斯波莱托与安科纳两省的交界线上，佩鲁贾附近的瓜尔多塔迪诺，它可以保卫西西里到伦巴第的通道；4. 西北部边境上，维泰博附近的蒙泰菲亚斯科内和锡耶纳附近的拉迪科法尼，它们可以抵御来自伦巴第的进攻。[2]相关契约悉数收录在教廷的《贡赋册》中[3]，它们也是《教宗传记》中的核心内容。[4]《教宗传记》记载了格里高利赎买上述要塞的过程：起初，教宗要找到事由介入地方冲突，他往往需要亲自在场。其后，教宗通常以领主、保护人的身份接管地区统治，继而占领、修建或买下城堡及其领地，这通常花费不菲。[5]最后，教宗将城堡交给可靠的贵族统治，与他们签订一系列封建契约。教宗直接拥有城堡的全部主权，贵族拥有使用权。[6]

格里高利还注重增强与教宗国地方势力的联系。他在位时，教廷百分之六十以上的时间停驻在罗马之外。外出时间高达 110 个月（63.29%），远超于英诺森三世时的 62 个月（27.89%）和洪诺留三世时的 40 个月（31.48%），集中在 1228 年至 1237 年

1　参见：Waley, *Papal State*, pp. 136-137; Thumser, *Rom*, pp. 269-297。

2　*Les registres de Grégoire IX.*, Auvray ed., n. 2454; Thumser, *Rom*, p. 271.

3　*Liber Censuum*, I, pp. 470-471, n. CCXIX-CCXIX; pp. 483-516, n. CCXX- CCLXII a.

4　*Vita Greg. Cap.* 16, 17, 21, 23, 24.

5　*Vita Greg. Cap.* 17, "largiori pecunia nichilominus", "non modico emptum pretio."

6　例如：*Vita Greg. Cap.* 17, "…ut autem hominibus castri et artis custodie utilius provideret, ipsius loci nobilium domos et possessiones non tenues novem milia librarum eis erogato pretio emptionis accepit quas subsequentis eisdem concessit in feudum ecclesie Romane propietate servata…"

间。[1]1228 年的军事冲突证明了教宗国的脆弱性。当西西里的摄政大臣莱那德入侵教宗国后，教宗国的城邦福利尼奥迅速投降，并转而进攻教宗的军队。《教宗传记》的作者认为，城邦收受了贿赂，打破了契约，毫无忠诚（fidelitas）可言。[2] 为了赢取城邦的忠诚，教宗积极介入了佩鲁贾、阿纳尼、维泰博、列蒂等地的地方争端。他给予战乱中的百姓极大的经济援助，使那里的居民感受到 "父亲一样" 的统治。[3] 例如在佩鲁贾，格里高利花费九千磅修复城池，三千磅帮助孤儿。[4] 作为回报，佩鲁贾接受教宗国的教区长为城邦首领，宣誓在宗教和世俗领域内皆向教宗效忠。（in devotione subiectione ac fidelitate Sancte Romane Ecclesie ac domini Pape spiritualiter et temporaliter.）[5]

可以看到，巩固教宗国的防务和统治是教宗国 "领土化" 的重要步骤。它也是格里高利为抵御腓特烈的扩张所做的准备。然而，这一过程是困难而缓慢的。它需要机会、精力和大量的财政支出。总的来说，格里高利巩固教宗国的措施收效甚微。1239 年的绝罚之后，腓特烈还是轻易入侵了教宗国的大量领土。格里高利最终在腓特烈的包围中病逝。

1　参见 Paravicini Bagliani, "Mobilità," p. 6。

2　*Vita Greg. Cap.* 10, "Eodem tempore Conradus Gucinardi eiusdem imperatoris nuntius, manu valida, vallem Spoletanam ingressus, intravit sine matre Fuliginum civitatem apostatricem, primordium scismatis proditionis plantarium, totius infidelitatis detestande sentinam…" "Quo tandem per vassallos Ecclesie invitis proditoribus ignominiose deiecto, corruptibilis populus…"

3　*Vita Greg. Cap.* 8, "ut patris presentia canutela existeret filiorum," 12, 16, 17, 24.

4　*Vita Greg. Cap.* 12, "…pius pater qui miserorum misertus angustias et pia gestans viscera cum afflictis reduxit exules confovit egentes, tristes et merore confectos consolationis remedio delinivit… pro reparandis ruinis et subventione dampnorum novem milia librarum paterna liberalitate concessit tribus mutuatis eisdem et quod citius deserti filii perdita reparent."

5　*Lib. Sommis.* Vol. B. fol. 53: "… ad honorem quoque Sancte Romane Ecclesie ac Domini Pape Ego M. potestas Syndictus seu procurator Comunis et universitatis Perusij, eiusdem Civitatis Comunis vel Universitatis nomine ac mandato juro et bona fide sine fraude observare promitto quod adiutor ero et defensor pro posse meo ad retinendum conservandum manutenendum et defendendum patrimonium Beati Petri in Tuscia et ducatum Spoletanum in devotione subiectione ac fidelitate Sancte Romane Ecclesie ac domini Pape spiritualiter et temporaliter…" 转引自 Vincenzo Ansidei, "Alcune notizie sui rapporti fra Roma e Perugia nel secolo XIII," *Bollettino per l'Umbria* vol. 1 (1895), p. 594。参见：William Heywood, *A History of Perugia*, New York: G.P. Putnam's sons, 1910, p. 70; Waley, *Papal State*, p. 141。

七、讨 论

　　本文的研究对象是 1239 年的绝罚，它反映了教宗国"领土化"与腓特烈意大利政策之间的冲突。西方研究者热衷于回溯现代文明在中世纪的起源，往往以主权国家、民族国家为参照。可以看到，13 世纪的教宗国与西西里都具备了现代主权国家的雏形。教宗和国王都已形成初步的主权思想——"完全的权力"（plenitudo potestatis），这在基督教文化中很容易理解，因为主基督拥有世间"完全的权力"[1]。在立法、司法、财政、行政、教育的制度建设上，教宗国与西西里也在同时代的欧洲国家中位居前列，这些是主权国家赖以形成的基础。然而，教宗国与西西里都没有走上主权国家的"正轨"。主权国家、民族国家是否是历史发展的必由之路？至少教宗国和西西里的案例无法给出肯定答案。

　　13 世纪以前，各种势力对意大利的统治是重叠的。在同一片土地上，教会、帝国、城邦、贵族都声称享有主权，而行使的只是部分的治权。以历史的眼光看，这种重叠并没有阻碍生产的发展、制度的进步、思想的繁荣，反而使意大利的政治具有高度的灵活性和多样性，城邦和贵族可以选择更有效率的上层领主寻求庇护。13 世纪以后，世俗社会全面复苏，教宗国与西西里最先开始了"领土化"的尝试，却导致了前所未有的激烈冲突。本文以历史研究的方法论证了，1239 年的冲突源于西西里与教宗国"领土化"之矛盾。然而对冲突的必然性，本文只能做推测性的探讨。笔者认为必然性之一在于教宗国的地理位置。教宗国处于腓特烈继承的罗马帝国与西西里之间，极具战略意义，"领土化"使教宗国和西西里处在了相当的竞争地位上。必然性之二在于，教宗国和西西里都有着丰厚却沉重的历史遗产，即，他们在法理上的"领土"

1　相关讨论参见：Gaines Post, "Plena Potestas and Consent in Medieval Assemblies, A Study in Romano-Canonical Procedure and the Rise of Representation, 1150–1325," *Traditio*, vol. 1 (1943); Gerd Tellenbach, "Vom Zusammenleben der abendländischen Völker im Mittelalter," in Richard Nürnberger, ed., *Festschrift für Gerhard Ritter*, Tübingen 1950, p. 43; Alfred Hof, "Plentitudo potestatis und Imitatio imperii zur Zeit Innocenz III.," in *Zeitschrift für Kirchengeschichte* Bd. 66 (1954/55); Hans-Joachim Schmidt, "The Papal and Imperial Concept of plenitudo potestatis. The Influence of Pope Innocent III on Emperor Frederick II," in John C. Moore, ed., *Pope Innocent III and his World*, Moore ed., Aldershot [u.a.: Ashgate: 1999, pp. 305–314。

大于在法律契约中确定的"领土"。伦巴第战争之际，腓特烈在1236年3月宣称"全天下都知道意大利是我继承而来的遗产"。[1]格里高利在同年10月回应道："众所周知，世界君主君士坦丁也承认，无论在教会还是俗世、精神还是肉体，使徒的代理人教宗都是其统治者。君士坦丁将皇帝的权杖、将你企图贿赂的罗马交付教宗……在天主任命基督教首领的地方行使世俗王权，君士坦丁视之为不义，于是他将意大利的统治留给教宗，自己在希腊另求居所。"[2]可以看到，尽管教宗国与帝国的"领土"纷争早有皇帝诏书做保证，然而契约并不总是奏效，双方仍在援引历史文献来证明各自的合法性。因此，在主权意识滋长、领土日益稳固的同时，"教宗国"与西西里无论在法统还是在现实的地缘政治中都存在根本冲突。在这样的背景下，末世论中的斗争场景应运而生，刺激着矛盾不断升级。最终1239年的绝罚宣告了，教会与帝国需要通过正面斗争确立新的关系。

八、结　语

本文指出，1239年绝罚的根本原因是腓特烈二世的西西里整饬，它与教宗国的"领土化"存在根本矛盾。得出这一结论基于对教廷内部史料的重新挖掘。有关绝罚

---

1 Klaus van Eickels, Tania Brüsch, *Kaiser Friedrich II.: Leben und Persönlichkeit in Quellen des Mittelalters,* Düsseldorf: Patmos, 2006, p. 327.

2 *MGH Epp. Saec. XIII.* 1, Rodenberg ed., n. 703, pp. 602–604: "Nec non Dominus sedem apostolicam, cuius iudicio orbem terrarum subicit, in occultis et manifestis a nemine iudicandam, soli suo iudicio reservarit ." "Illud autem minime preterimus, toti mundo publice manifestum, quod predictus Constantinus, qui singularem super universa mundi climata monarchiam obtinebat… unanimi omnium accedente consensu, dignum esse decernens, ut sicut principis apostolorum vicarius in toto orbe sacerdotii et animarum regebat imperium, sic in universo mundo rerum obtineret et corporum principatum… Romano pontilici Signa et sceptra imperialia, Urbern cum toto ducatu suo, quam sparsis in ea pecuniis nobis turbare moliris… suo est voto fraudatus, nec non et imperium cure perpetuo tradidit et nefarium reputans, ut ubi caput totius Christiane religionis ab imperatore celesti disponitur, ibidem terrenus imperator potestate aliqua fungeretur, Italiam apostolice disposicioni relinquens, sibi novam in Grecia mansionem elegit."

的教会文献揭示了，教会与帝国的领土矛盾始于 1220 年，爆发于 1227 年，于 1239 年再次激化。教会与帝国的领土矛盾不再可能调解。

从这场冲突中我们可以看到历史的转折。13 世纪欧洲迎来全面复苏，教会与帝国日益壮大。主权意识、法律体系和财政制度不断完善。教会与帝国各自的雄心最终导致了利益冲突，政教关系彻底破裂。自此，激进的正面斗争成为政教关系发展的主线。在此过程中，神胜罗马帝国无暇顾及德意志，罗马教会也过多卷入意大利的纷争。帝国与教会的权威皆因此受损，退出欧洲政治舞台的核心。此后，新型的民族国家成功崛起，欧洲的历史走向了新的方向。

（本文作者为德国柏林自由大学历史学系博士研究生）

"统领人"与大格里高利的教会权威观

评议马库斯新解

包倩怡

　　教宗格里高利一世的《牧灵规章》(*Regula pastoralis*)篇幅不长,体裁却很独特。它以"规章"[1]的形式,从四个方面对牧灵人做出规定:资格、生活、工作与自省。[2]《牧灵规章》的读者通常都会注意到,在此书的第二卷《论牧灵人生活》(*De vita pastoris*)中,自第二章开始,"统领人"(rector)突然取代"牧灵人"(pastor),成为此后这一卷

1　《规章》(*Regula*)作为体例,在格里高利时期常常指修道院规范修道行为的章程。如:6世纪西部教会中知名的规章《上师规章》(*Regula Magistri*)。格里高利在《书信录》中也曾提到"修道规章的规定"(monachicae regulae praecepta, *Reg.* 1.49 [CCSL 140: 63])。但 regula 也可以是相对更为宽泛的"规定"的意思。Gregorius Magnus, *Registrum epistularum (Reg.)*, ed. Dag Norberg, *Corpus Christianorum: Series Latina* (CCSL), vols. 140, 140A (Turnhout: Brepols, 1982). *The Letters of Gregory the Great*, trans. John R. C. Martyn, vols. 1–3, Toronto: Pontifical Institute of Mediaeval Studies, 2004.

2　在《牧灵规章》之前,与它相近的、从牧灵角度对主教角色进行论述与指导的作品,在东部教会中有纳西昂的格里高利的《辩护辞》与约翰·克里索斯托的《论司铎》;在西部教会中,较为接近的是安布鲁斯的《论责任》。但《论责任》规范的主要是教士(包括主教)行为,实际上与《牧灵规章》有很大不同。Gregorius Nazianzeni, "Apologeticus," in *Tyranni Rvfini Orationvm Gregorii Nazianzeni Novem Interpretatio*, trans. Tyrannus Rufinus, ed. Avgvstvs Engelbrecht, *Corpus Scriptorum Ecclesiasticorum Latinorum* (CSEL), vol. 46 Vienna: F. Tempsky, 1910, pp. 7–84. Gregory of Nazianen (Nazianzus or Gregory Nazianzen), *Oration II*, trans. Charles Gordon Browne, *A Select Library of the Nicene and Post-Nicene Fathers* (NPNF), Series II, vol. 7 Edinburgh: T&T Clark, 1893, pp. 425–472. John Chrysostom, *Six Books on the Priesthood*, trans. Graham Neville, Grestwood and New York: St Vladimr's Seminary Press, 1996. Ambrose, *De Officiis*, trans. Ivor J. Davidson, 2 vols. Oxford and New York: Oxford University Press, 2001.

文字中核心的词汇。[1]这一中心语汇的变化，令第二卷在《牧灵规章》中也显得颇为突兀。"统领人"的使用，模糊了《牧灵规章》原本似乎相当清晰的写作对象。它带来了一系列的问题：格里高利为什么要使用"统领人"？牧灵人和统领人究竟指的是谁？《牧灵规章》究竟为谁而写？[2]

"统领人"这个词在格里高利生活的时代主要有两种用法。一种用法是指世俗世界的统治者。这是"统领人"的本意，即它的动词（regere）所指的"统治/统领"的施行者。在用于指世俗统治者时，它与人主（dominus）、统领（ductor）和王（rex）通用。另一种用法是指教会地产管理人。彼时，罗马教会在帝国很多地方拥有地产。为便于管理，这些地产原则上按帝国行政区划，被划分成不同的管理区域（patrimonium）。每一区域地产的最高管理者，由教宗派遣，统称为"地产管理人"（rector）[3]。格里高利留存的《书信录》（Registrum epistularum）中有大量写给这类地产管理人的信。除了上述两种用法之外，据英国学者马库斯考证，"统领人"一词偶尔也被用于指主教或司铎。在伪安布罗斯（Ambrosiaster）[4]和奥古斯丁（354—430年）的作品中，及502年的主教会议决议中，都有这样的使用。但是，这种用法并不常见。[5]

1　本文使用的《牧灵规章》，拉丁语文本出自拉法对照文集《基督教文献》，参考了《基督教早期教父文集》与《教父通俗读物系列》中收录的英译本。Grégoire le Grand, *Règle Pastorale* (*RP*), ed. Bruno Judic and Floribert Rommel, trans. Charles Morel, *Sources Chrétiennes* (SC) 381, 382, Paris: Editions du Cerf, 1992. Gregory the Great, *The Book of Pastoral Rule*, trans, James Barmby, in *A Select Library of the Nicene and Post-Nicene Fathers* (NPNF), Series II, vol. 12, ed. by Philip Shaff and Henry Wace, Edinburg: T. & T. Clark, 1849, pp. 572–724. St. Gregory the Great, *The Book of Pastoral Rule*, trans. George E. Demacopoulos, Popular Patristics Series, No. 34, New York: St. Vladimir's Seminary Press, 2007.

2　《牧灵规章》附函的收信人是主教约翰，据信可能是时任的拉文纳主教。

3　例如，西西里行省的地产，在格里高利接任教宗时隶属一个地产管理区域，设有一个地产管理人；后来这个行省的地产被分成了两个地产管理区域，各有一个地产管理人管辖。

4　伪安布罗斯著有《保罗书信释义》（*Commentarius in xiii Epistulas Paulinas*）与《新旧约 127 问》（*Quaestiones Veteris et Novi Testamenti*）。这两部作品出自一位不知名的作者。它们写作于 360 至 380 年间，在 5 世纪初时，就已经流传甚广。长期以来，《保罗书信释义》主要被当作安布罗斯（Ambrose，约 340—397 年）的作品，故这位不知名的人物有"伪安布罗斯"之名；而《新旧约 127 问》则被认为是奥古斯丁的作品。Sophie Lunn-Rockliffe, *Ambrosiaster's Political Theology*, New York: Oxford University Press, 2007, pp. 1–86.

5　R. A. Markus, "Gregory the Great's *Rector* and His Genesis," in *Grégoire le Grand*, ed. Jacques Fontaine, Robert Gillet, Stan Pellistrandi, Paris: Centre National de la Recherche Scientifique, 1986, pp. 137–138. 尤其见第 144 页注 1 与注 6。

通常认为，格里高利在《牧灵规章》中的"统领人"与"牧灵人"同义，都指主教。[1] 这种解读由来已久。现有的史料说明，早在九世纪初，加洛林下辖的几个地方主教会议，包括813年美因茨和813年兰斯主教会议都将《牧灵规章》作为指导主教的文献。[2] 但是，1981年，法国学者瑞德雷（Marc Reydellet）提出：《牧灵规章》"既为主教也为王而写"。他认为，"统领人"有可能也指世俗统治者。[3] 次年，马库斯撰文《大格里高利的"统领人"及其起源》支持了这一观点；同时，也对它提出一定程度的修正。[4]

一、马库斯的新解

马库斯的这篇论文，是现有关于格里高利笔下"统领人"一词的最系统的论述。此文首先提出，格里高利语汇中的"统领人"，出自鲁菲努斯（Rufinus, 340/345—410年）翻译的纳西昂的格里高利的著述《辩护辞》（*Apologeticus*）。在这个译本中，鲁菲努斯将主教翻译成了"统领人"，主教的职责表述为"统治"（regere）。[5] 马库斯比对了《辩护辞》的第3节与格里高利的另一部著作《约伯道德书》（*Moralia in Iob*）中两处已知是格里高利在当上教宗之后做过修改的篇章（19.14.23，22.22.53）。[6] 纳西昂主

---

1 本文使用的《牧灵规章》拉丁文本的编者朱迪克也将此书的写作对象确定为主教。Bruno Judic, "La Fonction Épiscopale," in *Règle Pastorale*, by Grégoire le Grand, SC 381, pp. 76–88.

2 "Concilium Moguntinense, 813," "Concilium Remense X. 813," *Concilia Aevi Karolini*, Teil 1, ed. Albertvs Werminghoff, *Monumenta Germaniae Historica* (MGH), Legvm Sectio III, Hannoverae et Lipsiae: Impensis Bibliopolii Hanniani, 1906, pp. 259, 255. R. A. Markus, "Gregory the Great's *Rector* and His Genesis," p. 144, n. 1.

3 Marc Reydellet, *La Royauté dans la littérature latine de Sidoine Apollinaire à Isidore de Séville*, Paris: École française de Rome, 1981. R. A. Markus, "Gregory the Great's *Rector* and His Genesis," p. 137. 瑞德雷语转引自马库斯的论文第144页注3。

4 马库斯说："我毫不怀疑，这个判断是正确的，至少在一定条件限定之下是正确的。" R. A. Markus, "Gregory the Great's *Rector* and His Genesis," p. 137.

5 R. A. Markus, "Gregory the Great's *Rector* and His Genesis," p. 141.

6 格里高利在担任教宗使节（apocrisiarius）长驻君士坦丁堡期间（579–585/586年），曾与同去的修道士共同研读《约伯传》。格里高利当上教宗之后，根据当时的讲经记录，修订完成《约伯道德书》。成书时间在591年，但对它的修订持续到596年。Gregorius Magnus, *Moralia in Iob*, ed. Marcus Adriaen, CCSL 143, 143A, 143B, Turnhout: Brepols, 1979–1985. Gregory the Great, *Morals on the Book of Job*, 4 vols., The Library of the Fathers, Oxford: John Henry Parker, 1844.

教在这一节《辩护辞》中讲述了他对教会中主教与其他教会成员地位与角色的认识。[1]《约伯道德书》中的这两处文字都是有关教会中的分工与主教该如何通过布道帮助从事俗务的其他人员。[2]《约伯道德书》的这两节文字，都有一个同样的句式："对此，我们主教们/牧灵人该如何说……"[3] 其中的"主教们"与"牧灵人"都说明，这是格里高利担任教宗之后的文字。马库斯指出，这两处文字与《辩护辞》的第三节在内容上相近：它们论述的是主教对教会的管理，且都以人体比喻有分工的教会。这说明，格里高利在修改这两处《约伯道德书》的时候，有可能重新阅读过《辩护辞》，或者对其中的部分章节印象特别深刻。对这两部分《约伯道德书》的修订可能恰好发生在他写作《牧灵规章》的前后。[4]

值得注意的是，《约伯道德书》中的两段文字都没有使用"统领人"，而是使用了"领导人"（praepositi）与"牧灵人"。并且，马库斯引述的《辩护辞》中确实出现了"统领人"，但并没有上述两处文献共有的句式。即使如此，马库斯的推测，即大格里高利的《牧灵规章》明显受到《辩护辞》的影响，还是有它的合理性。《牧灵规章》解释了格里高利在当选主教后逃遁的行为，并提出在牧灵中要贯彻因人施救的教导方法。这两点都与《辩护辞》一脉相承。对于第二点，即《牧灵规章》的第三卷与纳西昂主教的渊源，大格里高利在该卷前言中还有特别说明。[5] 这种做法在这位教宗作品中非常罕见。

马库斯在论证了《辩护辞》与《牧灵规章》的关联之后，进一步指出：《辩护辞》提

---

1 "…sicut in corpore nostro alia sunt membra quae regunt corpus atque eius motibus praesident, alia sunt quae reguntur et obsequium rectoribus praebent ita etiam in ecclesiae statuit deus aequitatis lege dispensans et per diuinam prouidentiam suam, qua uniuersa conponit, meritorum temperans priuilegia. Alios constituit regi et gubernari - quibus hoc utilius est - ut uerbo et opere rectorum ad id quod expedit inbuantur; alios pastres dedit et doctores ad perfectionem ecclesiae, eos scilicet qui prae ceteris uirtute animi praediti familiarius deo adsistant et id officii in ecclesia gerant, quod uel anima in corpore uel mens et ratio operatur in anima, …" "Apologeticus" 3 (CSEL 46: 8‒9).

2 *Mor.* 19.14.23, 22.22.53 (CCSL 143A: 974‒975, 1132‒1133). R. A. Markus, "Gregory the Great's *Rector* and His Genesis," pp. 138‒140.

3 "Quid ad haec nos episcopi/pastores dicimus…" *Mor.* 19.14.23, 22.22.53(CCSL 143A: 975, 1132).

4 R. A. Markus, "Gregory the Great's *Rector* and His Genesis," pp. 138‒140.

5 "Vt enim longe ante nos reuerendae memoriae Gregorius Nazanzenus edocuit, non una eademque cunctis exhortatio congruit, quia nec conctos par morum qualitas astringit." *RP* 3, "Prologvs" (SC 382: 258).

供给教宗格里高利的，不仅仅是"统领人"这个表示"统治、管理、管控"的语汇，还有纳西昂的格里高利对主教职务的思考。而在后者的思考模式中，主教的职务"很大程度上由统治者与被统治者、上级与下级之间的'政治'关系界定"。[1] 他注意到，在鲁菲努斯的译本中，"统领人"本就有两种意思：笼统地泛指领导人与特指教会领导人；且在使用"统领人"泛指时，鲁菲努斯曾经不止一次地明确代指世俗统治者。[2] 基于鲁菲努斯的《辩护辞》译本对格里高利使用"统领人"一词有着明确且直接的影响，马库斯认为，可以肯定：格里高利笔下的"统领人"这个词，不仅可以指教会权威，即主教，也可以泛指拥有最高权威的人，包括世俗统治者。尽管马库斯承认，"统领人"从不曾被用于专指世俗权威，但是他也申明，在被用于泛指的时候，难以确定它究竟指世俗权威还是教会权威。[3] 然而，因为格里高利讨论主教职务时使用的话语本身就是属于世俗统治领域的，所以《牧灵规章》的写作对象完全可能包括世俗统治的王。[4]

马库斯对"统领人"的解读并非总是一致。他在 1985 年的论文《神圣与世俗》中，将"统领人"限定为"持有教会权威的人"[5]。在 1997 年出版的《大格里高利与他的世界》中，马库斯进一步调整了自己的观点。他指出，对于格里高利而言，不存在统治权威上世俗与教会的明确的区分。格里高利笔下的"统领人"既指世俗统治者也指教会统治者，无甚区别。[6] 马库斯承认，格里高利在使用"统领人"时，"更为经常地，是在宗教的语境中思考权威"。[7] 然而，他也明确地指出：在格里高利笔下，"统领人有

1　R. A. Markus, "Gregory the Great's *Rector* and His Genesis," p. 142.

2　Ibid., p. 141.

3　Ibid., p. 142.

4　Ibid., p. 143. 据马库斯观察，鲁菲努斯所提供的这个词的使用方式，正好契合了格里高利所在时代对权威的认识：上级对下级的管控，下级对上级的服从。参见 R. A. Markus, "Gregory the Great's *Rector* and His Genesis," pp. 137–146。

5　R. A. Markus, "The Sacred and the Secular: From Augustine to Gregory the Great," *Journal of Theological Studies*, N.S. 36 (1985): 91.

6　R. A. Markus, *Gregory the Great and His World*, Cambridge and New York: Cambridge University Press, 1997, pp. 86–87.

7　Ibid., p. 29.

时指统治者或者指其他手握世俗权柄的人。并且，在后期的作品中，它经常是这个用法"。[1] 这个新的解读，是对《神圣与世俗》中给出的"统领人"定义的修订，更为接近他最初在《大格里高利的"统领人"及其起源》中提出的观点。

这是一个有待商榷的结论。确实存在这种可能，即大格里高利是受到鲁菲努斯译本的启发而在《牧灵规章》中启用了"统领人"。但是，这并不意味着大格里高利由此必须全盘接受鲁菲努斯或纳西昂主教对"统领人"的用法，也并不表示他需要接受纳西昂主教提出的将教会分为治人者与受治者的观点。[2] 大格里高利承认《牧灵规章》与纳西昂的格里高利之间有渊源，但是他在第三卷前言中提到的对《辩护辞》的借鉴仅限于关于因材施教的教导。[3] 并且，从内容上看，《牧灵规章》中受到《辩护辞》影响最大的部分，是并未出现"统领人"的第一卷与只使用了一次该词的第三卷，而不是"统领人"频繁且集中出现的第二卷《论牧灵人生活》。[4]《辩护辞》没有对统领人的生活作过系统的论述；而大格里高利在《牧灵规章》中却用整整一卷合 11 章进行了详细说明。更何况，马库斯关于大格里高利在教会框架中给世俗统治者保留了空间，甚至后来提出的不分彼此的推论，与大格里高利的教会观是相悖的。

有可能，格里高利在《牧灵规章》第二卷中突然启用"统领人"是受了《辩护辞》的影响。但是，同样存在可能，教宗在《牧灵规章》中添加了这一卷《论牧灵人的生活》，恰恰为了表达与纳西昂主教不完全相同的主张。

---

1 R. A. Markus, *Gregory the Great and His World*, Cambridge and New York: Cambridge University Press, 1997, pp. 28–29.

2 纳西昂的格里高利受柏拉图的影响，认为正如属肉身的要服从属灵魂的，属灵魂的要服从心灵与理智，教会由两种人构成：治人者与受治者。

3 *RP* 3, "Prologvs" (SC 382: 258–260).

4 第一卷中出现的"最高统领人"（"summus rector", *RP* 1.1.23［SC 381: 130］）指上帝，同样在第四卷中使用（"superus rector", *RP* 4.38 [SC 382: 536]）。在第三卷"统领人"只出现两次：1. 此卷总标题"持善的生活的统领人该如何教导与规劝受他管辖的众人"（"Qvaliter rector bene vivens debeat docere et ammonere svbditos." *RP* 3［SC 382: 258］）；2. 第四章以《撒母耳记上》中大卫饶扫罗的命的故事为例，说明即使面对扫罗这一"坏的统领人"（"mali rectores", *RP* 3.4.89 [SC 382: 280]），好的子民也需要服从。在《牧灵规章》全文中，"统领人"共出现 54 处（不含专用于指称上帝的 summus/superus rector），其中第三卷与第四卷中分别有 2 处与 1 处。其余 51 处都集中在第二卷中。

二、三点质疑

1. 质疑之一: "统领人"的泛指

在格里高利的认知中, "统领人"所指的最高权威, 并不必然落入世俗与教会的分野。

格里高利的《约伯道德书》中也常常使用"统领人"。这部解经集的主体部分, 在格里高利当上教宗之前, 即写作《牧灵规章》之前, 就已经完成。在《约伯道德书》中, "统领人"多用于泛指。例如: 第十三卷引用了一段保罗训导: "我们战斗不是对抗血和肉, 而是对抗头领, 对抗掌权者, 对抗这黑暗世界的统领人们。"[1] 这里的"统领人"与"头领"(princeps)和"掌权者"(potestas)同义, 指手中握有权柄的统治者。这部分《约伯道德书》的内容是批判背教者, 引文中的"统领人"指的是黑暗世界的统治者, 即魔鬼们, 而并非尘世中的人。[2] 又如: 第二十四卷中格里高利用"最高统领人"来指上帝。在这部分论述中, 格里高利批评傲慢。他引《依撒意亚》(14∶14)"我要升越云表, 与至高者相平衡", 并加以评述说: "由此, 每一个牧灵人, 但凡因管理他人而高抬自己, 必在跌入傲慢中背离了服务最高统领人。"[3] 在"黑暗世界的统领人"与"最高统领人"中, "统领人"这个词并无明确的尘世属性。

正如马库斯所言, 在《约伯道德书》中, "统领人"可以用来泛指一般意义上的统治者。[4] 但是, 格里高利的使用与马库斯的解读并不全然相同。这种泛指, 可以是更广泛意义上的泛指。它并不必然落入教会与世俗的分野。"统领人"在泛指时, 也并不必然等同于世俗统治者。

---

1 "non est nobis colluctatio aduersus carnem et sanguinem, sed aduersus principes et potestates, aduersus mundi rectores tenebrarum harum…"*Mor.*13.8.11 (CCSL 143A: 674–675). 此处所引圣经为《厄弗所书》(6∶12)。本文参照《圣经》为思高版。《圣经》(思高版)将 principes 和 rectores 分别译为"率领者"与"霸主"。笔者引用时有所修改。

2 *Mor.* 13.7.9–13.9.11 (CCSL 143A: 673–675).

3 "Quia ergo unusquisque rector quotiens extollitur in eo quod ceteros regit, totiens per lapsum superbiae a summi rectoris seruitio separatur…" *Mor.* 24.25.52 (CCSL 143B: 1227).

4 R. A. Markus, "Gregory the Great's *Rector* and His Genesis," p. 141.

2. 质疑之二：属世的此世之王与属灵的教会

马库斯对"统领人"的解读受制于他自己创建的古代晚期基督教发展范式，即从奥古斯丁到大格里高利时期，基督教世界从神圣、世俗与渎神三元共存演变为善与恶、圣洁与不洁，天堂与地狱的二元结构。[1] 马库斯对"统领人"一词的理解与他一贯的理念一脉相承。在《神圣与世俗》一文中，马库斯提出，格里高利对自己所处时代的教会是这样认识的：它是个"信众的共同体，业已将世俗统治者吸纳其中"，曾经迫害教会的世俗统治者不仅已经低头，并且还服务于教会的布道。[2] 马库斯在《神圣与世俗》中以此论证在格里高利的观念中"世俗权威与机构从格里高利的世界消失"[3]。《大格里高利的"统领人"及其起源》与《大格里高利与他的世界》都是在这个框架之下对"统领人"做出了解读。

确实，马库斯对古代晚期基督教发展模式的勾勒有其合理性。从奥古斯丁到格里高利，古代晚期的思想家们赋予世俗世界的合法性越来越弱。但是，人物的复杂性往往超越某一种固定范式的束缚。就教会与世俗统治者之间的关系而言，格里高利跳出了马库斯设定的这个框架。在格里高利的思想体系中，我们看不到对世俗权威与机构的设想。但那并不是因为世俗统治者已经低头，并被完全纳入了"信众的共同体"，即教会中。恰恰相反，世俗权威与机构的缺位，是由于格里高利认为世俗权威不重要。格里高利对世俗权威表现出明显的不信任。它的位置在格里高利的思想体系中相当尴尬。现实的经验告诉他，世俗权威难以改造。末世审判即将到来。格里高利看不到短期内改造世俗权威的可能，选择了在现实中接纳它的存在，并在他的基督教理想世界中忽视它。[4]

1　R. A. Markus, *Saeculum: History and Society in the Theology of St Augustine*, Cambridge: Cambridge University Press, 1970; *From Augustine to Gregory the Great: History and Christianity in Late Antiquity*; *The End of Ancient Christianity*, New York: Cambridge University Press, 1990; *Sacred and Secular: Studies on Augustine and Latin Christianity*, Surrey: Routledge, 2010; *Signs and Meanings: World and Text in Ancient Christianity*, Eugene: Wipf and Stock, 1996; *Christianity and the Secular*, Notre Dame: University of Notre Dame Press, 2006.

2　R. A. Markus, "The Sacred and the Secular," p. 93.

3　Ibid., p. 87.

4　对格里高利末世论和世俗权威观的讨论，详见：包倩怡：《圣人的俯就与背负——大格里高利的修道理想与教宗实践》第 2 章第 1 节《"末世"之下的末世论》与第四章第 3 节《尘世的负累：世俗政权》，北京大学博士学位论文，历史学系，2017 年，第 51—62、171—188 页。

马库斯与不少学者之所以在格里高利世俗权威观上出现误读，很重要的原因，是受到了伪作《列王记上释义》的干扰。[1] 这部作品被认为是拉文纳的克劳狄乌斯（Claudius）根据他听取格里高利讲解《列王记》的笔记整理而成。它不仅被当作格里高利的作品，还被视为是教宗晚年讲经集，代表了格里高利相对最为成熟的思想。[2] 此书是《列王记上》前 16 章的释义。这 16 章圣经经文的主人公主要是以色列王撒罗满（Samuel）。《列王记上释义》中将撒罗满理解为基督徒生活的理想典范，完美兼顾默观与行动，既服务了天主也服务了邻人。[3] 由于撒罗满是世俗统治的王，故而，学界历来将《列王记上释义》视为格里高利论述政教关系，尤其是教会与蛮族的王之间的关系的经典。[4]1996 年，《基督教文献》系列中《列王记上释义》的编译者德沃盖（Adalber de Vogüé）发现这部书的作者很可能是 12 世纪本笃会的一名修道士，名叫彼得。[5] 德沃盖的理由相当充分，学界很快便形成共识，承认了《列王记上释义》是伪作。[6] 马库

---

1 Gregorius Magnus, *In librum primum Regum expositiones*, ed. Patrick Verbraken, CCSL 144, Turnhout: Brepols, 1963.

2 1996 年斯爵为《中世纪作者》系列丛书撰写《大格里高利》卷时，还指出，此书前言的语气"完全是格里高利式的。这显示格里高利本人可能在过世前曾经为它做了最后的校订"。这也是德沃盖在《基督教文献》的《列王记上释义》译本导言中写下的推测。Carole Straw, *Gregory the Great*, Authors of the Middle Ages, No. 12, Aldershot and Brookfield: Variorum, 1996, p. 51. Adalber de Vogüé, introduction to *Commentaire sur le premier livre des Rois*, by Grégoire le Grand, ed. and trans. Adalber de Vogüé, vol. 1, SC 351, Paris: Les Éditions du Cerf, 1989, pp. 32–61; Francis Clark, "Authorship of the Commentary in 1 Regum: Implications of A. De Vogüé's Discovery," *Revue Bénédictine* 108 (1998), 64.

3 Carole Straw, *Gregory the Great*, pp. 51–52.

4 Ibid., p. 51.

5 《列王记上释义》中的部分用语（德沃盖统计是 227 个词）与格里高利通常的风格并不一致。曾有过它是伪作的质疑。但是考虑到此书是由他人整理听经的笔记而成，学界接受了这样的差异。直到 1996 年，德沃盖在《维诺萨编年志》（*Chronicle of Venosa*）中发现一个条目，讲到维诺萨修道院院长彼得"是当代最熟悉教理之人，注疏《列王记》直到大卫涂油为王"。这正是《列王记上释义》完结之处。彼得曾在卡瓦（Cava）修道院当修道士，在 1141 年被派到维诺萨修道院当院长。《列王记上释义》最早的手稿是 12 世纪的卡瓦集（Cava Badia 9）。德沃盖后来又证实，格里高利被冠以《列王记上释义》的作者最早出现在 1480 年。综合这些史料，足以证明，《列王记上释义》的作者，是卡瓦的修道士彼得。Adalber de Vogüé, "L'auteur du Commentaire des Rois attribué À Saint Grégoire: Un Moine de Cava?" *Revue Bénédictine* 106 (1998): 319–331; "Fragments de La Vieille Version Latine Du Livre de Tobie," *Revue Bénédictine* 108 (1998): 58–60; Francis Clark, "Authorship of the Commentary in 1 Regum: Implications of A. De Vogüé's Discovery," pp. 61–79.

6 《基督教文献》的官方网站提供的书目上已经把此书的作者改为卡瓦的彼得（Pierre de Cava）。

斯讨论"统领人"的论文与专著中，最晚出版的《大格里高利与他的世界》也未根据德沃盖的质疑做出修订。[1]

马库斯在《神圣与世俗》中，用格里高利在《约伯道德书》第三十一卷比喻世俗统治者是"被绑缚的野牛"来论证教会业已吸纳世俗权威，且不分彼此。[2]然而，事实上，这一引证的篇章恰恰提供了相关的反证。这一卷明确指出，世俗权力对教会布道的服务，途径是"通过立法"[3]。在后文中，格里高利也说皇帝通过征服其他国民，并以不杀他们作为交换，促使他们改信基督。[4]世俗统治者的这种传教必须与布道者的布道予以区分。人们在刀剑威逼之下被迫受洗成为基督徒，在格里高利看来，并非真正意义上的皈依。这一点，从格里高利谴责主教强迫犹太人皈依的论述可以推断。591 年格里高利曾经告诉马赛主教，强迫犹太人受洗而不是采用布道引导的方法，不会有好果。受到胁迫的犹太人不是因为布道的甜美而选择皈依。他们貌似在受洗中得重生，内心却仍然陷于旧有的迷信中，会死得更惨。[5]格里高利将加入教会与皈依基督区别开来。皇帝将外族人带入教会，是有意义的。因为这同教会给犹太人减免税的性质一样，给了愿意加入教会的犹太人，尤其是他们的孩子们，皈依基督的机会。[6]但是，刀

1　马库斯在《大格里高利与他的世界》的《前言》中提到了德沃盖的质疑。他指出，即使这个质疑成立，受到影响的只是这部专著中两处对《列王记上释义》的引用——格里高利对世俗学问的接纳与提到《圣本尼狄克传》。它对全书其他方面的论述并无影响。然而，《列王记上释义》对这位研究大格里高利的权威的影响显然不可能只在这两点。

2　R. A. Marukus, "The Sacred and the Secular," p. 93.

3　"Ecce enim sicut superius dictum est, ipsos humanarum rerum rectores ac principes dum metuere Deum in suis actionibus cernimus, quid aliud quam loris ligatos uidemus? Cum uero eam fidem, quam dudum persequendo impugnauerant, nunc prolatis legibus praedicare non cessant, quid aliud faciunt, nisi aratri laboribus insudant?" *Mor.* 31.4.4 (CCSL 143B: 1552).

4　"Ecce enim modo pro ecclesia leges promulgat, qui dudum contra eam per uaria tormenta saeuiebat. Ecce quaslibet gentes capere potuerit ad fidei illas gratiam suadendo perducit; eis que aeternam uitam indicat, quibus captis praesentem seruat." *Mor.* 31.7.9 (CCSL 143B: 1556).

5　"…ui magis ad fontem baptismatis quam praedicatione perductos. … Dum enim quispiam ad baptismatis fontem non praedicationis suauitate sed necessitate peruenerit, ad pristinam superstitionem remeans inde deterius moritur, unde renatus esse uidebatur." *Reg.*1.45 (CCSL 140: 59).

6　594 年格里高利讲到给教宗地产上的犹太人减免地租，尽管会给教会带来经济损失，却是有神益的。"…quia, etsi ipsi minus fideliter ueniunt, hi tamen qui de eis nati fuerint iam fidelius baptizantur." *Reg.*5.7 (CCSL 140: 273).

剑威逼之下的受洗并非真正的皈依。因此，皇帝所做，是传教，却并非布道。

在格里高利的观念中，属世的世俗统治与属灵的教会之间有着明确的界线。教会是基督的身体，通过各个部分间的分工合作使得身体得以增益。这种增益并非物质意义上的扩张，而是"为天主赢得灵魂"（lucra animarum）——这是教宗劝勉管理主教时经常出现的语汇。[1] 教会掌管的是灵魂，而皇帝顾虑的是共和国。其中的区别，格里高利看得很清楚。596 年，他写信给受到皇帝扶持的萨罗纳（Salona）主教马克西穆斯（Maximus），强调了皇帝的决定是为了共和国的利益（pro reipublicae suae utilitate）：

> 但或许皇帝是为了共和国的利益——那是天主让他管辖的。他有着诸多考量并为种种牵绊占据了心神。若有人给他这种建议，他未加思考而发出了命令。然而，我们和所有其他人都知道，我们最虔敬的皇帝爱律法，敬等级，礼经典，不牵扯进教士事宜。我们因此可以果断决定。我们这样做是为了他的灵魂和共和国，这也是出于对那可怕的令人战栗的审判者的敬畏。[2]

明确区分世俗统治与教会牧灵，跟格里高利一贯坚持的灵肉二元论相一致。对格里高利而言，世俗权力的存在不是永恒的。对它的需要由人之罪派生而来。事实上，这种区分，完全符合马库斯的二元体系。所不同的是，马库斯过于强调神圣世界对世俗世界的吞噬。在他的体系中，世俗权力被吸纳进了神圣的系统中。而笔者认为，在格里高利的观念中，世俗权力本身的属性就决定了它的归属。确实，世俗统治者已经归入了教会。但这并不表示格里高利完全认可了世俗权力。世俗权力可以为教会所

1　如 *Reg.* 5.62, 7.27, 9.11, 9.161 等等。

2　"Sed et si forsitan pro reipublicae suae utilitate, quae diuina sibi largitate concessa est, multa cogitantibus et in diuersis sollicitudinibus occupatis suggestum est et eorum est iussio per obreptionem elicita, postquam et nobis et omnibus notum est piissimos dominos disciplinam diligere, ordines seruare, cannones uenerari et in causis se sacerdotalibus non miscere, instanter exsequimur, quod et illorum iuuat animam atque rempublicam, et ad quod nos terribilis tremendique iudicis respectus impellit." *Reg.* 6.25 (CCSL 140: 395–396).

用，但格里高利始终对权力心有警惕，对世俗权力更是没有好感。[1]

3. 质疑之三：多样与平等：两位格里高利权威观的差异

大格里高利关于教会权威的认识与纳西昂主教也并不全然一致。[2] 正如马库斯指出的那样，纳西昂的格里高利在讨论教会结构时，貌似依旧沿用保罗的圣职观，其实却加入了柏拉图主义。[3] 保罗的教导原是因个人领受的恩典不同——有人作宗徒，有人作先知，有人作传福音者，有人当司牧并导师，在这个以基督为首的身体中，信徒们如诸肢体般相互补充，各司其职，在爱德中使身体增益。[4] 纳西昂的格里高利则说，肢体中某些部分是"统领身体并控制肢体动作的"，另一些则是被管理，按上述部分的指令行动。教会作为基督的肢体，分为"统领人"和"被统治与被管理的"两部分。这两组人的高下并非人为，而是天主分派。区分二者的依据是恩德的高下（meritorum priuilegia）。两组人之间的关系，"如灵魂之于肉身，亦如心灵或理智之于灵魂"[5]。亦如马库斯理解的那样，在纳西昂主教眼中，这两组人之间有本质上的高下之别，是管治与被管治的关系。[6] 但在大格里高利这里，却并不尽然。

1　参见：Carole Straw, *Gregory the Great: Perfection in Imperfection*, Berkeley: University of California Press, 1988, pp. 251–257; Carole Straw, "Gregory's Politics," in *Gregorio Magno e il suo tempo*, ed. Vittorino Grossi, XIX Inconto di studiosi dell'antichità cristiana in collaborazione con l'Ècole Française de Rome, Roma, 9–12 maggio 1990, Roma: Institutum Patristicum, 1991, pp. 47–63。

2　关于大格里高利教会权威观的讨论，参见：Paul Meyvaert, "Gregory the Great and the Theme of Authority," "Diversity within Unity, A Gregorian Theme," in *Benedict, Gregory, Bede and Others*, V, VI, London: Variorum Reprints, 1977; R. A. Markus, *Gregory the Great and His World*, pp. 17–33; "Gregory the Great on Kings: Rulers and Preachers in the Commentary on I Kings," in *Sacred and Secular*, VIII; Carole Straw, *Gregory the Great: Perfection in Imperfection*, pp. 66–89, 194–212; Conrad Leyser, *Authority and Asceticism from Augustine to Gregory the Great*, Oxford: Clarendon Press, 2000, pp. 131–187。

3　R. A. Markus, "Gregory the Great's *Rector* and His Genesis," p. 140.

4　"…et ipse dedit quosdam quidem apostolos/quosdam autem prophetas/alios vero evangelistas/alios autem pastores et doctores/ad consummationem sanctorum/in opus ministerii/in aedificationem corporis Christi/donec occurramus omnes in unitatem fidei et agnitionis Filii Dei/in virum perfectum/in mensuram aetatis plenitudinis Christi/ut iam non simus parvuli fluctuantes/et circumferamur omni vento doctrinae/in nequitia hominum/in astutia ad circumventionem erroris/ veritatem autem facientes in caritate crescamus in illo per omnia/qui est caput Christus." Eph. 4.11–16, *Vulgata*.《圣经》（思高版）将 pastores et doctores 译为"司牧与教师"。笔者以为它们在此更接近"司牧并导师"的意思。

5　见第 232 页注 1。

6　《辩护辞》第 17 节论到灵魂来自天主，即使绑缚在较之低等的肉身上，依旧是神圣的。"Apologeticus," 17 (CSEL 46: 19). R. A. Markus, "Gregory the Great's *Rector* and His Genesis," pp. 140–141.

大格里高利严格遵循保罗的教导，强调是"恩德上的多样性"（diuersitas meritorum）将教会众人团结在一起。[1] 在《约伯道德书》中，同样以人体比喻教会，格里高利表达的是与纳西昂主教相去甚远的观点：

> 圣教会是什么？不就是属于那天上的头的身体吗？在其中，有人是眼，见着崇高；有人是手，做义之工；有人是脚，受命来回奔波；有人是耳，懂得诫命之音；有人是鼻，明辨恶之臭、善之香。就像身体诸部分，行使着各自领受的职能，却集在一起而成为一个身体；在爱德中，他们行使不同的职能，却团结一致，不会殊途。[2]

在教会中，最主要的差别，是职能上的差别，而并非纳西昂的格里高利所说的，是本质上的，如灵魂之于肉体的差别。职能上的多样性，对教会运作是必要的。大格里高利还认为，教会内部存在多样性，受益的不仅是教会这一信众团体，它同样有益于作为教会成员的信徒个人。多样性的存在，本身就是天主救恩的手段，目的是使人谦卑。对此，大格里高利的解释是：天主将他的恩典以一种神奇的方式分给他的选民。有的恩典给了这个，没有给那个；有的恩典一个给得多，另一个少。这种安排，使得大家能够以己之短较人之长，互相倾慕，认为对方才是上主裁定的那个当走在自己前面的人，并因此心生谦卑。[3]

格里高利相信，人是生而平等的。人在本质上并无差异。人的原罪决定了人与人

1　"…innumeros sanctae ecclesiae populos unitas fidei contegit, quos intus diuersitas meritorum tenet." *Reg.*1.24 (CCSL 140: 29).

2　"Quid enim sancta ecclesia, nisi superni sui capitis corpus est? In qua alius alta uidendo oculus, alius recta operando manus, alius ad iniuncta discurrendo pes, alius praeceptorum uocem intellegendo auris, alius malorum fetorem bonorum que fragrantiam discernendo naris est. Qui, corporalium more membrorum, dum uicissim sibi accepta officia impendunt, unum de semetipsis omnibus corpus reddunt; et cum diuersa in caritate peragunt, diuersum esse prohibent ubi continentur." *Mor.* 28.10.23 (CCSL 143B: 1414).

3　"Mira itaque dispensatione omnipotens Deus sic in electis suis sua dona dispensat, ut et isti det quod illi denegat, et alteri maius quod alteri minus tribuat, quatenus dum uel iste habere illum conspicit quod ipse non habet, uel ille hunc maius accepisse considerat quod sibi minus adesse pensat, dona dei alter in altero, id est uicissim, omnes（转下页）

之间是有等级的；教会作为一个社会团体，是等级化的。然而，人的原罪也令人与人之间在本质上是平等的。因为，所有人，作为亚当的后裔，都处在堕落的状态中。[1]

人因为自身的恶（ex uitio），有着恩德上的差异。这种差异决定了"有些人被神秘地置于另一些人的后面"[2]。因此，在人生道路上，人与人之间显得并不平等，一些人处于另一些人的管理之下。[3]统领人作为位高者，拥有与这个地位相应的权力。但这种权力是为秉持正义，其作用在于维持纪律。纪律的存在是为了惩戒人的过错，去除人的恶。只有在被管辖的人犯了错误的情况下，统领人的权力才有效力。[4]执行纪律，是上级对下级的责任；倘若对自己管辖的众人的恶不管不顾，在天主那里，处于管理位置上的人也将以同罪论处。[5]

格里高利在表达关于权威的观念时，相当重视对平等的强调。对于不曾犯错误的

（接上页）admirentur, atque ex hac ipsa admiratione humilietur alter alteri, et quem uidet habere quod non habet, eum diuino iudicio sibi praelatum putet." Gregorius Magnus, *Homiliae in Hiezechihelem Prophetam* (*HEz*.) 1.10.32, ed. Marcvs Adriaen, CCSL 142, Turhout: Brepols, 1971, p. 161. 参阅英译: Gregory the Great, *Homilies on the Book of the Prophet Ezekiel*, trans. Theodosia Tomkinson, Etna: Center for Traditionalist Orthodox Studies, 2008. 格里高利在探讨教会内部"多样性"的时候，对平等的强调明显超过了奥古斯丁。奥古斯丁在《上帝之城》中，即使在描绘天堂中完美状态下的多样性时，仍然强调因各人善工（meritum）不同，在天堂中的尊贵与荣耀也不同。人与人之间仍有居上位者和处于下位者之别，但是不会有嫉妒心。个人所得恩典多寡不一，但对各自而言都是足够多的。Augustine, *De Civitate Dei: Contra Paganos* 22.30, *Patrologiae Cursus Completus: Series Latina* (PL), vol. 41, ed. J.-P. Migne, Paris: Migne, 1841, pp. 801–804. Augustine of Hippo, *The City of God*, trans. R. W. Dyson, Cambridge: Cambridge University Press, 1998. 夏洞奇著：《尘世的权威：奥古斯丁的社会政治思想》，上海三联书店 2007 年版，第 22—30 页。

1 "…ut naturae suae qua aequaliter sunt cum seruis conditi, memoriam non amittant…" *RP* 3.5 (SC 382: 282–284).

2 "Nam, ut praefati sumus, omnes homines natura aequales gemuit, sed uariante meritorum ordine, alios aliis dispensatio occulta postponit. *Mor.* 21.15.22 (CCSL 143A: 1082).

3 "Ipsa autem diuersitas quae accessit ex uitio, recte est diuinis iudiciis ordinata, ut quia omnis homo iter uitae aeque non graditur, alter ab altero regatur." *Mor.* 21.15.22 (CCSL 143A: 1082).

4 "…ad considerandum confero qualis in humilitate, qualisque esse rector debeat in districtione, perpendo quoniam necesse est ut et bene agentibus sit per humilitatem socius, et contra delinquentium uitia per zelum iustitiae erectus, quatenus et bonis in nullo se praeferat, et cum prauorum culpa exigit, potestatem sui prioratus agnoscat, ut et honore suppresso aequalem se subditis bene uiuentibus deputet, et contra peruersorum culpas ex zelo iustitiae excrescat." *Reg.* 1.24 (CCSL 140: 29). "… quia et quod nos digni pastoes non sumus, etiam ex uestra culpa est, quibus tales praelati sumus." *HEz.* 1.11.9 (CCSL 142: 173).

5 "…quia peccatum subdit culpae praepositi, si tacuerit, reputatur." *HEz*, 1.11.10 (CCSL 142: 174).

行善者，统领人需要谦卑，要放下身段，视他们为与自己平起平坐之人。[1]

在论述统领人要以平等心对待位低者时，格里高利习惯以彼得与保罗为榜样。[2] 他说，彼得得天主授权，拥有在圣教会中最高的地位。但在见到跪地出迎的科尔乃时，彼得将后者扶起，并说："起来！我自己也是个人。"[3] 而见到蒙骗他的阿纳尼雅和撒斐辣夫妇时，他毫不犹豫地给了他们惩罚，显示出远高于他人的权能。[4] 统领人需要明辨善恶，明白善人因信生活，善行本身就具足了享受平等的权利。他引用保罗在《格林多后书》（1:24）中的话说："这并不是说：在信仰方面我们愿管制你们，而是说：我们愿作你们喜乐的合作者，因为你们在信仰上已经站稳。"格里高利认为，在共同按信仰生活的弟兄中，统领人要像保罗那样，根本意识不到自己在地位上优先于他人。他引述保罗的话说："在你们之中，我们成了小孩"（paruuli）（《得撒洛尼前书》2:7）；[5] 又引用《格林多后书》（4:5）说："我们只是因为基督的缘故作了你们的奴仆。"

上述材料，格里高利在《约伯道德书》《牧灵规章》与书信中反复使用。格里高利一而再、再而三地说明："在位者，管理的是恶，而非弟兄。他有效地行使接过的权力，明白如何进行收放。他用好权力，知道如何通过它将错误置于脚下，如何带着它与他人平等相处。"[6] 这样的平等心，对手握权柄的人尤为重要。时时警醒人与人之间

---

1 "...ad considerandum confero qualis in humilitate, qualisque esse rector debeat in districtione, perpendo quoniam necesse est ut et bene agentibus sit per humilitatem socius, et contra delinquentium uitia per zelum iustitiae erectus, quatenus et bonis in nullo se praeferat, et cum prauorum culpa exigit, potestatem sui prioratus agnoscat, ut et honore suppresso aequalem se subditis bene uiuentibus deputet, et contra peruersorum culpas ex zelo iustitiae excrescat." *Reg.* 1.24 (CCSL 140: 29).

2 *Mor.* 26.16.44−46 (CCSL 143B: 1298−1302); *Reg.* 1.24 (CCSL 140: 29−31).

3 《宗徒大事录》10:26。

4 《宗徒大事录》5:1−10。

5 拉丁文通行本为 lenes。《圣经》（思高版）将此句译为"但我们在你们中却成了慈祥的"，和合本为"反而在你们当中心存温柔"。格里高利在文中对圣经的引用与拉丁文通行本有出入。这种出入，应该是格里高利用了更老的圣经拉丁文译本。

6 "Summus itaque locus bene regitur, cum is qui praeest, uitiis potius quam fratribus dominatur. Bene acceptam potestatem regit, qui et tenere illam nouit et impugnare. Bene hanc regit, qui scit per illam super culpas erigi, scit cum illa ceteris in aequalitate componi." *Mor.* 26.26.46 (CCSL 143B: 1301B); *Reg.* 1.24 (CCSL 140: 30); *LP* 2.6 (SC 381: 210); *Mor.* 21.15.22−24 (CCSL 143A: 1081−1083).

本就平等，这有益于他们保持自身谦卑的美德。[1]

大格里高利与纳西昂的格里高利对教会权威的认识并不完全一致。相较于后者，大格里高利在讨论统领人的权能之时，更加强调教会内部的平等与基于这种平等的多样性。权威观的变化，也改变着表达这种观念时使用的语汇。"统领人"一词，正如马库斯所言，原本是属于世俗统治领域的语汇。然而，大格里高利将它带入了教会管理的语境。并且，正是因为这一语境的变化，"统领人"界定的不再是"统治者与被统治者、上级与下级之间"线性的"'政治'关系"。

三、"统领人"与教会权威的"恩德"属性

大格里高利笔下的"统领人"，无论是用于泛指——"黑暗世界的统领人"与"最高统领人"，还是专用——《牧灵规章》的写作对象，都始终与灵魂的导引相关。他使用"统领人"的意图，并不是如马库斯与瑞德雷论证的那样，要将世俗统治者纳入进来。"统领人"统领的是教会，无关世俗政权。

研究者们在讨论《牧灵规章》为谁而写时，没有留意到在几乎同期发出的《牧首函》中，教宗也同样使用了"统领人"这个词汇。[2]这封《牧首函》写于591年2月，是

---

1 "Potentibus uiris magna est uirtus humilitatis, considerata aequalitas conditionis." *Mor.* 21.15.22 (CCSL 143A: 1082).

2 德玛考普鲁斯反对将"统领人"作为主教的代名词。他的理由是，在《牧灵规章》中格里高利从未曾使用"主教"（episcopus）一词，但使用了"司铎"（sacerdos）、"布道者"（praedicator）与"牧灵人"（pastor）。他的结论是，"统领人"专门用于指称灵修导师（spiritual director），即，属灵生活上的领导者（spiritual leadership）。但是，另一种可能的解读是，"主教"一词的缺失，恰恰是因为它业已被"统领人"替代。此外，也应该看到，格里高利是在当上了教宗之后发表《牧灵规章》的。作为教会这个机构的统领，在上任之初就力图打造一套完全独立于已有教会建制之外的灵修管理体系，有悖其角色要求。正如德玛考普鲁斯注意到的，将"统领人"认同为主教是20世纪大多数研究者的选择。斯爵认为，"统领人"表述的是一个理想，既在教会圣统之内，又拥有民间圣人的圣洁。George E. Demacopoulos, *Gregory the Great: Ascetic, Pastor, and First Man of Rome*, Notre Dame: University of Notre Dame Press, 2015, pp. 54–56. Carole Straw, *Gregory the Great: Perfection in Imperfection*, pp. 69–71. 其他相关参阅书目，参见 George E. Demacopoulos, *Gregory the Great*, p. 186, n.14.

教宗按惯例在上任之初写给另外四位教会牧首——君士坦丁堡牧首约翰四世（582—595 年在位）、亚历山大牧首欧罗基乌斯（580—608 年在位）、安条克牧首格里高利（571—593 年在位）、耶路撒冷牧首约翰四世（575—594 年在位）的信函。[1] 在这封长信中，教宗向同僚们阐发了对自己职务的认识。[2] 格里高利在《牧首函》中开宗明义，以反问提出了自己对教宗工作（pontificalis opera）的认识：

> 人们为什么要选出教会的统领人（rector）？……我仔细思量，对所有交他看顾的，他必须全心全意。作为统领，他须思想纯洁，行为表率，少言善断并言之有物，富于同情而平易近人，默观中超越所有人，在谦卑中与一切行善者共处；然而，对罪人之过，秉持正义之热忱，刚正不阿。当然，细细考究每一项，各自内涵之丰富，则足以令人生畏。[3]

上述《牧首函》的引文，几乎与《牧灵规章》第二卷《牧灵者的生活》开篇完全相同。[4] 但这段文字绝不是《牧灵规章》的简单摘抄。格里高利是个用词分外严谨的人。

---

1 在格里高利时期，新牧首上任，都需向其他四位牧首递交信函，在信中阐明自己的信仰立场，尤其是声明自己信守尼西亚公会议、君士坦丁堡公会议、第一次以弗所公会议和查尔西顿公会议。599 年 5 月，格里高利在给修道士塞孔迪诺斯（Secundinus）的信中提到了这一做法（"Hinc est enim ut, quotiens in quattuor praecipuis sedibus antistites ordinantur, synodales sibi epistulas uicissim mittant, in quibus se sanctam chalcedonensem synodum cum aliis generalibus synodis custodire fateantur…"*Reg.* 9.148［CCSL 140A: 700］.）。参见 George E. Demacopoulos, "Gregory the Great and the Sixth-Century Dispute Over the Ecumenical Title," *Theological Studies* 70 (2009): 604。

2 信长 381 行，是现存格里高利书信中最长的一封。

3 "Nam quid antistes ad Dominum nisi pro delictis populi intercessor eligitur?…Perpendo quippe quod omni cura uigilandum est, ut rector cogitatione sit mundus, operatione praecipuus, discretus in silentio, utilis in uerbo, singulis compassione proximus, prae cunctis contemplation suspensus, bene agentibus per humilitatem socius, contra delinquentium uitia per zelum iustitiae erectus. Quae uidelicet concta dum subtili studeo inquisitione perscrutari, ipsa me in singulis latitude considerationis angustat." *Reg.* 1.24 (CCSL 140: 22–23)。《牧灵规章》第二卷开篇几乎与此完全一致，只不过句子以"因此，他必须……"，而非"作为主教，他……"开篇。

4 《牧灵规章》中，这句话还有下文："当他忙于外务的时候，不可减弱对内在的关照；也切不可因沉浸在内在的关注中，而弃了外务。" "Sit ergo, necesse est… internorum curam in exteriorum occupatione non minuens, exteriorum prouidentiam in inter norum sollicitudine non relinquens." *RP* 2.1 (SC 381: 174).

对《牧首函》这样正式的信函，他不可能不字斟句酌。[1] 并且，这两个文本中的两段文字尽管相像，却有不同的中心词。在《牧首函》中，定义主教角色的时候，主教的用词是"统领人"（rector），而不是通常用来指主教的拉丁文 episcopus 或 pontificius，也不是 sacerdos。[2] 而在很可能是这段文字出处的《牧灵规章》中，它直接承接自上一句："领导者（praesul）的行为应当远在群众之上，正如牧灵人的生活需得超越羊群。"[3] 这里的主语是"领导人"，并以"牧灵人"作比。格里高利在《牧首函》中以"统领人"替代了"领导者"与"牧灵人"。这说明，《牧首函》中的文字并非《牧灵规章》的简单摘抄；即使如通常认为的那样，《牧首函》引述自《牧灵规章》，教宗在引述时也是经过思虑的。它也说明，《牧首函》中的统领人，兼具了"领导者"与"牧灵人"的特点。

《牧首函》中的"统领人"，对我们理解同期频繁出现于《牧灵规章》中的"统领人"——换言之，《牧灵规章》为谁而作——很有帮助。牧首函，是新牧首上任之时写给帝国其他四位牧首的信函。它向同仁阐发自己对职位的认识，阐明自己在坚持正统性上的立场。格里高利在这封信中明确表示：这是自己对"主教工作的思考"[4]。据此，可以肯定，至少在这封《牧首函》中，"统领人"是主教之意。而《牧首函》与《牧灵规章》不仅同时发出，并且互为参照。由此可见，《牧灵规章》中的"统领人"至少涵盖了《牧首函》中的"统领人"的含义，即主教。

值得注意的是，《牧灵规章》与上述《牧首函》在启用"统领人"的同时，都刻意避免了使用译自希腊语的"主教"（episcopus）[5]。格里高利可能有意用一个纯正的拉丁词取代来自希腊语的"主教"（episcopus）。罗马教会历史上，曾经出现过类似现象。

1　格里高利曾屡次抱怨希腊文的翻译不够达意，也曾因为《约伯道德书》的抄本漏了四个词而命人重新誊抄。*Reg.* 1.28, 10.21, 12.6 (CCSL 140–140A: 36, 855, 974–977).

2　sacerdos 虽然意为"司铎"，但因主教也是司铎，常常需要根据语境判断。格里高利经常使用 sacerdos 来指主教，这种用法应该比较常见。在教宗杰拉斯一世的信中也有此用。

3　《牧灵规章》中，句子的主语并非"统领人"，而是承接上一句："Tantum debet actionem populi actio transcendrer praesulis, quantum distare solet a grege uita pastoris." *RP* 2.1 (SC 381: 174)。

4　"…consolatam mentem ad pontificalis operis studia accingo, …" *Reg.* 1.24 (CCSL 140: 22).

5　在《牧灵规章》中，rector 出现 40 次，sacerdos 19 次，praedicator 21 次，pastor 19 次。德玛考普鲁斯注意到《牧灵规章》不曾使用 episcopus。George E. Demacopoulos, *Gregory the Great*, p. 55.

守卫者（speculator）曾经一度被用以替代"主教"一词。霍夫里奇（M. H. Hoeflich）的《早期教会管理理论中的守卫者》研究了罗马教会启用"守卫者"的历史。"守卫者"原本是罗马军用术语，有两种意思：一、将领的私人护卫；二、行军中的侦察兵。在《厄则克耳》中先知也被称为"守卫者"，不仅有看顾灵魂（cura animarum）之意，也有保护子民，为子民之父的意思。[1] 早期教会中，"守卫者"会成为"教会领导人"（praepositus ecclesiae）的代名词，最初是出于对希腊化的抗拒。目的是要用一个纯正的罗马拉丁词语取代引入自希腊语的"主教"。到4、5世纪，在西部教会，在教宗的推动下，它与司铎/主教（sacerdos）通用，侧重强调的是他们要有先知先见。[2] 格里高利时期，罗马教会逐渐受到来自君士坦丁堡教会的影响。[3] 甚至有人质疑教宗在礼仪上模仿后者。[4] 格里高利有维持罗马教会自身传统的压力。[5] 他使用"统领人"，有可能带有抗拒希腊化的意图。

而另一方面，也更具可能性的，则是格里高利希望用新词表达自己不同于传统的主教权威观。与"守卫者"一样，拉丁语"统领人"也有它自身的渊源与特殊的含义。

格里高利受过良好的古典拉丁训练，并以他早年的从政经历判断，应该读过西塞罗的《论共和国》。[6] 在《论共和国》中，"统领人"被用来当作共和国领导人的新的称谓。起用新称谓的目的，就是和以塔尔克家族（Tarquinius）为代表的企图世袭权力的

1　"过了七天，上主的话传给我说：'人子，我派你作以色列家族的守卫；当你由我口中听到什么话时，你应代我警告他们。'"（《厄则克耳》3∶16-17）

2　M. H. Hoeflich, "The Speculator in the Governmental Theory of the Early Church," *Vigiliae Christianae* 34 (1980), pp. 120–129.

3　埃克诺姆认为希腊化的影响在6世纪末之前就已经开始。格里高利上任之时的公开祷告的仪式，就有希腊化的影响。Andrew Ekonomou, *Byzantine Rome and Greek Popes: Eastern Influences on Rome and the Papacy from Gregory the Great and Zacharias, A.D. 500–752*, Lanham and Boulder: Lexington Books, 2007, pp. 17–24.

4　*Reg.* 9.26 (CCSL 140A: 586–587).

5　尤其是在意大利北部地区与西西里。前者在跟君士坦丁堡联系较为紧密，在后者，希腊人口比例较高。教宗与拉文纳主教就大披肩的使用长期争执不下。争论的中心，是拉文纳主教模仿君士坦丁堡教会的做法，在弥撒之外使用大披肩。*Reg.* 5.11, 5.15, 9.26 (CCSL 140–140A: 277, 280–281, 586–587).

6　格里高利书信的英译者马尔丁认为这位教宗对古典文本极为熟悉，称其语言是"西塞罗式的"，甚至"西塞罗会为其行文骄傲"。John R. C. Martyn, "Four Notes on the Registrum of Gregory the Great," *Parergon* 19 (2002), pp. 5–28. 引文出自第10页。关于格里高利的古典文化水平，毛瑞德的评价不及马尔丁高。毛瑞德也注意到（转下页）

"僭主（tyrannus）"相区别。西塞罗说，后者是在旧体制下，"以不正当的手段"获得的权力。

> 与他们相对，该用另一种人，善良并智慧，深知如何维护公民的利益与尊严。他们犹如共和国的护卫者与管理者，这样的人，无论是何出身，都该被称为国家的统领人或舵手（gubernator）……正是这样的人能够以智慧与行动看顾共和国。[1]

西塞罗的《论共和国》论述了他理想的国家政体与国家领导人。这里的"统领人"用法，恰好符合了格里高利的需要。第一，西塞罗要求"统领人"应该"善良并智慧"（bonus et sapiens），"深知如何维护公民的利益与尊严"；格里高利对主教的要求同样是善的、智慧的——尽管格里高利与西塞罗对"善"与"智慧"有着明显迥异的解读。格里高利的主教也要维护城民的利益——只不过，在西塞罗，这个城是地上之城；而在格里高利，这个城是天主之城。第二，"统领人"代表新制度下的领导人。西塞罗不遗余力地抨击着旧制度。通过批判"僭主"，他否定了权力的世袭，提出了以善良、智慧与能力为甄选领导的标准，并指出看顾共和国是其责任。同样地，在格里高利的观念中，能够以"智慧与行动"看顾上主的羊群，才是选举主教的标准。当然，

（接上页）尽管格里高利的文本中，很少有对古典文化中的语句或典故的直接引用。但是，他的一些用语中还是可以看到维吉尔、西塞罗、李维等人的影子。对古典文化中的许多元素，格里高利可以信手拈来，并且他的写作习惯是与古典世界一脉相承的。John Moorhead, "Gregory's Literary Inheritance," in *A Companion to Gregory the Great*, ed., Bronwen Neil and Matthew Dal Santo, Leiden and Boston: Brill, 2013, pp. 249-267. 关于教育对罗马文化（包括罗马人的罗马性）的塑造，参见 H. I. Marrou, *A History of Education in Antiquity*, trans. George Lamb, New York: The New American Library of World Literature, 1964, pp. 391-418。

1 "Quare prima sit haec forma et species et origo tyranni inventa nobis in ea re publica quam auspicato Romulus condiderit, non in illa quam ut perscripsit Plato sibi ipse Socrates perpolito illo in sermone depinxerit, ut, quem ad modum Tarquinius, non novam potestatem nactus, sed quam habebat usus iniuste, totum genus hoc regiae civitatis everterit; sit huic oppositus alter, bonus et sapiens et peritus utilitatis dignitatisque civilis, quasi tutor et procurator rei publicae; sic enim appelletur quicumque erit rector et gubernator civitatis. quem virum facite ut agnoscatis; iste est enim qui consilio et opera civitatem tueri potest. quod quoniam nomen minus est adhuc tritum sermone nostro, saepiusque genus eius hominis erit in reliqua nobis oratione trac<tandum>..." Cicero, *De Re Publica*, 2.29.51. 拉丁文引自：西塞罗：《论共和国》，王焕生译，上海人民出版社 2006 年版，第 176—179 页。

格里高利理解中的"智慧与行动"是通过"过有恩德的生活"（vita meritorum）来表述的。[1]

即便是《论共和国》对格里高利的影响不足以让他在思考主教角色时想起它，"统领人"这个拉丁词语在使用中的道德内涵，应该是格里高利深知的："统领人"作为统治者，对被他统治的人，负有责任。[2]这个词本身含有的道德色彩，正好符合了格里高利对牧灵的关切。

《约伯道德书》中多次出现"统领人"这个词语。除了上述"黑暗世界的统领人"与"最高统领人"，更多的时候，它与上师（magistri）、导师（doctores）、布道者（praedicatores）通用。格里高利在解读《约伯传》中的经句"与那些金银满堂的头领同眠"[3]时说："他唤作头领的，除了圣教会的统领人（sactae ecclesiae rectores），还会有谁呢？神的救恩将他们一个接一个地召唤到布道者的位置。"[4]这也就是说，教会的布道者就是教会的统领人。他们蒙召、被选，都是基于神救恩的安排，是为了向他的信众布道。

格里高利对布道的强调远远超过了他之前的诸位教宗。罗马教会使用的《弥撒规程》（Ordo）显示，到5世纪中，教宗已经不再在弥撒后加致布道辞。[5]索宗曼

1　有恩德的生活（vita meritorum）是格里高利一贯的主张。但它同时是一个比较难以翻译的概念。Vita固然是指生活，但其中的meritum与现代基督教话语中常译的"功绩"并不相同。它也不同于"功德"。在格里高利看来，有恩德的生活，不一定表现为行动。事实上，在他的观念中，修道士在恩德上远高于行善的平信徒。"积德"可能是最符合其字面意思的译文。但是，考虑到中文中的"积德"往往带有为求福报而做好事的意思，笔者放弃了这个直译。此外，格里高利在谈论恩德的时候，还讲到人能够保持纯洁，能向善，是因为先得了天主恩典（supra gratia/pietas）的保护，后经人的自由决断（liberum arbitrium）选择追随。人的恩德从源头上看来自恩典。因此，笔者将它译为"恩德"。*Mor.* 16.22.30 (CCSL 143A: 815-816).

2　R. A. Markus, "Gregory the Great's *Rector* and His Genesis," note 6, p. 144.

3　《圣经》（思高版）将princeps译为"王侯"。但princeps本指"第一人"，走在前面，或级别最高。后引申为居于领导地位的人。

4　"Quos alios principes nisi sanctae ecclesiae rectores uocat, quos indesinenter in loco praedicatorum praecedentium diuina dispensatio subrogat?" *Mor.* 4.31.61 (CCSL 143: 205).

5　Allan Doig, *Liturgy and Architecture: From the Early Church to the Middle Ages*, Farnham: Ashgate Publishing Limited, 2008, p. 92.

（Sozomenus，约400—约450年）的《教会史》也声称罗马城中已无人布道。[1]尽管索宗曼的叙述可能有夸张的成分，但却佐证了罗马教会中对布道的重视有明显下降。而格里高利与此前教宗的做法恰恰相反。他简化了弥撒的仪式，却坚持必须在弥撒中包含布道环节。[2]

因此，格里高利在《牧灵规章》中启用"统领人"，有可能是希望借它来表达一个无法用传统语汇表述的概念。它所指的统领教会的权威，既非传统意义上的教会权威，也非世俗权威，而是牧灵布道的权威。不是一般意义上凭借体制生成的权威，而是基于恩德产生的教导和约束权威。[3]这种权威，在格里高利看来，只属于一类人：他们是格里高利《约伯道德书》中的"圣人"、"布道的义人"、"灵魂的导师"，也是教会的统治者；同时他们也是《牧灵规章》中的牧灵人，是《牧首函》中的主教们。甚至，在格里高利看来，在修道院中教牧灵魂的院长，与圣职中的主教并没有多少区别。在他上任之初，也用"统领人"来指修道院院长。[4]

小　结

马库斯注意到了格里高利笔下"统领人"的特殊用法，但在解读中，有可能出现了一定程度的误判。格里高利关于统领人的思考并不涉及世俗统治的权能。统领人，

---

[1] Sozomen, *The Ecclesiastical History*, 7.19, trans. Chester D. Hartranft, NPNF, Series II, vol. 2, p. 873.

[2] Allan Doig, *Liturgy and Architecture*, p. 92.

[3] 斯爵在讨论格里高利关于世俗权力的时候，也谈到格里高利认为教阶与灵修并不具备必然的关联，并且他相信平信徒在灵修上也能够有所成就。Carole Straw, "Gregory's Politics," p. 53.

[4] 591年3月，格里高利致信副执事彼得，讲到因为蛮族入侵，塔如姆城修道院的修道士四处逃难，散布在西西里岛各处带来的问题："当然缺了统领人，没人管理他们的灵魂，也没人去约束僧人的纪律。"他让彼得将这些四散的修道士集中起来，安置到一个修道院内，让塔如姆主教保利努斯这位修士—主教加以管理。"Vir uenerabilis paulinus episcopus tauri ciuitatis, prouinciae brittiorum, nobis asseruit monachos suos, occasione dispersos barbarica, usque nunc per totam uagare siciliam, et ut quippe sine rectore, nec animae curam gerere, nec disciplinae sui habitus indulgere…et cum memorato episcopo rectore que suo in monasterio sancti theodori in messanensi ciuitate posito collocare, …" *Reg.* 1.39 (CCSL 140: 45).

统领的是教会，引导的是灵魂，管理的是一切有关灵魂的事务。在格里高利看来，统领人只因其恩德而蒙召被选。这与人在世间的地位身份毫无关系。只要他以"有恩德的生活"超越众人，任何人都可以成为教会的统领。

值得注意的是，在《牧灵规章》中，不仅出现了"统领人"，还出现了"最高统领人"（summus/superus rector），即天主。[1] 它说明，格里高利的教会是一个由最高统领人、统领人与普通信众组成的三级结构。它无关尘世。在这个结构中，统领人因其恩德被最高统领人拣选，成为后者在世间的代牧，管理自己教会中的信众。

（本文作者为中山大学历史学系［珠海］特聘副研究员）

---

1 *RP* 1.1.23, 4.38 (SC 381: 130, 536).

逾越启蒙

评格雷斯《阿塔纳修斯》

袁　媛

19 世纪上半叶，欧洲经历了启蒙运动与法国大革命洗礼之后，在教会与国家关系方面呈现出新的特点。一方面，传统的宗教实践与信仰形式受到质疑，世俗化进程令个人与宗教、个人与教会之间的联系愈发松弛，甚至断裂。国家对教会的控制更加紧密，通过法规限制教会权力，弱化其对于社会生活的影响。宗教因素在民族国家建立、宪法制定、社会转型等问题上日渐式微；另一方面，法国大革命对传统秩序造成的冲击刺激人们转向权威。特别是随着欧洲进入复辟时期，宗教力量出现了复兴，越山主义（Ultramontanismus）[1] 盛行，各个教派之间的张力愈发明显，甚至有学者把 19 世纪称作"第二个信仰纷争的时代"[2]。这种张力关系在莱茵兰与威斯特法伦地区表现得尤为明显。此两地是传统的天主教地区，在维也纳和会上，它们被判归信仰新教的普鲁士所有。世代沿袭的天主教圈子，特别是天主教士，对新入主的普鲁士政府采取一种抵抗态度。在"平静、光鲜的表面下"，天主教和新教之间的冲突一直

1　越山主义：强调教宗权威和教会权力集中的理论，又称"教宗绝对权力主义"。19 世纪罗马教会沿着维护教宗的最高权威这一方向发展，称作"越山主义"，因为从欧洲北部和西部看，意大利在阿尔卑斯山的那一边。越山主义把教宗的地位抬高到一切民族教会和地方教会之上，耶稣会在助长这种倾向上影响颇大。越山主义倾向在庇护九世任教宗期间表现突出，而第一次梵蒂冈公会议决定了越山主义的胜利。参见布鲁斯·L.雪莱著：《基督教会史》（第 3 版），刘平译，上海人民出版社 2015 年版，第 368 页，注释 1。

2　参见 Olaf Blaschke, "Das 19. Jahrhundert: Ein Zweites Konfessionelles Zeitalter?" in *Geschichte und Gesellschaft*, 26. Jahrg., H.1, Katholizismusforschung (Jan.–Mar., 2000), pp. 38–75。

存在 [1]，1837 年的"科隆事件"充分暴露了这些矛盾，"王冠与圣坛"（Thron und Altar）联合的政教模式遭遇重大危机。

在此背景下，格雷斯于 1838 年发表檄文《阿塔纳修斯》，使该事件成为教会史上的重要一章。作品于 1838 年初一经刊发立刻广泛流传，两个月内即售出一万份，4 个月内 4 次再版 [2]，德意志"三月前"时期众多政治性文本无出其右。该篇檄文有效地引发了全德天主教徒对"科隆事件"的关注。普鲁士政府首次感受到天主教民众的力量，并迫于压力向教会屈服，取得了与预期完全相反的结果。

约翰·约瑟夫·格雷斯（Johann Joseph Görres, 1776—1848 年，1839 年被册封为贵族）出生于莱茵河畔的科布伦茨（Koblenz），是德国海德堡浪漫派代表人物，是作家、政治家、出版人。格雷斯早年是法国革命的狂热追随者，他欢迎共和，赞成革命，编撰了具有共和倾向的杂志《红页》[3]，积极参与现实政治。1799 年 11 月，格雷斯代表科布伦茨爱国团体前往巴黎，就莱茵河西岸地区问题进行政治交涉。革命后动荡、恐怖的法国政局令他不满。在《共和八年雾月出使巴黎的收获》（1800）[4] 一文中，他道出了自己对革命的失望，表示要由激进转向冷静。此后，他退出积极的现实政治，思想转向浪漫主义，编辑出版了《隐者报》（Zeitung für Einsiedler, 1807）、《德意志民间读物》（Die teutschen Volksbücher, 1807）等浪漫派运动重要作品。1822 年，格雷斯重新回归天主教。1827 年，巴伐利亚王路德维希一世延请格雷斯担任慕尼黑大学通史与文学史教授。此后，他身边聚集了不少天主教学者与艺术家。直至去世，格雷斯圈子

1　格雷斯一开篇便指出，内行人对科隆大主教被拘捕一事并不感到讶异，20 年来，他们一直在关注平静、光鲜的表面下发生的事情。参见 Joseph Görres, *Ausgewählte Werke* in zwei Bänden, Hrsg. v. Wolfgang Frühwald. Herder, Freiburg Basel Wien, 1978.（以下简称 *Ausgewählte Werke*）S.573。本文选用的《阿塔纳修斯》文本均出自该合集, pp. 572–719。合集 753 页之后为附录部分，包括出版人对格雷斯作品与生平的评述。

2　Ibid., S. 879–881.《阿塔纳修斯》第 1 版前言的落款时间为 1838 年 1 月底（Ende Jänner 1838），弗吕瓦特（Wolfgang Frühwald）推测，该书第 1 版 1837 年已经印刷完毕，第 2 版在印刷过程中。

3　*Das rote Blatt*, 1799 创刊，后易名《山妖》（*Rübezahl*），标题具有浪漫主义色彩，这是格雷斯后期的主要倾向。参见 Klaus Vogt, *Joseph Görres. Ein Journalist wird zum Gewissen der Nation,* Kongress-Verlag, Berlin, 1953, p. 22。

4　"Resultate meiner Sendung nach Paris im Brumaire des achten Jahres," In Marie Görres Hrsg., *Gesammelte Schriften* (Band 1): Abth. 1, Politische Schriften: München, 1854, S.25–112.

一直是德国天主教越山主义的中心。[1] 他的四卷本著作《基督教神秘主义》（*Christliche Mystik*, 1836-1842）置神秘思想于自己神学思想的中心，为启示宗教与天主教信仰辩护，试图通过灵与肉合一的理论，逾越神学和现代自然科学的矛盾。[2]

一、《阿塔纳修斯》与"科隆事件"的关系

1837 年 11 月，科隆大主教冯·德罗斯特·楚·费施灵（Clemens August von Droste zu Vischering, 1773—1845 年）被普鲁士政府逮捕，随后被软禁在明登市（Minden）。这在莱茵兰与威斯特法伦地区引起轩然大波，并导致这些地区在 1837—1841 年的持续不稳定状态，史称"科隆事件"或"科隆风波"（Kölner Wirren）[3]。事件的起因有两方面，一是天主教徒和新教教徒通婚所生子女的宗教信仰问题，二是波恩大学神学系教授内容的决定权问题。这两方面（婚姻与教育）正是自中世纪以来教会具有重大权力与影响的领域。

关于第一方面，由于莱茵兰和威斯特法伦地区曾被法国占领，直到 1815 年，这些地区一直按照《拿破仑法典》（*Code Civil*）缔结民事婚姻（Zivilehe）。1825 年，普王威廉三世下发敕令，将普鲁士旧省关于通婚所生子女宗教教育的操作方法，即按照父亲的宗派对子女进行教育，移用至西部省份。该敕令与天主教会规定必须对子女进行天主教教育相忤。由于从 19 世纪初开始，普鲁士的政府部门与军队陆续进驻莱茵兰与威斯特法伦，两地的新教徒人数大幅上升，教派之间通婚的情况日益普遍，并且新郎

1 关于格雷斯生平简介见范大灿：《德国文学史》（第三卷），译林出版社 2007 年版，第 126—128 页。另参见：*Ausgewählte Werke*, S.915 ff.; Jutta Osinski, *Katholizismus um deutsche Literatur im 19. Jahrhundert*, Ferdinand Schöningh, Paderborn München Wien Zürich, 1993. pp. 139–141; Otto zu Stolberg-Wernigerode: Görres, Johann Joseph von, in *Neue Deutsche Biographie*, Bd.6, Duncker & Humblot, Berlin, 1964. S. 532–536。

2 见谷裕：《试析伊默曼小说〈蒙豪森〉中的"新宗教"思想》，载于罗芃、任光宣主编：《欧美文学论丛》（第五辑），人民文学出版社 2007 年版，第 241—257 页。

3 *Lexikon für Theologie und Kirche*, Bd.6, Verlag Herder GmbH, Freiburg im Breisgau, Sonderausgabe 2009, Kölner Wirren.

为新教徒、新娘为天主教徒的情况居多。天主教士担心，如果按照普王的规定行事，可能会造成通婚所生子女几乎只接受新教的受洗及教育，遏制天主教的发展，于是多次拒绝为男性新教徒和女性天主教徒之间的通婚举行婚配礼。1830 年，教宗颁发通谕，重申只有明确表示将对子女实行天主教教育，神职人员才为夫妻双方举行婚配礼，否则将只是被动协助。普鲁士政府拒绝承认该通谕，并阻碍将其公之于众。1834 年，普鲁士派使者冯·本森（Christian Karl Josias von Bunsen）与科隆大主教冯·施比格（Ferdinand August von Spiegel）谈判。冯·施比格是天主教启蒙代表，希望促进教会与国家之间的合作。他和冯·本森在罗马教宗不知情的情况下秘密达成"柏林协约"（Berliner Konvention），在通婚问题上妥协，只要"天主教一方的宗教态度意在忠诚信仰并履行义务"[1]即可。1836 年，拥护越山主义的德罗斯特继任科隆大主教，拒不服从威廉三世的命令，坚决执行教宗通谕而非"柏林协约"，使普鲁士政府非常恼火。

引起"科隆事件"的第二方面和被认为是反天主教会的"赫尔墨斯学说"（Hermesianismus）有关。赫尔墨斯（Georg Hermes, 1775—1831 年）是天主教哲学家、神学家。他建构了一个按照理性对天主教启示进行解释的体系，该体系承袭天主教启蒙的传统，借用康德等启蒙学者的思想，试图融合两种意识形态，促进国家和教会的合作，并致力于培养忠于民族国家的天主教徒。1820 年开始，他受冯·施比格大主教延请，在波恩大学神学系教授神学课程。他的学说在科隆、波恩、特里尔、明斯特等地的大学与神学院受到拥护，超过二十位教席教授持有他的观点。[2]1835 年，也就是赫尔墨斯逝世 4 年后，教宗格里高利十六颁布教宗通谕《当进攻时》（Dum acerbissimas），判"赫尔墨斯学说"为异端，并将这位波恩神学家的作品列入禁书目录（Index Librorum Prohibitorum）。德罗斯特早在继任科隆大主教前就反对赫尔墨斯的思想，履职后即禁止波恩大学天主教神学学生参加含有赫尔墨斯学说内容的讲授课。这对于普鲁士政府

1　*Gebhardt Handbuch der deutschen Geschichte* Bd. 14, Klett-Cotta, 10 Aufl.2010, S.401. Friedrich Keinemann: *Das Kölner Ereignis und die Kölner Wirren* (1837–1841), Materialien der Historischen Kommission für Westfalen Band 9, Münster, 2015, pp. 12–56.

2　参见 *Lexikon für Theologie und Kirche,* Bd.5, Verlag Herder GmbH, Freiburg im Breisgau, Sonderausgabe 2009, Hermesianismus。

而言，一则是破坏国家对神学系的监控权、干涉培养教士事务；二则赫尔墨斯派有亲普鲁士政府的倾向，禁止他们的学说威胁到普鲁士在宗派斗争中的利益。

基于以上原因，普鲁士政府以德罗斯特违背邦联法律、煽动革命、挑起宗教仇恨、颠覆大学教育等罪名将其逮捕[1]，与天主教会发生正面冲突。莱茵兰与威斯特法伦地区的居民情绪愤慨，多次示威。1837 年 12 月，发生在明斯特的动乱甚至需要出动军队进行阻止。格雷斯更是"怒火中烧"[2]，通过《阿塔纳修斯》谴责了普鲁士政府的暴力行径以及干涉教会事务的做法，唤醒莱茵兰居民的自觉意识，号召他们克服宗教冷漠[3]，保护教会。这场争执持续了数年之久。1840 年继位的威廉四世鉴于解决危机无望，决定妥协。他不仅表示政府不再插手通婚问题、波恩大学神学系教授的教学活动必须得到科隆大主教的批准后才能进行，而且允许教宗和主教自由通信、减少对主教选举施加的影响、放弃对教会公告的批准权。[4] 德国著名日耳曼学者、《格雷斯选集》出版人弗吕瓦特（Wolfgang Frühwald, 1935—2019 年）高度评价了格雷斯在"科隆事件"中发挥的作用。他认为，尽管教宗 1837 年曾下发训谕对事件进行谴责与抗议，但格雷斯的檄文使该事件在整个德意志邦联内引发回响，让它具有了划时代意义。[5]《阿塔纳修斯》、格雷斯以及"科隆事件"因此在教会史上紧密关联。

阿塔纳修斯（Athanasius, 约 300—373 年）是古代基督教教父，尼西亚会议（325 年）时期重要的神学家。他的毕生事业与基督教的核心信仰——三位一体说紧密相连。他竭力维护尼西亚教义，坚决反对阿里乌派主张的"父先于子，子为被造而次于父"，坚持"父子同质，子为道成肉身"[6] 的正统教义，规定了后世基督教神学的基本走

1　*Ausgewählte Werke*, pp. 578‒580.

2　Jutta Osinski: *Katholizismus und deutsche Literatur im 19. Jahrhundert*, Ibid., p. 147。

3　*Ausgewählte Werke*, pp. 712‒715.

4　参见 Hubert Jedin (Hrsg.): *Handbuch der Kirchengeschichte VI, 1: Die Kirche in der Gegenwart - Die Kirche zwischen Revolution und Restauration*, Herder, Freiburg, 1985, pp. 398 f.。

5　*Ausgewählte Werke*, p. 878.

6　尼西亚派和阿里乌派之间的争论详见周展：《古代基督教神学的正位——论尼西亚会议前后的神学争论》，载于陈村富主编：《宗教与文化：早期基督教与教父哲学研究》，东方出版社 2001 年版，第 234—267 页，此处第 243—248 页。阿塔纳修斯本质同一的思想见章雪富、石敏敏著：《早期基督教的演变及多元传统》，社会科学文献出版社 2003 年版，第 255—259 页。阿塔纳修斯的生平及神学思想参见奥尔森著：《基督教神学思想史》，吴瑞诚、徐成德译，周学信校，上海人民出版社 2014 年版，第 154—165 页。

向。由于对任何具有阿里乌派痕迹的神学都决不妥协，他五次被罗马帝国政府流放，但始终是尼西亚派的核心人物。

　　格雷斯以这位古代教父的名字为自己的檄文命名颇有深意。首先，他从品德方面出发，将科隆大主教德罗斯特比作基督教史上重要的、被普遍爱戴的阿塔纳修斯，明确表达了对德罗斯特的肯定。文中，格雷斯多次强调这位大主教品德高尚、无可指摘，反衬出普鲁士政府指控之荒谬无理。其次，从教会和国家的冲突层面看，德罗斯特和阿塔纳修斯亦有相似之处：二人均遭到政府的处罚，前者被逮捕拘留，后者被五次流放。格雷斯将二者进行平行对照，显示出拘捕行动的强暴与不公正，借助古代教父的例子衬托德罗斯特为真理做出的牺牲。他分别从婚姻问题与教育问题两个方面，运用大量的证据（神父书信、政府法案、教宗通谕等）层层剖析了德罗斯特的处理方式，并得出结论：德罗斯特的行为不仅没有任何应受指责之处，反而应该被大加赞扬。再次，在信仰立场方面，阿塔纳修斯维护基督教正统信仰。以他作比，格雷斯肯定了德罗斯特代表罗马天主教会正统教义的立场，为越山主义辩护，同时为批判天主教自由主义以及赫尔墨斯学说做铺垫。复次，格雷斯的主要诉求是为天主教会争取自由权利，而阿塔纳修斯也曾提出过这样的要求——在第三次被流放途中，他首次向身为基督徒的皇帝表达"教会自由"[1]的想法。可以说，格雷斯一定程度上将这位古代基督教教父化为了自己的战友。此外，阿塔纳修斯一生坚持的"父子同质，子为道成肉身"观点，正是格雷斯对于国家与教会之间关系的完美阐释，这一点在下文中还将详细论述。最后，以"阿塔纳修斯"为题，格雷斯通过广义的互文性，将19世纪30年代的政治宗教格局，特别是教会与国家之间的关系，和确立基督教国教地位不久的罗马帝国从时空上进行关联，让广大天主教信徒意识到宗派问题的严重性与战斗的必要性，有力地改变了当时天主教信徒对宗教事务的冷漠态度，使全德天主教徒空前团结起来。

1　参见周展：《阿他那修》，载于王晓朝主编：《信仰与理性：早期基督教教父思想家评传》，东方出版社 2001 年版，第 83—100 页，此处第 96—97 页。

二、格雷斯在文中的主要主张

格雷斯对政教关系的看法 格雷斯明确批判政教分离的观点，他认为，从教义的角度看，政教分离是无效的，"如果这种解决方案成为现实，那它将会废除一切，毁灭一切"。矛盾的双方不应该针锋相对，而应该彼此渗透、相互调整，"因为在全部的存在中，在天上如同在地上，都没有这种鲜明的对照，毫无遮掩，彼此完全分离，令人猝不及防"。教会和国家之间的关系也是如此。"基督教全部的社会秩序从一开始就是为两个集团的相互渗透、交错生长而建构的"，教会和国家互尽义务，二者立足于两个不同的领域，互不干涉。[1] 他指出：

> 近代提出的将教会与国家完全分离的学说是毫无价值的、无聊的、荒谬的、是完全应受到谴责的异端邪说。这种学说在理论上应受到谴责，因为它出自一些空洞的、毫无价值的抽象概念；在实践上应到谴责，因为这是由政治宗教革命者杜撰出来的，[会]导致国家与教会同样的堕落。[2]

格雷斯更进一步用道成肉身（Inkarnation）的教义对此进行解释：基督既是完全的神，又是完全的人；基督的二性既彼此分离又紧密联系。基督教社会也应如是，应处在完全的神的秩序和完全的人的秩序之下。格雷斯分别把教会和国家比作圣父和圣子，他们位格合一，具有二性，二性之间不混合、不转换、不分离，外在形式上表现为一个主体，而不是表现为或并列（Nebeneinander）或共同（Miteinander）或先后（Nacheinander）的关系。因此，加尔文宗的日内瓦共和国——政府机构完全消失在教会机构中，即是基督一性论——基督人的本性与神的本性互相融合，只具有一个位格；而政教分离——国家和教会完全分离，则是如聂斯托利派的二位二性论。这些都是应受判决的异端，只有真正意义上"道成肉身"的教义才是上帝立下的基石、创立

---

1 *Ausgewählte Werke*, pp. 593-594.

2 Ibid., p. 593.

的准则，符合该教义的教会与国家的关系才是上帝所希望的。[1]

可以看到，格雷斯把寻找解决问题的时间坐标从将来移到了过去，具体途径则从进行革命变为回归传统。他试图从有机生成的历史观出发，探讨国家、社会与宗教团体之间的互动关系，探索面向未来的出路。格雷斯支持建立一个如同中世纪的、和谐的基督教社会，国家应保护教会，教会也保护国家。[2] 近代产生的、偏离这种理解的学说——天主教启蒙以及天主教自由主义的学说——无异于早期扰乱"道成肉身"正统教义的异端邪说。天主教会对他而言是真实存在的、可以联合一切的、建构在个人自由与普遍正义基础上的机构，它具有强大的整合力量，应该高居一切政治与社会领域之上，不可被弃。具有普世价值的天主教与欧洲各个国家的联合才是面对现代化与世俗化挑战的解决方案。

格雷斯对自由的态度　追求教会自由是格雷斯贯穿《阿塔纳修斯》始终的观点：教会应该、也必须在宗教事务上享有自主权，这是从早期教会开始就适用的原则："阿塔纳修斯曾对君士坦丁大帝说：在宗教问题上皇帝没有权限，不能加以控制；在信仰的事务上是主教判决皇帝，而非皇帝判决主教。"[3] 而所谓自由，就是教会应该享有"严格划分"的、"特有的"领域，在这一领域中，国家"允许它享有按照教会法与教会原则进行调节与管理的自由"，不进行干涉；教会法"在任何情况下不可受到来自国家方面的损害"，只有这样，教会自由才不是一句空话。[4] 因此，格雷斯认为德罗斯特无论在通婚问题上，还是在宗教教义问题上，都享有独立的决定权，普鲁士政府的指控不能成立。关于此，格雷斯特别指责了赫尔墨斯派的做法。在教宗将赫尔墨斯学说判为异端、大主教禁止继续教授含有其内容的课程后，追随者对此表示不满，提出抗议，并且——格雷斯认为极端错误的是——向世俗政权寻求帮助，试图在世俗的职能机

1　*Ausgewählte Werke*, pp. 666–668. 关于基督的二性，参见马丁·开姆尼茨著：《基督的二性》，段琦译，译林出版社 2003 年版，序言，第 2 页。

2　*Ausgewählte Werke*, pp. 601, 620–621.

3　Ibid., p. 600.

4　Ibid., pp. 597–599.

构、而不是在教会的职能机构面前解决事端[1]，使自己成为"世界的笑柄"，因为早期教会的例子已经说明，"遭到教会罢黜的神职人员或主教，即使向皇帝求助，也不能再获得职位"[2]。

值得注意的是，格雷斯所争取的天主教会自由是建立在教会与国家紧密联系基础上的自由，而不是为了自由而追求自由，为了权利而追求权利。他更不赞成由此偏离越山主义而出现新走向，如法国拉梅内（Felicité de Lamennais）发展出的天主教自由主义。格雷斯认为，人生来具有追求自由、独立和自决的需求，同时又有在一个权威的社会中追求秩序、规则的需求。[3]一方面，格雷斯希望教会能够摆脱国家家长式的控制，在宗教事务上不受国家干预，能够自主决定例如神学系授课内容等神学教育问题；另一方面，格雷斯又强调自由不能泛化，拒绝普遍意义上的言论自由、良心自由、宗教自由、教义自由。原因在于：越山主义者认为，他们所代表的即是超越党派的、得到启示的真理，这样的真理可以用来对抗时代中出现的礼坏乐崩、规范沦丧的现象，帮助社会重新实现突破。[4]因此，天主教自由主义的观点对格雷斯而言是可疑的。他认为拉梅内政教分离的主张最终只会导致纷争：

> 拉梅内所做的，绕着真相的重点来回摆动、绕圈子，最终止步[在国家和教会的完全分离当中]……当国家和教会不再和谐相处后，二者各自的方向也随之不同，最终会分化为不同的党派，彼此之间相互责骂、攻击，无休无止。[5]

事实上，格雷斯与拉梅内均可被视为政治天主教主义的代表，即从天主教信仰出发，希望按照天主教义解决社会政治问题。拉梅内早期和格雷斯同为越山主义者，强调君主的王冠应与神明的祭坛相互结合，世俗权力应服从宗教权力。但他后期的政治

---

1 *Ausgewählte Werke*, pp. 611–613.

2 Ibid., p. 601.

3 参见 Jutta Osinski, *Katholizismus und deutsche Literatur im 19. Jahrhundert*, ibid., p. 148。

4 Ibid., pp. 151–152.

5 *Ausgewählte Werke*, pp. 668–669.

主张变得激烈，认为教会应脱离君主制，转而与下层人民相结合，以实现教会自由的目标。格雷斯则坚持越山主义的立场，主张延续传统的国家与教会关系，认为要在二者紧密结合的框架下实现教会自治。他支持权威，坚信只有所有个体都在一个更高的秩序之下，处在一致的想法中，才有真正的自由；失去了统一引导的个体自由，最终将走向无政府状态的混乱与解体，这样的个体自由只能是谎言。格雷斯的观点强调传统与权威，这也是日后德意志政治天主教主义具有保守主义性质的体现。

要求改变天主教受到的不公正压制现象　格雷斯多次强调德罗斯特大主教"虔诚、无可指摘、具有良知"[1]，无论作为教会诸侯（Kirchenfürst），还是邦君臣民（Unterthan des Landesherrn），或是天主教徒（Vertreter seiner Konfession），他都没有逾矩之处，是在正常行使职权的情况下被逮捕。以此事为例，格雷斯指出了天主教信徒在普鲁士政府管制下受到的不公正待遇。按照协约，普鲁士接管莱茵兰与威斯特法伦地区，应继续沿用之前缔结的《威斯特伐利亚和约》（Westfälischer Friede）。格雷斯指出："和约在到场各宗派代表的见证下缔结……不能被否认，也不应该被无视、受单方面解释或被任意违背。"按照和约规定，"天主教徒在新教政府的统治下应该享有完全的、不受限制的宗教与良心自由"；而这尤其适用于普鲁士国王，因为他在接管西部省份的时候就表示："宗教是人类拥有的最有价值的事物，我将尊重和保护你们的宗教。基督教两个教派的成员将享有平等的公民权与政治权。"同时，1815 年的德意志邦联法案（Deutsche Bundesakte）第 16 条也规定："在德意志邦联内，基督教不同派别享有同等的公民权与政治权。"[2] 格雷斯两次征引普王的表态，并数次提及德意志邦联法案，意在"以子之矛攻子之盾"，通过自相矛盾的法律条款反衬出天主教受到压制的状况：因为《普鲁士普通邦法》（Allgemeines Landrecht für die Preußischen Staaten）同时规定：

1　*Ausgewählte Werke,* p. 573.

2　Ibid., p. 609: die christlichen Konfessionen sollen in allen Bundesländern im Genüsse gleicher bürgerlicher und politischer Rechte gehandhabt werden.

§.117. 未获国家允许，主教在宗教与教会事务上，不可颁布新的规定，或接受境外宗教首领的新规定；§.118. 所有境外首领的教谕、通谕及一切规定必须接受国家审查，获得批准后方可出版及实施；§.119. 国家按照法律对宗教团体享有的特权，只有当国家明确授予主教这项或那项特权时，主教方可行使……§.135. 任何境外主教或其他宗教首领不可在教会事务上无理要求立法权……[1]

格雷斯认为这些规定不仅没有体现出国家是教会的支持者、国家在教会遇到危险时会提供保护，反而昭示了国家对教会权力设定的种种限制，表现出对教会的敌意，并且一望而知，这些规定主要针对天主教会。格雷斯在文中以同理心揣测德罗斯特的想法，认为他有理由对国家的动机产生怀疑。大主教最终按照教宗通谕行事，并且他的做法同时符合普王与德意志邦联法案的规定。但在他行使了自己享有的职权之后，他被逮捕了。格雷斯于是问道："鉴于这次行为的后果，从今往后，各宗派之间以及与此次行为相关的各方之间关系该如何处理？是应该继续让法律让位于暴力，还是应该让暴力让位于法律？"如若暴力先行，那么宗派之间缔结的和平状态将会消失，宗教迫害将重返。[2]为避免这种结果，政府就必须遵守法律，保证公平。通过具体的法条，格雷斯反驳了普鲁士政府在颁布的公示中声称德罗斯特大主教违反法律的指控，清楚地表现出天主教受到压制的现状，并提出改变这种现象的诉求。他在文章结尾处明确提出，要"完全地、充分地实现［普王］郑重承认的宗教自由，充分实现不同宗派得到允诺的政治平等与公民平等"[3]，指出这应该成为天主教民众团结奋斗的目标。

格雷斯对启蒙的态度　格雷斯早在科布伦茨的文理中学就接受了启蒙思想，也曾在家乡一所中学教授物理与自然史。随着对基督教神秘主义的研究，他逐渐由一位理性主义者向神秘主义者转变，认为通过自然科学得到的认识并不是生活的全部，还有另外一种更高层级的知识。他指出："科学是好的，但是它必须吸取更高的火焰

1　此处为格雷斯征引的《普鲁士普通邦法》条款（Teil 2, Titel 11, Abschnitt 3），ibid., pp. 608-609。

2　Ibid., p. 574.

3　Ibid., p. 719.

的精髓，不应该成为引向荒野的鬼火。"对于把很多人"引向了荒野"、使"他们的基督教信仰衰退"[1] 的理性主义，特别是"不信神的时代精神"（gottloser Zeitgeist），格雷斯极尽批判之能事：理性主义如同"充满了淤泥的火山"（Schlammvulkan）喷发着"致命的毒气"（tödlich giftige Mofetta），其中"深不可测的地下沼泽"（bodenloser unterirdischer Sumpf）在酝酿、蠕动，"深渊中搅拌的烂泥与污浊之物"通过无数的山口喷溅出来……这一系列引起读者不适的描写，刺激了读者的想象力，目的是让他们对此产生排斥。对于接受了启蒙教育的有教养阶级，格雷斯认为他们"从此失明"。启蒙主义者通过各种文学体裁、百科全书、杂志建构起来的世界在格雷斯看来只是"谎言和伪装"（Lüge und Fälschung），并且这样的谎言到处"包围着我们，我们呼吸中全部是这些；它们如同饮食般进入我们的生活"，所有人都"在一个虚构的世界中去接近最重要的事情"、"离事情的真相如此之远"，以至于完全认不出真相。他尤其指出，在这样一个虚构的谎言世界——也就是"新教的书的世界中"（protestantische Bücherwelt），普鲁士政府错误地认识了"天主教人民的精神特点，他们的呼声，他们对古老信仰的忠诚"[2]。他对普鲁士政府在天主教地区的做法提出警告，希望他们能够尽快看到真相。

那么真相在哪里呢？对于格雷斯而言，真相只存在于救赎史中——在由上帝引导的历史中。在格雷斯看来，德罗斯特大主教对普鲁士政府表现出的谦卑，如同耶稣在希律王面前的谦卑一般，在经历了苦路、十字架受难之后，耶稣复活，人类得到救赎。[3] 与此类似，科隆事件是基督教史上所有攻击教会行为的"最高峰"（äußerste Spitze）[4]，赫尔墨斯意义上的天主教启蒙是重蹈犹大卖主的覆辙[5]，德罗斯特即真理的殉道者，而民众对于大主教被捕的反应以及教宗格里高利十六世针对此事件发出的通谕将会带来救赎史的转折，教会将在民众的信仰中复活，摆脱之前束缚

1　Ibid., p. 685.

2　Ibid., pp. 673–677.

3　Ibid., p. 672.

4　Ibid., p. 707. 参见 Jutta Osinski, *Katholizismus und deutsche Literatur im 19. Jahrhundert*, ibid., p. 148。

5　*Ausgewählte Werke*, pp. 681–683.

它的枷锁。[1]

这广大的民众（die Massen des Volkes）正是格雷斯欣喜地表示的，"这些［启蒙的］影响没有进入"他们中间的人。格雷斯在接近文章结束时，使用第二人称复数直接与他们进行对话，号召莱茵兰的居民团结起来战斗，尤其肯定了明斯特兰居民的做法，认为他们能够"坚定地抵抗一切陌生的事物……远离一切陌生的因素……建起了一个封锁系统，尽管外界施加了强大的影响，颁布了强有力的法令，但内心仍然不为所动"。特别是，格雷斯强调在从明斯特兰人中出现了杜尔门的修女（die Nonne zu Dülmen），赞赏居民们"毫无畏惧地佩戴圣母显灵圣牌（Wundenmedaille），参加凯勒曼（Kellermann）的布道亦不感到羞耻"[2]。而这些活动——圣人崇拜、相信神迹、朝圣之旅、民间节日庆典等——恰恰是被天主教启蒙运动视为迷信、非理性、试图从信仰中剔除的，是天主教知识分子尝试进行改造的因素。[3]格雷斯正是希望借助民间从未间断的宗教虔诚，使天主教宗教生活自下而上重新活跃起来，进而延展到所有精神文化领域。他预言道："午夜的钟声已经敲响；新的一天将要来临"，面向未来，"一种新的、天主教普世的、教会和欧洲国家联合的秩序将会呈现"。[4]从这个意义上说，《阿塔纳修斯》是之后德国天主教运动的宣言书。

格雷斯通过《阿塔纳修斯》让"科隆事件"克服了启蒙运动对天主教会造成的不利影响，强化了信徒对教会与信仰的信心，为教会赢得了自由最大化。格雷斯对事件

---

1 *Ausgewählte Werke*, pp. 708, 878–879.

2 Ibid., S.718. "杜尔门的修女"是指 1812 年，明斯特地区的一位修女声称身上出现了耶稣受难的伤口，并且一到星期五就会流血。此事在明斯特甚至德意志其他地区引起关注，1813 年教会就此事进行调查。圣母显灵圣牌是指 1830 年，圣母在法国巴黎巴克街（Rue du Bac）的仁爱贞女会修院，向一位名叫加大利纳（St. Catherine Laboure, 1806–1876）的修女显现，叫她铸造一种圣牌。在这种圣牌上，有无原罪圣母的像，四周有如下字句："吁，玛利亚无原罪之始胎，我等奔尔台前，望尔为我等祈。"背面是大写的西文字母"M"，上面有一个十字架，下面有两颗心，一颗心有茨冠覆盖，一颗心有一把宝剑穿透。加大利纳同时听见一个声音对她说："任何人虔诚地佩带这圣牌，圣母将厚赐他各种恩宠。"参见《圣人传记》下卷，河北信德社 2014 年版，第 291—292 页。

3 关于天主教启蒙的介绍参见王涛：《另一个维度的启蒙：天主教启蒙运动的思想与历史》，载于《世界宗教研究》2017 年第 1 期，第 134—147 页。

4 *Ausgewählte Werke*, p. 707.

的起因、经过进行了鞭辟入里的分析，阐明了国家与教会应紧密结合的观点，在此基础上为天主教会争取自由权利，呼吁改变天主教徒受排挤、受压制的状况，反对天主教启蒙，反对天主教自由主义提出的政教分离观点。在最后一点上，格雷斯和教宗庇护九世（1846—1878 年在位）1864 年《现代异端邪说录》（*Syllabus*）[1] 中的态度一致，认为政教分离是不可接受的异端邪说。对于他的保守立场，应结合当时天主教会受到国家威胁丧失沿袭自中世纪的特权地位、甚至教会的正常宗教活动也受到妨碍的语境进行理解。

《阿塔纳修斯》语言极具感染力，尽管存在与史实不符之处 [2]，但并不妨碍它赋予"科隆事件"重大历史意义，使其成为教会与国家、平信徒与教会之间关系的转折点。同时，格雷斯的政治诉求也表现出，无论作为一名狂热的法国革命支持者，还是维护罗马天主教会的保守派，他追求自由与公正（Freiheit und Recht）的目标始终未变。

（本文作者为北京大学外国语学院德语系博士研究生）

---

1 关于庇护九世在《现代异端邪说录》中批评的涉及教会与国家关系的谬误，参见彭小瑜：《利奥十三〈政教关系通谕〉与 19 世纪法国宗教政治》，载于《北京大学学报（哲学社会科学版）》2010 年第 6 期，第 99—109 页。

2 *Ausgewählte Werke*, pp. 886-887. 施略厄斯（Heinrich Schrörs）试图指出格雷斯在政治与历史方面的错误；但弗吕瓦特认为，《阿塔纳修斯》的重要性在于多方面启发人们关注之后的几十年中才被充分察觉的问题。